《漢語史研究集刊》稿約

一、本集刊提倡扎實語料基礎，在拓寬傳世典籍語料研究領域的同時，重視出土文獻與活的語言資料，并汲取相關學科的研究成果；提倡微觀與宏觀相結合，在繼承傳統文獻的同時吸收現代語言學的理論和方法，探求語言現象產生的原因和演變規律。

二、來稿請用繁體字書寫。全文一般不超過12000字，包括100字左右的内容提要、3—5個關鍵詞。特別提示：請在文末附上文章題目、内容提要以及關鍵詞的英文翻譯。來稿半年後未得到答復，作者可自行處理。因人力限制，來稿恕不退還。

三、本集刊採用匿名審稿，來稿請寫上論文題目、作者姓名、工作單位、通訊地址以及學術簡歷。正文另起一頁，不署名。

四、參考文獻衹列出本文直接引用者，並據内容採用以下順序：

1．論文集類：作者、文章標題、文集名稱、編者、出版社、文集出版年份；

2．期刊類：作者、文章標題、期刊名稱、期數、頁碼；

3．專著類：作者、書名、出版社、出版年份。

五、爲便於閱讀，正文中的注釋使用脚注形式。這種注釋應該是對正文内容的附加解釋或補充説明，因此參考文獻或者引用文獻的出處最好不以脚注形式出現。

六、來稿請寄：四川省成都市武侯區四川大學文學與新聞學院《漢語史研究集刊》編輯部，郵政編碼610064，並發電子郵件至hanyus98@163. com。

四川大學中國俗文化研究所
四川大學漢語史研究所

漢語史研究集刊

（第二十五輯）

語言學·漢語類CSSCI來源集刊

俞理明 雷漢卿◎主編

四川大學出版社

責任編輯:歐風偃
責任校對:黃蘊婷
封面設計:嚴春艷
責任印製:王　煒

圖書在版編目(CIP)數據

漢語史研究集刊. 第二十五輯 / 俞理明，雷漢卿主編. —成都：四川大學出版社，2018.12
ISBN 978-7-5690-2678-8

Ⅰ.①漢… Ⅱ.①俞… ②雷… Ⅲ.①漢語史-研究-叢刊 Ⅳ.①H1-09

中國版本圖書館 CIP 數據核字（2018）第 292023 號

書名　漢語史研究集刊(第二十五輯)

主　　編　俞理明　雷漢卿
出　　版　四川大學出版社
地　　址　成都市一環路南一段 24 號 (610065)
發　　行　四川大學出版社
書　　號　ISBN 978-7-5690-2678-8
印　　刷　成都金龍印務有限責任公司
成品尺寸　185mm×260mm
印　　張　20.5
字　　數　414 千字
版　　次　2018 年 12 月第 1 版
印　　次　2018 年 12 月第 1 次印刷
定　　價　88.00 圓

◆讀者郵購本書,請與本社發行科聯繫。
電話:(028)85408408/(028)85401670/
(028)85408023　郵政編碼:610065
◆本社圖書如有印裝質量問題,請
寄回出版社調換。
◆網址:http://press.scu.edu.cn

主　編　俞理明　雷漢卿
副主編　王彤偉

學術委員會

丁邦新（香港科技大學）
高田時雄（日本京都大學）
何莫邪（Christoph Harbsmeier，挪威奥斯陸大學）
江藍生（中國社會科學院）
蔣紹愚（北京大學）
柯蔚南（W. South Coblin，美國伊荷華大學）
魯國堯（南京大學）
梅維恒（Victor H. Mair，美國賓夕法尼亞大學）
梅祖麟（美國康奈爾大學）
裘錫圭（復旦大學）
王　寧（北京師範大學）
項　楚（四川大學）
向　熹（四川大學）
辛嶋靜志（日本創價大學）
徐文堪（漢語大詞典出版社）
薛鳳生（美國俄亥俄州立大學）
衣川賢次（日本花園大學）
游汝杰（復旦大學）
張永言（四川大學）
趙振鐸（四川大學）
佐藤晴彦（日本神戶外國語大學）

編輯委員會

曹廣順（中國社會科學院）
董志翹（南京師範大學）
馮勝利（美國堪薩斯大學）
管錫華（四川師範大學）
洪　波（首都師範大學）
蔣冀騁（湖南師範大學）
蔣宗福（四川大學）
雷漢卿（四川大學）
劉　利（北京師範大學）
譚　偉（四川大學）
汪啟明（西南交通大學）
汪維輝（浙江大學）
伍宗文（四川大學）
楊　琳（南開大學）
楊宗義（巴蜀書社）
俞理明（四川大學）
張顯成（西南大學）
張涌泉（浙江大學）
朱慶之（香港教育大學）

本輯執行主編　王長林

編輯助理　曾　辰

目　録

| 漢語構式化過程研究
——以“V（不）到 XP”構式為例　雷冬平　1

| 早期天師道文獻中詞彙的層次性　田啟濤　俞理明　34

| 基於語氣助詞的可疑安世高譯經考辨　高列過　孟奕辰　50

| 中上古動詞“關/閉”替換中賓語特徵分析　李　強　周俊勛　68

| 中古佛道文獻中的“魔”系詞詞義比較
——兼論詞義引申的促動因素　杜曉莉　79

| 融合與新生——從［Yama-rāja］看佛教詞語的漢化　周碧香　90

| 菩提流支《金剛經》譯本風格探析
——以鳩摩羅什與玄奘譯本為對比參照　王繼紅　106

| 漢譯律典語詞的再闡釋
——以南山律宗為中心　國　威　龔世艷　124

| 近代漢語合成詞理據探尋方法——異形詞互證　王　勇　133

| 清末民初同素異序詞研究
——以十種白話報刊爲例　韓書庚　張文國　145

| 試析《洗冤集錄》的頸喉詞　高婉瑜　151

| 論簡帛的中國語言學史研究價值　李真真　張顯成　161

| 試論日本“倭玉篇”系列字書的語言研究價值 王安琪
王　正 180

| 閉口韻對朝鮮漢字音與漢語上古音關系研究的價值 張　輝 194

|“九大錯別字”正說 張涌泉
黄　璟 204

| 漢語“亡”詞族考論 李　玉 218

| 讀《報任安書》劄記二則 潘玉坤 231

|《說文・水部》與《漢書・地理志》異文釋證 趙家棟
馬雅琦 237

|《玉篇》釋義失誤校讀札記 熊加全 253

|《〈篆隸萬象名義〉校釋》補正 馬小川 263

|《近代漢語詞典》釋義辨考 梁　逍 276

|“捽”字音讀考 李偉大 284

| 近五年漢譯佛典語法研究 于方圓
朱冠明 290

| 上古、中古漢語語法體貌研究述評 榮　景 309

漢語構式化過程研究*

——以"V（不）到 XP"構式為例

雷冬平

提　要： 漢語中複合詞及以上語言單位都可以看成是構式。構式化研究首先找對源構式，源構式是外部世界被認知感知後，形成的意象圖式在概念框架下語言外顯的結果。而漢語"V（不）到 XP"這兩個肯定和否定構式，當動詞 V 是位移動詞，XP 為方位名詞的時候，就形成了源構式。源構式具有擴展引申功能，當 XP 從空間方位成分擴展到時間成分、數量成分以及程度成分的時候，構式也隨著越來越虛化和凝固，構式語義也從具體的"到達"義向抽象的"達到"義發展；XP 還從 V 的非受事論元向受事論元擴展，"到"的動詞意義進一步弱化，構式語義也從"達到"義演變出"事件的達成"義。在構式的擴展過程中，源構式的位移動詞和"到"形成動詞連動結構，由於兩個動詞不在一個時間點發生，故兩個動詞的發生之間具有時間差。而當動詞 V 為單音節動詞，並和動詞"到"的發生不再有時間間隔的時候，或者動詞 V 和動詞"到"的結合發生語義轉化從而形成一個新義的時候，"V（不）到"就會再次構式化，形成一個雙音節或者三音節的動詞。因此，構式產生後不是一成不變的，而是處於不斷的發展演變之中，"V（不）到 XP"還會繼續擴展，形成"A（不）到 XP"構式。

關鍵詞： 構式化；"V（不）到 XP"；生成；虛化；擴展

引　言

語言構式的大量研究是二十世紀末才開始的，特別是近十年來，漢語構式的歷時研究也越來越受到關注，構式化的研究也得到了提倡。Trousdale（2012）在研

* 本文為 2018 年國家社會科學基金一般項目"基於大型歷時語料庫的漢語構式化研究"（批准號：18BYY159）的一部分。

究構式語法化時提出了構式化（constructionalization）概念，接著 Traugott & Trousdale（2013）兩位學者用《構式化和構式的變化》一書初步勾勒了構式化理論，強調了構式變化的觀點和以語用為基礎來研究構式變化的研究方法，分別從語法構式和詞彙構式進行理論結合實際的研究。漢語學界雖有彭睿（2016）介紹構式化理論並倡導構式化研究，但漢語構式化研究太少。漢語擁有歷史悠久的書面文獻材料，構式化的研究應該具有得天獨厚的優勢，應該值得大力倡導和進行研究。

在進行構式化實例研究之前，我們有必要對漢語構式做一個界定，這個界定不是對其概念進行界定，而是對其範圍進行界定。要對漢語構式研究的範圍進行界定，則必須從對漢語構式研究影響最大的認知構式語法（Goldberg，1995/2006）說起。認知構式語法在很大程度上來源於框架語義學（Fillmore1975，1977，1982）和基於體驗的語言研究方法（Lakoff，1977，1987）的生成語義學，其認識論、方法論與認知語言學是一脈相承的，語義研究方法強調 Langacker（1987）所提倡的以講話者為中心的對情境的識解（construal)，將構式定義為形式（功能）與意義的匹配。Goldberg（1995：4）說："根據構式語法，如果語法中存在的其他構式的知識不能完全預測某個構式的一個或者多個特徵，那麼該構式在語法中是肯定存在的。"正是根據構式語義的這一特徵，她將構式定義為：

> C is a CONSTRUCTION iff$_{def}$ C is a form-meaning pair＜F_i，S_i＞such that some aspect of F_i or some aspect of S_i is not strictly predictable from C's component parts or from other previously established constructions.

在 *Construction at Work：The nature of generalization in language*（2006：6）一書中對構式是什麼做了進一步的解釋：

> ALL LEVELS OF GRAMMATICAL ANALYSIS INVOLVE CONSTRUCTION：LEARNED PAIRINGS OF FORM WITH SEMANTIC OR DISCOURSE FUNCNTION，including morphemes or words，idioms，partially lexically filled and fully general phrasal patterns.

認為語法分析的所有層面都涉及構式。構式是業已習得的形式和意義或者話語功能的配對，包括語素、詞、習語、部分由固定辭彙填充而又完全通用的短語形式。

雖然 Goldberg（1995：4）也提到短語和語素也是構式，構式是語言的單位，但只做了動詞論元結構的研究。她（2006：6）進一步將構式認為是各種層級的語言單位，她將構式的範疇擴展到一個連續體，可以包括語素、詞、習語、雙賓語句以及被動句式等語言單位，繼續將構式看成是語言中的基本單位。雖然 Goldberg（2009）已不再將語素單獨視為一類，但仍然將單詞素視為是構式。然而，依然沒有小句以下的具體構式實例的研究，這讓很多人懷疑構式語法的適用範圍。從 Goldberg（2006：6）所舉實例來看，語素 pre-、-ing 和詞 and，雖然都有意義，但是其形式是什麼呢？因為構式定義中的形式和意義的結合體，其中的形式據現有的研究來看都是指語法結構，語言單位的組合所體現出來的結構。所以，這種組合結構至少只有在 Goldberg（2006：6）所提到的複合詞及以上的語言單位中才存在。在漢語中亦是如此，陸儉明（2008）指出，“語素這類構式，如語素‘澀’這一構式，其形式是什麼？我們只能說是‘語音形式’。然而，句法層面的構式，其形式顯然不是指其語音形式，應該或者說可能是指形成構式的詞類序列和形成構式的語義配置。可是這一來，對構式的‘形式’的理解就會存在概念上的本質差異。”因此，我們同意 Langacker（1987）早期的觀點：“構式為大於等於兩個象徵單位。”因此，我們將漢語中的複合詞及以上語言單位看成是構式，因為在漢語中，至少要從雙音複合詞開始才能有語法層面的形式，才能構成一個形式和意義或功能的結合體。界定這一點，有利於我們下文的展開，因為我們不僅要研究“V（不）到 XP”[①] 這個半填充式短語構式的構式化，還要研究它的歷史演變。也就是說，我們的構式化研究，不僅是要研究“V（不）到 XP”的形成，而且要研究這一構式形成之後的發展演變，包括其構式構件在發展演變過程中的進一步融合成詞都是構式化的表現之一。這樣，構式化就涵蓋了小句、短語以及複合詞的形成過程研究。漢語複合詞構式概念的確定不但有利於我們進一步擴大漢語構式的研究範圍，而且有利於探討詞彙層面、短語層面以及小句層面之間不同層級構式的接口問題及其相互衍生關係。

一、構式的認知生成模型與“V（不）到 XP”的構式化

（一）構式的認知屬性及其生成模型

現有漢語構式語法研究更多的是對某一構式進行共時描寫，側重構式構成、功能及語義的研究成果較多。其實，構式研究更要注重其歷時研究。要研究構式的構式化過程，首先我們要明白構式的認知屬性。語言是一種符號，是一種抽象的形式化的東西，如果沒有語言的描述，沒有經過形式化過程的事物，是很難進入人的意識之中。因此，語言中描述的任何東西都是在認知中進行加工處理的。我們生活的是“世界——人——語言”所組成的三維世界，世界通過人的語言來表達，而世界又通過人的語言來塑造，所以，人所生存的世界不是一個單純的物理世界，它不僅是一個具象的集合，更是一個語言符號的世界。人是通過感官來感知世界的，來獲

---

① 樊彩艷（2016）雖然對現代漢語的“V 不到（XP）”構式進行了研究，但是不够深入，而且存在較多問題。

取信息的。Goldberg（1995：5）提出一個假設："簡單句構式與反映人類經驗的基本情景的語義結構直接相聯繫。"她所說的情景就是 Fillmore（1977：84）所指的一個理想化的、與個人緊密相關的感知、記憶、經驗、行動或者物件。因此，語言知識不是與生俱來的，而是人通過知識積累的結果。構式既然是這種知識經驗基本情景的反映，那麼構式的形成完全可以通過事件框架結構來認識，我們非常贊同施春宏（2013）通過事件結構理論和認知語言學相結合的方法來研究構式的形成，他說"語境是結構化的語境，語言表達是結構化的表達，只有在結構化映射中才能構建兩者之間的關聯。"也就是說，我們要探討一個語言結構的生成，應該將其置於具體的事件框架之下來考察，因為語言是為了表達事件而生成的。Goldberg（1995：5）也曾說，基本論元結構構式是與體驗背景下的格式塔動態情境緊密相連的。從這些已有的研究中可以確定，構式是源於認知的，陸儉明（2016b）也強調了這一點，認為從內在語言考慮，確認"構式源於認知"是毫無疑義的，而且提出了"由內到外"運作和"由外到內"運作的兩個假設。我們要強調的是，構式不僅源於認知，而且源於格式塔的認知完型。所以，事件框架認知完型的分析是研究構式生成的有效途徑。因此，在整合了陸儉明（2016b）關於構式生成的兩個假設的基礎上，在吸收施春宏（2013）研究特殊的新型"被"字句生成機制的精神後，我們將構式認知生成模型構建如下圖 1 所示：

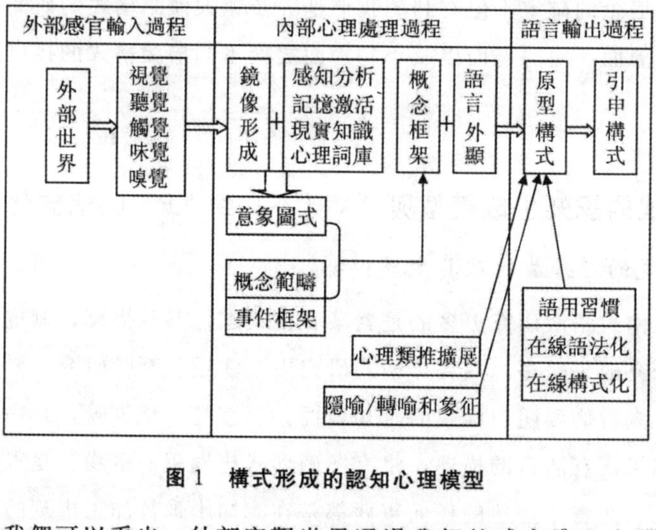

图 1　構式形成的認知心理模型

從模型中我們可以看出，外部客觀世界通過我們的感官進入人腦的主觀世界，這個外部世界包括具體的物象，也包括具體的動作和事件，那麼這些客體通過我們的各種感官輸入之後，都會在人腦中形成一個個鏡像，這些鏡像是感官和腦神經聯結掃描的結果。楊亦鳴等（2001）指出，人類認知活動，包括語言和思維，就是由大腦通過啟動大型神經元集合中的神經活動形式而產生的。而語言是認知的，認知又是通過人腦來進行的，而人腦的認知是依靠腦神經的操控來實現的。所以，鏡像的特點是與客體的相似度無限接近。在腦神經掃描客體成像之後，客體進入了人腦的主觀認知世界，人腦就會根據自身的認知能力對客體進行信息處理，即對鏡像進行感知分析，調動人腦中已有對客觀世界的認知和已經獲得的百科知識，對獲取的信息進行分類，特別是調動大腦中已經儲存的詞庫對獲取的信息進行核查，也就是說，獲取的鏡像會對大腦神經網路中若干個相關聯的認知神經元進行啟動，認知神經元將傳入的鏡像和已有的現實知識進行對接，那麼現實知識和心理詞庫就會共同作用，將鏡像概括出更抽象的意象圖式（如"路徑圖式"、"容器圖式"、"部分一整體圖式"以及"中心邊緣圖式"等）。如例（1）：

a. 我們每天走路來學校上學。

b. 我們從美國來到中國。

c. 暑假帶著女兒從湖南飛上海。

d. 一隻螞蟻從地上爬到了桌子上。

這幾個句子都有一個共同的模式，即"起點一路徑一終點"，它們都形成了路徑意象圖式，路徑意象圖式的一個最大特點就是主體/事物按照一定的路徑發生了位移，所以以上幾個句子的動作都是位移動作，也是這種事件框架中的典型動作，是範疇中的典型成員。當人腦中已經儲存有這樣的意象圖式時，例（1）中這樣的句子便很容易被人腦快速的識解；若人腦中先前還沒有這樣的意象圖式，那麼在識解這類句子的時候就需要同類句式的反復刺激人腦的認知神經元，認知神經系統就會對這些反復輸入的事件進行綜合處理，使之簡單化和模式化，形成一定的圖式，以便下次輸入的同類句子能及時辨認與核查。所以，意象圖式是語言構式形成最關鍵的一步，也是語言認知能力的一種體現。若一個人的大腦詞庫非常豐富，而且百科知識也非常豐富，那麼他對於輸入的客觀世界進行加工的能力也就越強，對語言的認知能力也就越強，這種認知能力體現在實際生活中就是，同樣一句話有的人能夠聽懂，有的人不能聽懂，有的人理解得快，有的人理解得慢。例（1）中所談到的是路徑圖式中的典型動作形式，這種圖式形成的概念框架和構式就是我們所指的源構式。

源構式像詞語一樣會發生引申擴展。在類推、隱喻/轉喻、象徵以及語法化、構式化和語用習慣等機制的作用下，典型的事件構式會向非典型的事件構式擴展。如下文2.1節例（23）中我們所談到的"吃"的事件構式，最初形成的源構式應該是動詞"吃"加受事論元，而且這種受事論元為食物，即"吃＋食物$_{受事}$"構式，由於論元位置成分的範圍擴大而導致了構式的擴展，形成了"吃＋非食物$_{非受事}$"這樣的邊緣構式，但是二者都是在"吃"事件範圍內的，是事件不同方面凸顯的結果。

（二）“V（不）到 XP”的意象圖式及其原型的構式化

“V（不）到 XP”結構是一個半填充式的構式，即這一構式既含有可變的構件，又含有不變的構件，我們將可變的構件稱為變構件，將不變的構件稱為恒構件。變構件和恒構件在構式中形成互動的關係，變構件的“變”不能脫離恒構件的制約，而恒構件會在變構件的擴展變換中得到引申和發展，這種發展是遵循恒構件自身的語義演變規律的。在半填充式的構式中，決定構式性質的要素是恒構件，雖然變構件的變化能夠帶來構式的擴展，從而形成一個構式家族，但是這個構式家族語義的探討還要從恒構件的語義中尋找到源頭。所以，“V（不）到 XP”結構無論是構式語義的探討還是構式家族形式的探討都需要找到這一構式的原型結構。

1.“V 到 XP”的源構式及其意象圖式

關於“V 到 XP”結構中的“到”，學術界有不同的意見，朱德熙（1982：130—132）研究述補結構時，將“到”單獨列出，沒有明確指出“到”的詞性，只是認為“有‘到’字做補語組成的述補結構都是及物的”，並分析了其後的處所賓語、時間賓語、一般賓語和謂詞性賓語，並認為處所賓語和一般賓語可以不出現。從朱先生認為“V 到”後的賓語可以不出現的觀點來看，他將“到”更傾向於認為是動詞，因為介詞後的賓語是不可以省略的。但是朱德熙（1985：54）在談到介賓結構做補語時又提到“爬到山頂上”這樣的例子，說明朱先生這時已傾向於將“到”認為是介詞的。他認為“‘爬到’不但可以單說（爬到了｜沒爬到），而且當中還可以插入‘得’或‘不’轉化成表示可能性的述補結構（爬得到｜爬不到）。”可見，在朱先生的認識中，“V 到”之“到”的詞性確實難以確定的。事實也確實如此，學術界對於“V 到”中的“到”一直都有“動詞說”、“介詞說”、“助詞說”、“構成成分、體標記說”以及“多元說”，這在張瑩（2003）以及曹書華（2010）的論文中都曾提到，我們就不再羅列。我們要指出的是，“V 到”中的“到”之所以有如此之多的理解，主要是因為“V 到 XP”結構是一個動態結構，在這個動態結構中，變構件 V 是一系列具體或抽象程度不一的動詞構成，那麼恒構件“到”為了與變構件的語義取得和諧，自身的語義就會在與不同的 V 組合的時候產生變化。這就是造成“到”有多種理解的真正原因。

《說文解字》云：“到，至也。”又云：“至，鳥飛從高下至地也。”從《說文解字》之釋義可知“到”之本義乃“到達”也，“鳥飛從高下至地”乃位移也。故“V 到”最典型的動作就是指行為主體從某處移動至另一處，那麼，這種動作所構成的事件源構式就是“位移動詞＋到＋地點名詞”。在“V 到”的源構式中，“到”為動詞，“到”的本義為“到達”，其後原型論元自然就是地點名詞。這種結構始見於兩漢時期。如：

(2) 時獨沛公與張良得入坐，樊噲在營外，聞事急，乃持鐵盾入到營。(《史記・樊酈滕灌列傳》)

(3) 魏文侯時，西門豹為鄴令。豹往到鄴，會長老，問之民所疾苦。(《史記・滑稽列傳》)

(4) 後五年，始皇南至湘山，遂登會稽，並海上，幾遇海中三神山之奇藥。不得，還到沙丘崩。(《漢書・郊祀志上》)

(5) 介子從大宛還到龜茲。(《漢書・傅介子列傳》)

此後，這種結構也略能見到用例。如：

(6) 既出，往造河南尹羊陟，不得見。壹以公卿中非陟無足以託名者，乃日往到門，陟自強許通，尚臥未起，壹逕入上堂。(《後漢書・趙壹列傳》)

(7) 帝從之，車駕即發。還到精湖，水稍盡，盡留船付濟。(《三國志・魏書・蔣濟傳》)

(8) 會與嘏謀，使嘏表上，輒與衛將軍俱發，還到洛水南屯住。(《三國志・魏書・鐘會傳》)

“位移動詞＋到＋地點名詞”這種構式作為源結構，動詞 V 和動詞“到”之間的凝固度不高，因為兩個動作發生具有明顯的時間先後順序。例 (2) 的“入到”之“入”其實有一個進入的過程，“樊噲在營外”，從營外到營內還是有一定距離的，並非像現在入門之時的一步之遙。其他例子的“往到”和“還到”，其中的動作“往”和“還”都有一個過程，之後才到達目的地，才有“到”的發生，“V”和“到”之間的時間間隔越長，兩個動作的連動關係則越明顯。這類結構在唐詩中已多見了，如：

(9) 妾夢經吳苑，君行到剡溪。(李治《送閻二十六赴剡縣》，《全唐詩》第八五卷)

(10) 忠州刺史今才子，行到巫山必有詩。(繁知一《書巫山神女祠》，《全唐詩》第四六三卷)

(11) 莫令千歲鶴，飛到草堂前。(張南史《送李侍禦入茅山采藥》，《全唐詩》第二九六卷)

(12) 銜泥燕，飛到畫堂前。(韋莊《憶江南》，《全唐詩》第八九二卷)

(13) 江邊忽得信，回到嶽門東。(齊己《寄懷西蟾師弟》，《全唐詩》卷八百四十三)

(14) 昭陽伴裏最聰明，出到人間才長成。(盧綸《譃席賦得姚美人拍箏歌》，《全唐詩》卷二七七)

(15) 東走到營州，投身似邊將。(張謂《同孫構免官後登薊樓》，《全唐

詩》卷一百九十七）

（16）上到峰之頂，目眩神恍恍。（白居易《登香爐峰頂》，《全唐詩》卷四三）

（17）別來十二月，去到漏天邊。（李頻《游蜀回簡友人》，《全唐詩》卷五八七）

此時的V又多出了趨向動詞，這種"位移/趨向動詞＋到＋地點名詞"源構式在唐以後大量出現，一直到現代漢語中都有大量用例，如"走到學校"、"回到家裹"、"上到山頂"之類。這類位移動詞或者趨向動詞都有一個起點，動作V是在起點發生，距離到達的終點都是有時間間隔的。因為移動和趨向是一個過程，所以也可以將這類結構的動詞V稱為過程動詞，這種動詞都能夠和"到"結合使用，但和"到"之間的結合不夠緊密。如果不是過程動詞，或者說是瞬間動詞的話，一般來說是不可以和"到"連用的，如"看"、"見"都是過程動詞，因此都能構成"看到"、"見到"，但不能說"看見到"卻能說"觀察到"，這是因為"看見"不是過程動詞，而"觀察"是一個過程動詞。過程動詞自然就是說動作的發生有一個過程，會持續一定的時間，這就導致了它與"到"的凝固程度不高，於是我們將這一類"V到"都看成是連動結構而不是詞。

所以，這些源構式會形成一個共同的路徑意象圖式，含有"起點－路徑－終點"。據 Langacker（1987）認知語法理論，路徑意象圖式主要由動體（trajector，TR）、陸標（landmark，LM）和路徑（PATH）三部分組成，表現的是 TR 與 LM 之間某種不對稱的關係，TR 為這一不對稱關係中的主體，其空間方位有待確定，LM 為參照物，為主體的方位確定提供參照，TR 所經過的路徑稱為 PATH。例（9）（10）以及（11）（12）中，我們可以將"S＋位移動詞＋到＋地點名詞"具體理解成"S（TR）＋位移動詞（PATH）＋到＋地點名詞（GOAL）"，二例具體圖式表示如下：

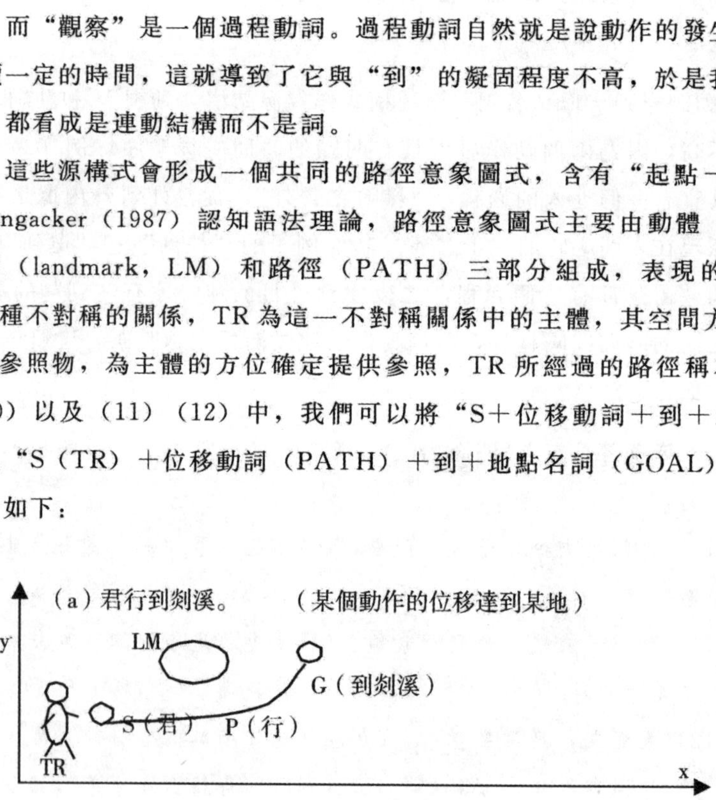

圖2

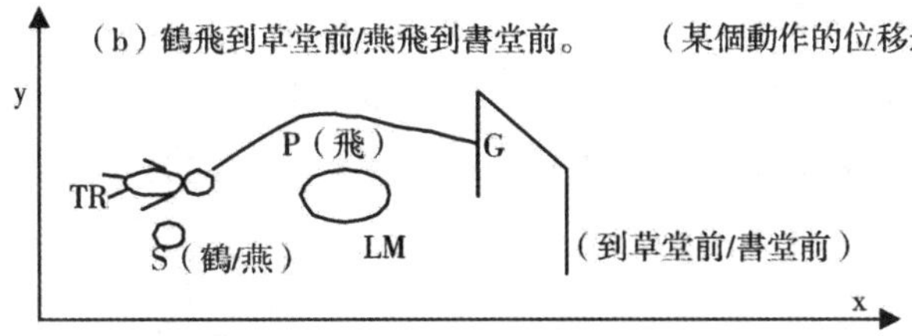

圖 3

所以，“V 到 XP” 構式的 “起點一路徑一終點” 這種圖式非常明顯，容易通過構式中的恒構件 “到” 這個動詞凸顯出來。

2. “V 不到 XP” 的意象圖式及其源構式

“不到” 為 “到” 的否定形式，故 “V 不到 XP” 構式為 “V 到 XP” 構式的否定形式。語言的發展一般是先有肯定式，然後才有否定式。“V（不）到 XP” 構式也是如此，肯定式在漢代已見，否定形式出現較晚，一直到唐代才看到用例。如：

(18) 雲飛不到頂，鳥去難過壁。（岑參《入劍門作》，《全唐詩》卷一百九十八）

(19) 塵飛不到空，露濕翠微宮。（儲嗣宗《宿玉簫宮》，《全唐詩》卷五百九十四）

(20) 前烽應訖，即赴軍。若慮走不到軍，即且投山谷，逐空方可赴軍。（唐・李靖《衛公兵法輯本・部伍營陣》）

(21) 雁飛不到桂陽嶺，馬走先過林邑山。（邱丹《雜感》，《全唐詩》卷三百七）

(22) 孔子西行不到秦，掎摭星宿遺羲娥。（韓愈《石鼓歌》，《全唐詩》卷三百四十）

在這五例 “V 不到＋XP” 中，動詞 “飛”、“行”、“走” 都是表達動作的位移，與表示 “不到達” 義的 “不到” 結合在一起，表達 “某個動作的移動不能或者沒有達到某地”。這一意義是構式的本義，所以，“位移動詞 V＋不到＋地點/方位名詞” 是 “V 不到＋XP” 構式的源構式，包含了兩種具體的意義，一個是 “某個動作的位移不能達到某地”（如例 (18) (19) (20)），另一個是 “某個動作的位移沒有到達某地”（如例 (21) (22)）。所以在這種語義的構式下，動詞 V 和 “不到” 的語法關係應該是承接的連動關係，因為動作 V 和 “到” 存在一個動作的先後順序，先 “飛”，然後再有一個 “飛” 的過程之後，才有 “到” 的動作的發生，“走到” 和 “行到” 也同樣是一個連動結構，所以，“位移動詞＋不到” 這個源構式是一個連動結構，後一動作補充說明前一動作的終點。因此，否定式和肯定式一樣，都包含了一個路徑意象圖式，含有 “起點一路徑一終點”。不同的是意象圖式在結果上不同，肯定式表達的是動作行為的發生達到了某個目標，而否定式表達的是動作行為的發生不能或者沒有達到某個目標，如例（20）（21）我們同樣可以將“S＋位移動詞＋不到＋地點名詞”具體理解成“S（TR）＋位移動詞（PATH）＋不到＋地點名詞（GOAL）”，二例具體圖式表示如下：

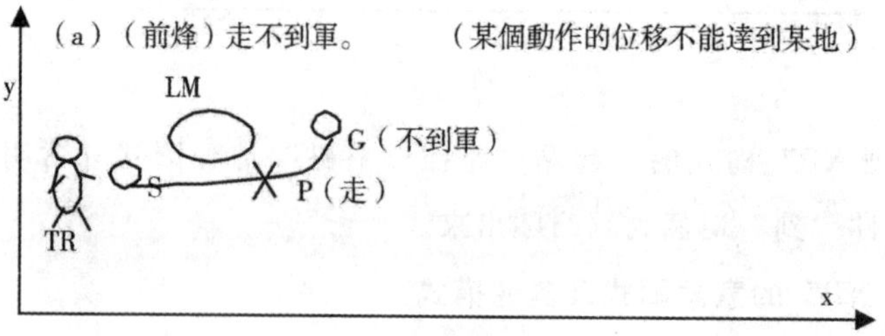

圖 4

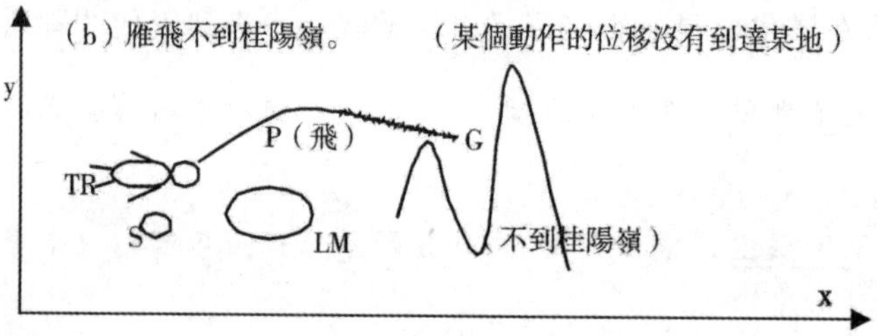

圖 5

圖 4 和圖 5 的主要區別在於動作所造成的路徑存在差異，圖 4 表示動作 V 的位移所形成的路徑是不可能存在的，即主體不能通過這條路徑到達目的地；而圖 5 則表示動作 V 的位移所形成的路徑沒有到達目的地，所以我們在圖 5 中的路徑後半段用虛線來表示，即路徑完成是部分的。兩種圖式前者強調的是可能性，後者是強調動作的結果。

因此，“V（不）到 XP”具有肯定式和否定式兩種構式，它們的原型結構都是表達一種空間上的達到，有諸多相對應的表達，如肯定表達如例（11）（12）說“飛到 $NP_{地點名詞}$”，否定表達如例（18）（19）（21）說“飛不到 $NP_{地點名詞}$”；肯定表達如例（9）（10）說“行到 $NP_{地點名詞}$”，而例（22）說“行不到 $NP_{地點名詞}$”；例（15）說“走到 $NP_{地點名詞}$”，例（20）說“走不到 $NP_{地點名詞}$”。從原型結構來看，其表義是一致的，肯定結構表達的是“動作 V 的發生達到了 XP 所表示的地點”，而否定結構則從可能和結果兩個方面對肯定式進行了否定，除了表達了“動作 V 的發生不能夠達到 XP 所表示的地點”外，還表達了“動作 V 的發生沒有夠達到 XP 所表示的地點”之義。可見，構式“V 不到 $NP_{地點名詞}$”是從構式“V 到 $NP_{地點名詞}$”發展而來的。

因此，“V（不）到 XP”的原型結構的構式化是意象圖式在事件框架下概念化的一種語言凸顯外化的結果，是人們在認知客觀世界具體情境的經驗抽象的結果，是構式家族形成和發展的源頭。

二、構式的推導性和“V（不）到 XP”家族的類推擴展

（一）關於構式的推導性問題

構式語法中的構式是否具有推導性，即是否可以根據一個構式推導出另一個構式，這是一個一直都有著不同看法的問題。有學者根據定義中的“not strictly predictable”（不能完全預測），認為構式是不可推導的。這種理解可能有些偏頗，因為 Goldberg（1995：4）在定義之下的段落中接著闡述到：That is，a construction is posited in the grammar if it can be shown that its meaning and/or its form is not compositionally derived from other construction existing in the language. 這一段話中，其中“not compositionally derived”與定義中的“not strictly predictable”意義差不多，其實 strictly /compositionally 這兩個修飾語從不同的角度說明同一個問題，前者“strictly”（完整地）強調的是構式的整體性，後者 compositionally（合成地）是強調構式不是構成成分簡單相加的推導，強調的依然是構式的整體性。因此，從兩個修飾語可以看出，Goldberg 並沒有說構式不能推導，只是強調不能由構式的構成成分的簡單相加進行推導。從 Goldberg 原文也可以看出她是認為構式是可以推導的，她（1995：5）說：“Linguistic constructions display prototype structure and form networks of associations.”所以，她也認為眾多語言構式中必有原型結構並且它們可以構成關聯網絡。這說明，Goldberg 承認構式之間具有聯繫，並認為其中構式承繼和語義網絡起著重要的作用。劉大為（2010a）就明確指出，“語法的可推導性其實是一個無須多加論證的顯豁事實，語言之所以是結構的而不是整體性的，就在於結構能夠帶來可推導性。”因此，Goldberg（1995）在構式定義中所強調的構式具有不可推導性不是否定構式在形成上的推導，而是借此來強調“構式本身具有意義，該意義獨立於句子中的詞語而存在”。

因此，根據 Goldberg（1995）提出的眾多構式中必有原型結構的觀點，那麼在一組構式中，只要找到它們的原型結構（我們稱之為“源構式”），並通過它們之間的承繼關係，就可以描述它們之間的衍生推導關係。如“吃個痛快”和“吃個飯”看起來似乎不具有推導性，但是，從以下一系列的結構中，我們不難對其進行推導，如以下四例：

（23）

a. 我今天在家吃飯的。

b. 我今天晚餐吃餃子。

c. 我飯後喜歡吃點水果。

d. 吃早餐、吃中餐、吃晚餐，餐餐準時。

(24)

e. 我不喜歡吃大排檔，我要去吃館子，我要去吃大餐。

f. 吃筷子、吃調羹、吃大碗，樣樣拿手。

g. 吃清蒸、吃燒烤、吃小炒，吃法百出。

(25)

h. 吃個梨就吃個飽，飯量太小。

i. 吃頓火鍋，全身通暢，吃個痛快。

(26)

j. 靠山吃山，靠水吃水。

k. 吃利息、吃父母，何時怎了？

l. 你吃虧，我吃驚，才知聰明終被聰明誤。

在“吃”的事件框架中，典型賓語是受事（如例 23），且當這個受事是食物時，吃所構成的事件框架是原型事件，所形成的結構就是源構式，即“吃＋食物（飯）”原型構式是“吃”事件構式家族中其他構式形成的源頭，其他結構都是源構式擴展的結果。動詞“吃”涉及的維度很多，除了充當受事的食物，還涉及有“吃”的地點、工具以及做菜的方式（如例 24），也涉及“吃”的主體的心情和狀態（如例 25），當然還涉及有“吃”的來源以及主體對於吃的結果的感受（如例 26），當這些動詞所涉及的維度都通過源構式的擴展而位於動詞“吃”的後面，這就形成了一個“吃”的構式家族。

因此，構式之間的承繼關係就是構式間的推導衍生關係。以上“吃”構式家族的推演是基於共時的語義邏輯關係，構式的推導關係其實還有一個重要的方面，就是歷史演變關係。構式研究一直以來是重視共時的語義研究，歷時研究一直沒有受到重視。但近十多年來已有較大改變，在國外，Noël（2007：178）就已提出歷時構式語法要研究“語言如何獲得構式”，即研究構式是如何形成的；Fried（2008，2012）則提出了構式化有“構式衍生”和“構式重組”兩種途徑，並且，Fried（2009）將構式語法當做歷時分析的一種手段。Traugott（2008a、2008b）對“NP of NP”結構以及英語程度修飾詞的語法化進行了研究；Trousdale（2008a、2008b）則對英語中的複合謂語以及領有構式的辭彙化等進行了研究。國內也有不少學者開始倡導並從事構式的歷時研究，主要側重構式語法化的研究，如洪波、董正存（2004）對“非 X 不可”格式語法化的研究，楊永龍（2011）對“連 X＋都 VP”構式語法化的研究，龍國富（2013）對“越來越……”結構的語法化研究。甚至文旭、楊坤（2015）提出了建立構式歷時語法的初步設想。這些研究都涉及和強調對構式源頭的探討，從源構式出發對構式家族成員之間關係進行了探討。因此就有了劉大為先生（2010a，2010b）從語法構式到修辭構式的研究，這是語法變異的結果，是由於角色關係和側重關係變化以及構式語義引申的結果，同時也是人在認知和使用語言的容錯機制的結果，變異的修辭構式，如果“在廣泛運用的基礎上逐漸固化演變為新的語法構式”，這就有了陸儉明先生（2016a）提出的由語法構式到修辭構式再到新的語法構式的演變序列。這些研究證明，構式無論是在形式上還是在語義上都可通過對其源構式的分析而得到。下面我們就對“V（不）到 XP”構式的歷時發展演變進行探討。

（二）“V（不）到 XP”構式家族的類推擴展

詞語由於同源關係可以形成同源詞，構式作為語言單位也可以由源構式發展出一系列的構式簇，這些構式形成同源構式，構成一個構式家族。在隱喻、轉喻以及語法化等語言機制的作用下，核心構式會向非核心構式以及邊緣構式不斷擴展，構式也會像詞語虛化一樣，從實而虛，構成成分之間也會變得越來越凝固，不同的是詞語虛化到最後可能變成了語法成分，而上一級語言單位構式虛化到最後可能凝固成為下一級的語言構式。本節只對構式“V（不）到 XP”演變過程中的擴展進行展示，這種擴展是按照時間順序進行的，由實而虛的演變和語言的歷史發展順序之間是成正比的，即越具體的 XP 越先出現，越抽象的 XP 越後出現。

1. 構式“V（不）到＋時間成分”的擴展

上文說到構式“V（不）不到 XP”的源構式都是表達空間語義上的“到達”。而從空間上到達某一個地點發展到時間上到達某個時間點，這是語言從空間向時間發展一般規律的體現。具體到“V（不）到 XP”構式中，就造成了構式“V 到 XP”和“V 不到 XP”用法的擴展，分別形成“V 到＋時間成分”和“V 不到＋時間成分”構式。肯定構式的用例在唐五代之後常見。如：

（27）坐到三更盡，歸仍萬里賒。（戎昱《桂州臘夜》，《全唐詩》卷二七）

（28）豈能窮到老，未信達無時。此道須天付，三光幸不私。（曹松《言懷》，《全唐詩》卷七一六）

（29）辛勤到老慕箪瓢，於我悠悠竟何有。（溫庭筠《醉歌》，《全唐詩》卷五七六）

（30）通融放到明日，還有些些束羞（脩）。（《敦煌變文・燕子賦（一）》）

（31）算一生，大都能消幾屐，勞神到老成何事。（宋・陳韡《哨遍・陳抑齊乞致仕》詞）

（32）咳，我做媒婆做到老，不曾見這般好笑。（元・高明《琵琶記・第十八出》）

（33）算到天明走到黑，赤緊的是衣食。（元·關漢卿《【雙調】喬牌兒·【慶宣和】》）

從以上例子可以看出，“V到”後表示時間的成分可以是時間名詞，如例（30）中的“明日”；也可以是表示時間的形容詞，如例（28）（29）（31）（32）中的“老”和例（33）中的“黑”；也可以是表示時間的主謂短語，如例（27）中的“三更盡”。但不管這些成分是一個詞還是一個短語或者其他形式，所表達的依然還是一個時間點。如例（27）“坐到三更盡”中，“坐”這個動作是在“三更”前開始的，一直持續到“三更結束”，既然是一個時間點，那麽就不僅是空間的點可以到達，同樣，時間的點也是可以達到的，所以，“到”依然是個動詞。

而否定構式“V不到＋時間成分”的文獻用例一直到宋代才見，元代及以後則常見。如：

（34）好花留不到清明。日日陰晴無定。（宋·翁元龍《西江月》詞）

（35）鼓二更，人初靜，更添愁興，照不到天明。（元·白朴《董秀英花月東牆記》第二折）

（36）聽漏沉沉才勾二更過，意懸懸盼不到來日個。（元·無名氏《謝金吾詐拆清風府》第二折）

（37）我看著這轉世浮財，則怕你守不到老。（元·鄭廷玉《布袋和尚忍字記》楔子）

（38）俺哥哥行半星兒恩義不曾報，我有七十歲的親娘侍奉不到老。（元·無名氏《鯁直張千替殺妻》第三折）

（39）百般的盼不到曉雞鳴，強搭夥這鮫綃盹。（元·無名氏《馮玉蘭夜月泣江舟》第一折）

（40）我奉著廉訪夫人處分，留不到一更將盡，則登時將你來送了三魂。（元·鄭廷玉《包待制智勘後庭花》第一折）

否定結構中的時間成分可以是時間名詞，如例（34）（36）中的“清明”和“來日”；也可以是形容詞，如例（37）（38）中的“老”；也可以是一個主謂結構，如例（35）的“天明”、例（39）的“曉雞鳴”和例（40）的“一更將盡”。而且從“V到/不到＋時間成分”這種結構開始，其中的動詞V就不再限於單音節動詞，開始出現了雙音節詞，如例（29）（31）（38）。

2. 構式“V（不）到＋數量成分”的擴展

上一節所研究的構式中，時間成分開始涉及量的表達，如例（27）的“三更”和例（40）的“一更”。因此，“V到”以及“V不到”從後面連接時間成分擴展到後面連接數量成分，“V到＋數量成分”從宋代開始頗為常見，表示動作的結果達到某個數量。如：

(41) 滿到十分人望盡。仙桂無根，到處留光景。（宋・黄裳《蝶戀花》詞）

(42) 本司以羨余錢買到數千斤，乞進入內。（宋・沈括《夢溪筆談》卷二十二）

(43) 且以一歲言之，自冬至至春分，是進到一半，所以謂之分。（宋・朱熹《朱子語類》卷九四）

(44) 祭酒奠到五六門，挽詩吟到十數首，可惜耗散了風雲氣，沈埋了經濟手。（元・宮天挺《死生交范張雞黍》第三折）

否定結構就是“V不到＋數量成分”，這一結構出現的時間又要稍晚些，從元代始見用例。如：

(45) 楚將極多，漢軍微末，真輕可。戰不到十合，早已在睢水邊廂破。（元・尚仲賢《漢高皇濯足氣英布》第一折）

(46) 知他是暮年間身死中年間喪，醉不到三萬六千場。（元・宮天挺《嚴子陵垂釣七裏灘》第一折）

(47) 吃不到數杯，只聽得隔壁閣子內，有人作歌道。（《水滸傳》第七十二回）

從以上諸例看，“V不到＋數量成分”表示的是動作的發生沒有達到數量短語所表示的數量。“戰不到十合”即“沒有戰到十回合”，“吃不到數杯”即“還沒有吃到數杯”之義。“V不到＋數量成分”作為背景的時候，該構式除了表達動作沒有達到某一數量外，同時也表示該動作發生之時，另一動作正在發生，表示的是一種時間的參照，如例（45）（47）都是表示“戰不到十合之時”、“吃不到數杯之時”，這種背景參照時間的意義是由前景的映襯而得出的，是前景句和背景句相互作用而體現出來的。

3. 構式“V（不）到＋程度成分”的擴展

正是因為數量短語具有量度，所以，數量短語的這種量度可以進一步擴展到程度上面，“V到”和“V不到”後連接表示程度的成分都可以構成“V到＋程度成分”和“V不到＋程度成分”構式，前者用例在宋代已見。如：

(48) 須是理會到十分是，始得。（《朱子語類》卷第八十四）

(49) 論王荊公遇神宗，可謂千載一時，惜乎渠學術不是，後來直壞到恁地。（《朱子語類》卷第一百三十）

(50) 做到私欲淨盡，天理流行，便是仁。（《朱子語類》卷第六）

（51）從今也莫察淵魚，做到不忍欺田地。（劉克莊《鵲橋仙・鄉守趙計院生日》詞）

（52）安得身閑頻置酒，攜手，與君看到十分開。（陸遊《定風波・進賢道上見梅贈王伯壽》詞）

“V到”其後用來表示程度的成分一般都是用來描述某一種狀態，可以是一個代詞，如例（49）中的“恁地”表示“如此、這樣”之義，“壞到恁地”即是“壞到這樣的地步”，只是“這樣”用來表示程度較深的狀態比較的籠統；如例（50）（51）就明確將這種狀態描寫出來了，前者是“做到私欲淨盡”的狀態，後者是“不忍欺田地”。例（52）中的“十分開”也是指梅花完全開放的狀態。因此，即使“V到”後面接的是謂詞性的成分，表達的依然是一個名詞性成分的意義，所以，這類例句都可以理解成“動詞發生達到某種程度較高的狀態”，所以，“到”還可以看成是動詞，但不是表示具體的“到達”義，而是表示抽象的“達到”義，所以依然將這種“V到”看成是一種短語構式，而不是一個複合詞構式。因為雖然“到”的語義已經發生了虛化，但是這種“V到”還不夠凝固，“到”在結構中對“V”起著補充說明作用。

“V到＋程度成分”的否定形式就是“V不到＋程度成分”，這種結構的語義是“動詞的發生不能或者沒有達到某種程度。”這種結構宋代初見，在整個近代漢語中都較為少見。如：

（53）關雎，看來是妾媵做，所以形容得寤寐反側之事，外人做不到此。（《朱子語類》卷第八十一）

（54）自秦漢以來豈無人！亦只是無那至善，見不到十分極好處，做亦不做到十分極處。（《朱子語類》卷第十四）

（55）隨你千選萬選，這家女兒臭了爛了，也輪不到說起他，正是老沒志氣，陰溝洞裏思量天鵝肉吃起來！（《初刻拍案驚奇》卷二十四）

（56）這也是成功當時萬萬料不到此的。（《孽海花》第二十九回）

（57）然後補提姦夫，一見人證俱齊，曉得是賴不到那裏，亦就招認不諱。（《官場現形記》第二十三回）

同樣，在“V不到＋程度成分”結構中，表示程度的成分可以是一個詞，如例（53）（56）的指代詞“此”表示程度義“這樣”，如例（57）的疑問詞“那裏”表示程度範圍“哪里”義；還可以是含有程度成分的名詞性短語，如例（54）的“十分極好處”；還可以是一個動補式的短語表示事件程度，如例（55）的“說起他”。這種用例中，“不到”同樣表達不能達到其後成分所表達的程度，因此，“不到”僅是動詞“到”的否定形式，“V不到”同樣還是動詞和弱化動詞否定式連用的短語構式，而不是一個詞。

4. 構式“V（不）到＋受事賓語”的擴展

上文包括源構式在內的四類結構“到”後的成分包括空間成分、時間成分、數量成分和程度成分，這些都是動詞V的非受事賓語，當XP是動詞V的受事賓語時，“到”及“不到”的語義更加虛化。如：

(58) 僧昨夜念經，更不是別人，即是新買到賤奴念經之聲。(《敦煌變文·廬山遠公話》)

(59) 紹興四年，複置茶馬司，買到四尺五寸以上堪披帶馬，每一千匹與轉一官。(宋·周煇《清波雜誌》卷十二)

(60) 卻將舊斬樓蘭劍，買到黃牛教子孫。(宋·黃徹《䂬溪詩話》卷八)

(61) 臣收復到襄陽、隨、郢三州。(宋·嶽飛《條具襄陽隨郢三郡防守狀》)

這種“到”表示“動作發生達成某一結果”，這種表示達成結果的意義源自於“達到”之義，因為無論是到達某處，還是達到某一數量或者程度，都是達到了一定的結果，所以這種意義是前面所述“到”的意義的發展。否定的“V不到＋受事賓語”同樣表示動作的結果沒有發生，如：

(62) 自秦漢以來豈無人！亦只是無那至善，見不到十分極好處，做亦不做到十分極處。(《朱子語類》卷第十四)

(63) 兩家長期分別，魚沉雁杳，音訊不通，本來以為此生再也見不到你們了，沒有想到在殘生餘年竟能看到你少年英俊，我心中的歡喜安慰，言語豈能表達！(明·瞿佑《剪燈餘話》卷五)

(64) 這是個一萬丈深坑，仰頭也看不到天空，李生料想自己將必死無疑。(明·瞿佑《剪燈餘話》卷三)

(65) 便在襄陽地方建了一個大府第，因造一座月臺，買不到上品的石頭，便將江口當先孔明迷惑陸遜的一垛石疊的八陣，他也不論什麼為叫古跡，著了無數的工人，先由外匡拆了就走。(《續濟公傳》第二百三十三回)

為何以上例子中的“到”語義更虛化呢？這是因為，當“V（不）到”後的連接對象還是空間成分、時間成分、數量成分和程度成分時，它們都是動詞V的非受事賓語，動詞V一般不能直接和這些成分發生語義關係，需要借助動詞“到”才能發生語義關係；而當“V（不）到”後的連接對是動詞V的受事賓語時，動詞V可以直接支配其後的賓語成分，可以直接發生句法語義關係，那麼“到”由於語義冗餘而虛化，如例（58）一例（61）中，“到”似乎可以理解成“了”，這是因為構式已經發展出表達事件的“達成”義了，而否定形式則是表示事件沒有達成，如例（65）“買不到上品的石頭”即表示“買上品石頭”這件事情沒有達成。“到”的這種達成義，顯示了“到”依然是個動詞。

5. **小結**

因此，從考察“到”後的成分，我們可以看出整個構式的發展演變過程，構式的語義也從具體“到達”引申出抽象的“達到”義，再從“達到”義引申出“事件的達成”義，這是整個構式不斷發展和不斷虛化的過程。需要指出的是，2.2.4 小節所論“V（不）到＋受事賓語”構式不是直接從 2.2.3 小節所研究的“V（不）到＋程度成分”發展而來的，而是從上文 XP 為空間成分、時間成分、數量成分以及程度成分這四種非受事賓語構式整體擴展而來的。當 XP 為非受事賓語時，動詞 V 和動詞“到”的凝固度不高，兩個動作之間具有時間間隔，只有發展到“V（不）到＋受事賓語”構式中，由於動詞 V 和受事賓語的語義發生直接關係，“到”的語義虛化，“V（不）到”才有了再次構式化的可能。

三、語音和語義的制約與“V（不）到”的構式化

上文我們將“V（不）到 XP”短語結構的形成過程稱之為構式化，其實嚴格地說應該是短語構式化，而構式中“V（不）到”凝固成詞的過程，我們稱之為詞彙構式化或構式化[①]。這個過程的具體情況是這樣的，伴隨著構式“V（不）到 XP”不斷地引申發展，構式中的構件動詞 V 會和其後的“到”或“不到”關係越來越密切，它們之間的凝固度也會越來越高，最後凝固成詞，從一個短語發展成為一個雙音節“V 到”或三音節的“V 不到”詞語，即短語層面的構式構件再次發生構式化，而影響“V（不）到”構式化的因素主要有三個：一是“V（不）到”的音節韻律；二是“V（不）到”的語義融合；三是“V（不）到”的語義轉化。

（一）音節韻律和“V（不）到”的詞彙構式化

無論是“現代化”、“詞彙化”、“語法化”還是“構式化”，因為有“化”，所以表示其前的“現代”、“詞彙”、“語法”以及構式都是一個實現的過程，即從不現代變得現代的過程，從不是詞彙變成詞彙的過程，從不是語法功能成分變成語法功能成分的過程。那麼，“V（不）到”的詞彙構式化過程也一樣，就是從“V（不）到”從不是詞彙構式到一個複合詞構式的形成過程，這個過程能否實現，取決於這個過程的諸多因素，漢語複合詞的形成過程，首先受到的制約就是音節韻律的制約，一般來說，漢語中兩個單音節的語素在一起容易複合成詞，因為兩個音節構成

---

① 詞彙構式化，也可以直接稱爲構式化，因爲複合詞、短語、小句和複句，甚至篇章都是構式。所以它們的形成過程都可以稱之爲構式化。“V（不）到”的成詞過程不稱爲詞彙化是爲了展示構式化理論可以統一展示和指稱各個層級語言單位的形成過程，這對於各層次語言單位的互相演變研究具有重要意義。

一個穩定音步，故而雙音節詞語在漢語中也是占絕對優勢的。其次是三個語素也能複合成詞，但是較之兩個音節的詞語又不太常見，四音節在漢語中一般很難成詞，形成固定的結構一般稱之為習語或成語。具體到“V（不）到”結構，由於動詞V後的是恒構件“到”或者“不到，如果“V（不）到”結構要發生辭彙構式化，動詞V最好是單音節的詞語，這樣能夠和“到”或“不到”複合成一個雙音節或三音節的詞語。雙音節動詞V進入“V（不）到”這樣的結構是不會發生辭彙構式化的，不要期望“聯想到”或“聯想不到”這樣的結構會發生辭彙構式化，因為音節韻律首先就會限制這種演變的發生。

（二）語義融合和“V（不）到”的辭彙構式化

前文我們談到“V（不）到XP”結構的源構式中的動詞V一般是位移動詞，動詞V與其後的動詞“到”形成的是一個連動結構，兩個動作的發生具有先後順序，具有時間間隔。如“走到家裏”，“走”與“到”的動作之間具有時間間隔，那麼像“走到”這樣的兩個語素，我們說它們的語義融合度低，語義融合度低的兩個語素一般是不會融合成詞的。根據我們的研究，關於“V到”，如果動詞V的發生與動詞“到”的發生之間的時間間隔越長，則V與“到”的語義融合度越低，越不容易成詞；反之，如果動詞V的發生與動詞“到”的發生之間的時間間隔越短，則V與“到”的語義融合度越高，也就越容易複合成詞，我們將這種連動結構的成詞規律叫做時間語義臨摹原則。這一原則符合一般的時間與事物關係的規律，人也是如此，十天半月不見面的兩個人的關係自然沒有天天呆在一起的兩個人的關係密切。這和空間像似性原則也是一致的，有人早就指出了“我爸爸”和“我的爸爸”都能說，但是只能說“我的書包”，而不能說“我書包”，這是因為爸爸是不可以讓渡的，我和爸爸的關係比和書包的關係要親密得多，反映在語言空間上就是沒有間隔。空間沒有間隔，表達語義上的沒有間隔，這和我們所講的時間語義的臨摹原則是一致的。我們以《現代漢語詞典》（第7版，以下簡稱《現漢》）所收詞為例來看一些具體的“V到”詞語的成詞情況，《現漢》收錄了“V到”詞語較少，有“達到”、“得到”、“感到”、“等到”、“臨到”、“想不到”等。本節只分析前面三詞，後面三詞留待下節討論。

語法化具有滯留性，說的是作為實詞的某些功能會或多或少地滯留在已經發生語法化的成分中。其實滯留性在語言演變中普遍存在。“V到”結構的詞彙構式化也一樣，它受到原型構式作為連動短語構式的制約，所以只要兩個動詞的發生還存在時間間隔，“V到”就只能是短語構式，而難以將其認定為是詞彙構式，這也算是源構式結構上的一種滯留。那麼為何《現漢》認為“達到”與“得到”是詞了呢？我們先看“達到”。

1. “達到”的詞彙構式化

(66) 也就是說，並不是每次獎勵或懲罰都能達到預期的效果。[①]

(67) 在自已的實踐活動中認識世界，那就很難想像世界上的科學知識會達到今天這樣的高度。

《現漢》(2016：231) 釋“達到”為“動 到（多隻抽象事物或程度）”，“達”也是“到”，“達到”也是“到”義，可見“達”與“到”語義基本一致，二語素都是表示“達到”之義，自然在動作的發生上不存在時間間隔，而是同時發生。“達到”並列複合成詞，與我們提出的時間語義臨摹原則是一致的。

2. “得到”的詞彙構式化

那麼“得到”呢？我們也先看二例：

(68) 她也很想得到一本你的大著。

(69) 尊重學生的人格，使每個學生都能得到充分的發展。

《現漢》(2016：271) 釋“得到”為“事物為自己所有；獲得”，標為動詞。要指出的是，“得到”所表示獲得的事物可以是具體的，也可以是抽象的，如上二例所示。“得”就有“獲得”之義。“她得了一本名著”也可以說成“她得到了一本名著”，可見“得”與“到”的語義融合度非常高，這是因為“獲得”了某物，表明已經達到目標了，這樣，“獲得”義其實蘊含了“達到”義，故而動詞“得”動作的發生與動詞“到”之間是不存在時間間隔的，它們的融合度很高，已經是複合詞了。

3. “感到”的詞彙構式化

那現在再來說說“感到”。有人會說，《現漢》收錄了“感到”，那麼“看到”、“聽到”、“聞到”、“嘗到”、“摸到”、“觸到”等是不是都應該收錄呢？可《現漢》確實沒有收錄它們，這是因為“看”“聽”“聞”“嘗”“摸”、“觸”等動作的發生與“到”在時間上還是有間隔的。一般是先看，後才有“看到”的結果；是先聽，才有聽到的結果。當然，你也可以說“我一眼就看到我一個以前的朋友”，但即使是這樣，也有“一眼”的時間間隔，因此，從語義融合度來說，還沒有達到詞彙構式化的程度。那麼，“感到”呢？我們先看三例：

(70) 聽到女兒這樣評價竇老師，我感到很欣慰。

(71) 既為差點兒上那輛車感到後怕，又為沒上那輛車感到慶倖。

(72) 講得不夠明白的許多問題，現在感到豁然貫通了。

① 現代漢語的語料都來自北京大學語料庫 CCL 網絡版，全文如此，不再標明例句出處。

以上三例，“感到”後面都是連接謂詞性成分。從 CCL 語料庫古代漢語庫檢索到的 170 餘例的“感到”看，其後都是謂詞性成分或者小句，沒有具體的名詞性成分；現代漢語語料庫 7 萬餘條語料也基本沒有“感到”後帶具體名詞成分的用例，這時候的“感到”意義相當於“（心理）感覺”之義。試比較下二例：

(73) 隱隱地看到火花、感到熱氣，卻又看不清、摸不著。

(74) 她在家，便感到冷氣襲人。

當“感到”後連接的是具體可感事物的時候，“感到”之“感”是通過外部感覺器官去體驗的，例（73）（74）的“感到”是通過觸覺去感覺到的，這時候的“感到”和上文提到的“聞到”“聽到”一樣，“感”和“到”之間明顯還具有時間間隔，語義沒有融合，只有當其後的連接成分變成抽象的，“感到”不需要借助外在的觸覺去感知的時候，如例（70）—（72），“感到”之“到”完全融入到“感”的語義之中，“感到”之語義從外部感覺轉移到了“內心感覺”，從這個角度來說，“感覺”的語義發生了轉化，形成了一個新的意義。這也是我們下文要講的語義轉化與詞彙構式化的關係。

（三）語義轉化和“V（不）到”的辭彙構式化

語言在實際的運用過程中，其意義相對來說是較為穩定的，但是隨著語言成分前後搭配的變化，其自身的語義會發生變化，這種變化可能會引申出新的意義，這都是語言結構構件變化造成語言結構重新分析帶來的結果，我們將這種語義的變化寬泛地稱之為語義轉化。從語義是否發生了語義轉化來判斷一個結構是否發生了詞彙構式化，這是一個重要的語義標準，而且是一個容易操作的方法。下文以“等到”、“臨到”以及“想不到”、“料不到”、“用不到”為例來看利用語義轉化來判斷成詞的情況。

1. “等到”的詞彙構式化

當“等”表示“等待”義動作，“到”表示動作“等”所到達的某個時間點，這時的“等到”還沒有成詞，如：

(75) 有個舉人要做此事，約定昨日來成的，直等到晚，竟不見來。（明·淩濛初《初刻拍案驚奇》卷四十）

(76) 一頭怨，一頭等，等到午西，見柏兒拿著詩箋，頭上裡著帽子，汗浸浸走進船艙。（清初·南北鶡冠史者《春柳鶯》第二回）

動作“等”和“到”兩個時間點之間還是具有時間間隔，根據上文的原則，我們判斷這種“等到”還不是一個動詞。《現漢》（2016：275）收錄了介詞“等到”，並釋之為：“表示時間條件：～我們去送行，他們已經走了。”我們認為這種“等到”是動詞，而不是介詞。因為《現漢》的用例也可以說成“等到去送行，他們已經走了”，可是介詞後的賓語在現代漢語中是不能省略的，因而不應將這種“等到”看成是介詞。其實該例只是用一個事件來表示一個時間點，即表示的是“等到我們去送行的時候”之義，這種“等到”中的“等”的語義已經弱化，不像例（75）（76）中的“等”還有“等待”之義，“等到我們去送行的時候”與“到了我們去送行的時候”的意義基本是一致的，可見“等到”在這種語境中由於“等”的語義弱化而使得兩個語素的語義融合度很高，可以看成是動詞“等到”。再如：

（77）無論霸佔田產，搶奪婦女，皆讓他得個先分。等到有人來告，皆是駁個不准。（清末·佚名《狄公案》第三十四回）

（78）姨媽坐在旁邊，勸了一天。等到開出飯來，丫頭過來請用飯。（清末·吴趼人《二十年目睹之怪現狀》第八十九回）

二例中“等到”之“等”的語義弱化了，其後的“有人來告”與“開出飯來”皆用來表示時間點，例（77）可理解成“到（了）有人來告之時”或“等有人來告時”，例（78）可理解成“到（了）開出飯來之時”或“等開出飯來之時”，可見“等”與“到”二詞的語義基本一致，皆是表示“達到某個時間點”之義。例（75）和例（76）就不能如此理解，這就是詞和非詞的區別。

再看現代漢語的用例：

（79）諮詢者要即時描述出他所看到的正在發生的事情，而不要等到會談結束，甚至等到下次會談時才進行描述。

如果按照《現漢》的判斷標準，例（79）中前一“等到”和後一“等到”的用法是不一樣的，如果由於後一“等到”有後續句“才進行描述”，就將“等到”看成介詞的話，那前一“等到”就不能做出合理的解釋。其實，該例中的兩個“等到”用法是一致的，都是動詞。所以，“等到”只要在其後有用謂詞性事件來表示某個時間點，其所在分句後不管有無後續句，“等”之“等待”義弱化，“等到”就可視為動詞，且一般用於時間背景句中表示“達到某一時間點”。如：

（80）此後，等到對方也有類似大事時，再送去相應數量的禮金。

（81）洗澡時用手試水溫，覺得不涼，等到水淋到身上，就覺得太涼。

例（80）“等到”分句已有“時”字，例（81）也表達“等到水淋到身上時”之義，所以“等到”仍然還是動詞。《現漢》應釋之為“動表示達到某個事件發生的時間點”，這個意義與“等待直到”義相比，已經發生了語義上的轉化，是引申出的新義。

2. **“臨到”的辭彙構式化**

《現漢》（2016：825）收錄了“臨到”的兩個義項：①動（事情）落到（身上）：這事臨到他的頭上，他也沒辦法。②介接近到（某件事情）：臨到開會，我才準備好。

我們先看第一個義項，表示某件事情發生在某人身上。如：

（82）不想今日臨到自己頭上，還要細心，不肯露全方兒。如此看來，二哥也太深心了。（清·石玉昆《七俠五義》第六十三回）

（83）像這宗事情，我只聽說過，並未經過，怎麼單單就臨到我的頭上來了？（清·張傑鑫《三俠劍》第一回）

動詞“臨”具有“來到；到達”義，如：

（84）朝發軔於大儀兮，夕始臨乎於微閭。（屈原《楚辭·遠遊》）

（85）東臨碣石，以觀滄海。（三國·魏·曹操《步出夏門行》）

（86）我因為工作忙，沒有臨場。（郭沫若《北伐途次》）

因“臨”既有“到”義，則“臨”與“到”二詞之間不存在時間間隔，因此“臨到”可以看成是一個同義並列的雙音節詞，已經凝固成詞了。例（82）（83）中，“臨到”後是接“某人身上”或“某人頭上”，則可以理解為某件事情發生在某人身上，所以，其意義已經發生轉化引申了。這個意義其實是比較晚起的，直到清末才出現。其實作為“來到，到達”義的“臨到”後的論元最初是表示空間的成分。如：

（87）朝陽行運喜西方，臨到東方也吉昌，最怕北方多不吉，南離衝破主災殃。（明·萬民英《三命通會》卷六）

（88）臨到家十餘裏外，遇見了個賣糖的鄰家。（清·西周生《醒世姻緣傳》第八十六回）

“臨到”後的成分從表示空間擴展到表示時間。這就是《現漢》的第二個義項。如：

（89）況且小娘自己手中沒有錢鈔，臨到從良之際，難道赤身趕他出門？（明·馮夢龍《醒世恒言》第三卷）

（90）若不是他，我前日說過的，臨到迎娶，自縊而死！”（明·淩濛初《二刻拍案驚奇》卷九）

（91）列位，大英雄是血氣男兒，臨到將死，還不忘保護勝爺他們呢。（清·張傑鑫《三俠劍》第三回）

三例中“臨到”後都是表示時間的成分。例（89）已明確指出了“從良之際”，表示“從良的時候”；例（90）（91）的“迎娶”和“將死”是謂詞性的，但其實是表示事件發生的時候，“臨到”從表空間義的“來到；到達”義引申轉變為表示時間的“到了；達到”之義。“臨”與“到”的語義融合度更高，從具體義轉化為抽象義。這種語義的“臨到”和表示達到某一時間點的“等到”意義接近，例（89）—（91）中，“臨到”替換成“等到”也是通暢的。這種表示達到某個時間點的“臨到”的用法和《現漢》所舉的“臨到開會，我才準備好”是一致的，但《現漢》將這種“臨到”認為是介詞，我們認為不正確，這種“臨到”仍然是動詞。作為動詞，“臨到”之後也可以直接連接表示時間的名詞，如：

（92）起先統領只是拉長著耳朵聽他講話，後來漸漸的面有喜色，臨到末了，不禁大笑起來。（清·李寶嘉《官場現形記》第十五回）

“末了”是表示時間的名詞，義為“最後”。所以“臨到”的詞義發展序列是：“空間到達”義→“時間達到”義。這都是動詞由於其後搭配成分的變化從而導致的語義轉化。

3. “想不到”的詞彙構式化

當“想不到＋名詞（代詞）”時，“想不到”還沒有成詞。如：

（93）桂生喜出望外，做夢也想不到此，接銀在手，不覺屈膝下拜，施濟慌忙扶起。（明·馮夢龍《警世通言》第二十五卷）

（94）我們不過閒逛逛，就想不到這禮上，沒的驚動了人。（《紅樓夢》第二十九回）

以上二例“想不到”都表示“不能想到”之義。“想不到此”就是“不能想到這裏”、“想不到這禮上”即“不能想到這禮上”之義。

“V不到XP”中的XP是一個變構件，當XP是一個小句的時候，“想不到”不再表示“不能想到”之義，而是表示“沒有想到”之義，表達了一種“意料之外”的意義。如：

（95）開始我以為陽世間的貪官污吏才會貪贓枉法，富人犯法後只要行賄就可以得到保全，窮人沒有錢抵罪只好受罰，而今竟然想不到陰間更加厲害！（明·瞿佑《剪燈新話》卷二）

（96）粹奴、篷萊二人私下也歡喜不盡。可想不到賈虛中忽然免官，回歸故里，這婚事竟然未能成功。（明·瞿佑《剪燈新話》卷二）

（97）此鍘乃初次用，想不到拿葛登雲開了張了。（清·石玉昆《七俠五義》第二十七回）

(98) 想不到他竟有如此的志向。(同上，第七十九回)

“陰間更加厲害”、“賈盧中忽然免官”、“拿葛登雲開了張”、“他竟有如此的志向”都是一個小句，這些句子充當“想”的對象，“想”不能理解為“思考”的動詞義，而是一種認知義，表達對某件事情沒有充分的認識，是一種意料之外的認識，從“不能想到”變成“沒有想到”，這是邏輯推理的語義引申轉化。這樣，我們說例(95)—例(98)中的“想不到”已經複合成詞了。《現漢》(2016：1432)收錄了“想不到”，標為動詞，並釋之為“出乎意料；沒有料到”。甚是。

4. **“料不到”的詞彙構式化**

“料不到”的成詞過程和“想不到”類似，如果“料不到”後面連接的是單個名詞，“料不到”還沒有成詞。如：

(99) 那知寶妹妹不是姻緣，這憑誰也料不到的。(清·佚名《紅樓夢補》第十七回)

(100) 這件事我卻料不到，如今只要挨過這一半天，就可保無事了。(同上，第五回)

(101) 那時政府就利用著同類相殘的政策，就引起哥老會黨，去撲滅那三合會。這也是成功當時萬萬料不到此的。(清·曾樸《孽海花》第二十九回)

例(100)中的受事賓語提前變成了主語，正常的語序是“我卻料不到這件事”，表示的是不能料到這件事情，“料不到”還是“料到”的否定形式，“料”的語義也沒有和“不到”的語義發生融合。一旦“料不到”後面的連接成分變成一個分句的時候，“不”不僅僅是對“料到”的否定，而且還表示結果沒有達到，突出的是“沒有想到”的意料之外的語義。如：

(102) 我舅舅家後園子裏也有幾叢竹子，我瞧著就想起這裏的光景來，再料不到林姑娘已經回南去了。(清·佚名《紅樓夢補》第十五回)

(103) 中國人看得他一錢不值，法國文壇上卻很露驚奇的眼光，料不到中國也有這樣的人物。(清·曾樸《孽海花》第三十一回)

(104) 及至見到正身的靈氣，仍由張家宅裏的地段透出，我等總以為那個瘟禿驢喊我們受罪，不料落下靈光一望，是胖奶奶放出我們的本身，更料不到這個胖奶奶就是掃道兄變的。(清·坑餘生《續濟公傳》第一百四十三回)

“料不到”發生詞彙構式化的環境和“想不到”是一致的，在語義上二者也基本一致，因此，二者都是動詞，都是表示“意想不到”的意義，都是由於語義的轉化從而導致了複合詞的產生。《現漢》(2016：1432)只收錄了“想不到”一詞而未收錄“料不到”一詞是不應該的，當補收“料不到”。

5. “用不到”的詞彙構式化

“用不到 XP”結構出現較晚，清末開始出現了各種 XP 的結構。如：

(105) 撫院雖大，然而卻用不到一萬銀子。（清・吳沃堯《九命奇冤》第二十八回）

(106) 如果是禮金，用不到這許多。（清・李寶嘉《官場現形記》第十回）

(107) 戰士吃不到的東西，我們吃著不甜，戰士們用不到的東西，我們用著不安。

(108) 很可能這世界用不到我們了。

例（105）中的“用不到一萬銀子”，“銀子”為“用不到”的受事賓語，直接受動詞“用”的支配，表示“不會使用到”。例（106）“禮金”受事賓語提前，放到話題的位置上，“用不到”的後面就剩下了名詞修飾語“這許多”，其原本的語義結構應該是“用不到這許多禮金”。例（107）構式“V 不到”充當定語修飾名詞，如“吃不到的東西”、“用不到的東西”。例（108）中的“世界用不到我們”的“用”已經不是“使用”之義了。因此，“用”的語義朝著一定的方向開始了泛化。當“用不到”後面連接時間名詞短語的時候，“用不到”產生歧解。如：

(109) 這個色氣太嫩了，用不到兩三個月，便不好看。

(110) 老三肩不能擔擔，手不能提籃，又好交個朋友，分出這點兒家產去，用不到三年二年，就得花個山窮水盡，一無所有。

以上二例中，“用不到＋時間短語”分句後面一般都有一個後續句，這是造成重新分析和歧解的主要語境，如果沒有後續句，則不會發生歧解。如例（109）“這個色氣太嫩了，用不到兩三個月”，例（110）“分出這點兒家產去，用不到三年二年”，沒有後續句後，動詞“用”的受事是前面句子所提到的名詞所表示的事物，即理解為“使用色氣太嫩的東西持續不到兩三個月”，“使用這點家產不能持續三年二年”。一旦有後續句後，“用不到”的“用”除了可以像前面理解成“使用”外，“用不到＋時間短語”還可以理解成“在時間上不需要達到某個量，就會發生後續句的動作”，如例（109）可以理解成“這個色氣太嫩的東西，不用兩三個月，便不好看了”，這種理解使得“用不到”的語義發生了轉化，變成了“不用；不需要”義，已經可以看成是一個動詞了。

這種重新分析的語境還有另一種情況，如：

(111) 夫人好意，怎有處罰的理兒，只是夫人道，用不到什麼預備，能夠赤手捕到兩鬼不成？

(112) 我所以只好裝假了，其實根本用不到裝的。

這兩例中，"用不到"的後面是謂詞性成分，本來這些成分所表達的概念是不可以和"使用"搭配的，但是由於例（111）中的"預備"之前有"什麼"，"什麼"使得"預備"名物化，所以這種例子也可以重新分析，既可以理解成"使用不到什麼預備的東西"，又可以理解成"不需要（不用）什麼預備"；例（112）中"裝"雖然是個動詞，但是其後有一個名物化的"的"，所以此例既可以理解成"使用不到裝的手段"，也可以將"的"理解成是一個語氣詞，這樣，全句就可以理解成"其實根本不需要裝"的意義。當然，更多的情況下，"用不到"後面如果接動詞的話，一般是認為"用不到"已經成詞了，原有語義發生轉化，從而表達"不用"、"不需要"、"用不著"或者"沒有必要"這樣的意義。如：

（113）密須國君虐待老百姓，早已失去民心，他就是再厲害十倍，也用不到怕。

（114）既然王公這樣喜愛，就用不到破費，我把這群鵝全部送您好了。

（115）用不到同志你說，老百姓早把他仨拴到一堆啦。

（116）憑魏強那個膽量和本領，根本用不到我放槍。

例（113）（114）中"用不到"後面接的是動詞"怕"和"破費"；例（115）（116）後面分別接的是短語和小句。這種例句中的"用不到"語義已經發生了轉化，變成了一個三音節的複合動詞了。所以，當一個結構構式化後，其內部成員之間的聯繫更加緊密，在一定的語境下，內部成員可以進一步構式化，變成一個詞彙單位。從語義轉化形成了新義的角度來看，"用不到"當為一個動詞，《現漢》（2016）未收錄，也應當補錄。

四、結論和餘論

縱觀全文，構式語法可以適合漢語雙音節複合詞及以上的語言單位。構式的形成完全可以通過事件框架結構來認識，因為語言構式源於人對客觀世界的主觀經驗認知，所以，從體驗認知心理的角度，就完全可以建立一個語言構式形成的認知心理模型（如前文圖 1），這個模型展示了外部世界通過外部感官輸入心理的感知抽象並概括輸出的過程。按照這個認知心理模型，我們對"V（不）到 XP"構式的生成和發展及其演變進行了研究，研究結果表明，構式不是自在存在，而是一種自為存在，也就是說，構式的生成可以通過對其源構式的意象圖式進行研究而獲得，而且構式具有推導性，構式作為語言單位通過隱喻等手段可以不停地從典型構式向非典型構式擴展，這種從空間向時間、從時間向數量以及程度語義構式的擴展順序與它們出現的時間是成正比的，而且在這個擴展過程中，核心動詞語義也發生了變化，這是受到構式語義限制的結果，從而形成一個"路徑圖式"抽象不一的構式家族。也就是說，有些沒有位移意義的動詞，進入“V（不）到 XP”構式以後，同樣獲得了“路徑圖式”的位移意義，如“打”沒有位移意義，但是在“一拳打到他的臉上”則具有路徑位移意義。另外，構式在發展的過程中，其構件是相互作用和相輔相成的，彼此制約從而使得語義達成和諧，構式也不斷凝固，最後，構式的構件會發生詞彙層面的構式化。所以，構式從形成的一刻開始，就處於不斷的發展變化中。

另外，從構式語法的角度對“V（不）到 XP”結構構式化進行研究的結果使得我們有必要對這一構式的幾個構件的性質做一個總結，同時澄清學界一些關於該構式的相關認識。

首先，“到”的性質為動詞。前文我們已經提到，學術界對該構式中的“到”有各種認識，這是因為動詞“到”在前後成分發生變化的時候，其動詞語義的具體或抽象程度不完全相同，甚至在有的結構中，“到”的動詞語義已經弱化，但不論怎樣，“到”的動詞性質不變。邢福義（1998：220）認為“來到了長春”中的“到”與“聘請專家的任務落在了我的頭上”、“戰士們猛虎一般撲向了敵人”中的“在”和“向”是一致的，都是介詞。可是“來到了長春”也可以說“到了長春”，其他二例卻不可以說“在了我的頭上”和“向了敵人”，但是“聘請專家的任務落到了我的頭上”卻可以說“聘請專家的任務到了我的頭上”。結合前文的論述，這足以說明“V 到”中的“到”是動詞，而且是個趨向動詞，而不是介詞。呂叔湘（1999：151—152）在“V 到”之“到”的五個義項前就明顯標注了詞性“［趨］”，即“到”為趨向動詞，並列舉了其中五種句式，然而曹書華（2010：13）曲解了呂先生的意思，呂先生在第 5 個義項中說：“形＋到＋動/小句。表達狀態達到的程度。‘到’的作用接近於引進結果—情態補語的助詞‘得’，多數例句可以改用‘得’。”曹文據此來論證“到”像動詞又不像動詞。其實呂先生並沒有說“到”為助詞，只是在用法上接近“得”而已。“有些生物小到連眼睛都看不見”中的“到”可以用“得”替換，但並不完全相同。用“得”是一種程度的客觀描述，用“到”是一種程度的動態表達。稍作修改，該句也可以說成“有些生物小得到了連眼睛都看不見的程度”，“得”與“到”並置，其功能及其差異立顯。趙元任（1979：177）在論述“粘著的短語補語”時，也明確指出了“V 到”結構中的“到”為動詞，他說：“第一動詞沒有賓語而第二動詞為‘在’或‘到’的時候，‘在’或‘到’一般是輕聲，這樣就稱為第一動詞的後附（enclitic），中間不能停頓，不能插入別的詞。第二動詞‘在’或‘到’的後邊的賓語只能是時間和處所詞。”如“走到張家”、“說到天亮”。雖然關於“V 到”中間不能插入別的詞以及其後的賓語只能是時間和處所詞這兩點可能值得商榷，但趙先生對“V 到”之“到”是動詞的認識則是毫無疑問的。曹書華（2010：13）顯然也是誤解了趙先生的意思，曹文

(2010) 主張動詞說和介詞說，認為“V到”之“到”的詞性有兩個，一個是動詞，一個是介詞。

第二，“V（不）到”的性質是一個動態的構式。這一結論是我們從研究“V（不）到XP”構式的發展演變中得到的。關於“V到”的認識也歷來不一致，呂叔湘（1999：42）認為“V到”是“動趨式動詞”，因為在“動趨式動詞有關句式表”一節中，第4個“主語＋動趨＋賓語（處所）”表中，就列舉了“跑到”、“擺到”和“領到”幾個例子；蔣同林（1982）也認為“V到”是個動詞，不同的是，他認為“V到”的內部關係是“動介式”，將“到”看成是介詞；曹書華（2010）從生成語法的角度論證了“V到”是一個句法派生的動詞。趙元任（1979：177）則將“V到（XP)”看成是動補結構，認為這是“一個動詞加上一個動賓短語，後者由於第二動詞的（語音上）附屬地位粘著與前邊的動詞”，因此將“到XP”看成是動詞V的“粘著的短語補語”。朱德熙（1982：130—132）也有類似的看法，認為“V到”是一種“述補結構”，且專門用一節來論述了“V到”述補結構帶賓語的四種情況。但是，對於“V到”的認識，無論是動詞說，還是短語說，都不足以概括“V到”在具體語言實踐中的虛實不一的情況，它呈現的是一種序列，所以，只說它是動詞，則不能概括諸如“飛到”一類顯然還沒有凝固的“V到”，同時也不符合語言對詞的界定，因為它不僅是一個鬆散的結構，而且還是一個開放的、能產性很高的結構。如果只將“V到”概括為短語，則確實又不能忽視有的“V到”已經成詞（如上文論述的“達到”“得到”等）。當然，動詞說和短語說特別沒有注意到的是，伴隨“V到”結構的還有它的否定結構“V不到”，而且它們的產生和發展都是同步的，甚至有的“V不到”也已經成詞（如“想不到”等）。所以，將“V（不）到”這樣一類處於動態發展變化中的結構看成是動態構式無疑是非常有利的，動態性說明“V（不）到”不是一成不變的，在不同的語境下，它既可以是詞，也可以是短語，而且不同層級構式之間是具有承繼衍生關係的。

第三，“V（不）到XP”構式中V的進一步擴展。在近代漢語中，V以單音節為常見，只能見到少數的雙音節用例，如上文例（29）“辛勤到”和例（61）“收復到”等這樣的例子。但是到了現代漢語中，“V（不）到”構式中V為雙音節動詞的用例大大增加，如“體會（不）到這種快樂”、“瞭解（不）到社情民意”、“關照（不）到自己的朋友”、“享用（不）到美食”、“顧及（不）到親情”、“搜索（不）到敵情”、“探測（不）到遙遠的星球”、“觀察（不）到細微的變化”，“勞動（不）到天黑”，等等。V為雙音節時，“V到”就更不可能是詞了。那麼，哪些V可以進入這一構式呢？從構式語義來看，當XP是V的非受事賓語時，其構式語義是“動作的發生（不能或者沒有）達到（或達成）XP所表示的某個時空、數量或程度”；當XP是V的受事賓語時，其構式語義是“‘V＋XP’所表示的事件（不能或沒有）獲得達成”。這樣，我們可以知道，基本上所有的動作動詞（含源構式的位移動詞）、心理動詞和趨向動詞都是可以進入這一格式，因為這些動詞都會涉及空間、時間、數量和程度等其中的某些因素。而語義比較抽象的動詞，如存現動詞（“在”、“有”、“存在”、“具有”等）、關係動詞（“是”、“像”、“姓”、“屬於”、“成為”、“仿佛”等）以及形式動詞（“加以”等）則不可以進入“V（不）到 XP”構式中，不能說“在（不）到”、“屬於（不）到”或者“加以（不）到”等。因為構式中的“到”是動詞，所以能願動詞（“會”、“能”、“可以”、“能夠”、“要”、“肯”、“必須”、“應該”等）似乎也可以進入該構式，形成“能夠到上海”、“必須到天亮”這樣的說法，但這已不屬於“V（不）到 XP”範疇了。最有意思的是使令動詞（如“使”、“令”、“叫”、“讓”、“請”、“要求”等），它們不能直接進入到“V（不）到 XP”構式中，但是當構式變為重動句式後，則可以說“請他請到絕望”、“叫他幹活叫到口乾舌燥”等，為何會這樣，其中的語用表達和語義限制，將另文探討。

還有一個值得注意的現象是，“V（不）到 XP”構式中 V 的擴展沒有停留在動詞內部，現代漢語中 V 突破了動詞域，擴展到形容詞域去了，形成了“A（不）到 XP”構式，由於形容詞主要涉及的是事物的性質程度或者狀態，所以“A（不）到 XP”表達的構式語義是“形容詞 A 所表達的性質或者狀態（不能）達到某一種程度”。如：“這條路窄到僅能過一個人”、“恐慌到失控/睡不著覺”、“今天夜晚黑到伸手不見五指”、“這種花紅到令人血脈膨脹”，等等。基本所有的性質形容詞和狀態形容詞都能夠進入“A 到 XP”構式，而且大都能形成“A 到讓人不敢相信”這樣的構式，因為性質形容詞都能夠受程度副詞的修飾，而“讓人不敢相信”表達的就是一種程度語義，因此，它在構式中的功能就相當於程度副詞的功能。而否定式“A 不到 XP”一般在現實語言中多會形成“A 不到哪里去”[①] 結構，因為該構式的意義是“形容詞的性質或狀態不具有很深的程度”，而形容詞作為主觀評判的對象，首先想到的當然是其最主要的性狀程度，“A 不到哪里去”表達有限程度的量。當然也可以形成“他老實不到兩天”、“這花紅不到一個星期”等說法，但關注形容詞性狀持續的時間終不會超過關注其性狀程度，故“A 不到哪里去”構式要常見些。

參考文獻

曹書華.“V 到”句式研究. 安徽師範大學碩士學位論文，2010..

① 吳爲善、夏芳芳（2011）認爲“A 不到哪裏去”構式來源於“V 不到哪裏去”構式，表達的構式語義是：主觀評述性的有限程度量。他們的看法和本文是一致的。“V 不到哪裏去”是構式“V 不到 XP”中的一員，所以，“A（不）到 XP”的形成是構式“V（不）到 XP”擴展的結果。

樊彩豔. 現代漢語“V不到（XP)”的構式研究. 湘潭大學碩士畢業論文，2016.

洪波，董正存. “非X不可”格式的歷史演化和語法化. 中國語文，2004（3).

蔣同林. 試論動介複合詞. 安徽師範大學學報（哲學社會科學版)，1982（1).

劉辰誕. 生成整體論視角下“動賓動詞＋名賓”構式的生成——構式創新的一個動因. 外語學刊，2008（3).

劉大為. 從語法構式到修辭構式（上). 當代修辭學，2010a（3).

劉大為. 從語法構式到修辭構式（下). 當代修辭學，2010b（4).

龍國富. “越來越……”構式的語法化——從語法化的視角看語法構式的顯現. 中國語文，2013（1).

陸儉明. 構式語法的價值和局限. 南京師範大學文學院學報，2008（1).

陸儉明. 從語法構式到修辭構式再到語法構式. 當代修辭學，2016a（1).

陸儉明. 對構式理論的三點思考. 外國語，2016b（2).

呂叔湘. 現代漢語八百詞（增訂本). 北京：商務印書館，1999.

牛保義，席留生. 仿擬構式生成的認知語用學解釋. 現代外語，2009（2).

彭睿. 語法化·歷時構式語法·構式化——歷時形態句法理論方法的演進. 語言教學與研究，2016（2).

任鷹. “領屬”與“存現”：從概念的關聯到構式的關聯——也從“王冕死了父親”的生成方式說起. 世界漢語教學，2009（3).

施春宏. 新“被”字式的生成機制、語義理解及語用效應. 當代修辭學，2013（1).

邢福義. 漢語語法學. 長春：東北師範大學出版社，1998.

文旭，楊坤. 構式語法研究的歷時取向——歷時構式語法論綱. 中國外語，2015（1).

吳為善，夏芳芳. “A不到哪里去”的構式解析、話語功能及其成因. 中國語文，2011（4).

楊亦鳴，曹明，沈興安. 國外大腦詞庫研究概觀. 當代語言學，2001（2).

楊永龍. 試說“連X＋都VP”構式的語法化//吳福祥，張誼生主編. 語法化與語法研究（五). 北京：商務印書館，2011.

張瑩. “V到”結構研究. 延邊大學碩士學位論文，2003.

趙元任. 漢語口語語法. 北京：商務印書館，1979.

朱德熙. 語法講義. 北京：商務印書館，1982.

朱德熙. 語法答問. 北京：商務印書館，1985.

Fried, M. (2009). Construction grammar as a tool for diachronic analysis [J]. *Constructions and frames*, 1 (2): 261—290.

Fried, M. (2008). Constructions and constructs: Mapping a shift between predication and attribution [A]. In Bergs, A. & Diewald, G. (eds.) *Constructions and language change* [C]. Berlin/New York: Mouton de Gruyter, 47—80.

Fried, M. (2012). Principles of constructional change [A]. In Trousdale, G. & Hoffmann,

T. (eds.). *The Oxford handbook of construction grammar* [C]. Oxford: Oxford University Press.

Goldberg, Adele E. (1995). *Constructions: A construction grammar approach to argument structure* [M]. Chicago: Chicago University Press.

Goldberg, Adele E. (2003). Constructions: A new theoretical approach to language [J]. *Journal of Foreign Languages*, No. 3.

Goldberg, Adele E. (2006). *Constructions at work: The nature of generalization in language* [M]. Oxford: Oxford University Press.

Goldberg, Adele E. (2009). The nature of generalization in language [J]. *Cognitive linguistics*, (1): 93—127.

Langacker, Ronald. W. (1987). *Foundations of cognitive grammar*. Vol. 1: Theoretical Prerequisites [M]. Stanford: Stanford University Press.

Noël, D. (2007). Diachronic construction grammar and grammaticalization theory [J]. *Functions of Language*, 14 (2): 77—202.

Traugott, E. C. (2008a). Grammaticalization, constructions and the incremental development of language: Suggestions from the development of degree modifiers in English [C]. In Eckardt, R., Jäger, G. & Veenstra, T. (eds.) *Variation, selection, development: Probing the evolutionary model of language change*. Berlin/New York: Mouton de Gruyter, 219—250.

Traugott, E. C. (2008b). The grammaticalization of *NP* constructions [C]. In Bergs, A. & Diewald, G. (eds.) *Constructions and language change*. Berlin/New York: Mouton de Gruyter, 23—46.

Traugott, Elizabeth C. & Graeme Trousdale (2013). *Constructionalization and constructional changes* [M]. Oxford: Oxford University Press.

Trousdale, G. (2008a). A constructional account of lexicalization processes in the history of English: Evidence from possessive constructions [J]. *Word structure*, (1): 156—177.

Trousdale, G. (2008b). Constructions in grammaticalization and lexicalization: Evidence from the history of a composite predicate in English [C]. In Trousdale, G. & Gisborne, N. (eds.) *Constructional approaches to english Grammar* [C]. Berlin: Mouton de Gruyter, 33—67.

Trousdale, G. (2012). Grammaticalization, constructions, and the grammaticalization of constructions [C]. In Davidse Kristin, Tine Breban, Lieselotte Brems & Tanja Mortelmans (eds.) *Grammaticalization and language change: New reflections* [C]. Amsterdam/Philadephia: John Benjamins, 167—198.

A Study on the Process of Chinese Constructionalization

——Taking "V (Bu) Dao XP" as an example

Lei Dongping

Abstract: In Chinese, compound words and above language units can be regarded as constructions. In the study of constructionalization, we first find the correct source construction, which is the explicit result of the image schema formed in the conceptual framework after the perception of the external world. And the source construction of the two affirmative and negative constructions of "V (Bu$_{不}$) Dao$_{到}$ XP" is formed when its verb V is the displacement verb and XP is the locative noun. The source construction has extended function. The construction become more and more empty and solidified constructional when the XP is extended from the spatial component to the time component, the number component and the degree component of construction. And the construction semantic develops the abstract meaning "achieve" from the concrete meaning "arrive". XP also extends from non patient argument to the patient argument of V, and then the verb "Dao (到)" is further weakened; the constructional semantic develops the meaning "reach the aim of a even" from the meaning "achieve". In the process of construction extension, the displacement verb and "Dao" form the verb-sequence construction because the two verbs do not occur at one time point, so there is a time distance between the two verbs. When the verb V is monosyllabic verb, and there is no longer a time interval between V and Dao, or when combination of the verb V and the verb "Dao" form a new meaning because of the occurrence of semantic transformation, "V (Bu$_{不}$) Dao$_{到}$" will constructionalize again, forming a disyllable or trisyllable verb. Therefore, the construction is not static once formed, but in constant evolution. "V (Bu$_{不}$) Dao$_{到}$ XP" still continues to extend, and forms the construction "A (Bu$_{不}$) Dao$_{到}$ XP".

Keywords: Constructionalization; V (Bu$_{不}$) Dao$_{到}$ XP; Generate; Functionalization; Extension

（雷冬平，上海師範大學對外漢語學院）

早期天師道文獻中詞彙的層次性*

田啟濤　俞理明

提　要： 處在共時平面中的詞彙並非形成於一時，而是不同時間層面的語言成分逐漸累積而成，其中有著明顯的層次性。從穩定性和普遍性來分析，詞彙形成一個環靶狀的結構，不同的詞在這個系統中占據不同的位置。在這個分析中，詞彙成分之間的關係是離散的，反映詞彙內部成分形義關聯的各種關係，比如單音—複音關係，同義—反義—類義關係，引申關係等，被忽略了，而存在於這些關係中的各詞彙成員的活力差異被突顯了出來。

關鍵詞： 天師道文獻；詞彙；層次性

詞彙的層次性是漢語詞彙研究的基礎問題，歷來備受語言學者的關注。習慣上，詞彙被分為基本詞彙和一般詞彙兩部分，但這種區分過於粗略，不足以說明詞彙內部的複雜構成。因而，探索更為科學嚴密、操作性更強的方法，對詞彙層次深入分析，是一個值得關注的研究方向。本文以早期（魏晉）天師道文獻為基礎材料，根據詞語的穩定性（時間）和普遍性（空間），對其中詞彙的層次分布作一調查。

一、時空觀念下的詞彙內部結構

語言是一種社會現象，從它的時間和空間的分佈來分析，處在共時平面中的詞彙並非形成于一時，而是不同時間層面的語言成分逐漸累積而成，其中有著明顯的層次性。通常把詞彙分為“基本詞彙”和“一般詞彙”兩個部分，但這種粗泛的分類影響了詞彙研究的深入，一些學者在語言分析實踐中不斷提出新見解，如潘允中（1959）、符淮青（1985）、劉叔新（1990）、曹煒（2004）等就把“基本詞”和“一般詞”內部的類別進一步細化，分為許多小類，但由於是兩分框架下的二次分類，

* 本文爲國家社科基金一般項目“早期天師道文獻詞彙描寫研究”（項目批准號：09BYY043）成果之一。

算不上新的分類法。也有學者提出從不同角度對詞彙進行分類，如曹煒（2004）從“出現年代的遠近”“特殊來源”“結構特徵”“語體特徵”等8個方面對詞彙進行分類。但這種方法也存在缺陷，正如徐通鏘（2003）在曹書的序言中所說：“合理和理想的分類只能從一個觀察視角出發，不然，必然會使分類的結果呈現出相互交叉和矛盾。”

詞彙層次的劃分，實質上受到“判定標準”的管控。早期對漢語“基本詞彙”的劃分主要是依據斯大林《馬克思主義和語言學問題》中的“穩固性”“能產性”“全民常用性”三條標準。但研究者發現，若以此為標準，那麼很多本應屬於“基本詞彙”的詞語卻被“拒之門外”。潘允中認為“並不是所有基本詞都同時具備這些特徵的，有的只具有其中的兩個，如親屬名稱多半都是這樣”（1959：98），林燾（1954）、劉叔新（1964）也質疑基本詞的“能產性”特徵。後來，周薦提出“用歷史悠久和適用範圍廣泛這樣兩個標準劃分出來的詞語，不但覆蓋面大，而且這相當數量的詞語也確實是語言詞彙穩定性的一個基本因素，能夠成為共時平面上詞彙的基礎”（1987：78）。

雖然在研究中，大家都秉持著某種標準，但一直以來，“理論上的缺陷使基本詞的確定存在很大的隨意性”（蘇培成 1995：138），劃分出的“基本詞彙”和“一般詞彙”往往是經驗性的例舉，缺乏操作性。無怪乎有人認為“‘基本詞彙’是一個內涵不清，外延不明，缺乏現實基礎的概念”（周行 2012：24）。在這樣的局面之下，探索詞彙分層操作方法也就成為了學者們努力的方向。其中，蘇培成提出的“基本詞彙”認定方法就頗具新意，具體的做法“首先是要在共時平面上，通過詞頻統計確定歷史發展不同時期的常用詞彙；然後再從不同時期的常用詞彙中尋找共同的部分，得出來的就是漢語的基本詞彙”（1993：140－141）。這種共時與歷時相結合的統計分析法，與以往的研究相比，更加科學，操作性也更強，給了我們很多啟發。

儘管詞彙研究者做了大量工作，但至今詞彙的層次分析，依然維持著“基本詞彙”和“一般詞彙”兩分法的格局，沒有明顯改觀。

基於此，我們認為對詞彙層次的劃分應該在封閉性的語料中進行描寫分析，明確劃分標準，確定統計方法，對所有詞語作無遺漏的統計分析，根據統計數據確定每個詞語在系統中占據的位置。

根據詞的穩定性（時間）和普遍性（空間），我們把詞彙內部分為基本層、常用層、局域層、邊緣層四個層次①：

---

① 參俞理明《東漢佛道文獻詞彙研究的構想》，《漢語史研究集刊》（第八輯），2005年，16－30頁。俞理明《詞彙歷史研究中的宏觀認識》，載《江蘇大學學報》2008年3期，《高等學校文科學術文摘》2008年4期介紹，《人大複印資料·語言文字》2008年9期70－77頁轉載。

表 1　詞彙的分層

	基本層	常用層			局域層			邊緣層
穩定性	++	±	+	±	+或±	—	—	——
普遍性	++	+	±	±	—	+或±	—	——

表中符號表示範圍和程度的等次關係：++ ＞ + ＞ ± ＞ — ＞ ——。

可以把表中的符號進一步量化，比如高普遍度指 90%以上的人都掌握，次高普遍度是 70%左右，中普遍度是 50%左右，次低普遍度是 30%左右，低普遍度在 10%以下，這樣，一個語言成分在使用中的普遍程度，可以通過具體的調查來作出準確的認定。

詞的穩定性，應該參考社會和個人的生命周期。中國歷史上的重大分期，通常以 400—500 年為一段，比如兩漢、六朝、隋唐五代、宋元、明清，等等，這種分段，反映了社會的重大變化。從語言與社會的關係來說，社會面貌（包括社會體制、經濟文化狀態、人員分佈等等）的重大變化，會在更大程度上影響語言的使用，一個能夠跨越這種大時段而沿用不衰的詞語，才可以被認為是高度穩定的語言成分。人的生命，一般在 60—80 年左右，如果一個詞語在某人出生時已經存在，並且到他去世後依然在使用，那麼，它的穩定性就可以肯定了，但還談不上高度穩定。古人以三十年為一世，通常，一代人的計算標準是 20—30 年，這個時間是一個人生命中對社會影響最大的時期，一個詞彙成分如果使用時間超過這個時段，它就是反映一代人風尚的詞語；而使用時間低於一代人的詞，最多反映一時的風尚，即使它在當時流行廣泛，但仍遠遠談不上穩定。因此，考慮某些滯後因素，從時間上分析，語言成分的使用期，超過 500 年為高穩定性（++），超過 100 年為次高穩定性（+），在 40—100 年之間為中穩定性（±），20—40 年為次低穩定性（—），20 年以下為不穩定（— —）。

這四個部分形成一個環靶狀結構：

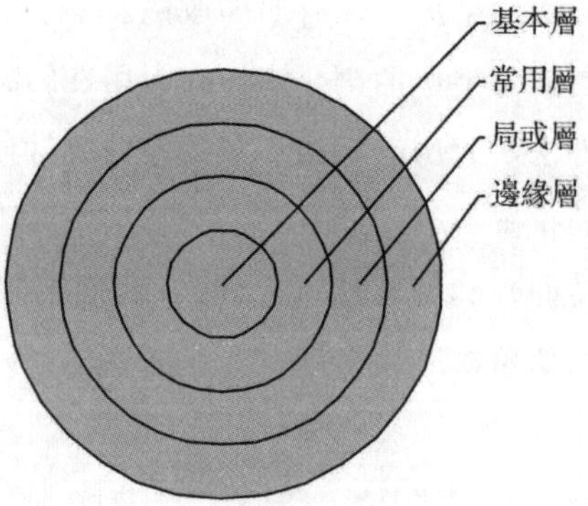

二、早期（魏晉）天師道文獻

天師道，又名五斗米道、正一道，是漢末張陵在蜀地建立的一個道教支派，張陵孫張魯在漢中地區建立政教合一的地方政權近三十年，後投降曹操，天師道也由當時的漢中一隅傳播到地域更為廣大的北方黃河中下游地區。而首領張魯在隨曹操北歸後不久就去世了，天師道教民在離鄉背井又無統領的形勢之下，道團內部出現了人員渙散，科律廢弛的局面。天師道中有識之士鑒於時勢，為教導勸化、限制約束道民，維護教內組織管理和宗教生活的制度化，制定了一批新的文獻，形成了早期天師道文獻，這些文獻都由不知名的作者所作，篇幅短小，內容涉及天師道的各個方面。作為民間的宗教文獻，它的用語比較通俗，能夠比較貼切地反映當時通用的語言面貌。本文選擇其中時代可靠的十種文獻作為考察對象（文本採用北京文物出版社、上海書店、天津古籍出版社 1988 年影印明本《正統道藏》，括弧內數字表示此版《道藏》的冊數/頁碼，並用 a、b、c 分別表示當頁的欄次），《太上老君經律·老君百八十戒》（18/218b—221c）；《正一法文天師教戒科經》（18/232a—239b）；《女青鬼律》（18/239c—252b）；《正一敕壇儀》（18/295a—297b）；《太上正一咒鬼經》（28/367b—370b）；《老君變化無極經》（28/371c—374b）；《太上三天正法經》（28/406c—410a）；《正一法文經章官品》（28/534c—557b）；《正一天師告趙昇口訣》（32/593a—594b）；《太上老君太素經》（34/462c—463a），以上十種文獻，計 48849 字。

三、關於詞條處理的方法

首先，把文獻中全部用詞逐一切分開來，然後，歸併各詞的用例，多義詞按意義析分為不同的詞項（在詞目下標數字以示區別，如：之$_1$、之$_2$），書寫不同的異形詞歸併為同一詞項。

然後，考察每個詞項的產生時代、統計它們的使用數量和在十部文獻中的分布情況，並按本文的需要分為：先秦舊詞、先秦詞漢代新義、先秦詞魏晉新義、漢代舊詞、漢代詞魏晉新義、魏晉新詞六類①。

此外，在天師道部分文獻中，集中地使用了大量的道教專用名詞，由於這些專有名詞的使用具有很高的偶發性，分布極不均勻，干擾分析，因此，本文排除專名

① 出現在早期天師道文獻中的詞彙成分，有不同的歷史背景，本文分別用不同的括弧標出，以示區別，其中：“【】”表示產生於先秦沿用至魏晉而不變；“【〗”表示產生於先秦，在兩漢發生義變再沿用至魏晉；“〖〗”表示產生於兩漢沿用至魏晉；“【】*”表示產生於先秦，在魏晉發生義變；“〖〗*”表示產生於兩漢，在魏晉發生義變；“〖】*”表示產生于魏晉。

用詞，採用一般通用詞語展開分析。統計包括三個方面：詞量（即詞的個體數量，反映詞庫的面貌），詞次（即詞在十部文獻中的使用次數），詞面（即詞的分布面，以十種考察文獻中每種文獻中是否使用某個詞來計算）。

四、早期天師道文獻中詞彙的歷史層次

道教是一個特殊的社會群體，有著自己的社會觀和行為方式，道教文獻中出現的各種用語中，既有大量全民通行的成分，也包含許多為本社團服務的特殊用語。因此，分析魏晉時期天師道文獻用語與全民用語的關係，既考察漢語中普遍穩定使用的部分，也關注反映當時時尚和道教影響下的特殊用語，是本研究的兩個重要方面。因此，本項研究參考先秦、兩漢、魏晉時期的其他文獻，考察十種早期天師道文獻中所有詞項的歷史來源，通過瞭解它們產生或變化的時代，觀察魏晉時期這批材料用詞的歷史來源，分析其中呈現的先秦、兩漢和魏晉三個不同階段的道經詞彙變化的不同趨向，呈現它的承襲、變化和發展的大致面貌。

首先是穩定性的觀察，早期天師道文獻中的用詞中，沿用先秦產生的詞彙成分使用期都超過了 500 年，穩定性最高，其次是兩漢產生沿用到魏晉的詞彙成分大多有 100 年以上的歷史，穩定性居中，魏晉出現的詞彙新質，尚未受到時間的篩選，穩定性還有待語用實踐的檢驗，由於文獻條件的限制，本文沒有在魏晉時期內部再作時間段的區分。

詞彙使用的普遍度，反映每個詞在文獻的覆蓋率和使用率兩個方面，從覆蓋率來看，我們把它們分為出現在十種文獻中的 8 種以上、6—7 種文獻、4—5 種文獻、2—3 種文獻，以及只見於 1 種文獻等五類。[①] 從使用率來看，可以分為：超過 100 例的、30—99 例的、10—29 例的、2—9 例的、只有 1 個用例的五類，這樣就形成了這樣一個比較梯度：

表 2　詞彙分層評價因素

產生時代	先秦	兩漢	魏晉		
文獻覆蓋數	8—10 種	6—7 種	4—5 種	2—3 種	1 種
使用次數	100 次以上	30—99 次	10—29 次	2—9 次	1 次
等　　次	5	4	3	2	1

但是，在三個因素中，文獻覆蓋數和使用次數是反映詞的普遍度的兩個方面，它們共同與表示穩定性的時間因素相對。因此，如果文獻覆蓋數和使用次數以 1 作

① 詞的覆蓋率的考察，也可以以同一時期其他文獻作為對象，本文因考察對象中內部已經有了可供比較的材料，因此，沒有作道經之外的其他文獻的比較。

為基準，時間應該以 2 倍計算，即先秦為 10，兩漢為 8，魏晉為 6。於是，在這個評價系統中，一個詞最高為 20 分，最低為 8 分，以下用這個標準對 7265 個通用詞作分析（各詞目按數量順序排列，各詞目所帶方括號表示它們的時代；詞目後〈〉內是它們的使用數和所見文獻數，其中數字相同的，只在最後一個詞目後作標示；考慮到論文的篇幅，有些類別的詞條數目超過 100，我們只列舉 100 例）：

20 分，先秦詞先秦義，文獻覆蓋數 8—10，使用次數 100 以上（20 例）：

【之$_{3}$】〈578/十〉【之$_{2}$】〈347/十〉【者$_{1}$】〈197/十〉【中$_{1}$】〈141/十〉【有$_{3}$】〈107/十〉【所$_{2}$】〈106/十〉【十】〈811/九〉【一$_{1}$】〈693/九〉【二$_{1}$】〈630/九〉【不$_{1}$】〈408/九〉【人$_{1}$】〈176/九〉【三$_{1}$ \ 天下】〈162/九〉【吾】〈112/九〉【鬼】〈687/八〉【不得】〈237/八〉【五】〈165/八〉【令$_{2}$】〈150/八〉【道$_{4}$】〈132/八〉【也】〈107/八〉

19 分，先秦詞先秦義，文獻覆蓋數 8—10，使用次數 33—99（37 例）：

【故$_{6}$】〈64/十〉【能】〈86/九〉【天】〈81/九〉【此$_{1}$】〈73/九〉【死$_{1}$】〈67/九〉【至$_{1}$ \ 於$_{3}$】〈45/九〉【受$_{1}$（授$_{3}$）】〈42/九〉【為$_{6}$ \ 在$_{4}$】〈40/九〉【身$_{1}$ \ 人$_{2}$ \ 以$_{3}$】〈89/八〉【而】〈85/八〉【當$_{2}$】〈83/八〉【皆$_{1}$】〈81/八〉【知】〈73/八〉【九】〈72/八〉【有$_{1}$ \ 七】〈70/八〉【無$_{1}$】〈66/八〉【其$_{2}$】〈64/八〉【不可】〈62/八〉【可$_{2}$】〈61/八〉【若$_{2}$ \ 自$_{1}$】〈58/八〉【水$_{1}$ \ 與$_{4}$】〈57/八〉【得$_{1}$】〈55/八〉【神$_{1}$】〈53/八〉【為$_{7}$】〈49/八〉【入$_{1}$】〈48/八〉【各$_{1}$】〈43/八〉【為$_{3}$】〈41/八〉【妄】〈39/八〉【如$_{2}$】〈38/八〉【今】〈35/八〉

或文獻覆蓋數 6—7，使用次數 100 以上（3 例）：

【人$_{4}$】〈747/七〉【百$_{1}$】〈601/七〉【治$_{1}$】〈389/七〉

18 分，先秦詞先秦義，文獻覆蓋數 8—10，使用次數 10—29（16 例）：

【大道】〈26/十〉【即$_{2}$】〈27/九〉【生$_{4}$】〈25/九〉【長生】〈21/九〉【人$_{3}$】〈29/八〉【地】〈26/八〉【上$_{1}$ \ 便】〈25/八〉【真人】〈23/八〉【先$_{1}$】〈22/八〉【非$_{4}$】〈20/八〉【我$_{1}$】〈17/八〉【共】〈16/八〉【事$_{1}$】〈15/八〉【間$_{2}$】〈14/八〉【成$_{3}$】〈13/八〉

或文獻覆蓋數 6—7，使用次數 30—99（31 例）：

【萬$_{1}$】〈89/七〉【欲$_{2}$】〈83/七〉【千$_{1}$】〈81/七〉【為$_{13}$】〈80/七〉【四】〈77/七〉【六】〈69/七〉【諸$_{1}$】〈64/七〉【使$_{3}$】〈59/七〉【以$_{6}$】〈58/七〉【八】〈53/七〉【得$_{4}$】〈49/七〉【來$_{1}$】〈47/七〉【生$_{2}$】〈43/七〉【天地$_{1}$】〈42/七〉【汝】〈40/七〉【還$_{1}$】〈37/七〉【犯$_{1}$】〈35/七〉【言$_{3}$】〈33/七〉【亦】〈32/七〉【男女$_{1}$】〈76/六〉

【曰$_1$】〈62/六〉【復$_2$】〈45/六〉【見$_1$\相$_1$】〈44/六〉【名$_1$】〈40/六〉【太平】〈37/六〉【又$_1$】〈34/六〉【殺$_1$\勿】〈32/六〉【百姓\玉女】〈30/六〉

17分，先秦詞先秦義，文獻覆蓋數6—7，使用次數10—29（48例）：

【行$_6$\時$_1$】〈29/七〉【年$_1$\求$_2$】〈27/七〉【當$_3$】〈23/七〉【心$_4$】〈22/七〉【形$_1$\其1】〈21/七〉【命$_5$\內$_1$\出$_1$】〈16/七〉【後$_1$】〈15/七〉【隨$_3$】〈14/七〉【下$_2$】〈13/七〉【無有】〈12/七〉【成$_1$\五色】〈10/七〉【及$_5$】〈28/六〉【勑\自$_2$】〈26/六〉【在$_2$】〈24/六〉【有$_2$\雖\之$_4$】〈22/六〉【家$_2$\除】〈21/六〉【食$_1$\授$_2$\多$_1$\上$_{10}$】〈19/六〉【傳$_1$\明$_2$】〈17/六〉【難$_1$\同$_1$\乃$_3$】〈15/六〉【乘$_1$（承$_4$）\未$_2$】〈14/六〉【到\必\止$_2$\已（以$_7$）】〈13/六〉【足$_1$\苦$_2$\盡$_1$\誰】〈12/六〉【道$_2$】〈11/六〉【日月$_1$\啓$_2$】〈10/六〉

或文獻覆蓋數4—5，使用次數30—99（10例）：

【萬民】〈84/五〉【子$_4$】〈77/五〉【病$_1$】〈70/五〉【下$_5$】〈52/五〉【精$_2$】〈42/五〉【衣$_1$】〈38/五〉【佩】〈35/五〉【則$_5$】〈31/五〉【右$_1$】〈39/四〉【民$_2$】〈33/四〉

或文獻覆蓋數2—3，使用次數100以上（5例）：

【主$_1$】〈669/三〉【收$_1$】〈219/三〉【者$_6$】〈205/三〉【第】〈186/三〉【治$_3$】〈146/二〉

先秦詞兩漢義，文獻覆蓋數8—10，使用次數30—99（1+0例）：

【師$_2$】〈31/八〉

16分，先秦詞先秦義，文獻覆蓋數6—7，使用次數2—9（8例）：

【以為$_2$】〈9/七〉【人民$_1$\國\與$_6$（舉$_6$）】〈9/六〉【善惡\重$_4$】〈8/六〉【近$_3$】〈7/六〉【恩】〈6/六〉

或文獻覆蓋數4—5，使用次數10—29（93例）：

【宅】〈29/五〉【目】〈25/五〉【善$_2$】〈24/五〉【飲食$_1$】〈23/五〉【告$_1$】〈22/五〉【等$_2$】〈21/五〉【福\日$_2$\從$_5$】〈20/五〉【山】〈19/五〉【鬼神\己$_1$】〈18/五〉【是$_3$\常$_1$\乎$_1$】〈17/五〉【去$_1$\為$_8$\思$_1$\求$_3$\矣】〈16/五〉【手】〈15/五〉【子孫\東方\傷$_1$】〈14/五〉【物$_2$\自$_3$】〈13/五〉【善人\南方\當$_1$\千$_2$】〈12/五〉【左\視$_1$\前$_3$\居$_1$\宜$_2$\避\滅\無不\如此】〈11/五〉【火$_1$\功$_1$\過$_5$\災$_1$\變$_1$】〈10/五〉【為$_1$】〈28/四〉【萬$_2$\今日$_1$】〈27/四〉【賢者】〈22/四〉【炁$_5$】〈21/四〉【六畜\長$_1$\但$_1$\唯（惟$_1$）】〈20/四〉【塚

(冢)】〈18/四〉【惡人\呼$_1$\辰$_2$】〈17/四〉【守$_1$】〈16/四〉【慎$_1$\壬】〈15/四〉【萬物\經$_2$\罪$_1$】〈14/四〉【頭\從$_4$\勤$_1$\畢$_1$\自然$_1$\立$_5$】〈13/四〉【恐\癸\巳\以$_4$】〈12/四〉【氣$_5$（炁$_2$）\道$_1$\西方\世$_4$\五嶽\生$_3$\稱$_1$\痛$_2$\付\屬$_1$\絶$_1$】〈11/四〉【將軍\陰陽$_1$\口\井\中央$_1$\食肉\領\世$_3$\一$_4$】〈10/四〉

或文獻覆蓋數 2—3，使用次數 30—99（5 例）：

【日$_4$】〈82/三〉【解$_1$】〈51/二〉【吏\兵士\姓】〈31/二〉

15 分，先秦詞先秦義，文獻覆蓋數 4—5，使用次數 2—9（142 例）：

【石$_1$\言$_1$\殃\隨$_1$\依$_2$\出$_4$\各$_2$\更$_2$\其$_3$】〈9/五〉【子$_1$\虎\向$_1$\化$_1$\應$_3$\不行$_1$\眾$_2$\正月\千里】〈8/五〉【願$_2$\稽首\如$_1$\變化\前$_1$\乃$_1$】〈7/五〉【日$_1$\吉凶\奉$_1$\覆$_1$（復$_4$）\夫$_2$】〈6/五〉【萬姓\録$_1$\過$_1$】〈5/五〉【死人\死者\飲酒\遣$_1$\既$_1$\上$_9$\悉\他$_1$】〈9/四〉【父子\處$_2$\八極\聞$_2$\遊行$_1$\合$_3$\先$_2$\為$_2$\是$_2$\興$_1$】〈8/四〉【父母$_1$\父\男\大小$_2$\賢$_1$\壽命\禍害\使$_2$\讀\修行\畏\應$_1$\助\會$_1$】〈7/四〉【胡\君$_1$\子$_3$\玄武\屋\道路\西$_1$\四方$_2$\召$_1$\語$_1$\問\書$_1$\東$_2$\登$_1$】〈6/四〉【狼\樹\無所\水旱\上$_6$\西$_2$\罵詈\度世$_1$\再拜$_1$\立$_2$\示$_1$\自然$_2$】〈5/四〉【五帝\眾$_1$\草木\其中\制$_3$\化生\往$_1$\上$_3$\誅】〈4/四〉

或文獻覆蓋數 2—3，使用次數 10—29（59 例）：

【赤】〈28/三〉【念$_1$】〈26/三〉【敢$_1$】〈23/三〉【逆$_3$】〈22/三〉【耳$_2$】〈21/三〉【甲$_2$\月$_2$】〈19/三〉【自稱】〈18/三〉【疾病$_1$\者$_3$】〈17/三〉【民人\將$_3$\害$_1$\制$_2$\日$_6$】〈16/三〉【姓名\不正\子$_5$】〈15/三〉【尺】〈14/三〉【百病\分别$_1$\致$_3$（至$_4$）\丈】〈13/三〉【灶$_1$\五方\行$_4$】〈12/三〉【夫$_1$\養\白$_1$\以來\大$_1$\凡】〈11/三〉【女\生人\愚人\邪$_3$\申$_2$\豈$_1$】〈10/三〉【女子\煞】〈26/二〉【男子】〈24/二〉【一合】〈22/二〉【次$_1$】〈19/二〉【信$_2$】〈16/二〉【惡$_1$\給\眾$_3$】〈15/二〉【盜賊\攝$_2$】〈14/二〉【謹】〈13/二〉【斬殺\倍\富貴】〈12/二〉【墓\樂$_3$\歲$_2$】〈11/二〉，【欲$_1$\得$_2$\戌】〈10/二〉

或文獻覆蓋數 1，使用次數 30—99（1 例）：

【溫】〈40/一〉

先秦詞兩漢義或兩漢詞兩漢義，文獻覆蓋數 6—7，使用次數 10—29（3+2 例）：

【教$_1$〗〈20/六〉【弟子〗〈16/六〉【下$_3$〗〈11/六〉〖更相〗〈23/七〉〖神仙〗〈24/六〉

文獻覆蓋數 4—5，使用次數 30—99（3+0 例）：

【口舌〗〈34/五〉【某〗〈79/四〉【請$_3$〗〈55/四〉

14 分，先秦詞先秦義，文獻覆蓋數 2—3，使用次數 2—9（856 例）：

【木$_1$ \ 飲食$_2$ \ 九天 \ 出$_2$ \ 處$_1$ \ 丁$_1$ \ 午 \ 恒$_1$ \ 久$_1$ \ 於$_2$】〈9/三〉【夫妻 \ 魂魄 \ 北斗$_1$ \ 禍$_1$ \ 經$_1$ \ 怨$_1$】〈8/三〉【聖人 \ 神$_2$ \ 魚 \ 罪過 \ 衡 \ 遠$_3$ \ 來下 \ 治身】〈7/三〉【母$_1$ \ 元炁$_1$（元氣）\ 龍 \ 蛇 \ 草 \ 陰陽$_2$ \ 五行】〈6/三〉【官$_1$ \ 臣$_1$ \ 主人 \ 婦女 \ 白骨 \ 精神】〈5/三〉【兄弟 \ 妻 \ 真氣$_1$（真炁）\ 人生$_2$】〈4/三〉【主$_2$ \ 忠臣 \ 賢人 \ 群凶 \ 神君】〈3/三〉【五藏（五臟）\ 蠶 \ 誹謗 \ 收$_2$ \ 寅 \ 急$_3$ \ 何$_1$】〈9/二〉【逆氣（逆炁）\ 室家 \ 血$_1$ \ 歲星 \ 天道】〈8/二〉【子$_2$ \ 馬 \ 地上 \ 一$_5$ \ 北向 \ 逐$_1$ \ 却$_2$ \ 澄 \ 已$_2$ \ 每 \ 遠$_1$】〈7/二〉【人家$_1$ \ 愚者 \ 凶$_3$ \ 耳$_1$ \ 衣服$_1$ \ 財 \ 金銀 \ 角$_2$ \ 世俗 \ 浮雲】〈6/二〉【夫婦 \ 君臣 \ 天民】〈5/二〉【婦 \ 世人 \ 小兒 \ 君子 \ 非其人 \ 神明】〈4/二〉【妻子 \ 王者 \ 奸臣 \ 群生$_2$ \ 小人】〈3/二〉【孝子 \ 骨肉$_2$ \ 上下$_3$ \ 天子 \ 帝王 \ 所親 \ 老小】〈2/二〉

文獻覆蓋數 1，使用次數 10—29（17 例）：

【嫁娶】〈21/一〉【兵$_1$】〈16/一〉【劍 \ 牽】〈15/一〉，【傷寒 \ 葬埋】〈14/一〉，【痛$_1$ \ 移徙】〈13/一〉【遠行 \ 利$_3$ \ 念$_2$ \ 一$_3$】〈11/一〉，【蠱$_2$ \ 牢獄 \ 無為 \ 不和 \ 斷$_1$】〈10/一〉

先秦詞兩漢義或兩漢詞兩漢義，文獻覆蓋數 6—7，使用次數 2—9（0+1 例）：

〖叩頭〗〈7/六〉

文獻覆蓋數 4—5，使用次數 10—29（6+3 例）：

【或$_3$〗〈15/五〉【相$_2$〗〈13/五〉【護 \ 持$_4$〗〈12/五〉【主者〗〈17/四〉【年$_2$〗〈11/四〉〖吏兵〗〈16/五〉〖道氣〗〈11/四〉〖萬神〗〈10/四〉

文獻覆蓋數 2—3，使用次數 30—99（0+1 例）：

〖差$_2$〗〈44/三〉

文獻覆蓋數 1，使用次數 100 以上（1+0 例）：

【名$_2$〗〈271/一〉

先秦詞魏晉義，文獻覆蓋數 6—7，使用次數 30—99（2+0+0 例）：

【太上】*〈53/七〉【祭酒】*〈45/七〉

13 分，先秦詞先秦義，文獻覆蓋數 1，使用次數 2—9（407 例）：

【愚＼雨＼形$_2$＼不宜】〈8/一〉【吏民＼左右$_2$＼號$_1$＼合$_4$＼無令＼終$_2$＼貧賤＼已身】〈7/一〉【天年＼牛＼録$_2$（籙$_2$）＼歌＼保護＼止$_4$＼無道＼田作＼埋＼出$_8$＼旬＼寸＼萬里】〈6/一〉【喉＼網＼舍$_1$＼鄉＼斗$_2$＼祟＼下$_9$＼悔$_1$＼不忍＼保$_1$＼無赦＼苦$_3$＼然後＼在$_3$】〈5/一〉【先祖＼兄＼弟＼將帥＼邪$_1$＼神女＼頰＼酒肉＼百川＼下德＼世$_5$＼腫痛＼舒$_2$＼面$_2$＼修身＼正$_4$＼祭＼受福＼治民＼同心＼屯＼作$_6$＼繕治＼易$_4$＼勞＼不倦＼逆惡＼於$_9$＼歟（與$_8$）＼何所】〈4/一〉【將吏＼人衆＼帝＼清炁＼耳目＼身形＼腹＼四肢＼瓜瓠＼苗＼果（菓）＼布帛】〈3/一〉【胤＼胡人＼五霸＼官吏＼下官＼兆民＼從者＼尊卑＼後生＼丈人$_1$＼病者＼年壽＼齡＼鳥獸＼大人＼財物＼財貨＼錢財＼貨賂$_1$】〈2/一〉

先秦詞兩漢義或兩漢新詞，文獻覆蓋數 4—5，使用次數 2—9（8+9 例）：

【修$_2$＼須$_2$〛〈7/五〉【中$_2$〛〈6/五〉【三五$_2$＼一切$_2$〛〈7/四〉【中庭＼道法$_1$＼過$_4$〛〈4/四〉

〚百鬼〛〈9/五〉〚驅除〛〈7/五〉〚天曹〛〈9/四〉〚自當＼奉行〛〈8/四〉〚文書$_2$〛〈7/四〉〚精勤（精懃）〛〈6/四〉〚年命＼但當〛〈5/四〉

文獻覆蓋數 2—3，使用次數 10—29（7+10 例）：

【考〛〈17/三〉【臣$_2$〛〈15/三〉【君$_3$〛〈11/三〉【文$_2$＼專$_2$〛〈10/三〉【官事〛〈18/二〉【斷絶〛〈11/二〉〚兵馬〛〈11/三〉〚仙官＼咒詛〛〈10/三〉〚收捕〛〈20/二〉〚汝曹〛〈18/二〉〚土公〛〈16/二〉〚侍衛〛〈14/二〉〚消滅$_2$〛〈13/二〉〚幘＼宅舍〛〈11/二〉

先秦詞魏晉義或兩漢詞魏晉義或魏晉新詞，文獻覆蓋數 6—7，使用次數 10—29（2+0+1）：

【氣$_6$（炁$_3$）】*〈19/六〉【行$_5$】*〈10/六〉〚故氣（故炁）】*〈11/六〉

或文獻覆蓋數 4—5，使用次數 30—99（1+0+0）：

【天師】*〈40/五〉

或文獻覆蓋數 2—3，使用次數 100 以上（1+0+1）：

【戒】*〈198/二〉〚官將】*〈407/二〉

12 分，先秦詞先秦義，文獻覆蓋數 1，使用次數 1（1803 例）：

【先人＼祖＼祖父母＼祖父＼祖母＼所生＼親$_3$＼母親＼父兄＼婦姑＼寡婦＼嬖妾＼長男＼親戚＼外親＼室$_3$＼舉家＼內人＼他家＼宗族＼種$_1$＼類$_2$＼夷

\南蠻\夷蠻\夷狄\蠻夷\長$_4$\皇$_2$\王$_1$\先王\聖主\人主\國君\諸侯\君父\大子\貴$_2$\將相\百官\百僚\群寮\官人\長吏\故臣\門下\生民$_1$\散民\俗$_2$\貧民\齊人\異民\朋友\賓客\客\讎\僕妾\尊$_3$\後人\老少\老稚\老人$_1$\童子\兒\嬰兒\胎$_1$\力士\大德\聖$_1$\賢良\群賢\吉人\良人\善士\知者\中民\中人\賤$_2$\偽人\貪夫\貪民\凶人\惡者\虎狼\豺狼\狼子\其人\無辜$_2$\百功\良醫\明師\士卒\盜\賊盜\寇賊\行列\人數\天帝\大帝\上皇】〈1/一〉

先秦詞兩漢義或兩漢詞兩漢義，文獻覆蓋數2—3，使用次數2—9（89+147例）：

【善$_1$\著$_4$〗〈8/三〉【運$_3$\白$_2$\營衛〗〈5/三〉【天官$_2$\邊\人間$_1$\蒙\隨時$_2$\并$_2$\深$_5$〗〈4/三〉【神鬼\厭〗〈3/三〉【人物〗〈8/二〉【學者\懷$_1$\通$_9$〗〈6/二〉【卷\天門$_2$\注$_3$〗〈5/二〉【七星\星\上天\齋\不足\縱橫$_2$\失度\通$_7$\者$_5$〗〈4/二〉【赤子$_2$\辟邪$_2$\信$_3$\心腸\語$_4$\敕\行道$_2$\攝$_1$\一出\開$_3$\除去〗〈3/二〉【人民$_2$\眾邪\兇惡\家居\道中\東西\長短$_3$\災害$_2$\文墨\妄言〗〈2/二〉〖輩\俗人\三台〗〈9/三〉〖奴婢\惡逆〗〈8/三〉〖仙人\違犯〗〈5/三〉〖真仙\要當\合會\口訣\補\制禦\殃及\解脫〗〈4/三〉〖災厄\白虎\妖惑\誅除\田蠶\販賣〗〈3/三〉〖禁忌1〗〈9/二〉〖修善〗〈7/二〉〖功曹\女人\求請\消除〗〈6/二〉〖魁罡〗〈5/二〉〖民戶\魂神\十方\琅琊\地戶\真道\禁忌$_2$\飛行〗〈4/二〉〖豪強\童女（僮女）\神真\惡鬼\玉闕〗〈3/二〉〖清賢\真神\仙$_1$\地祇\邪神\精邪\百怪\魍魎〗〈2/二〉

或文獻覆蓋數1，使用次數10—29（1+4例）：

【道人〗〈10/一〉〖凶神〗〈12/一〉〖後學〗〈11/一〉〖怨仇\營護〗〈10/一〉

先秦詞魏晉義或兩漢詞魏晉義或魏晉新詞，文獻覆蓋數4—5，使用次數10—29（4+1+2例）：

【符】*〈25/五〉【氣$_7$（炁$_4$）】*〈22/五〉【三官】*〈11/五〉【作$_{10}$】*〈21/四〉〖咒$_3$〗*〈24/四〉〖種民】*〈18/五〉〖鬼賊】*〈13/四〉

文獻覆蓋數2—3，使用次數30—99（1+0+0例）：

【野道】*〈48/二〉

11分，先秦詞兩漢義或兩漢新詞，文獻覆蓋數1，使用次數2—9（64+125例）：

【無它$_2$（無他）〗〈8/一〉【男女$_2$〗〈7/一〉【晏$_1$（宴）〗〈6/一〉【案\水炁\薄〗〈5/一〉【真$_3$\心腹$_2$\守道\思道\不謹\囚系\烏$_2$\所以$_2$〗〈4/一〉

【北斗$_2$\上下$_4$\鐵鎖\中外\神方$_2$\輕重\別離\録$_4$\結$_3$\封〗〈3/一〉【人家$_2$\豪傑\真君\車$_2$\人形$_3$\筭$_2$\眾生\萬方\六合\源流\鬼門\亭\三五$_3$\交接\得$_6$\言$_5$\毀傷$_2$\自見\度$_2$\著$_5$\通道\守一〗〈2/一〉〖教戒\謁請\劫掠〗〈8/一〉〖素女\禹步\精進〗〈7/一〉〖考吏\精魅\典治〗〈6/一〉〖從官\真文\逐捕\葬送〗〈5/一〉〖上清$_1$\太素\諸職\狂易〗〈4/一〉〖貴子\此輩\諸賢\四靈\眾真\清濁\瓊宮\九靈$_1$\貪欲\道元\刑害\披髮\百六\舊事\病痛\升仙\怨望\臨危\勸進\田種$_1$\解除\竟天\清正〗〈3/一〉〖末嗣\胡兒\司官\本主\真官\百靈\歷觀\行來\舉動\清齋\度身\升度\病苦\傲慢〗〈2/一〉

先秦詞魏晉義或兩漢詞魏晉義或魏晉新詞，文獻覆蓋數 4—5，使用次數 2—9（2＋1＋1 例）：

【治$_7$】*〈9/四〉【列】*〈5/四〉〖道士〗*〈6/四〉〖過度$_3$】*〈7/四〉

或文獻覆蓋數 2—3，使用次數 10—29（0＋1＋4 例）：

〖急急如律令〗*〈18/三〉〖家宅】*〈14/三〉〖奪筭】*〈21/二〉〖奉道】*〈19/二〉〖復連】*〈11/二〉

10 分，先秦詞兩漢義或兩漢詞兩漢義，文獻覆蓋數 1，使用次數 1（265＋752 例）：

【墸\門戶$_2$\王$_2$\上官\僮\舊人\亡人\末學$_1$\剛強$_2$\邪偽$_2$\生$_7$\尊神\太歲$_2$\鬼怪\有物\五精$_2$\兵將\真氣$_2$\神炁$_2$\火炁\既$_3$\堅$_2$\角$_4$\精$_3$\孌\玄\胎$_2$\人命$_2$\服飾\單衣\棓\神文\書$_4$\表$_3$\狀$_3$\祝$_2$\字$_1$\黃金$_1$\玄宮\中室\詧$_3$\衝$_1$\起居\方外\天地$_2$\九土\南陽\流$_4$\玄黃$_2$\下愚〗〈1/一〉〖姑翁\母女\兒女\後代\家口\外家\種姓\部落\羌胡\秦人\強臣\牧守\縣官$_1$\關令\市長\掾屬\掾吏\導從\孤貧\孤弱\天鹿\胡馬\驢\狐狢\老鼠\眾禽\白鷺\毛衣\蟲蟻\蟲毒\草花\草穢\花\顆\食物\大蒜\蕉\鳳腦\芝草\谷糧\米谷\五辛\神藥\仙藥\流霞\谷帛\白素\綿絹\錦綺\裸形〗〈1/一〉

先秦詞魏晉義或兩漢詞魏晉義或魏晉新詞，文獻覆蓋數 2—3，使用次數 2—9（38＋21＋80 例）：

【應$_4$】*〈7/三〉【法$_1$\作$_7$】*〈6/三〉【道德$_1$\律令\得道】*〈5/三〉【三師】*〈4/三〉【度$_1$】*〈3/三〉【律】*〈9/二〉【聖君】*〈8/二〉【三氣$_2$（三炁）\殺氣（殺炁\煞炁）】*〈5/二〉【陰陽$_6$\轉$_4$】*〈4/二〉【無事\自為\存$_3$】*〈3/二〉【同法\志士\伏屍\券契$_2$\左契\黃赤\說$_2$\上聞\作$_4$\沉$_1$\衣$_3$\同氣（同炁）\就事\疾病$_2$】*〈2/二〉〖縣官$_2$〗*〈9/三〉〖種人〗*〈6/三〉9〖安穩〗*〈9/

二〉〖符命〗*〈7/二〉〖咒$_2$〗*〈6/二〉〖九氣\九龍\神丹\職治\虛耗〗*〈3/二〉〖玄炁\九宮\五靈\厄急\禮拜\叛道\識真\存念〗*〈2/二〉〖轉相】*〈8/三〉〖邪精\燒香】*〈7/三〉〖正一\除差】*〈6/三〉〖六甲\五毒\二十四治】*〈5/三〉〖天炁（天氣）\世間】*〈4/三〉〖地仙\百精\名諱\瞋恚（嗔恚）】*〈3/三〉〖三五七九\五瘟】*〈9/二〉〖收除\辟斥\行神布炁\莊事（壯事）\逆殺（逆煞）】*〈6/二〉〖殃注\行來出入】*〈5/二〉〖神男\六丁$_1$\精祟\鬼殺（鬼煞）\七九\破殺】*〈4/二〉〖里域\色欲\評論\貪淫愛色】*〈3/二〉〖經教\獄君\女官\男女官\新故民\風毒\注炁\上啟\勸化\出來\白日昇天\自大\奉受\負違\假託\拜署\收付】*〈2/二〉

或文獻覆蓋數 1，使用次數 10—29（0+0+3 例）：

〖神呪】*〈13/一〉〖玉童\噗】*〈12/一〉

9 分，先秦詞魏晉義或兩漢詞魏晉義或魏晉新詞，文獻覆蓋數 1，使用次數2—9（52+25+161 例）：

【真靈\念$_4$】*〈5/一〉【大夫\生氣（生炁）\土炁\部$_2$\俗$_3$\解散\不用$_2$\上仙\壇\三道$_1$】*〈3/一〉【母子\陰陽$_3$\天綱$_2$\百毒\三氣$_1$\吹$_2$\餘氣\子$_6$\壇場\陰陽$_5$\情性\念$_3$\一法\真$_2$\真氣$_3$\道法$_2$\格\引$_3$\叛$_2$\奉法\幸$_1$】*〈2/一〉〖考召〗*〈7/一〉〖真正〗*〈6/一〉〖二千石$_1$\九炁\壇所〗*〈5/一〉〖効信$_1$〗*〈4/一〉〖返逆\專作〗*〈3/一〉〖家親\中神\萬精\別室\五難\三一$_2$\五逆$_1$\大運$_2$\惡毒\道說\壓伏\明解\修建\希望\玄景\大期〗*〈2/一〉〖蟲鼠\汝輩】*〈8/一〉〖君吏】*〈7/一〉〖鬼主\塚墓（冢墓）\淋露】*〈6/一〉〖男女老壯\玄女\精真炁\干君\土戶\降臨\浮空\耗害\存思】*〈5/一〉〖上真\祅惑\升$_2$\愛欲\奸好\舌強\翁\塚訟\劫抄\滋好】*〈4/一〉〖民子\玄男\持戒\叩齒\陟真\詐誕\簡料】*〈3/一〉〖故婦\七玄\男女子\骨分\人種\逆人$_2$\承唐\金馬\夕夕\今來\溢口】*〈2/一〉

8 分，先秦詞魏晉義或兩漢詞魏晉義或魏晉新詞，文獻覆蓋數 1，使用次數 1（250+152+1395 例）：

【先代\老人$_2$\郎\同道\同義\異端\丈人$_2$\乳母\真一\生民$_3$\生者\臣$_3$\學士\末學$_2$\逃亡$_2$\方丈\東夷\人間$_2$\九地$_1$\戶$_2$\九地$_2$\雨泉\陰$_1$\方圓\空虛\虛空$_2$\南斗$_2$\門\二五\中$_9$\大意\分$_6$\邪因\神方$_1$\諱\名位\官屬\所關\正法$_2$\三道$_2$\歷$_3$\非法\華\行氣\赤炁$_2$\秋收冬藏\存$_1$\思念$_2$\顧畏\無間$_2$\私通】*〈1/一〉〖妻夫\閑官\下曹\

舍客＼凶黨＼牙＼龍胎＼善女＼群俗＼陰家＼科條＼吐精＼養育$_2$＼生年＼五逆$_2$〗*〈1/一〉〖三元＼萬兆＼策御＼控駕＼走馬馳車＼揚舟＼養畜＼捕獵＼籠罩＼探巢破卵＼修營＼架起＼動促＼填補＼結土為象＼燒敗＼炊熟＼收符破廟＼誅符伐廟＼辟非＼避邪＼去災＼除害止惡＼除災去害＼防災除害＼脫災免害＼禳災却禍＼粉米＼周天徧地＼萬不一脫＼萬無一存＼無底無對＼門至戶達＼非不】*〈1/一〉

以上材料，可以歸納如下表：

表 3　早期天師道十種文獻詞彙的歷時背景和共時分布

	先秦詞先秦義	先秦詞兩漢義	兩漢詞兩漢義	先秦詞魏晉義	兩漢詞魏晉義	魏晉新詞	共計
100 以上/八一十	20						20
30—99/八一十	37	1	0				38
10—29/八一十	16						16
2— 9/八一十							
100 以上/六一七	3						3
30—99/六一七	31			2	0	0	33
10—29/六一七	48	3	2	2	0	1	56
2— 9/六一七	8	0	1				9
100 以上/四一五							
30—99/四一五	10	3	0	1	0	0	14
10—29/四一五	93	6	3	4	1	2	109
2— 9/四一五	142	8	9	2	1	1	163
100 以上/二一三	5			1	0	1	7
30—99/二一三	5	0	1	1	0	0	7
10—29/二一三	59	7	10	0	1	4	81
2— 9/二一三	856	89	147	38	21	80	1231
100 以上/一		1	0				1
30—99/一	1						1
10—29/一	17	1	4	0	0	3	25
2—9/一	407	64	125	52	25	161	834
1/一	1803	265	752	250	152	1395	4617
合　計	3561	448	1054	353	201	1648	7265

從歷時情況和使用率、分布面分析，得分在 20—16 的詞，是當時詞彙的基本層成分；得分在 15—12 的詞，屬常用層成分；得分在 11—9 的詞，往往帶有較強

的群體特徵，屬局域層成分；得分為 8 的詞，使用局限最大，是邊緣成分。

觀察上述詞彙分層情況，可以了解到：

（1）詞彙成分中，多數成分的使用率和分布面都很有限，其中十種文獻中 1 見的有 4617 個，占 63.55％，用例在十個以內，分布不超過三種文獻的有 1065 個，占 14.66％，這一方面跟我們考察的材料數量偏少有關，但也在某種程度上反映了詞彙使用的實際情況：在有限的範圍內，很多詞的復現率很低。

（2）詞彙中，詞的影響力跟它們的產生時間有密切關係，使用率高、分布面廣的詞，絕大多數是產生時間較早的詞。後起的詞或詞義，儘管個別詞依靠某些特殊的因素而具有較高的使用率或分布面，但絕大多數在使用率和分布面上都很有局限。比如使用率超過 100 次的 20 個詞中都產生於先秦；分布面超過八種文獻的 54 個詞中，只有一個是先秦詞在兩漢獲得的新義，其餘都是先秦產生的舊詞舊義。

（3）年代久遠的詞內部也有分化，其中一部分非常活躍，而另一部分（超過一半）相對沉寂，使用率和分布面都很有限，比如產生於先秦的 3561 個詞中，有 1803 個在十種文獻中僅 1 見。

（4）詞義的虛實和詞的語法功能差異影響詞的使用率，一批語義虛化而功能性強的詞，因為使用率高、分布廣而在這個分析中占據的核心的位置，但是在實際的交際中，基本意義的表達是由實詞來完成的。因此，在實際的分析中，應該把虛詞和實詞加以區分，在實詞中，還應該把能夠充當句子主幹成分的幹詞，和主要充當句子修飾成分的飾詞進行區分。本文在這方面有欠深入，值得努力。

（5）文獻反映了詞彙面貌，但受所涉內容的影響，跟詞彙的實際面貌之間存在差距，一些反映日常生活中常用事物行為的詞彙成分，受文獻內容和語體等因素的影響，在文獻中沒有得到充分的展示。這種文獻對詞彙帶有偏向性的隨機反映，普遍地存在於各類文獻之中，文獻用詞對詞彙的反映是不全面的。

（6）在這個分析中，詞彙成分之間的關係是離散的，詞彙內部的系統關係全部被打亂了。通常，我們通過詞彙在形式或意義上的關聯對各詞彙成分進行分析，比如單音一複音關係，同音關係，同構關係，同義一反義一類義關係，引申關係，等等。但是，在詞彙分層的分析中，反映詞彙內部成分形義關聯的各種關係，被忽略了，而存在於這些關係中的各詞彙成員的活力差異被突顯了出來。比如，多義詞各義項之間，不同義項的活躍程度差異很大，詞的基本義或較早引申義未必比後起的引申義更活躍；而同一組同義詞項中，有些在穩定性和普遍性方面都比較占優，有些則居劣勢。總之，這個分析打亂了通常的詞彙內部關係，無助於我們對這些關係的把握，但能説明我們了解具有系列關係的同一組詞和詞項在活力方面的差異，觀察詞彙中各成員在語用中的活躍情況，另有獨特的價值。

參考文獻

曹煒. 現代漢語詞彙研究. 北京：北京大學出版社，2004.

符淮青. 現代漢語詞彙. 北京：北京大學出版社，1985.

林燾. 漢語基本詞彙的幾個問題. 中國語文，1954 (7).

劉叔新. 漢語描寫詞彙學. 北京：商務印書館，1990.

潘允中. 漢語基本詞彙的形成及其發展. 中山大學學報，1959 (1、2 期合刊).

俞理明. 東漢佛道文獻詞彙研究的構想. 漢語史研究集刊 (第八輯)，2005.

俞理明. 詞彙歷史研究中的宏觀認識. 江蘇大學學報，2008 (3).

周薦. 基本詞彙與一般詞彙劃分芻議. 南開學報 (哲學社會科學版)，1987 (3).

周行. 關於"基本詞彙"的再探討. 漢字文化，2012 (1).

The Hierarchy of the Vocabulary in Tianshi Daoist Literatures

Tian Qitao, Yu Liming

Abstract: The words on a diachronic layer are not formed at the same time, and different time levels of language components accumulated gradually, which form obvious hierarchy. According to the analysis of stability and universality, words form a round target structure, and different words occupy different positions in the system. In this analysis, the relationship between the vocabulary components is discrete, reflecting relationships of the correlation between its form and meaning, such as monosyllabic words & polysyllabic words relation, synonymy-antonymy-homologous relation, semantic extension relation, etc. All of these themes were ignored. But the vigor differences of the members of vocabulary were highlighted in these relations.

Keywords: Tianshi Daoist literatures; Words; Hierarchy

(田啟濤，寧波大學人文與傳媒學院；俞理明，四川大學文學與新聞學院)

基於語氣助詞的可疑安世高譯經考辨

高列過　孟奕辰

提　要：歸納總結了13部安世高譯經語氣助詞的特點，確定了考辨可疑安世高譯經的語氣助詞標準，據此考辨《大安般守意經》等14部佛經不是可靠的安世高譯經，探索了利用專類語言標準考辨可疑漢譯佛經的思路。

關鍵詞：安世高；可疑佛經；考辨；語氣助詞

作為有文獻依據的最早譯經者之一，題名為安世高翻譯的佛經，隋代費長房《歷代三寶記》羅列的經目有176種，呂澂（1979：27）認為“都不可信”。對舊題安世高譯的佛經進行考辨，是正確利用安世高譯經開展研究必不可少的前提。

方一新、高列過（2012：51）認為：“早期可疑佛經的考辨離不開比較，在可靠的比照語料中確立恰當的比照對象，考辨的結論才能令人信服。”考辨可疑安世高譯經，首先需要確定可靠安世高譯經的篇目。

可靠安世高譯經的篇目，各家看法不一。方一新、高列過（2012：13－50）“中外學者對早期可疑佛經的考辨”一章列舉了荷蘭學者許理和以及國內學者呂澂、任繼愈、俞理明、史光輝等的觀點。本文以許理和（2001）、左冠明（2010b）為參考，將《阿含口解十二因緣經》《八正道經》《本相猗致經》《長阿含十報法經》《大道地經》《漏分布經》《普法義經》《七處三觀經》《人本欲生經》《是法非法經》《四諦經》《一切流攝守因經》《陰持入經》等13部佛經作為可靠安世高譯經。

俞理明（1993：47－50）附錄一《早期（漢魏西晉）漢譯佛經存經目錄》列舉了34部可疑安世高譯經，其中誤人經6部①，誤入失譯經28部②。除這34部可疑佛經外，我們參照許理和（2001）、賴永海（2010）、左冠明（2010a；2010b）的相關論述，把《阿毗曇五法行經》《禪行法想經》《大安般守意經》《法受塵經》《九橫

① 其中的《奈女耆域因緣經》即《棕女祇域因緣經》。

② 其中的《阿難問事佛吉凶經》即《大正藏》編號為No. 492a的《佛說阿難問事佛吉凶經》。

經》《五陰譬喻經》《轉法輪經》等 7 部佛經也列入可疑佛經。這樣，可疑安世高譯經共計 41 部。

一、可疑安世高譯經的語言學考辨評述

舊題安世高譯的可疑佛經，從語言角度做過考辨的有 14 部。有些考辨頗為詳盡，也有些比較簡略。

（一）運用多種語言證據考辨單篇佛經

［意］左冠明（Stefano Zacchetti）（2010a）指出，傳世本《大安般守意經》句末語氣詞“也”、結構助詞“之”、表示“什麼，哪一個”義的“何所”等，其他安世高譯經非常罕見或根本沒有使用。其（2010b）指出《法受塵經》的語言與安世高譯經有別，不是可靠安世高譯經。

方一新、高列過（2012）第二章附表“早期疑僞佛經的語言學考辨情況”列舉了《寶積三昧文殊師利菩薩問法身經》《禪行法想經》《大比丘三千威儀》《佛說阿難問事佛吉凶經》《法受塵經》《㮈女祇域因緣經》《太子慕魄經》《五陰譬喻經》《轉法輪經》等 9 部佛經的考辨成果，并從經錄文獻、詞彙、語法、開頭及結尾語等方面，詳盡考辨了《寶積三昧文殊師利菩薩問法身經》《佛說阿難問事佛吉凶經》《㮈女祇域因緣經》《太子慕魄經》等 4 部佛經。

方一新、高列過（2015）、李妍（2017）等也運用多種語言證據，考辨了《摩鄧女經》《分別善惡所起經》等的時代。

（二）以某一類語言證據為標準，考辨系列相關可疑佛經

目前所採用的某一類語言證據還局限於佛教詞語。方一新（2016）認為，“有些佛教詞語具有較強的年代性，可以看作是具有時代特色的特征詞，只要在佛經中見到這些詞語，就可以大致判定譯者的年代。”

李妍（2012）、李欣（2014）、方一新（2016）等以佛教詞語為標準，考辨了《阿難問事佛吉凶經》（《大正藏》編號 No. 492a）《寶積三昧文殊師利菩薩問法身經》《出家緣經》《處處經》《犯戒罪報輕重經》《分別善惡所起經》《㮈女祇域因緣經》《尸迦羅越六方禮經》《長者子懊惱三處經》《罪業應報教化地獄經》等舊題安世高譯經。

以某一類語言證據為標準，考辨系列相關可疑佛經，與運用多種語言證據考辨單篇佛經相比，系統性更強，考辨成效更明顯。但目前這方面的研究成果，一是比較少，二是相關考辨還比較單薄，三是沒有從語法證據進行系統考辨。

（三）本文考辨可疑安世高譯經的標準

不同時期的漢譯佛經，語言方面既有對之前譯經的沿襲、仿照，也反映了所處

時代的語言面貌。而作為翻譯文獻，漢譯佛經的語言面貌，也與譯者的漢語水平和使用漢語的習慣密切相關。隨著研究的深入，漢譯佛經語言的斷代面貌、不同譯者譯經的語言特點都逐漸得以揭示。以不同譯者的用語特點作為考辨依據，對可疑佛經的譯者和翻譯時代進行分析，具有較高的客觀真實性。曹廣順、遇笑容（2000）認為："作為一種歷史文獻，每一種譯經都應該在語言上有其特徵，反映某一時代、作者的語言習慣。因此，我們有可能根據語言特徵來研究譯經的翻譯年代問題。"

方一新、高列過（2012：80）認為："與詞彙相比，語法規律性和系統性較強，時代特色和個人特色比較明顯，但語法變化相對緩慢，因此在選擇語法標準時，筆者以為應當考慮以下原則。""時代性原則……即以考辨語料中新質語法現象和舊質語法現象的使用面貌，作為考辨翻譯年代的重要證據。""典型性原則……即以語法史上變化比較明顯的句式、詞法現象作為鑒別依據。""量的原則……即以每種語法現象的使用頻率，各種語法現象之間分佈的差異等作為鑒別的依據。量的原則的運用，是語法鑒別標準更為細緻準確的保證。"

筆者認為，"量的原則"還可以進一步完善。考察某一語法現象的使用頻率時，應該考慮這一語法現象用例的絕對數量。絕對數量越少，所體現的規律性越弱，偶然性越強。在考辨早期可疑佛經時，應該謹慎處理用例極少的語法現象。

借鑒以上論述，本文擬以句末語氣助詞①為鑒定標準，對一些可疑安世高譯經進行考辨。

高列過（2004）的考察表明，"東漢佛經……早期譯經的語氣助詞使用頻率較低，支曜之後的譯經較高。""乎"應用於各種類型的問句，"耶"較多地使用於是非問句和由是非問句構成的選擇問句。可見，以語氣助詞為考辨標準，符合時代性原則、典型性原則、量的原則。考察語氣助詞，可以幫助確定文獻的年代。

以語氣助詞為標準考辨可疑漢譯佛經，已經取得了一些成果。汪維輝（2007）、顏洽茂、熊娟（2010）、方一新、高列過（2012）等以句末語氣助詞為標準，分別考辨了《菩薩本緣經》、一卷本《般舟三昧經》以及《雜譬喻經》《興起行經》《分別功德論》等可疑佛經。

二、安世高譯經語氣助詞概貌

《阿含口解十二因緣經》等 6 部佛經，有語氣助詞 5 個（其中 4 個單用，1 個連用，不含"者"），凡 18 例（如表 1 所示）。《八正道經》等 7 部佛經沒有語氣助詞用例。

---

① 語氣助詞是古今漢語共有的一個詞類，指位於句末、主語或短語之後，表示語氣的一類虛詞。本文只考察位於句末的語氣助詞。

表1　6部安世高譯經語氣助詞一覽表

譯　經	也	耳	耶（邪）	哉	也已	合計
阿含口解十二因緣經	0	4	0	0	0	4
長阿含十報法經	0	0	4	0	0	4
大道地經	0	0	3	0	0	3
普法義經	0	0	0	0	1	1
七處三觀經	1	0	2	0	0	3
人本欲生經	0	1	0	2	0	3
合計	1	5	9	2	1	18

（一）語氣助詞面貌描寫

【耶（邪）】 9 **例**

用於是非疑問句句末，共4例。有2例用於“寧當……耶”句型。

（1）五種斷意。何等五？道弟子有道信有根著本，無有能壞者，忍辱亦仙人，若天、若魔、若梵，亦餘世間耶？（《長阿含十報法經》卷上，1/234b）

（2）已等心定意，已行已作已有，寧當有瞋恚耶？無有是。何以故？有等心定意，為除瞋恚故。（《長阿含十報法經》卷上，1/236a）

（3）已慈心定意，已行已作已有，寧當有殺意耶？無有是。何以故？已有慈意定心，為無有殺意。（《長阿含十報法經》卷上，1/236a）

（4）已有等意定心，已行已增已有，寧不定不可耶？無有是。何以故？等意定心，為除不可不定故。（《長阿含十報法經》卷上，1/236a）

用於“為……耶？為……耶？”選擇疑問句末，義即“呢”，有2例。用於1個選擇問句的兩個分句。

（5）若行者復觀是，如上說受識行，計是識為今世耶？為後世耶？（《七處三觀經》，2/878c）

用於感歎句末，表示感歎語氣。

（6）譬如四街有一臠肉，為鴟鳶烏鵲眾鳥所爭，各自欲得邪[①]！（《大道地經》，15/234c）

用於假設複句的前一分句末，表示提頓，等待下句對結果的敘述。

---

① 邪，《大正藏》作“耶”，宋、元、明三本作“邪”。下（7）例同。

（7）環繞嬈人如是。有宿行好邪，不能得著；宿行惡邪，能得著。（《大道地經》，15/234c）

【耳】 5 例

用於陳述句末，表示限止語氣。

（8）是時，比丘！不痛為身，身亦不更痛，痛法亦不為身，有身但為不覺身耳。如是觀身，寧應身不？（《人本欲生經》，1/244a）

（9）諸所食飲皆有肥膩，但有薄厚多少耳。（《阿含口解十二因緣經》，25/55a）

用於陳述句末，表示肯定語氣。

（10）是同身十事，俱分別之耳。從色得身，從四陰得名字，從名色得愛受，從受行癡，行癡便成十二因緣。（《阿含口解十二因緣經》，25/53c）

（11）人生墮地未有所知，便喜向其母者，意識本因緣故耳。（《阿含口解十二因緣經》，25/54c）

（12）有阿羅漢，以天眼徹視，見女人墮地獄中者甚眾多。便問佛："何以故？"佛言："用四因緣故：一者貪珍寶物衣被，欲得多故；二者相嫉妬；三者多口舌；四者作姿態婬多。以是故墮地獄中多耳。"（《阿含口解十二因緣經》，25/55a—b）

【哉】 2 例

表示感歎語氣，用於"善哉善哉"固定格式中。

（13）佛言："聽！阿難！善哉，善哉！諦受念，佛便說。"（《人本欲生經》，1/243c）

【也】 1 例

"也"用於陳述句，表示強調、提醒的語氣。

（14）何等為痛癢要？所痛癢欲能活為愛，能斷愛貪為自度，如是為痛癢要，識如諦知也。（《七處三觀經》，2/875c）

【也已】 1 例

表示限止語氣。

（15）何等為二十種？一者無有入空，……二十為但自行有、但自行隨、但自行本、但自行歸也已。若人自行善惡在所有，但當為受行，器世間人，當從是恐意。（《普法義經》，1/924a）

（二）安世高譯經語氣助詞使用特點

1. **語氣助詞種類單調**

13 部安世高譯經，僅 5 種語氣助詞，而其後的支婁迦讖譯經[①]有 10 種語氣助詞，僅有一卷的《法鏡經》就有 6 種語氣助詞，僅一卷的《成具光明定意經》有 7 種語氣助詞，兩卷的《修行本起經》有 9 種語氣助詞，兩卷的《中本起經》有 9 種語氣助詞。

2. **語氣助詞使用頻次極低**

其他東漢譯經的語氣助詞使用頻次均遠遠高於安世高譯經，如表 2 所示。

而 13 部安世高譯經，字數 62747[②]，語氣助詞 18 例，使用頻次為 0.03%。再進一步，只計算 6 部有語氣助詞用例的安世高譯經，字數 42238，語氣助詞使用頻次僅為 0.04%。

表 2　其他東漢譯經語氣助詞使用頻次

譯經篇目	譯經字數	語氣助詞用例	語氣助詞使用頻次
支婁迦讖譯經	162848	527	0.32%
法鏡經	10793	138	1.3%
成具光明定意經	9843	72	0.7%
修行本起經	14508	71	0.5%
中本起經	21505	120	0.6%

3. **語氣助詞用法比較簡單**

作為疑問語氣助詞，傳世中土文獻“耶（邪）”用於特指問句、是非問句、反問句等各類問句，而安世高譯經儘管疑問句非常豐富，但“耶（邪）”僅見於是非問句和選擇問句。

語氣助詞“也”，在東漢中土文獻中，用於判斷句、陳述句、祈使句、感歎句、特指疑問句、是非疑問句、選擇疑問句、反詰問句句末，也用於主語、時間詞語或其他狀語成分后，舒緩語氣，用法非常多，但安世高譯經“也”僅見於陳述句。

語氣助詞“哉”，在東漢中土文獻中，用於陳述句、祈使句、感歎句、特指問句、反詰問句句末，但安世高譯經“哉”僅用於“善哉善哉”這樣的感歎句中。

4. **有些語氣助詞的用法與中土文獻不同**

有些語氣助詞的用法也與中土文獻不同，如“耶”用於假設複句的前一分句末，表示提頓，等待下句對結果的敘述，這種用法，古代漢語的虛詞詞典多未提

① 支婁迦讖譯經篇目：《道行般若經》《兜沙經》《阿閦佛國經》《般舟三昧經》《文殊師利問菩薩署經》《遺日摩尼寶經》《阿闍世王經》《內藏百寶經》。

② 資料來源：http://authority.dila.edu.tw/catalog/。下同。

及；“也已”表示限止語氣，與中土文獻“也已”連用常表示判斷、感歎語氣不同。

三、語氣助詞與可疑安世高譯經考辨

舊題安世高譯的 41 部可疑佛經，《阿毗曇五法行經》《八大人覺經》《禪行三十七品經》《出家緣經》《犯戒罪報輕重經》《父母恩難報經》《鬼問目連經》《九橫經》《婆羅門避死經》《十支居士八城人經》《五陰譬喻經》《罪業應報教化地獄經》等 12 部佛經沒有語氣助詞用例，不能用語氣助詞這個標準進行考辨。

13 部安世高譯經，只有 6 部有語氣助詞，《阿含口解十二因緣經》《長阿含十報法經》語氣助詞用例最多，僅 4 例。從考辨標準從嚴的角度出發，單部可疑安世高譯經語氣助詞用例等於或少於 4 例的，不適合用語氣助詞這個標準進行考辨。按照這個標準，29 部出現了語氣助詞用例（如表 3 所示）的可疑安世高譯經，不適合用語氣助詞這個標準進行考辨的是表三中《寶積三昧文殊師利菩薩問法身經》以下的 15 部佛經。

表 3　29 部可疑安世高譯經語氣助詞一覽表

序號	佛經	也	矣	耳	乎	耶	哉	而已	哉也	為	總數
1	大安般守意經	267		4		1			1		273
2	㮈女祇域因緣經	13	2	6	1	11				3	36
3	迦葉結經	3	3	5	8	1	8				28
4	太子慕魄經	13		8	2	2					25
5	處處經	3		18		1	2				24
6	佛印三昧經	16		5	1						22
7	罵意經	7		7		3					17
8	分別善惡所起經	13	1	1				1			16
9	佛說阿難問事佛吉凶經	4	2			3	2				11
10	長者子制經	5		3							8
11	大比丘三千威儀	1	1	3		1		1			7
12	婆羅門子命終愛念不離經					6					6
13	自誓三昧經	1			1		4				6
14	犍陀國王經	3		1	1						5
15	寶積三昧文殊師利菩薩問法身經						4				4
16	摩鄧女經	2		1		1					4
17	舍利弗悔過經				2		2				4
18	尸迦羅越六方禮經	2			2						4
19	阿那邠邸化七子經	1					2				3

續表 3

20	長者子懊惱三處經				2	1					3
21	轉法輪經	3									3
22	禪行法想經	2									2
23	大乘方等要慧經						2				2
24	法受塵經	2									2
25	十八泥犁經	1			1						2
26	溫室洗浴眾僧經			1			1				2
27	阿含正行經			1							1
28	阿難同學經					1					1
29	堅意經	1									1

可以運用語氣助詞這一語法標準考辨的可疑安世高譯經，有 14 部：《處處經》《大安般守意經》《大比丘三千威儀》《分別善惡所起經》《佛印三昧經》《佛說阿難問事佛吉凶經》《迦葉結經》《罵意經》《㮈女祇域因緣經》《婆羅門子命終愛念不離經》《犍陀國王經》《太子慕魄經》《長者子制經》《自誓三昧經》。

對照安世高譯經語氣助詞的使用特點，可以根據語氣助詞的種類、使用頻次、用法考辨可疑安世高譯經。

（一）語氣助詞種類豐富的譯經，不是可靠的安世高譯經

13 部安世高譯經，僅 5 種語氣助詞。具體到每一部譯經，《人本欲生經》《七處三觀經》這兩部佛經有 2 種語氣助詞，《阿含口解十二因緣經》《長阿含十報法經》《大道地經》《普法義經》等 4 部佛經只有 1 種語氣助詞。鑒於此，可以確立這樣一個考辨標準：某一部可疑安世高譯經，只要語氣助詞的種類超過 5 種，就可以判定其不是可靠安世高譯經。

《迦葉結經》《㮈女祇域因緣經》都有 6 種語氣助詞，“也”“矣”“乎”“耳”“耶”這 5 種語氣助詞兩部佛經均有用例，另外，《迦葉結經》有語氣助詞“哉”，《㮈女祇域因緣經》有語氣助詞“為”。依次舉例如下：

（16）又賢者大迦葉，其佛世尊臨滅度時告阿難：汝莫啼悲，無以我累，於大迦葉今偶小誤而不相原。唯仁者迦葉，悅豫意解，後不敢失也。（《迦葉結經》，49/6b）

（17）此國王之子，而執醫器，必醫王也。（《㮈女祇域因缘经》，14/897b）

（18）又阿難，汝言我用愍念親族之故求為沙門，是為不應沙門之法。以有親族恩念故矣。（《迦葉結經》，49/6a）

（19）王今自有嫡子生矣，應襲尊嗣，我願得行學醫術。（《㮈女祇域因缘经》，14/897c）

(20) 爾時世人婬怒癡薄無有縛結，志樂空閑，心無瑕穢，豈得比之今時人乎？(《迦葉結經》，49/6a)

(21) 我朝來未食，還必當死，寧可假我須臾，得於山間啖果飲水，飽而就死乎？(《㮈女祇域因缘经》，14/900c)

(22) 時賢者不那起住叉手："受如尊教，輒能行耳。"(《迦葉結經》，49/4c)

(23) 我生而有醫證在手，故白大王，捐棄榮豪，求學醫術，豈復懈怠，須師督促？直以諸師之道，無足學者故耳。(《㮈女祇域因缘经》，14/897c)

(24) 世間大燈得無非常風滅之耶？得無非常水滅于佛火？(《迦葉結經》，49/5a)

(25) 《本草經》說有藥王樹，從外照內見人腹藏，此兒樵中得無有藥王耶？(《㮈女祇域因缘经》，14/898a)

(26) 百千天人住於虛空舉聲稱："怨哉！此大迦葉。何以出辭乃爾！"(《迦葉結經》，49/5c)

(27) 我本為太子，雖是小國亦有民人珍寶具足，不樂治國故求為醫，當行治病，當用土地婇女寶物為？皆所不用。(《㮈女祇域因缘经》，14/901a)

(二) 語氣助詞使用頻次遠高於安世高譯經的，不是可靠安世高譯經

14 部可疑安世高譯經語氣助詞的使用頻次如表 4 所示。

表 4　14 部可疑安世高譯經語氣助詞使用頻次

序號	佛經	語氣助詞用例	譯經字數	語氣助詞使用頻次
1	大安般守意經	273	14662	1.86%
2	佛印三昧經	22	1193	1.84%
3	太子慕魄經	25	2333	1.07%
4	迦葉結經	28	3492	0.80%
5	犍陀國王經	5	632	0.79%
6	佛說阿難問事佛吉凶經	11	2456	0.44%
7	長者子制經	8	1651	0.48%
8	㮈女祇域因緣經	36	7630	0.47%
9	婆羅門子命終愛念不離經	6	1633	0.37%
10	處處經	24	6580	0.36%
11	罵意經	17	6195	0.27%
12	分別善惡所起經	16	7412	0.22%
13	自誓三昧經	6	3397	0.18%
14	大比丘三千威儀	7	17774	0.04%

除《大比丘三千威儀》語氣助詞的使用頻次和安世高譯經相近外，其餘 13 部的語氣助詞使用頻次均遠遠高於安世高譯經。有些譯經語氣助詞的使用頻率是安世高譯經的幾十倍，如《大安般守意經》，46.5 倍；《佛印三昧經》，46 倍；《太子慕魄經》，26.75 倍，《迦葉結經》，20 倍。即使是使用頻次較低的《罵意經》，也是 6.75 倍；《分別善惡所起經》，5.5 倍；《自誓三昧經》，4.5 倍。可以判定這 13 部佛經不是可靠的安世高譯經。

（三）語氣助詞的用法與安世高譯經不同的，不是可靠安世高譯經

從幾部可疑佛經看，發現有以下幾個語氣助詞的用法與安世高譯經不同，根據這點，即可判定它們不是可靠安世高譯經。

1.“耶（邪）”的用法與安世高譯經不同

安世高譯經儘管疑問句非常豐富，但“耶（邪）”僅見於是非問句和選擇問句；用於是非問句時，多與疑問副詞“寧（當）”組合使用。

《㮈女祇域因緣經》有 11 例“耶”，除用於是非問句、選擇問句，還用於測度問句、反問句、感歎句；另外，沒有 1 例“耶”與“寧（當）”組合使用。《婆羅門子命終愛念不離經》6 例“耶”，全部用於是非問句，但只有 1 例與“寧”組合使用。《罵意經》3 例“耶”，1 例用於是非問句，2 例用於陳述句。《佛說阿難問事佛吉凶經》3 例“耶”，2 例用於是非問句，但未與疑問副詞“寧（當）”組合使用；還有 1 例用於特指問句。《太子慕魄經》只有 2 例“耶”，但用於特指問句和反問句。《大比丘三千威儀》只有 1 例“耶”，用於特指問句。

(28) 此大王！妾亦有敗壞、有變異，寧可不生苦憂慼不樂耶？（《婆羅門子命終愛念不離經》，1/916a）用於是非問句，和“寧”組合使用。

(29) 此非我所生，自出於㮈樹之上，不知是天、龍、鬼神女耶？鬼魅之物？（《㮈女祇域因缘经》，14/897b）用於選擇問句。

但多數“耶”的使用面貌和安世高譯經不同：

是非問句中，“耶”不與“寧”組合使用：

(30) 人不自手殺，教人殺者，其罪云何？為無罪耶？（《佛說阿難問事佛吉凶經》14/753b）

(31) 師者，為可得呵喝弟子，以小罪成大，得無罪耶？（《佛說阿難問事佛吉凶經》，14/753b）

(32) 問：“有意佛鄉里無意耶?”“如是為本無身意，但自作是得是，譬如五種本，亦無有種便生，人生亦本，無有種便有。如然火，焰出為；去薪便止。人自計身非身，萬物亦止。”（《罵意經》，17/534b）

(33) 王問祇域言：“汝愁惱耶?”（《㮈女祇域因缘经》，14/898b）

（34）愛上已，當有憂慼苦不樂耶？此瞿曇！愛生已，當有歡喜愛念。（《婆羅門子命終愛念不離經》，1/915a）

（35）愛生已，有憂慼不樂耶？此瞿曇！愛生已，但有歡喜愛念。（《婆羅門子命終愛念不離經》，1/915a）

（36）愛生已，則有憂慼苦不樂耶？此婆羅門！愛生已，當有歡喜愛念。（《婆羅門子命終愛念不離經》，1/915b）"則有憂慼苦不樂耶"共3例。

用於測度問句：

（37）《本草經》說有藥王樹，從外照內見人腹藏，此兒樵中得無有藥王耶？（《㮈女祇域因缘经》，14/898a）

用於特指問句：

（38）是以優波離問佛："成就幾法盡命不依止耶？"（《大比丘三千威儀》卷上，24/913a）

（39）有人事佛得富貴諧偶者，有衰耗不得諧偶者，云何不等耶？（《佛說阿難問事佛吉凶經》，14/753a）

（40）今我治國不奉正法，既無微善，反是逐非，憍貴自恣，純行危殆，罪當何貲耶？（《太子慕魄經》，3/409c）

反問句用例較多：

（41）父止之曰："祇域生而把針藥，棄尊榮位，行作醫師，但為一切人命，此乃天之醫王，豈當妄耶！"（《㮈女祇域因缘经》，14/899a）

（42）汝何敢求我新衣？為欲殺我，便著我衣，詐我身耶？（《㮈女祇域因缘经》，14/900a）

（43）汝何故欲得自出入宫門令無禁呵？欲因此將兵來攻殺我耶？（《㮈女祇域因缘经》，14/900a）

（44）我生不由胞胎，乃出草華之中，是與凡人不同，何宜當隨世人乃復嫁耶？（《㮈女祇域因缘经》，14/901b—c）

（45）既不能語，當何益王耶？（《太子慕魄經》，3/408b）用於反問句。

用於感歎句：

（46）祇域爾時為貧家作子，㮈女供養，意甚慕樂，而無資財，乃常為比丘尼掃除，潔淨已，輒發誓念言："令我能掃除天下人身病穢如是快耶！"（《㮈女祇域因缘经》，14/901c）

用於陳述句：

(47) 問曰："是何等田？誰名為田？""意汝為有意，田家不知，為無意耶。田家不覺，汝為有意覺，田家為無意不覺耶，可言意覺。婬味亦意。何以故？不覺近。出家無有田，如是為是。"(《罵意經》，17/534b)

2. 語氣助詞"也"的用法與安世高譯經不同

安世高譯經"也"僅見於比較簡單的陳述句。《大安般守意經》"也"用於陳述句和判斷句，而且這些陳述句和判斷句相當複雜。《處處經》《大比丘三千威儀》《分別善惡所起經》《佛印三昧經》《迦葉結經》《罵意經》《㮈女祇域因緣經》《犍陀國王經》《太子慕魄經》《長者子制經》這 10 部佛經的"也"，除用於陳述句、判斷句外，還用於祈使句、疑問句、感歎句和回答語"是""不"之後。

《大安般守意經》"也"用於陳述句，如：

(48) 問：誰主知身意痛痒者？報：有身，身意知；痛痒，痛痒意知；意意，意意知；有飢，飢意知；有渴，渴意知；有寒，寒意知；有熱，熱意知。以是分別知也。(《大安般守意經》卷下，15/171b) 位於一組陳述句的最後一句末尾。

(49) 四意止，意起念生，即時識對行藥，得一意止，便得四意止也。(《大安般守意經》卷下，15/171b) 位於假設複句的結果分句末尾。

(50) 身不欲行道，意欲行便行，神足如是，意欲飛即能飛也。(《大安般守意經》卷下，15/172a) 位於一組假設複句的最後一個結果分句的末尾。

(51) 問：第三止何以故止在鼻頭？報：用數息、相隨、止、觀、還、淨，皆從鼻出入，意習故處，亦為易識，以是故著鼻頭也。(《大安般守意經》卷上，15/166c) 位於因果複句的結果分句末尾。

(52) 息亦是意，亦非意。何以故？數時，意在息為是；不數時，意息各自行，是為非意。從息生意已，止無有意也。(《大安般守意經》卷上，15/166b) 位於一組因果複句的最後一個結果分句末尾。

(53) 譬如鑽火見煙，不能熟物，得何等喜？用未得出要故也。(《大安般守意經》卷下，15/169b) 位於因果複句的原因分句末尾。

(54) 問：現有所念，何以為無為？報：身口為戒，意向道行，雖有所念，本趣無為也。(《大安般守意經》卷下，15/169c—170a) 位於讓步複句的後一分句末尾。

(55) 入息短，出息長，無所從念為道意，有所念為罪；罪惡在外，不在內也。(《大安般守意經》卷上，15/164c) 位於並列複句的第二個分句末尾。

《大安般守意經》"也"用於判斷句，如：

(56) 安為受五陰，般為除五陰，守意為覺因緣，不隨身口意也。(《大安般守意經》卷上，15/164a）位於一組“為……”類判斷句的末尾。

（57）第四觀者，觀息敗時，與觀身體異息，見因緣生，無因緣滅也。（《大安般守意經》卷上，15/167a）用於“……者，……也”判斷句。

（58）無所有處有四處：一者、飛鳥以空中為處；二者、羅漢以泥洹為處；三者、道以無有為處；四者、法在觀處也。（《大安般守意經》卷上，15/167b）位於一組“……者，……也”判斷句的末尾。

（59）身體止者，坐念起，起念意不離，在所行意所著為識，是為身觀止也。（《大安般守意經》卷上，15/167c）用於“……者，……為……也”判斷句。

（60）四意止者：一者、但念息不邪念；二者、但念善不念惡；三者、自念身非我所，萬物皆非我所，便不復向；四者、眼不視色，意在法中，是名為四意止也。（《大安般守意經》卷下，15/171a）用於一組“……者，……為……也”判斷句的最後一句末尾。

《處處經》等10部佛經“也”用於陳述句，如：

（61）有父母、兄弟、妻子得道便止，不得道不斷絕也。（《處處經》，17/526b）

（62）今見有從生至老不被口謗者，皆故世宿命護口善言所致也。（《分別善惡所起經》，17/517b）

（63）三昧者，甚難值也，與相值聞知者，甚快不可言也。所以者何？甚難聞也。（《佛印三昧經》，15/343b）

（64）又賢者大迦葉，其佛世尊臨滅度時告阿難：汝莫啼悲，無以我累，於大迦葉今偶小誤而不相原。唯仁者迦葉，悅豫意解，後不敢失也。（《迦葉結經》，49/6b）

（65）譬如火炎但可見，不可持也。（《罵意經》，17/533a）

（66）今當煎鍊化令成水，無氣無味，王意不覺，自當飲之。藥下必愈，無可憂也。（《㮈女祇域因缘经》，14/900a）

（67）太子甚神，乃如是也。（《太子慕魄經》，3/409a）

《處處經》等10部佛經“也”用於判斷句，如：

（68）佛三昧名者，是摩訶般若波羅蜜經智慧印也。（《佛印三昧經》，15/343b）

（69）三定者：口無所知為口定，身無所知為身定，意無所念為意定也。（《罵意經》，17/534b）

（70）王實是蝌子也。（《㮈女祇域因缘经》，14/899c）

(71) 此子惡人也。(《太子慕魄經》，3/408b)

《處處經》等 10 部佛經“也”用於祈使句，如：

(72) 教人炊米有五事：……五者已熟下之，亦當覆上莫使露也。(《大比丘三千威儀》卷下，24/923a)

(73) 我所語如是，汝曹皆當信之無得疑也。(《佛印三昧經》，15/343c)

(74) 道人莫諍有是、無是也。(《罵意經》，17/531b)

(75) 此醫師輩多喜行毒，若兒為汝設食，慎莫食也！(《㮈女祇域因缘经》，14/900c)

(76) 四輩弟子！受持齋戒，不可犯也。(《犍陀國王經》，14/774b)

(77) 汝莫持汝天上意，自貢高也，復有勝汝者，我持善心精進不懈，求佛不止，會當得作佛。(《長者子制經》，14/801b)

《處處經》等 10 部佛經“也”用於疑問句，如：

(78) 仁者且觀是眾會中。誰有婬怒癡縛結未解恩愛陰蓋，頃學戒辯凡夫聚會也？(《迦葉結經》，49/5c)

(79) 第一人言沙者，世間六十億萬歲，在地獄中為一日，當何時竟也？(《罵意經》，17/532c)

《處處經》等 10 部佛經“也”用於感歎句，如：

(80) 經言：“債不腐朽”所謂也！(《分別善惡所起經》，17/518a)

用於否定回答詞“不”后：

(81) 豈復能來分取我身苦痛？不也。(《太子慕魄經》，3/409a—b)

用於肯定回答詞“是”后：

(82) 復有一比丘言：“可呼吸間。”佛言：“是也。”(《處處經》，17/527a)

3. 語氣助詞“哉”的用法與安世高譯經不同

安世高譯經“哉”只用於“善哉善哉”。而《大安般守意經》《佛說阿難問事佛吉凶經》《迦葉結經》《自誓三昧經》等 4 部佛經“哉”的用法與此不同。

“善哉善哉”的用例：

(83) 大迦葉曰：“善哉！善哉！比丘，賢聖眾中有是年幼比丘甚為佳矣！”(《迦葉結經》，49/4c)

(84) 尊者迦葉曰：“善哉！善哉！阿難卿逮平等，吾心欣踊。”(《迦葉結經》，49/6b)

但这 4 部佛经，还出现了單獨使用的“善哉”：

(85) 寂然善哉性，樂定滅調順。(《迦葉結經》，49/5a)“寂然善哉性”，應該是“善哉！寂然性”倒裝而成。

(86) 於是賢者憍桓鉢取鉢衣服與不那曰：“以奉聖眾宣我聲曰：一切眾賢。悉願忍以於善哉義尊之無放逸。”(《迦葉結經》，49/5b)“悉願忍以於善哉義尊之無放逸”，應該是“善哉！悉願忍以於義尊之無放逸”倒裝而成。

(87) 世尊曰：“善哉！恣汝所問，今當為汝具敷大要。”(《自誓三昧經》，15/345a)

另外，还有用於其他形容词之后的“哉”，如：

(88) 尊者迦葉聞是言已，心自念言：“快哉！天人說。”(《迦葉結經》，49/4b)

(89) 妙哉大聖化，慈光潤恒沙，愚冥悉已除，迷悟及濁清。(《自誓三昧經》，15/344b)“妙哉大聖化”有 3 例。

(90) 是世多惡，眾生相詛，多信鬼神背正向邪，天堂皆空地獄塞滿，甚可痛哉！(《佛說阿難問事佛吉凶經》，14/754a)

(91) 嗚呼！痛哉！(《佛說阿難問事佛吉凶經》，14/754a)

《迦葉結經》還有一例用於主謂倒裝句的謂語之後的“怨哉”，見上文“例(26)”。

《大安般守意經》還有 1 例“哉也”：

(92) 邪來亂人意，直觀一事，諸惡來，心不當動，心為不畏之哉也！(《大安般守意經》卷上，15/166c)

4. **語氣助詞“耳”的用法與安世高譯經不同**

安世高譯經，“耳”用於陳述句末，表示限止語氣，句中有僅限副詞“但”照應；表示肯定語氣，句中有連詞“便”“故”等照應。

《處處經》《大安般守意經》《大比丘三千威儀》《迦葉結經》《罵意經》《犍陀國王經》《太子慕魄經》等 7 部佛經“耳”的用法與安世高譯經不同。

“耳”雖然也用於陳述句末，但并不與僅限副詞和連詞照應。

(93) 作是言已，便言：“佛為兩舌耳。”(《處處經》，17/527c)

(94) 能如法行者，會當得道度世耳。(《大比丘三千威儀》卷下，24/920a)

(95) 王未到頃，慕魄心即自念：“當學道耳。”(《太子慕魄經》，3/409a)

(96) 今此大王謹善軟弱，威禁不攝，德不堪任統御大國；當共征伐，廢

退之耳。(《太子慕魄經》, 3/409b)

(97) 人居世間，恍惚若夢，室家歡娛，須臾間耳。(《太子慕魄經》, 3/409c)

"耳" 用於陳述句中，提起下文語氣。

(98) 行道欲得止意，當知三事：一者、先觀念身本何從來，但從五陰行有，斷五陰不復生；譬如寄託須臾耳，意不解，念九道以自證。二者、自當內視心中隨息出入。三者、出息入息念滅時。(《大安般守意經》卷下, 15/169b)

(99) 時一切眾羅漢等聞是言已，便皆避座，下處于地。心念如是："嗚呼無常力，吾等自覩如來說法，適爾近耳。今日云何聽聞如是?"(《迦葉結經》, 49/6c)

(100) 不以言呪濟，不用巍辭免，世間無等耳，同如海水鹹。(《迦葉結經》, 49/7a)

(101) 佛言："比丘入人舍中，當如手在空中無所罣礙，意亦無所著耳，聞可意是為著，聞不可意是為著。"(《處處經》, 17/527a)

(102) 世間所有如夢耳，夢飲食見好，覺便不見。(《罵意經》, 17/534a)

"耳" 用於祈使句。

(103) 一者已白罷去，不得於後說某今日所作為強自用耳。(《大比丘三千威儀》卷下, 24/925a)

(104) 今雖殺此人，亦不能令我不痛，但當約勅，後莫取人如我耳。(《犍陀國王經》, 14/774a)

(四) 使用未見於 15 部安世高譯經、但中土文獻常見的語氣助詞，且用例較多的，不是可靠安世高譯經

15 部安世高譯經未見用例的某個語氣助詞，在可疑安世高譯經的用例超過 15 部安世高譯經每個語氣助詞的平均用例，即 22/5=4.5 例，可以判定該經不是可靠的安世高譯經。

語氣助詞 "乎" 是中土文獻常見的疑問語氣助詞，但 15 部安世高譯經未見用例，《迦葉結經》有 8 例。如上文例 (24)。再舉幾例如下：

(105) 耆年大迦葉告賢者阿那律："卿觀世間誰離十力? 如來弟子眾僧，何所羅漢所作已辦而不來會乎?"(《迦葉結經》, 49/4c)

(106) 於彼大迦葉告眾僧曰："年少比丘子，汝能為眾僧使乎?"(《迦葉結經》, 49/4c)

（107）外道畜生如驚鹿輩，得無欲以壞於佛法，邪黨得無以螢火之明欲障日之光耀乎？（《迦葉結經》，49/5a）

總之，從語氣助詞的種類、使用頻次以及用法等考察，可以判定，學界從語言學角度做過考辨的《處處經》《大安般守意經》《大比丘三千威儀》《分別善惡所起經》《佛說阿難問事佛吉凶經》《㮈女祇域因緣經》《太子慕魄經》等7部佛經，確實不是可靠安世高譯經；《佛印三昧經》《迦葉結經》《罵意經》《婆羅門子命終愛念不離經》《犍陀國王經》《長者子制經》《自誓三昧經》等7部佛經，也不是可靠安世高譯經。

餘論　綜合運用多種專類語言標準考辨可疑佛經

隨著漢譯佛經語言研究的深入，漢譯佛經語言的斷代面貌、不同譯者譯經的語言特點都逐漸得以揭示。以不同譯者的用語特點作為考辨依據，對可疑佛經的譯者和翻譯時代進行分析，具有較高的客觀真實性。語氣助詞的使用特點作為不同譯者用語的特點之一，可以幫助確定文獻的可靠性。

但是，由於語言本身的傳承性，一種反映用語變化的文獻中，多數成分仍然是承襲過去的，變化總是少量的，而且這些變化通常零星、不均衡地分佈於語言的不同部分。僅利用專類語言材料作證，往往不夠充分，會面臨體現某方面語言特點的材料數量有限等困難，帶有片面性。綜合發掘利用不同譯者用語各個方面的特點，全面考察各個譯者的用語特點，從不同角度篩選出具有個性特點的成分作為證據，綜合利用多種專類語言標準，多角度系統考察，考辨的結果才更具說服力。

參考文獻

曹廣順，遇笑容. 從語言的角度看某些早期譯經的翻譯年代問題——以《舊雜譬喻經》為例. 漢語史研究集刊. 第三輯. 成都：巴蜀書社，2000.

方一新. 佛教詞語的始見年代與可疑佛經的鑒別. 合肥師範學院學報，2016（4）.

方一新，高列過. 東漢疑僞佛經的語言學考辨研究. 北京：人民出版社，2012.

方一新，高列過. 舊題後漢安世高譯《摩鄧女經》翻譯年代蠡測. 吳越佛教. 第十輯. 北京：人民出版社，2015.

高列過. 東漢佛經疑問句語氣助詞初探. 古漢語研究，2004（4）.

賴永海. 中國佛教通史（第一卷）. 南京：江蘇人民出版社，2010.

李欣. "如是我聞"首譯時代與早期漢譯佛經辨誤、辨僞. 史林，2014（1）.

李妍. 從佛教術語看疑僞經辨別. 淮北師範大學學報（哲學社會科學版），2012（4）.

李妍.《分別善惡所起經》翻譯年代考. 沈陽大學學報（社會科學版），2017（2）.

呂澂. 中國佛學源流略講. 北京：中華書局，1979.

汪維輝. 從語言角度論一卷本《般舟三昧經》非支讖所譯. 語言學論叢. 第三十五輯. 北京：商務印書館，2007.

顏洽茂，熊娟.《菩薩本緣經》撰集者和譯者考. 浙江大學學報（人文社會科學版），2010（1）.

俞理明. 佛經文獻語言. 成都：巴蜀書社，1993.

（荷蘭）許理和. 關於初期漢譯佛經的新思考. 顧滿林譯. 漢語史研究集刊. 第四輯. 成都：巴蜀書社，2001.

（意）左冠明（Stefano Zacchetti）.（2010a）. The nature of the Da anban shouyi jing 大安般守意經 T602 reconsidered [J]. *Journals of the international association of buddhist studies*.

（意）左冠明（Stefano Zacchetti）. Defining An Shigao's 安世高 Translation Corpus: The State of the Art in Relevant Research. 西域歷史語言研究集刊. 第三輯. 北京：科學出版社，2010b.

Textual Research on Buddhist Apocryphal Sutras Ascribed to An Shigao Based on Modal Particle

Gao Lieguo, Meng Yichen

Abstract: This paper summarizes the characteristics of modal particle in thirteen Chinese Buddhist sutras ascribed to An Shigao, and confirms the standard from of modal particle in order to make textual research on these fifteen Buddhist apocryphal sutras. According to this standard, this paper puts forward that An Shigao is likely not the authorship of the *Da Anban Shouyi Jing* (《大安般守意經》) and other fourteen sutras. Besides, this paper explores methods to make textual research on Buddhist apocryphal sutras based on the standard of language characteristics.

Keywords: An Shigao Buddhist; apocryphal Sutras; textual research; modal particle

（高列過，華南農業大學人文與法學學院中文系；孟奕辰，浙江大學人文學院）

中上古動詞“關/閉”替換中賓語特徵分析*

李　强　周俊勛

提　要：在隋前，“閉”仍然是“使開著的物體合攏”這個語義場中的主要成員，“關”還不具備替換“閉”的能力。“閉”還較強地依賴於典型結構，“關”根本離不開結構的幫助；典型結構中賓語的體現形式方面，“閉”、“關”的名詞賓語的使用都遠遠高於代詞賓語和零形式賓語，尤其是“關”還沒有零形式賓語，這表明“關”還未能佔領更多的語境；在“閉”、“關”賓語的個體性方面，東漢後，“閉”越來越依賴賓語的指稱性標記，“關”一直依賴于賓語的指稱性標記；觀察“閉”、“關”賓語的受影響性特征，“閉”的賓語全部受影響性的比率一直非常強勢，而“關”的賓語的受影響性還比較隨機，不具有參考價值。

關鍵詞：關；閉；替換；賓語；及物性

一、前　言

汪維輝（2000：221）指出“關”字“關閉”義的產生不晚于西漢初，通過“關”後接的賓語正在抽象化發展的現象，他進一步認為“在‘關門’這一義位上中古後期的口語中‘關’可能已替代了‘閉’，同時‘關’的義域還在擴展，與‘閉’處於進一步的競爭之中。”非常準確地展示了“關”替換“閉”的時間和大致的替換方式和過程。但是，“關”替換“閉”的詳細過程還未能揭示出來。

詞語具有多種語義特徵，詞語的演變並不是所有的語義特徵的一同變化，而是這些語義特徵的漸變，這種漸變性體現為詞語在具體使用中的不同特徵展現出的不同變化軌跡（Lightfoot，1991：159—60；Harris & Campbell，1995：108—110）。“關”“閉”的演變中最核心的問題是所帶賓語的問題，本文將“關/閉”的賓語特

* 本文為國家社科基金一般項目“中古常用動詞演變的及物性分析研究”（16BYY113）的階段性成果。

徵的研究納入句子中進行動態觀察（Hopper & Thompson，1980），除了從考察小句賓語的體現形式，還要考察賓語的個體性（Individuation of O）和受影響性（Affectness of O）。並在特定語境中對它們的變化進行分析，以期更好地揭示它們替換的每一個細微的變化，更合理地揭示這兩個詞演變的漸變性。

本文研究的語料為隋以前的中土文獻和東漢一隋的漢譯佛典。

二、上古到中古“閉/關”的使用情況考察

本文主要依據主謂結構劃分小句（徐赳赳，2003），其次考慮詞彙意義、停頓等因素，把漢語小句的典型結構描寫成“主語＋謂語＋賓語（SVO）”（包含賓語的零形式）；語義上，典型的主語傾向於施事、典型的賓語傾向於受事；而受事主語句、被動式等則處理為非典型結構。

“關”的“使開著的物體合攏”義在上古和中古文獻裡出現的頻次及小句形式構成情況為：上古，“閉”（“關閉”義，下同）共 175 次，單音節 164 次，與“關”組成雙音節“關閉”、“閉關”共 11 次；“關”（“關閉”義，下同）字共 9 次，單音節 6 次，與“閉”一起組成雙音節“關閉”、“閉關”共 3 次。中古，“閉”在中土文獻共 562 次，單音節 512 次，與“關”組成雙音節 50 次；佛經文獻共 1454 次，單音節 1053 次，與“關”組成雙音節共 401 次；“關”共 54 次，東漢時，只見於中土文獻 7 例，單音節 5 例，與“閉”組合的雙音節 2 例，東漢佛經未見；魏晉後，中土文獻 13 例（單音 10 例，雙音 3 例），佛經材料 34 例（單音節 9 例，雙音節 25 例）。

表 1　動詞“閉/關”的出現頻次及小句形式構成情況

階段	詞例	文獻	頻次	典型結構	非典型結構
先秦	閉	中土文獻	68	46（67.6%）	22（32.4%）
西漢	閉	中土文獻	96	61（63.5%）	35（36.5%）
	關	中土文獻	6	3（50.0%）	3（50.0%）
東漢	閉	中土文獻	56	34（60.7%）	22（39.3%）
		佛經文獻	86	45（52.3%）	41（47.7%）
	關	中土文獻	5	5（100%）	0（0%）
魏晉一隋	閉	中土文獻	449	331（73.7%）	118（26.3%）
		佛經文獻	961	591（61.5%）	370（38.5%）
	關	中土文獻	10	3（30.0%）	7（70.0%）
		佛經文獻	9	8（88.9%）	1（11.1%）

從使用頻率上看，“閉”遠遠高於“關”（64 次），[①] 可以認為直到隋，常用詞仍然為“閉”。

三、上古到中古“閉/關”賓語的使用情況

“閉/關”賓語的使用情況主要分析典型結構中的賓語的體現形式、賓語的個體性和賓語的受影響性三類。

（一）“閉/關”賓語的體現形式

“閉/關”賓語的體現形式主要分析典型結構中的名詞短語賓語、代詞賓語和零形式賓語三類。

1. 名詞短語作賓語

名詞短語作賓語可以分為指人名詞、指事物的名詞等。指人名詞短語有專有類、頭銜類、關係類、職業類、身體部位類、性質類名詞。如：

（1）王乃詳為怒太子，閉太子使與妃同內三月，太子終不近妃。（《史記·淮南衡山列傳》）

（2）盡閉工匠臧者，無複出者。（《史記·秦始皇本紀》）

（3）後事發覺，太后怒，閉憲于內宮。（《後漢書·竇融傳》）

（4）倫使更求小兒。至，又見之，將入宮，密籠鳥，閉兒戶中。（《宋書·五行志三》）

（5）七年，太一在八宮，關囚惡歲，大小將皆不得立。（《南齊書·高帝紀上》）

指人名詞短語做“閉/關”的賓語中身體部位的“口”、“眼/目”是最多的，其情況不多見，這與“擊/打”等動詞的替換情況不同。“閉”的指人名詞賓語的使用（指身體部位除外）：上古 4 次，中古 10 次。其中，頭銜類（《韓非子》2 次，《史記》1 次、《魏書》2 次、《洛陽伽藍記》1 次）、關係類（《華陽國志》2 次、《宋書》1 次、《南齊書》1 次）、職業類（《史記》1 次、《後漢書》1 次）、性質類（《華陽國志》1 次、《後漢書》2 次）；在佛經文獻中，“閉”的賓語有 52 例用於專名和人名，這個比例比中土文獻大，原因在於佛經語料涉及更多的人名。“關”的指人賓語只有《南齊書》使用了 1 次關係類名詞，沒有“閉”使用最多的身體部位類名詞。身體部位類、頭銜類名詞與專有名詞都是指人名詞短語中指稱性強的類型，具有較高及物性特徵，從這個特徵觀察，中古“閉”仍然是常用詞。但是，關係類名詞屬於可呼性和指稱性相對較弱的指人名詞小類，語料中這類詞用例的逐漸增加，也預測

---

① 西漢的“關”只出現在《淮南子》3 次，《史記》2 次，《僮約》1 次。

出“擊”的及物性特徵有所減弱，而“關”又剛好擠入了關係類名詞。

指物名詞可以分為具體事物和抽象事物名詞等。具體事物名詞又可以分為有生指物名詞和無生指物名詞。“關”的此類賓語共出現580次，“關”出現16次，如：

(6) 司門：掌授管鍵，以啟閉國門。(《周禮·地官·司徒》)

(7) 崔杼妻入室，與崔杼自閉戶不出，公擁柱而歌。(《史記·齊太公世家》)

(8) 坐在深室之中，閉窗舉燭，故曰長夜。(《論衡·語增篇》)

(9) 陳俊謂弇曰：“劇虜兵盛，可且閉營休士，以須上來。”(《後漢書·耿弇傳》)

(10) 潛往閉城，偃旗鼓。行巡不知，馳赴之。(《後漢書·馮異傳》)

(11) 督郵吳導至縣，抱詔書，閉傳舍，伏牀而泣。(《後漢書·黨錮傳》)

(12) 閉門下鑰，還詣佛所。(東晉·瞿曇僧伽提婆譯《中阿含經》9，1/478c)

(13) 天下非無廉士也，然而守重寶者，必關戶而全封，以為欲者之于廉，不若無欲者也。(《淮南子·詮言訓》)

(14) 以典客奪趙王呂祿印，關殿門拒呂產等入。(《史記·惠景間侯者年表》)

(15) 比丘尼不應晝日不關戶而眠。(姚秦·佛陀耶舍共竺佛念等譯《四分律》55，22/974a)

在“閉/關”這組詞中，指物名詞做所在小句的賓語中，無生指物名詞主要有“門”、“戶”、“窗”、“室”等內在賓語，也是“閉/關”使用最多的賓語。從這個情況看出，“關”進入“閉/關”這組詞中是通過內在賓語作為媒介而發展的。

賓語為抽象指物名詞，“閉”共出現609次，其中，先秦11次，西漢8次，東漢12次，六朝12次；東漢佛經4次，魏晉後佛經566次。“關”只在魏晉佛經中出現1次，如：

(16) 復為汝等然正法炬、閉諸惡道，開人天路。(三國吳·支謙譯《菩薩本緣經》3，3/69b)

(17) 走身以避影，撫山以關響，其可獲乎？(三國吳·康僧會譯《六度集經》6，3/36c)

“閉”魏晉後佛經用於抽象指物已經超過用於具體名詞的458次，而“關”僅僅出現1次，且還不是嚴格意義上的抽象指物。從語義上看，“關”指物賓語比重最大，呈典型的低及物性特徵。這種用例說明兩類情況：一是，這表明“閉”賓語的非理性、非生命特徵愈加明顯，其受影響性和個體性特徵減弱；一是，“閉”還是“關閉”義場的重要成員。而“關”未能進入抽象賓語的特徵，還不是“關閉”義場的主要成員。

2．代詞作賓語

從表2可知，在“閉/關”這對常用詞中，代詞賓語不多，共有31例，其中，“閉”27例（先秦4例，西漢1例，東漢4例，魏晉後18例），“關”4例只用於中土文獻（西漢3例，魏晉後1例）。如：

（18）斐豹謂宣子曰：“苟焚丹書，我殺督戎。”宣子喜，曰：“而殺之，所不請於君焚丹書者，有如日！”乃出豹而閉之。（《左傳·襄公二十三年》）

（19）眾至北庭，虜欲令拜，眾不為屈。單于大怒，圍守閉之，不與水火，欲脅服眾。（《後漢書·鄭興傳》）

（20）見沙門來分衛，輒逆閉門戶言。大人不在。沙門復至餘家。復牽餘家門戶閉之。（梁·寶唱等集《經律異相》16，53/85a）

從統計結果看，“閉”的賓語中指人代詞8例（先秦1例，西漢1例，魏晉佛經6例），指物代詞10例（先秦3例，西漢1例，東漢1例，東漢佛經3例）。“關”幾乎沒有充當小句賓語的代詞形式，統計中唯一一例是出現在語料性質不確定的《冥祥記》中。充當小句賓語的代詞主要是指物代詞，指人代詞有所涉及但用例不多。整體來看，漢譯佛典“關”所在小句還是具有弱及物性潛質。

3．零形式賓語

從表2可知，在“閉/關”這對常用詞中，零形式賓語不多，只有“閉”有17例，分別為東漢9例，魏晉後8例。如：

（21）內謁者令郭穰夜至郡邸獄，吉拒閉ø，使者不得入。（《漢書·宣帝紀》）

（22）王答女夫：“莫道此事，急當牢閉ø，慎勿令出。”（三國吳·支謙譯《撰集百緣經》8，4/243a）

（23）不開不閉ø，無憂無喜。（西晉·竺法護譯《賢劫經》1，14/9a）

從統計結果看，充當小句賓語的零形式主要是指物的零形式，即缺省的是“閉”的內在賓語“門”、“戶”、“室”等，例（23）這樣的隱喻類指零形式僅有此例。可見，“閉”的及物性特徵並未減弱。

表2 動詞“閉/關”賓語的三種體現形式

階段	詞例	文獻	名詞短語	代詞	零形式
先秦	閉	中土文獻	42（91.3%）	4（8.7%）	0（0%）

續表 2

西漢	閉	中土文獻	60 (98.4%)	1 (1.6%)	0 (0.0%)
	關	中土文獻	0 (0.0%)	3 (100.0%)	0 (0.0%)
東漢	閉	中土文獻	31 (91.2%)	1 (2.9%)	2 (5.9%)
		佛經文獻	35 (77.8%)	3 (8.6%)	7 (20.0%)
	關	中土文獻	5 (100%)	0 (0%)	0 (0%)
魏晉一隋	閉	中土文獻	321 (97.0%)	7 (2.1%)	3 (0.9%)
		佛經文獻	575 (97.3%)	11 (1.9%)	5 (0.8%)
	關	中土文獻	2 (66.7%)	1 (33.3%)	0 (0%)
		佛經文獻	8 (100%)	0 (0%)	0 (0%)

在賓語的三種體現形式中，"關"的代詞形式不如"閉"，尤其是還沒出現零形式賓語，即使是在名詞短語作賓語的形式中，"關"的使用數量也遠遠不如"閉"，這些都說明"閉"還沒能進入"關閉"這個常用詞領域。儘管"閉"的指物名詞短語的用例數量遠遠多於指人名詞短語，體現了較低及物性特徵，但"關"的指人賓語只使用了 1 次，說明其及物性特徵更弱。

(二)"閉/關"賓語的個體性

賓語的個體性是指賓語的所指是語境中客觀存在的某一具體、形象、有界的實體 (Hopper & Thompson，1980)，它與賓語本身的指稱性有很大關係。賓語的個體性具有連續性和層級性。張伯江 (1997) 分析漢語名詞的範疇性等級：無定形式＞回指性名詞＞回指性代詞＞零形回指＞無指性名詞。指出越處於左端的形式的實體性越強。張伯江 (2000) 進一步指出個體性的規律：有指成分＞無指成分；在有指成分內部，無定成分＞有定成分。

無定成分充當"閉/關"賓語的數量較少，有定、無定的區分不能直觀地反映賓語個體性格局的變化。在有指成分內部，不論是有定成分還是無定成分，其表現對象都是話語中的某個實體，這個實體要麼是單個對象、要麼是群體對象，且在個體性程度的表現上單個對象高於群體對象。因此，賓語的個體性的強弱可以描述成一個連續統：有指賓語＞無指賓語；在有指賓語內部，單個有指賓語＞群體有指賓語。

1. **有指賓語**

如果名詞性成分的表現對像是話語中的某個實體，該名詞性成分為有指成分，否則，為無指成分 (陳平，1987)。有指成分作為話語中的某個實體，可以根據對象單一與否分為單個與群體。在"閉/關"的有指賓語中，主要是單個有指賓語，一般為個體指人名詞及指物名詞、單數代詞以及指稱單個實體的回指型零形式。如：

(24) 及還，將至，閉門而索客。(《左傳·成公十七年》)

(25) 王乃詳為怒太子，閉太子使與妃同內三月，太子終不近妃。(《史記·淮南衡山列傳》)

(26) [方回] 至夏啟末，為人所劫，閉之室中。(《後漢書·周盤傳》注引《列仙傳》)

群體沒有作“關”的賓語的情況，作“閉”的賓語的情況也較少，主要是並列短語、集合名詞、××等、諸××、數量名短語、代指群體對象的代詞等幾種形式標記。如：

(27) 今窒閉戶牖，動天地，一室也。(呂氏春秋·季夏紀)

(28) 盡閉工匠臧者，無複出者。(《史記·秦始皇本紀》)

(29) 以春秋災異之變推陰陽所以錯行，故求雨閉諸陽，縱諸陰，其止雨反是。(《史記·儒林列傳》)

(30) 初謂道術直呼愚民詐偽空言定矣，及見武皇帝試閉左兹等，令斷穀近一月，……複何疑哉！(《抱樸子·內篇·論仙》)

(31) 故閉四關則身無患，百節莫苑，莫死莫生，莫虛莫盈，是謂真人。(《淮南子·本經訓》)

(32) 國王覩之，勅令牧夫率網張捕，其眾巨細無有孑遺，籠而閉之，食以粳米肥肉，太官以供肴膳。(三國吳·康僧會譯《六度集經》6，3/34a)

2. **無指賓語**

無指名詞性成分不指稱語境中具有這種屬性的具體的人或事物，無法把該名詞同語境中某個具體的人或事物等同起來（張伯江、方梅，2014）。一般說來，無指成分跟語用相關，辨認一個名詞性成分是有指還是無指最重要的是靠語境，而不是靠詞彙形式。區分“有指/無指”這兩種意義的語境至少有三種：一是上下文語境，二是說話現場語境，三是聽說雙方共有的背景知識。如：

(33) a. 是以曹丞相日飲醇酒，倪大夫閉口不言。(《鹽鐵論·刺複》)

b. 長匿不予，與故中尉蕑忌謀，殺以閉口。(《史記·淮南衡山列傳》)

例句中的兩個“閉口”中的名詞性賓語“口”，a是有指賓語，b是無指賓語，b中的“口”不代表語境中任何一個具體的事物，而只是作為補充動詞“閉”語義的外延性成分進入組合。

表 3 “閉/關”所在小句賓語的個體性構成情況

階段	詞例	文獻	有指賓語		無指賓語
			單個有指	群體有指	
先秦	閉	中土文獻	17 (36.9%)	1 (2.2%)	28 (60.9%)
西漢	閉	中土文獻	23 (37.7%)	4 (6.6%)	34 (55.7%)
	關	中土文獻	2 (66.7%)	0 (0.0%)	1 (33.3%)
東漢	閉	中土文獻	10 (29.4%)	1 (3.0%)	23 (67.6%)
		佛經文獻	28 (62.2%)	7 (15.6%)	10 (22.2%)
	關	中土文獻	4 (80.0%)	0 (0.0%)	1 (20.0%)
魏晉一隋	閉	中土文獻	204 (61.6%)	16 (4.8%)	111 (33.6%)
		佛經文獻	421 (71.2%)	17 (2.9%)	153 (25.9%)
	關	中土文獻	2 (66.7%)	0 (0%)	1 (33.3%)
		佛經文獻	7 (87.5%)	0 (0%)	1 (12.5%)

從統計資料看，從先秦到魏晉一隋，體現“關”和“閉”的強個體性的單個賓語的比例都在增強，體現弱個體性的無指賓語的比例也同様都在下降，這表明“閉”和“關”的及物性程度都在下降；群體賓語使用極少，其統計數據沒有參考價值；而“閉”所在小句中表示抽象屬性的無指賓語的比率儘管比較低，但一直超過“關”，這說明中古時期“閉”的賓語的個體性仍然強於“關”。從及物性特徵分析，“閉”和“關”都呈典型的低及物性特徵。

（三）“閉/關”賓語的受影響性

受影響性指的是賓語受動作行為的影響力的程度，即一個動作關乎一個事物時，該事物是受到了完全的影響，部分的影響，還是幾乎不受影響。張伯江（2009）提出，受事跟施事在語義方面最明顯的不對稱就是，受事是無法從名詞角度獨立論證的，須從支配它的動詞跟它的語義關係著眼。因此，考察受影響性的著眼點是動一受語義關係，須從小句內動詞的角度來分析賓語的受影響性。

賓語的受影響性情況複雜，跟賓語的個體性程度、句子本身的現實性程度、賓語是否是受事賓語等都緊密關聯。可見，賓語的受影響性會有篇章信息上的對應表現。儘管小句外的篇章信息確實也蘊涵了賓語的受影響性，但沒有可依據的形式標準，這體現在同一種形式可以是賓語完全不受影響，可以是賓語部分受影響，也可以是賓語完全受影響。如：

(34) 宮牆毀壞，門戶不閉，外內交通，則男女之別毋自正矣。（《管子·乘馬》）

(35) 周公曰：“冬日之閉凍也不固，則春夏之長草木也不茂。”（《韓非

子·解老》）

（36）季子將入，遇子羔將出，曰："門已閉矣。"（《左傳·哀公十五年》）

例中都是小句之外的篇章信息體現了賓語的變化義：例（34）的變化義是"不閉"，屬完全不受影響；例（35）的變化義是"閉凍不固"，屬部分影響；例（36）的變化義是"已閉"，是完全受影響。

根據這種分析統計，"閉/關"的賓語受影響性的情況如表4：

表4 "閉/關"的賓語受影響性情況

階段	詞例	文獻	全部受影響	部分受影響	完全不受影響
先秦	閉	中土文獻	41（89.1%）	1（2.2%）	4（8.7%）
西漢	閉	中土文獻	57（93.4%）	0（0.0%）	4（6.6%）
	關	中土文獻	3（100.0%）	0（0.0%）	0（0.0%）
東漢	閉	中土文獻	32（94.1%）	0（0.0%）	2（5.9%）
		佛經文獻	45（100.0%）	0（0.0%）	0（0.0%）
	關	中土文獻	5（100.0%）	0（0.0%）	0（0.0%）
魏晉一隋	閉	中土文獻	319（96.4%）	0（0.0%）	12（3.6%）
		佛經文獻	568（96.1%）	2（0.3%）	21（3.6%）
	關	中土文獻	3（100.0%）	0（0.0%）	0（0.0%）
		佛經文獻	4（50.0%）	0（0.0%）	4（50.0%）

動詞"閉/關"的語義結構屬於點結構（Talmy，1985；郭銳，1993），因此，"閉/關"的賓語受影響性絕大多數是全部受影響，即使存在部分受影響的情況，那也是具有副詞的限制性的句法手段，全部未受影響主要是用於否定句或將來時中。

雙音節"關閉"、"閉關"這樣的同義連用結構的點結構更強，主要突出變化性，動作性減弱，也就是説，"關閉"、"閉關"中的動詞"閉"或者"關"要比單音節動詞"閉"或"關"對賓語的受影響性弱。

四、結　論

一個詞語的某個語義的使用需要依靠一定的結構語境的幫助才能正常運行。從"閉"、"關"使用的小句形式看，二者的典型結構都大大超過非典型結構，但"閉"的非典型結構高於"關"，這説明"閉"還具有較大地對結構的依存性，"關"的使用根本離不開結構的幫助。就"閉"、"關"在典型結構中賓語的體現形式的使用情況分析，"閉"、"關"的名詞短語賓語的使用都遠遠高於代詞賓語和零形式，尤其是"關"很少使用代詞賓語，沒有零形式賓語，這表明"閉"仍然是該組常用詞中的主要成員，"關"作為新加入成員，還未能佔領更多的語境。在"閉"、"關"賓語的個體性方面，在東漢前，“閉”的有指賓語與無指賓語的比率相差不大，但從東漢開始較大幅度地增強，無指賓語也相應地上升，這說明“閉”受到了某種衝擊，在賓語個體性方面越來越依賴賓語的指稱性標記。與此相伴的“關”，從西漢開始進入該常用詞組，其有指賓語的比率一直都很高，無指賓語的使用皆處於弱勢，說明“關”在賓語個體性方面是一直依賴于指稱性標記的。觀察“閉”、“關”賓語的受影響性特征，“閉”的賓語全部受影響性的比率一直都是非常強勢的，而“關”的賓語的受影響性還比較隨機，由於使用頻次不高，不具有參考價值。

總體分析說明：在隋前，“閉”仍然是“使開著的物體合攏”這個語義場中的主要成員，“關”雖然進入了該義場，但是還不具備替換“閉”的能力。

参考文獻

陳平．釋漢語中與名詞性成分相關的四組概念．中國語文，1987（2）．

郭銳．漢語動詞的過程結構．中國語文，1993（6）．

汪維輝．東漢一隋常用詞演變研究．南京：南京大學出版社，2000．

徐赳赳．小句的概念和小句的劃分．語言學：中國和世界同步．北京：外語教學與研究出版社，2003．

張伯江．漢語名詞怎樣表現無指成分//慶祝中國社會科學院語言研究所建所45周年學術論文集．北京：商務印書館，1997．

張伯江．漢語連動式的及物性解釋//漢語研究和探索．第九輯．北京：商務印書館，2000．

張伯江．從施受關係到句式語義．北京：商務印書館，2009．

張伯江，方梅．漢語功能語法研究．北京：商務印書館，2014．

Harris，Alice C. and Lyle Campbell. *Historical syntax in cross-linguistic perspective*. Cambridge：Cambridge University Press，1995.

Hopper，Paul J. & Sandra A. Thompson. *Transitivity in Grammar and Discourse*：Language 56（2），1980.

Lightfoot，David W. *How to set parameters：arguments from language change*. Cambridge：MA：MIT Press，1991.

Talmy，L. Lexicalization patterns：semantic structure in lexical forms，*Language Typology and Syntactic Description*，Timothy shopen（ed.），Vol. 3，*Grammatical Categories and the Lexicon*. Cambridge University Press，1985.

The Analysis of the Objective Characteristic of the Replace Between “Bi” and “Guan” From Ancient Chinese to Medieval Chinese

Li Qiang，Zhou Junxun

Abstract：Before Sui Dynasty，*Bi*“閉”is still the principal member in the semantic field of "sb cause sth to shut", *Guan* "關" isn' t able to replace *Bi* "閉". *Bi* "閉" is still rely more on the typic structure, *Guan* "關" isn' t break away from the typic structure radically. As the form of the object of *Bi* "閉", the rate of Noun exceeds widely pronoun and zero form. In especial, zero form never act as the object of *Guan* "關", it shows that *Guan* "關" does' t prevalent. The individuation of the object of *Bi* "閉" is increasingly depend on the referentiality of the object since East Han Dynasty, but *Guan* "關" is always does so. The rate that the object of *Bi* "閉" is totally affected is universal intensively.

Keywords: *Bi* "閉"; *Guan* "關"; Replace; Object; Transitivity

（李強，阿壩師範學院基礎教育學院；周俊勛，西南交通大學人文學院）

中古佛道文獻中的“魔”系詞詞義比較*

——兼論詞義引申的促動因素

杜曉莉

提　要：運用比較的方法，分析“魔”和以“魔”為構詞語素的複合詞集合而成的共計八個“魔”系詞在中古佛道文獻中的詞義，發現在道经中，“魔魅”等五個詞語沿用了它們經佛經翻譯帶進漢語的源語義；“魔”则是一方面沿用了一個源語義，一方面又發展出了新的詞義；“魔王”和“天魔”兩個詞語没有沿用它们的源語義，而使用的是在道經中发展出来的新詞義。運用義素分析法，比較“魔”和“魔王”“天魔”三個詞語在佛道文獻中的詞義，發現这三個詞在道經中的新詞義都是从其源語義引申而来的，这是語言接觸引發的詞義引申。由此推论出，詞義引申有兩個促動因素，一是基于語言內部的聯想，二是由于語言接觸而引起的語言之間的聯想，因此可以把詞義引申分為語言內部的引申和語言接觸引發的語言之間的引申兩種類型。

關鍵詞：中古佛道文獻；語言接觸；內部促動；詞義引申

“魔”是東漢佛經翻譯者對梵語 Māra 的語音節譯（顧滿林 2013），後來也被中古道經使用。此外，中古道經還使用了佛經中以“魔”為構詞語素的“魔王”“魔魅”“魔眾”“眾魔”“天魔”“鬼魔”和“邪魔”等七個複合詞。運用比較的方法，分析“魔”和以“魔”為構詞語素的複合詞集合而成的共計八個“魔”系詞在中古佛道文獻中的詞義，我們發現，在道經中，“魔魅”等五個詞語沿用了它们經佛經翻譯帶進漢語的源語（source language）義；“魔”一方面既沿用了它的源語（source language）義，一方面又發展出了新的詞義；“魔王”和“天魔”兩個詞語没有沿用它们的源語（source language）義，而使用的是在道經中发展出来的新詞

* 本文受四川大學中國語言文學與中華文化全球傳播學科群建設專項經費資助（項目批准號：XKQZQNOI），特此致謝。

義。中古道經中的上清經和“古靈寶經”[①] 的創制受到了佛教的影響，但靈寶經比上清經更深重地打上了佛教影響的烙印（賀碧來，1984/2002：168，181）。在古靈寶經系中“七祖”“七世父母”“七祖父母”等佛教用語俯拾即是（王承文 2002）就是一個證據。因此，下文將以“古靈寶經”為本文所分析的中古道經的基本語料，來比較中古佛道文獻中八个“魔”系詞詞義的異同，討論在道經中發展出來的新詞義的產生方式。

一、道經中“魔魅”等五個詞語沿用了佛經中的源語義

比較八個“魔”系詞在中古佛道文獻中的用例，其中，“魔魅”“魔眾”“眾魔”“鬼魔”和“邪魔”等五個詞的詞義在兩類文獻中的詞義相同，也就是說，道經中的這五個詞語沿用了它們經佛經翻譯帶進漢語的源語（source language）義。下面舉例說明，每一詞先舉佛經中的例子，然後舉道經中的例子，以便對照。

【魔魅】即魔怪之義。例如：

（1）佛告普觀菩薩摩訶薩：“若後末世遭災禍者，為諸魔魅之所傷犯，當淨身口意，不噉雜食五辛之屬。”（東晉·帛尸梨蜜多羅譯《佛說灌頂經》卷五，21/511b[②]）

（2）子欲保身形，别邪精魔魅，當得明鏡圖。（《太上無極大道自然真一五稱符上經》，11/641a[③]）

【魔眾】即眾魔怪，魔怪們。例如：

（1）退降魔眾，捐棄于兵，令還歸宫，尊人善利，致得十力，力勢無雙。（西晉·竺法護譯《普曜經》卷六，3/520a）

（2）夫學道，當先忠孝，善行持誡，慈心一切，事師恭肅，吐納養神，尊受大經，禮仰法師，如奉聖人，齋静誦經，施惠困厄，勸人以善。然後服藥致益，吐納神和，齋誡有感，誦經真降，魔眾伏使，敢爲試害，如此必得道。（《太上洞玄靈寶本行宿緣經》，24/669a）

---

① “古靈寶經”指的是南朝宋·陸修靜編錄的《靈寶經目》中所收錄的靈寶經。據道教史的研究，靈寶經的創制始于東晉·葛巢甫，陸修靜對當時的靈寶經作了編錄，寫成《靈寶經目》，後來失傳。敦煌文獻發現以後，日本學者大淵忍爾（1974）利用 P2861 和 P2256 等材料，恢復了《靈寶經目》的面貌，並把“經目”所著錄的靈寶經統稱為“古靈寶經”。

② 本文的佛經用例皆引自《大正藏》。引文之後，在小括弧内依次標明如下信息：時代、譯者、引文所在經名、卷次和在《大正藏》中的冊數、頁碼和欄數（abc 三欄），如 21/511b 指引文出自《大正藏》第 21 册第 511 页 b 栏。

③ 本文的中古道經用例皆引自文物出版社、上海書店、天津古籍出版社 1988 年影印的《道藏》。引文之後，在小括弧内依次標明如下信息：引文所在經名、卷次和在《道藏》中的冊數、頁碼和欄數（abc 三欄），如 11/641a 指引文出自《道藏》第 11 冊第 641 頁 a 欄。

【眾魔】同“魔眾”。例如：

（1）緣斯功德，降伏眾魔，棄諸怨敵，渡生死難，周旋諸患。（西晉·竺法護譯《正法華經》卷九，9/126c）

（2）如蒙訓授，輒當承神鼓風，因流揚波，清蕩三界，肅檢眾魔，部正六天，馘斬羣邪，安國育民，使陰陽寧休，明化既興，道暢太虛。（《洞玄靈寶二十四生圖經》，34/337c）

【鬼魔】即魔怪之義。例如：

（1）佛獨一房自思念言："我涅槃後，四部弟子持戒不具，多所毀犯。造作非法，不行十善。我法既滅，末世之中，鬼魔亂起，行諸邪惡，嬈惱人民，又有毒龍吐毒害人，我當云何而辟除之？"（東晉·帛尸梨蜜多羅譯《佛說灌頂經》卷四，21/504c）

（2）其三十二字，主攝鬼魔，正九天炁。行此法，朱書青木刺上，以文向東北而依别呪文三呪，鬼自束形，萬妖自滅，精心行之。（《太上洞玄靈寶赤書玉訣妙經》卷上，6/186c）

【邪魔】邪恶的魔怪。例如：

（1）佛言："汝母罪根深結，非汝一人力所奈何！汝雖孝順，聲動天地，天神、地神、邪魔、外道、道士、四天王神亦不能奈何……"（西晉·竺法護譯《佛說盂蘭盆經》，16/779b）

（2）凡欲修道求仙致真，安國寧家，截諸不祥，當奉行自然衛靈神呪。常以本命、太歲、甲子、庚申及修齋之日，常東向誦之一徧，則神朗氣正，宫宅肅清，邪魔摧滅，五老降真，萬試賓伏，妖災喪亡，長齋修誦，剋成真人。（《太上洞玄靈寶真文要解上經》，5/905b）

二、“魔”在中古道經中既沿用了源語義，又發展出了新的詞義

經與在佛經中的用例相比較，中古道經所借用的佛經中的八個“魔”系詞中，“魔魅”“魔眾”“眾魔”“鬼魔”和“邪魔”等五個詞的詞義與它們在佛經中的相同，這説明道經中的這五個詞沿用了佛經中的詞義。但是，“魔”這個詞卻是一方面沿用了它經佛經翻譯進入漢語的源語義，另一方面又發展出了新的詞義。

梵語 Māra 以“魔”的形式進入漢語，它的一些源語義也隨之進入漢語。一是指擾亂身心或破壞行善者和一切妨礙修行的心理活動。例如：

（1）複次，除諸法實相，餘殘一切法，盡名為魔。如諸煩惱、結、使，欲、縛、取、纏，陰、界、入，魔王、魔民、魔人，如是等尽名為魔。（後

秦・鳩摩羅什譯《大智度論》卷五，25/99b）

（2）問曰："何以名魔?"答曰："奪慧命、壞道法功德善本，是故名為魔。"（後秦・鳩摩羅什譯《大智度論》卷五，25/99c）

例（1）通過舉例說明"魔"的心理活動性，例（2）則是從行為後果角度說明了"魔"的含義。"魔"這種心理活動被形象化，於是產生了"魔"的第二個意思，指欲界第六天他化自在天的、壞人性命和妨礙修行的神靈。例如：

（3）第九七法，當知。七現恩，一為若道行者意在佛，信入道根，生住無有能壞，若沙門、若婆羅門、若天、若魔、若梵，亦余世間行者。（東漢・安世高譯《長阿含十報法經》卷上，1/236c）

（4）不守意者，邪疑故，亦睡眠故，魔便得自在。（東漢・安世高譯《七處三觀經》，2/876a）

上面兩例中的"魔"是能發出動作的具體形象。因為欲界第六天的天主（魔王）是波旬，所以"魔"有時專指魔王波旬。不過這屬於語境賦予"魔"的臨時意義。例如：

（5）菩薩心自念言："今當降魔官屬。"即放眉間毫相光明，感動魔宫。魔大惶怖，心中不寧，觀見菩薩，已在樹下，清淨無欲，精思不懈，心中煩毒，飲食不甘，伎樂不禦，念是道成，必大勝我，欲及其未作佛，壞其道意。魔子須摩提前諫父曰：…… 魔王不聽……（東漢・竺大力共康孟詳譯《修行本起經》卷下，3/ 470c）

根據前後文，上例中下畫綫的"魔"指的是魔王波旬。

在中古道經中，"魔"也有兩個意思。一個是沿用佛經中的詞義，指的是擾亂身心和一切妨礙修行的心理活動。例如：

（6）爾有志心，發无上道意，欲度諸天人民善男善女，咸使得離三惡五道八難之中……當以八節甲子之日，投三元玉簡，除宿罪簿，言名上天，事事三過……爾諦奉行，勿爲懈怠，使魔壞爾真。（《太上洞玄靈寶赤書玉訣妙經》卷上，6/186b）

（7）天書尊重，禁不輕傳。今生男女，心不懷二，敬信自然。受之者，皆得昇度。奉之者，皆得長年。輕財重法，致魔不言。來生男女，心當破壞，各懷僞黠，貴財賤道，不信至真，縱有歸向，多以浮華，意志不專，貪竊窺覦，致魔有言。（《太上洞玄靈寶諸天內音自然玉字》卷四，2/563b）

從上面兩例可以看出，如果在修道的過程中心生懈怠，浮華貪婪，意志不專，就達不到修道的目的，這就是"遭魔"。可見，"魔"指的就是擾亂身心和妨礙修行的心理活動。

但是，在中古道經中，“魔”還發展出了另一個意思：妨礙人們修行成仙的鬼神。例如：

(8) 九氣青天，明星大神。焕照東鄉，洞映九門。轉燭揚光，掃穢除氛。開明童子，備衛我軒。收魔束祆，上對帝君。奉承正道，赤書玉文。九天符命，攝龍驛傳。普天安鎮，我得飛仙。（《太上洞玄靈寶真文要解上經》，5/905a）

(9) 大劫交周，洪災四衝，身得飛行，過度天災，八難之中，千凶萬毒，莫不消亡，滅魔攘試，殺鬼斬奸，洞觀幽明，逆察吉凶，役使天官，坐召十方神仙自至化景鍊形，坐在立亡，飛昇上清，與九祖父母同登九天。（《太上洞玄靈寶赤書玉訣妙經》卷下，6/204b）

上面兩例表明，“魔”被收滅，就掃除了修道者成仙道路上的一個障礙。所以，“魔”是指“妨礙人們修行成仙的鬼神”。

佛道文獻中的“魔”詞義的異同可見表1：

表1　中古佛道文獻中的“魔”詞義比較

比較項	在佛經中的詞義	在道經中的詞義
詞義1	擾亂身心或破壞行善者和一切妨礙修行的心理活動	擾亂身心或破壞行善者和一切妨礙修行的心理活動
例句	問曰：“何以名魔？”答曰：“奪慧命、壞道法功德善本，是故名為魔。”（後秦・鳩摩羅什譯《大智度論》卷五，25/99c）	道曰：“爾有志心，發无上道意，欲度諸天人民善男善女，咸使得離三惡五道八難之中……當以八節甲子之日，投三元玉簡，除宿罪簿，言名上天，事事三過……爾諦奉行，勿爲懈怠，使魔壞爾真。”（《太上洞玄靈寶赤書玉訣妙經》卷上，6/186b）
詞義2	欲界第六天他化自在天壞人性命和妨礙修行的神靈	妨礙人們修行成仙的神靈
例句	不守意者，邪疑故，亦睡眠故，魔便得自在。（東漢・安世高譯《七處三觀經》，2/876a）	九氣青天，明星大神。焕照東鄉，洞映九門。轉燭揚光，掃穢除氛。開明童子，備衛我軒。收魔束祆，上對帝君。奉承正道，赤書玉文。九天符命，攝龍驛傳。普天安鎮，我得飛仙。（《太上洞玄靈寶真文要解上經》，5/905a）

三、“魔王”和“天魔”在中古道經中使用的是新的詞義

前面兩節的內容顯示，八個“魔”系詞中的“魔魅”“魔眾”“眾魔”“鬼魔”和“邪魔”等五個詞沿用了佛經中的詞義；“魔”則是沿用了其在佛經中的一個詞義，同时还發展出了一個新詞義。但在比較中，我們也發現，“魔王”和“天魔”

两個“魔”系詞在中古道經中没有沿用它們在佛經中的源語（source language）義，而使用的是在道經中發展出来的新詞義。

【魔王】

在佛經裡，“魔王”指的是欲界第六天他化自在天帶領眾魔壞人性命和妨礙修行的首領，名叫波旬。正因為如此，所以經常可見“魔王波旬”這樣的連用結構。例如：

(1) 吾本起學，欲度眾生，欲界魔王，歸伏道化。（東漢·曇果共康孟詳譯《中本起經》卷上，4/149c）

(2) 爾時魔王波旬謂溥首童真曰：“……”（西晉·竺法護譯《等集眾德·三昧經》卷下，12/984a）

(3) 爾時，魔王見諸大眾在世尊所，懷毒害心，即自念言：“我當將諸鬼兵往壞彼眾，圍遶盡取，不令有遺。”（後秦·佛陀耶舍共竺佛念譯《長阿含經》卷十二，1/81b）

綜觀上面三例，佛經中的“魔王”指的是欲界的天主波旬。其中例（2）就是“魔王”和“波旬”連用。中古道經中的“魔王”指的卻是懲惡但助潛心修道者的鬼神之王。例如：

(4) 青天魔王，巴元醜伯。赤天魔王，負天擔石。白天魔王，反山六目。黑天魔王，監醜朗䫨。黄天魔王，横天擔力。五帝大魔，萬神之宗，飛行鼓從，總領鬼兵，麾幢鼓節，遊觀太空，自號赫奕，諸天齊功。上天度人，嚴攝北酆。（《靈寶无量度人上品妙經》卷一，1/4c）

(5) 神霄王，魔王之主，常試教學道之人學正與不正。魔王恒作謡歌，以亂其心。固者，王即保舉，得王保舉，逕昇皇笳天中。緣遭，則南北二斗君之內諱。人有善功，則列言於南斗，南斗則度三界之難，拔九幽之苦，宣告魔王不敢敗之也。人之行惡，三官列羅於北斗，北斗則告下於魔王，魔王而滅之焉。（《太上靈寶諸天內音自然玉字》卷三，2/552b）

(6) 一時生神，九過爲一遍，一遍周竟，三界舉名，五帝友别，稱爲真人，十遍通氣，制御萬靈，魔王保舉，列上諸天。（《洞玄靈寶自然九天生神章經》，5/844b）

(7) 六天爲三界，大魔王領六天神之事，魔王承奉太上眾真天尊上人也。道士功成，魔王即保舉焉。當成之時，魔喜試之神正之與不正也。道士魔王上官，其尊太上經，故以魔王位主鬼神。（《太上洞玄靈寶本行宿緣經》，24/670a）

綜合分析上面四個例子，“魔王”是三界六天總領鬼兵的萬神之宗，對於“行惡”

者，會“滅之”；對於“有善功”者，“魔王”“不敢敗之”；對於學道信心堅固者，“魔王”則會保舉其升天。因此可以說，在中古道經中，“魔王”是三界六天中懲惡但助潛心修道者的眾魔之王。

【天魔】

在佛經中，“天魔”和“魔王”一樣，指欲界第六天他化自在天帶領眾魔壞人性命和妨礙修行的魔王，名叫波旬。正因為如此，所以“天魔波旬”也是經常可見的連用結構。例如：

(1) 時阿耆達，天魔迷惑，耽荒五欲。（東漢·曇果共康孟詳譯《中本起經》卷上，4/163a)

(2)“眾生離三惡道得為人快，處世閑居守道志快。”昔者所聞今皆獲快，處世懷慈不害眾生快，天魔重毒皆歇快……（三國吳·康僧會譯《六度集經》卷七，3/42b)

(3) 憶念我昔自於室住，天魔波旬從玉女萬二千，狀如帝釋，鼓樂弦歌，來詣我室，稽首我足，與其眷屬共供養我已，於一面住。我意謂是天帝釋，讚言……（三國吳·支謙譯《佛說維摩詰經》卷上，14/524b)

而中古道经中的“天魔”却指的是天上的魔怪。例如：

(4) 兆欲攝魔，書符如法，安著中央，誦太空之章一遍，則北帝操兵，天魔喪形，萬精滅景，內外肅清。(《上清金真玉光八景飛經》，34/59a)

(5) 阿繿者，則天王之隱名。常乘景霄之輪，遊觀九層之阿，處玉樓之上，上鳴洞章以召魔王。上爲真仙之館，下爲鬼神之家。鬱默者，爲天中魔王之隱名。竺領則是魔王之都伯也。恒在欲界之上，誦詠空洞之歌，延演則是束鬼之庭。由者則爲禁鬼之房。天王上登雲樓之上，吟誦無量之章，則天魔應響而來，群鬼詣由而伏形。(《太上洞玄靈寶諸天內音自然玉字》卷四，2/556b)

(6) 其第五、第六二字書金闕北壁，主制天魔。(《太上靈寶諸天內音自然玉字》卷二，2/540b)

(7) 其十六字，主攝北帝，正天氣，檢鬼精。行此法，白書十六字於黄木刺上，以文向東北，而依别呪文。三行此法，鬼精自滅，天魔束形，宜心行之。(《太上洞玄靈寶赤書玉訣妙經》卷上，6/187c)

上面例子中的“天魔”指天上的魔怪。这个意思从例（5）能够清楚地看出来，因为该例描述的是“翁重天”上的人物及其活动场所和活动后果：天王“吟誦無量之章，則天魔應響而來”，也就是天王吟誦無量之章，天上的魔怪就会应声而来。

佛道文獻中的“魔王”和“天魔”的詞義可見表 2：

表 2　中古佛道文獻中的“魔王”和“天魔”的詞義

比較項	魔王	天魔
在佛經中的詞義	欲界第六天他化自在天帶領眾魔壞人性命和妨礙修行的首領	欲界第六天他化自在天帶領眾魔壞人性命和妨礙修行的首領
佛經中的例句	吾本起學，欲度眾生，欲界魔王，歸伏道化。（東漢・曇果共康孟詳譯《中本起經》卷上，4/149c）	憶念我昔自於室住，天魔波旬從玉女萬二千，狀如帝釋，鼓樂弦歌，來詣我室，稽首我足，與其眷屬共供養我已，於一面住。我意謂是天帝釋，讚言……（三國吳・支謙譯《佛說維摩詰經》卷上，14/524b）
在道經中的詞義	懲惡但助潛心修道者的鬼神之王	天上的魔怪
道經中的例句	神霄王，魔王之主，常試教學道之人學正與不正。魔王恒作謠歌，以亂其心。固者，王即保舉，得王保舉，遷昇皇笳天中。緣遭，則南北二斗君之內諱。人有善功，則列言於南斗，南斗則度三界之難，拔九幽之苦，宣告魔王不敢敗之也。人之行惡，三官列羅於北斗，北斗則告下於魔王，魔王而滅之焉。（《太上靈寶諸天內音自然玉字》卷三，2/552b）	兆欲攝魔，書符如法，安著中央，誦太空之章一遍，則北帝操兵，天魔喪形，萬精滅景，內外肅清。（《上清金真玉光八景飛經》，34/59a）

四、“魔”系詞在道經中的新詞義的产生方式及其促动因素

前文 1—3 小節的比較顯示，八個佛教“魔”系詞的詞義在道經中表现为三种情况：“魔魅”等五個詞語沿用了它們經佛經翻譯帶進漢語的源語義；“魔”一方面沿用了一個源語義，一方面又發展出了新的詞義；“魔王”和“天魔”則没有沿用源語（source language）義，所使用的是在道經中发展出來的新詞義。本小節將要運用義素分析法，比較“魔”和“魔王”“天魔”三個詞語在佛道文獻中的詞義，分析討論这三個詞語在道經中的新詞義的產生方式。首先看下表對三個詞語的義素分析：

表 3　中古佛道文獻中三個“魔”系詞義素分析比較

“魔”系詞	在佛經中的義素	在道經中的義素
魔	［＋欲界第六天他化自在天］［＋壞人性命和妨礙修行的］［＋神靈］	［＋妨礙人們修行成仙的］［＋神靈］
魔王	［＋欲界第六天他化自在天］［＋帶領眾魔壞人性命和妨礙修行的］［＋眾魔之王］	［＋三界六天］［＋懲惡但又助潛心修道者的］［＋眾魔之王］
天魔	［＋欲界第六天他化自在天上的］［＋帶領眾魔壞人性命和妨礙修行的］［＋魔王］	［＋天上的］［＋魔怪］

從上表的比較中可以看出，“魔”和“魔王”兩個詞語在中古佛道文獻中都有相同的中心義素，分別是“神靈”和“眾魔之王”，限定義素卻是不同的；而“天魔”在兩種文獻中的中心義素則是不同的，但含有相同的限定義素“天上的”。換句話說，“魔”和“魔王”“天魔”三個詞語的義素在中古佛道文獻中既有相同的部分，也有不同的部分，所以，中古道經中的這三個詞語的詞義，都是在佛經詞義的基礎上通過引申的方式產生的。這實際上屬於吳福祥（2007）所說的最初由其他語言遷移而來的特徵後來觸發的“後續性演變”，因為“在一個語言中後來獨立發生的若干演變是由原先直接引入的成分所觸發的”。由此也可以看出，語言接觸是中古道經中“魔”和“魔王”“天魔”三個詞語詞義引申的原初觸動因素。

不過，雖然中古道經中“魔”的新義和“魔王”“天魔”兩個詞語的意義都是在語言接觸的觸動下引申而來的，但它們的引申方式和結果卻是各不相同的。

“魔”是通過減少源語義“欲界第六天他化自在天的、壞人性命和妨礙修行的神靈”的限定義素“欲界第六天他化自在天”的方式，使“魔”的意義擴大為“妨礙人們修行成仙的神靈”。也就是說，與其源語義相比，“魔”在中古道經中發展起來的那個詞義是通過減少其源語義的限定義素而擴大了詞義的範圍。

與佛經中的義素相比，道經中的“魔王”的中心義素仍然是“眾魔之王”，但是其限定義素卻發生了較大的變化，由佛經中的“壞人性命和妨礙修行”變為道經中的“懲惡但助潛心修道者”。根據蔣紹愚（1989：81），道經中的“魔王”由於限定義素發生了較大的變化，所以其詞義發生了“易位”。

而“天魔”，從上表可以看出，其中心義素在佛道文獻中是不同的，在佛經中是“魔王”，在道經中是“魔怪”。根據蔣紹愚（1989：78），道經中的“天魔”由於中心義素發生了變化，所以其詞義發生了“轉移”。

通過上面對中古佛道文獻中“魔”“魔王”和“天魔”三個“魔”系詞所作的義素對比分析，我們可以看到，中古道經中的三個“魔”系詞的詞義與其在佛經中的不同，但是在兩種文獻中所擁有的共同義素表明，中古道經中的三個“魔”系詞的詞義是從佛經中引申而來的，其實質是在語言接觸的觸動下產生的引申。不過，三個詞語的意義引申發展的結果卻各不相同，與它們在佛經中的詞義相比，道經中的“魔”的詞義擴大了；“魔王”的限定義素發生了變化，詞義發生了“易位”；“天魔”則是中心義素生發了變化，所以詞義發生了“轉移”。

五、餘　論

本文一共討論了八個“魔”系詞，通過與佛經中的用例的比較發現，其中有三個詞語在中古道經中發展出了新詞義，它們是在其源出語詞義的基礎上引申出來的新詞義，從語言接觸的角度看，屬於源出語特徵占主導觸發的後續性演變。換句話說，語言接觸是中古道經中三個“魔”系詞詞義引申的原初觸動因素。只是三個詞語的後續性演變的方式和結果各不相同。

由中古道經中三個“魔”系詞詞義產生的方式還可以看出，詞義引申的觸發因素實際上有兩個，一是基于語言內部的聯想，二是由于語言接觸而引起的語言之間的聯想。由此，可以把詞義引申分為兩種類型：一是語言內部的引申，如蔣紹愚（1989：71—72）所舉的“信”和“要”等詞語各個義項的產生就是發生在語言內部的引申；二是語言接觸引發的語言之間的引申，本文所討論的三個“魔”系詞在中古道經中發展出的新詞義就屬於接觸引發的語言之間的引申。

佛教傳入中國之時，正值中國道教興起，兩教間的接觸和影響，不僅表現在宗教觀念和哲學思想方面，在語言方面也有體現。俞理明（1994）專文討論過《太平經》中的道教稱謂對佛教的影響。臺灣學者蕭登福（2005）提出並論證了“佛教傳入，直至唐宋，幾乎歷代中都雜糅了中土名相及道家道教思想”的觀點。魏晉以後，佛教在中國的傳播取得了巨大的成功，在民間和上層社會都形成了重大影響，這反過來促使道教在思想建設和傳播中借鑒佛教，一些道經中出現了濃重的佛教因素，包括用語方面對佛教用語的借鑒。不過，道教人士在借鑒佛教用語的同時，也對一些佛教用語做了改造（王承文 2003，蕭登福 2008，謝世維 2011、2012，俞理明 2016）。“魔”作為一個重要的佛教概念，通過佛教的介紹和佛經翻譯，在東漢末期被借入漢語，“魔”和以“魔”為構詞語素的複合詞在早期的漢譯佛經中時有出現。在佛道交流中，“魔”和不少以“魔”為構詞語素的複合詞被道教借用，不過其詞義有所改變。本文所討論的“魔”“魔王”和“天魔”就是在道經裡發生了詞義變化的例子。

參考文獻

顧滿林．梁武帝改“磨”作“魔”之說考辨．漢語史學報：第十三輯，上海：上海教育出版社，2013.

蔣紹愚．古漢語詞彙綱要．北京：北京大學出版社，1989.

王承文．敦煌古靈寶經與晉唐道教．北京：中華書局，2002.

王承文．敦煌古靈寶經與道教“三洞經書”和“三乘”考論．敦煌學輯刊，2003（1）.

吳福祥．關於語言接觸引發的演變．民族語文，2007（2）.

蕭登福．道家道教影響下的佛教經籍．臺北：新文豐出版有限公司，2005.

蕭登福．六朝道教靈寶派研究．臺北：新文豐出版有限公司，2008.

謝世維．梵天、梵書與梵音：道教靈寶經典中的“梵”觀念．輔仁宗教研究，2011（22）.

謝世維．古靈寶經中的大乘之道：論中古時期道教經典型態之轉變．成大中文學報，2012（36）.

俞理明. 從《太平經》看道教稱謂對佛教稱謂的影響. 四川大學學報，1994（2）.

俞理明. “浩劫”的來源和意義. 漢語歷史語言學的傳承與發展——張永言先生從教六十五周年紀念文集. 上海：復旦大學出版社，2016.

（日）大淵忍爾. 1974. 論古靈寶經. 劉波譯. 王承文校. 載《道教文化研究》第十三輯，上海：生活·讀書·新知三聯書店，1998.

（法）賀碧來（Isabelle Robinet）. 1984. 《佛道基本矛盾初探》，萬毅譯，呂鵬志校訂，載《法國漢學》第七輯，北京：中華書局，2002.

A Comparison of the Meaning of “魔” Family Words from Buddhist and Taoist Scriptures of China's Medieval Age

Du Xiaoli

Abstract: This article, by comparison in the context of Buddhist and Taoist scriptures of China's medieval Age, analyzes the meaning of “魔” and seven “魔” family compound words with “魔” as constituents. The study shows that, “魔魅” and other five words in Taoist Scriptures follow the original meaning in the Buddhist Scriptures; “魔” itself followed the original meaning in the Buddhist Scriptures, while at the same time developed new meaning. “魔王” and “天魔” didn 't follow its original meaning in Buddhist Scripture. Instead, they developed new meaning in Taoist Scriptures. Analysis of semantic components shows that, the new meaning of “魔”, “魔王” and “天魔”, compared in Buddhist and Taoist scriptures, were results of the extension of original meaning in the Buddhist Scriptures, a consequence of language contact. It is inferred that, extension of word meaning is activated under two circumstances: internal association within the language itself and association between languages through contact. These two kinds of activations may be typified.

Keywords: Buddhist and Taoist scripture of China's Medieval Age; language contact; internally motivated; extension of word meaning

（杜曉莉，四川大學文學與新聞學院）

融合與新生—從［Yama-rāja］看佛教詞語的漢化*

周碧香

提　要： 翻譯佛典，為漢語挹注了大量的複音詞。“冥界之主”梵語［Yama-rāja］以音譯詞“閻羅”和梵漢合璧詞“閻羅王”“閻王”為開端，逐漸加入漢語成分，以合義、節縮，漸次脫卻異質、添加人間性，融入漢語，挹注新的生命、展現新的活力。詞語音節的縮放變化，展現漢語的彈性，乃外來詞融合、新生的軌跡。

關鍵詞： 佛典；多音節詞；漢化；音譯詞；合璧詞

一、引　言

複音化，是漢語詞彙結構性的改變、演化。外來詞，是漢語詞彙複音化的生力軍。關注外來詞進入漢語的變化，是詞彙學重要的課題。

漢譯佛典，為漢語挹注了大量的外來詞，這些舶來品以漢字寫成，經歷千百年的時間，而如“生死輪迴”、“鬼月祭祀亡靈”的觀念早已深植人心；同時也為漢語帶來豐富語詞，有些流傳至今，如“閻王好惹，小鬼難纏”的“閻王”即源於佛經。

梵名［Yama-rāja］，為鬼世界之始祖，冥界之總司，地獄之主神。（佛光大藏經編修委員會 1988：6340）進一步查考相關詞語，發現它們是一群有關連的個體，值得一探究竟。本文以其音譯詞為觀察對象，檢覈這些詞語的產生和變化，探究其融入漢語的變化和意義。

首先搜集漢譯佛典、釋家文獻、中土文獻出現的［Yama-rāja］譯詞或相關詞語，依著述者的生卒年排序（詳見〈附錄：閻羅詞語初見次序表〉），依此為據梳理

* 基金項目：科技部計畫“禪宗典籍多音節詞研究”（MOST105－2410－H－142－008）的資助成果。

用例，觀察其漢化的過程。為了說明方便，［Yama-rāja］在標題以“閻羅詞語”統稱之。

二、漢譯佛典的閻羅詞語

漢譯佛典以不同的詞語表示“冥界之主”，包括純音譯詞、梵漢合璧詞兩大類。

（一）音譯詞

佛典未見［Yama-rāja］四音節的全譯詞，僅見節譯詞。最早是擇取第一、第三個音節而成的“閻羅”，見於支謙譯品：

1. 閻羅答曰：事當歸實，不可虛言。（吳・支謙譯《佛說黑氏梵志經》）（T14，0967a19）

取三個音節，譯為“閻魔羅”“閻摩羅”“琰摩羅”“琰魔羅”“焰魔羅”共五詞，如下：

2. 二十六者、若人年老捨物而施、又非中年後時病困、死時欲至、脈節欲斷、苦惱所逼欲入死道，無清淨心、無信淨心，閻魔羅使見之生笑、兄弟諸親啼哭悲泣，至如是時捨物而與，非淨布施。（元魏・瞿曇般若流支譯《毘耶娑問經》）（T12，0225b06）

3. 能於死時，而作強伴。閻摩羅人來近至時，於死滅時，作大力伴。（元魏・瞿曇般若流支譯《正法念處經》）（T17，0325b27）

4. 男子！此臺所謂五蘊之身，白象是為琰魔羅使，身歸後世如象壞臺。（唐・般若譯《大乘本生心地觀經》）（T03，0321a23）

5. 二種相因初識生起。或趣地獄。或墮傍生琰摩羅界及阿蘇囉若人若天。初識生名。各受其報。（宋・法護等譯《大乘集菩薩學論》）（T32，0124b11）

6. 云何名為諸惡趣中？所謂焰魔羅界、餓鬼、畜生，又復邊地、諸惡律儀，縱得為人身不具足，垢穢障重具諸邪見。初識生名。各受其報。（宋・法護等譯《佛說大乘菩薩藏正法經》）（T11，0853a09）

只譯［Yama］者，如“閻摩”“閻魔”“焰魔”“琰魔”“琰摩”“剡魔”“燗魔”等七詞：

7. 彼於此處，最後識滅，閻摩世識，初相續生。（隋・闍那崛多等譯《起世經》）（T1，0346a08）

8. 其閻浮提，有五種事勝閻魔世諸眾生輩，亦如上說；其閻魔世，有三種勝閻浮提人。（隋・達摩笈多譯《起世因本經》）（T1，0403a10）

9. 何等名為可毀呰趣？謂墮地獄、畜生、焰魔世界，或生邊地及蔑戾車

惡邪見中。（唐・玄奘譯《大寶積經》）（T11，0274b27）

10．然彼自身，臥在本處，見琰魔使，引其神識。（唐・玄奘譯《藥師琉璃光如來本願功德經》）（T14，0407b10）

11．一那落迦。二傍生。三琰摩世界。四欲界天人。五中有。六有色。七無色。八有想。九無想。十非想。非非想。如是略說品類差別有五十五。（唐・玄奘譯《瑜伽師地論》）（T30，0548a14）

12．剡魔作琰魔同以舟反舊名閻磨亦作閻羅皆一也此云雙世竊謂苦樂並受號之為雙也。（唐・玄應《一切經音義》）（C1163，0070c19）

13．若以黑索羂，將至爓魔宮。（唐・不空譯《普遍光明清淨熾盛如意寶印心無能勝大明王大隨求陀羅尼經》）（T20，0625a29）

同一譯師書寫或有差別，如"焰魔""琰魔""琰摩"皆出自玄奘譯品。

（二）梵漢合璧詞

合璧詞由音譯和意譯結合共同形成一個詞，梁曉虹稱之為"梵漢合璧詞"，明指其特性為：

> 既要服從並且適應漢語的語音系統，包括音節構造（音譯部分），又要服從並適應漢語的語法結構，包括構詞法（意譯部分），還要根據漢語詞彙的一些規律把它們有機地組合在一起。（梁曉虹，2001：293）

為漢文佛典特殊的詞語。［Yama-rāja］的合璧詞，最早取節譯詞"閻羅"和擇取［Yama］節譯為"閻"，加［rāja］的義譯"王"① 而成為，與"閻羅"皆出自支謙譯品：

1．于時梵志問閻羅王："何為悲泣，淚下如雨？"（吴・支謙譯《佛說黑氏梵志經》）（T14，0967a18）

2．閻王曰："仁臨壽終時，當值惡對，起瞋恚恨，意欲有所害，失本行義，故趣閻界。"（吴・支謙譯《佛說黑氏梵志經》）（T14，0967a28）

"閻王"加入漢語成分"法"修飾而成"閻法王"②。

以"閻羅王"當做修飾成分構成新詞：

3．十八地獄閻羅王神，一切皆集往瞿曇所。（東晉・佛陀跋陀羅譯《佛說

---

① 梵語 rājan，巴利語同。印度佛教興盛之時代，王權亦有逐漸強化之趨勢。至阿育王、迦膩色迦王時，將印度建設成統一國家，王之威勢因此愈加神聖化，佛教亦受其影響；在大乘本生心地觀經等經典中，即將王恩列為四恩之一。（佛光大藏經編修委員會 1988：1508）

② "閻法王"見於東漢安世高譯品：然後閻法王，默而不與語。（後漢・安世高譯《佛說分別善惡所起經》）（T17，0519b24）然根據方一新、高列過（2012）考證，最後確定為安世高的譯經並無《佛說分別善惡所起經》。雖無法斷定其時代和作者，然而"閻法王"仍屬譯經的成果。

觀佛三昧海經》）（T15，0651a16）

4. 爾時，鐵圍山內，有無量鬼王，與閻羅天子，俱詣忉利，來到佛所。（唐・實叉難陀譯《地藏菩薩本願經》）（T13，0784c03）

以相類概念的"天子"替代"王"，使得三音節變為四音節，強調漢語以雙音節為基調的特性。閻羅天子，指十王之第五。司掌大海底東北沃燋石下叫喚大地獄，並十六誅心小地獄。犯鬼照過孽鏡後，牛頭馬面差鬼押入大地獄細查，再發入誅心十六小地獄受苦，受滿期限，轉解第六殿查對。（丁福保 1984：1340）原為印度吠陀時代之夜摩神，被一般人視為死神或掌管冥界之主神；其後此一思想混入佛教，傳入中國，與道教信仰相結，衍生出冥界十王之說。（佛光大藏經編修委員會 1988：6339）

"閻羅王"加上漢語"法""大"修飾，構成新詞，如：

5. 爾時閻羅法王。見五色旛至。心大歡喜。高聲唱言。願我罪身。亦同汝善。（唐・佛陀波利譯《佛說長壽滅罪護諸童子陀羅尼經》）（X1，0394c13）

6. 水天風天日天月天閻羅大王。（唐・菩提流志譯《不空羂索神變真言經》）（T20，0373c05）

第二種是運用三音節譯詞加上義譯詞"王"，構成諸詞，如：

7. 釋提桓因，及日月天、閻摩羅王、風水諸神、違馱天神。（北涼・曇無讖譯《金光明經》）（T16，0349b06）

8. 閻魔羅王世間利智。（元魏・毘目智仙共般若流支譯《聖善住意天子所問經》）（T12，0129b26）

9. 時琰魔羅王，作是語已。（唐・般若譯《大乘本生心地觀經》）（T3，0293b06）

10. 東方門首帝釋坐位。南方琰摩羅王坐位。西方水天坐位。北方毘沙門天王坐位。（唐・般若譯《諸佛境界攝真實經》）（T18，0280b16）

第三種取［Yama］雙音節音譯詞，加上［rāja］義譯"王"，如：

11. 彼閻魔王，以其惡業不善果故。（隋・闍那崛多等譯《起世經》）（T1，0330b09）

12. 諸比丘！彼閻摩王，復於是時，發如是等熏習善念。（隋・闍那崛多等譯《起世經》）（T1，0330c18）

13. 彼琰魔王主領世間名籍之記。（唐・玄奘譯《藥師琉璃光如來本願功德經》）（T14，0408a19）

14. 北俱盧洲劫初時人。哀羅伐拏龍王善住龍王。琰摩王等。及餘一類俱

不害者。是名四種所得自體。（唐・玄奘譯《阿毘達磨集異門足論》）（T27，0771b25）

15．若菩薩摩訶薩如是學時，決定不墮地獄、傍生、剡魔王界。（唐・玄奘譯《大般若波羅蜜多經》（T7，0663b07）

16．攝諸菩薩帝釋梵王伊首羅天焰魔王水天風天多聞天王乃至十地大自在菩薩摩訶薩等。（唐・菩提流志譯《一字佛頂輪王經》）（T19，0240a09）

在“王”之前，加上“死”、“法”等修飾語，構成新詞：

17．閻摩使人引其神識，置於閻摩法王之前，此人背後有同生神，隨其所作，若罪若福一切皆書，盡持授與閻摩法王。（隋・達摩笈多譯《藥師如來本願功德經》）（T14，0403c14）

18．然諸有情，有俱生神，隨其所作，若罪若福，皆具書之，盡持授與琰魔法王。（唐・玄奘譯《藥師琉璃光如來本願功德經》）（T14，0407b10）

19．所謂大自在天那羅延天。帝釋天俱廢羅天。婆魯拏天焰魔法王。乃至一切諸天神一切鬼神大威德者。（唐・菩提流志譯《五佛頂三昧陀羅尼經》）（T19，0264c25）

20．琰魔死王及猛風。（唐・般若譯《大方廣佛華嚴經》）（T10，0789c11）

21．有無數百千萬俱胝那庾多菩薩。來詣於汝興供養事。大梵天王那羅延天。大自在天日天月天。風天水天火天閻魔法王。并四大天王皆來供養。（宋・天息災譯《佛說大乘莊嚴寶王經》）（T20，0062a03）

第四種取［Yama］的音譯詞和義譯詞“鬼”，共同構成新詞：

22．若菩薩摩訶薩如是學時，決定不墮地獄、傍生、剡魔鬼界。（唐・玄奘譯《大般若波羅蜜多經》）（T7，0299b01）

23．地獄、畜生、閻魔鬼界。（唐・地婆訶羅譯《證契大乘經》）（T16，0661c10）

24．其中所有地獄、傍生、琰魔鬼界，蒙光觸身，皆得離苦，悉獲安樂。（唐・達摩流支譯《佛說寶雨經》）（T16，0285b26）

第五種以［Yama］的合璧詞，再加上［rāja］義譯詞“王”，如：

25．琰魔鬼王。統攝鬼界諸有情耶。（唐・玄奘譯《阿毘達磨發智論》）（T26，0921c24）

26．何因緣故焰魔鬼王。說名法王。（唐・玄奘譯《顯揚聖教論》）（T12，0572c02）

從佛典以三音節的音譯詞、雙音節的音譯詞、音譯加義譯的合璧詞、以漢語成分再次修飾合璧詞、合璧詞加入漢語成分修飾，呈現豐富的面貌。

三、中土釋門文獻的閻羅詞語

此類文獻，指非由譯經而來的、以漢字表達佛教意旨的文本，記錄者多是以漢語為母語者。源於南朝梁，漢語使用者運用母語闡發佛教思想，乃佛教融入中國的明證。表示“冥界之主”的詞語，沿用譯經之詞外，衍生若干不同形式的詞語。

（一）沿用

首先，沿用佛典音譯詞，“閻羅”、“琰魔”、“閻魔羅”、“琰魔羅”、“閻摩羅”：

1. 天曹地府。閻羅伺命。（唐・善導集記《安樂行道轉經行願往生淨土法事讚》）（T47，0435b24）

2. 如正法念經云。閻魔羅人非是眾生。（唐・道世撰《法苑珠林》）（T53，0824a18）

3. 地藏王菩薩弘願，琰魔羅遍界周巡。（宋・釋元照集《地藏慈悲救苦薦福利生道場儀文》）（T17，0249a19）

4. 具云閻摩羅此云雙王。（宋・釋元照撰《四分律行事鈔資持記》）（T40，0377c05）

5. 本琰魔界從此展轉散趣餘方。（元・雲峰集《唯識開蒙問答》）（X55，0373c04）

再者，襲用梵漢合璧詞，如：

6. 初將罪人至閻王所。（唐・湛然述《法華文句記》）（T34，0250a25）

7. 地獄生中靜息王者。琰魔王也。（唐・窺基撰《瑜伽師地論略纂》）（T43，0017b15）

8. 贊曰。焰魔者。此云靜息。舊云閻羅也。地下過五百由旬。有焰魔王國。其王或不退菩薩所作。或有情為之。（唐・窺基撰《說無垢稱經疏》）（T38，1087a12）

9. 鬼道名閃多。為閻摩羅王名閃多故。（唐・釋道世集《法苑珠林》）（T53，0311a29）

10. 有一冥官。來投封書。自稱閻魔王使者。（唐・僧詳撰《法華傳記》）（T51，0057c02）

11. 有人問：“大業底人，為什麼閻羅天子覓不得？”（南唐・靜、筠二禪德編著《祖堂集》）（B25，0450a07）

12. 按正法念經。祇有琰摩羅王。（宋・宗鑑集《釋門正統》）（X75，

0302b22）

13. 見閻摩王一切地獄。隨願往生。以捨色陰故。（明・受教記《淨土生無生論親聞記》）（X61，0869c06）

14. 又云："閻羅王來取我也。"（明・語風圓信、郭凝之編《金陵清涼院文益禪師語錄》）（T47，0593b26）

15. 一心奉請。大權示現。職掌幽冥。泥犁地獄主。閻魔羅王尊天。（清・弘贊集《供諸天科儀》）（X74，0637c19）

完全承襲譯經之外，亦有更改書寫形式而沿用者，如：

16. 第十三神王眷屬大智王。是焰魔羅王所變身。（唐・不空撰《勝軍不動明王四十八使者祕密成就儀軌》）（T21，0036c11）

17. 經論諸說云。焰羅王記罪人之善惡業。（明・元賢集《禪林疏語考證》）（X63，0694b08）

次之，沿用合璧詞加入漢語成分者，如：

18. 我死見閻摩法王。（宋・非濁集《三寶感應要略錄》）（T51，0845b02）

19. 至于閻魔法王所。王見沙門。（宋・非濁集《三寶感應要略錄》）（T51，0830a26）

20. 彼鬼王曰閻羅法王。（元・念常集《佛祖歷代通載》）（T49，0487a07）

21. 琰魔法王隨其罪。福而處斷之。（明・袾宏校正《淨土資糧全集》）（X61，0572a06）

以上各例是完全沿用，另有改變字形者：

22. 行者若欲修是法者。先應知是王五變之身並其大宮一一緣起。其五變者。一者焰羅法王。是即本號也。二者死王。（唐・阿謨伽三藏撰《焰羅王供行法次第》）（T21，0374a11）

（二）新生

此時期訓詁體製"音義"[①] 興起，注解佛典詞語，產生四音節的全譯詞：

1. 經閻摩羅王或閻摩羅社。（隋・智顗說《金光明經文句文句記會本》）（X20，0274c17）

2. 閻魔王（正云琰魔邏闍此曰遮止謂誠勗罪人之也）。（唐・慧苑述《新

---

① 音義，乃注釋音讀，並考文義之異，始於南北朝。其作用為解釋外來詞、說明古今音變、標示假借字等。唐陸德明《經典釋文》乃集儒道音義之作。佛門此類作品，最有名的為玄應《眾經音義》、慧琳《一切經音義》。（周碧香，2015：9）

譯大方廣佛花嚴經音義》）（A0，0365b09）

以合璧方式構成新詞：

3. 五百由旬之下有閻羅鬼王城。周匝四面七萬五百千由旬。（唐・釋道世撰《法苑珠林》）（T53，0311b18）

［Yama-rāja］的第一、三音節為音譯詞“閻羅”，加上［Yama］的義譯“鬼”、［rāja］的義譯“王”而成。

4. 謹請南方琰摩天主。羅剎主。天部多天王。水天龍王。風神王等。多聞天王。伊舍那天王。大梵天王。（唐・法全集《供養護世八天法》）（T21，0380a24）

取［Yama］的音譯，以“天主”代替義譯詞“王”。或漢語成分“大”，構成四音節詞：

5. 長阿含經云。閻羅大王所住之處。在閻浮提南金剛山內。王宮縱廣六千由旬。（梁・諸大師集撰《慈悲道場懺法》）（T45，0941a21）

本例是“閻羅大王”較早的用例，早於唐代譯經。

6. 爾時五體燒折。苦痛無量。適到大城門外。閻魔大王五道大官。於門外露地而坐。杻械枷鎖反縛面縛罪人。千萬在庭。（唐・僧詳撰《法華經傳》）（T51，0088b21）

禪宗語錄使用“閻羅”一系的詞語，加入漢語成分更多：

7. 到這裏說甚麼閻羅老子千聖尚不柰爾何。不信道。直有遮般奇特。（唐・裴休集《黃檗斷際禪師宛陵錄》）（T48，0387a11）

將閻魔尊崇為老子。（中村元 2009：1580）“閻羅”修飾派生詞“老子”而構成“閻羅老子”，“老子”即父親。漢語將人間的親屬稱謂加諸神靈，表示對自然神的親切、敬重，（郭錦桴 1993：367）為地獄之主增添人間性，削減了如近於“死亡”“鬼主”之類的恐怖意含。

8. 若不如是。他日盡被閻老子拷爾在。（唐・裴休集《黃檗斷際禪師傳心法要》）（T48，0383b14）

9. 如是之流。盡須抵債。向閻老前吞熱鐵丸有日。（唐・慧然集《鎮州臨濟慧照禪師語錄》）（T47，0497a22）

10. 驀然合眼入黃泉。定須聒譟閻羅老。（宋・蘊聞編《大慧普覺禪師語錄》）（T47，0860b21）

“閻羅老”、“閻老子”、“閻老”，都是“閻羅老子”之節縮詞。

11. 吏恨極訟之閻君。追攝對理。（唐·懷信述《釋門自鏡錄》）（T51，0824b06）

將音譯詞“閻羅”節縮後，加上表人的“君”而成新詞。

上述中土文獻，有承襲亦有新創。

四、中土文獻的閻羅詞語

中土文獻指稱以漢字書寫、内容非釋家思想的文本，以宋元戲文、明清小說為主。

（一）沿用

包含了音譯詞、合璧詞、合璧與合義共同構詞者。

1. 人死而乞活於我，我閻摩耶？（《聊齋志異》）

“閻摩”與佛典譯詞書寫形式相同，但中土釋家文獻未用。

2. 關節不到，有閻羅包老。（《宋史·包拯傳》）

以“閻羅”為修飾語，形容宋代包拯剛正不阿、明辨事理，讓壞人無所遁逃。

3. 做公人的，那個貓兒不喫腥？閻羅王面前須沒放回的鬼！（《水滸傳》）

4. 自迷做個無情鬼，落得甚？閻王行只得拳下您。（《宋元戲文輯佚·崔鶯鶯西廂記》）

5. 便活到一百九十，閻羅天子也不敢去想他會面。（《三遂平妖傳》）

6. 閻羅大王做先鋒，五道將軍做合後。（《水滸傳》）

“閻羅”、“閻羅王”、“閻王”、“閻羅大王”、“閻羅天子”皆是漢譯佛典、釋家文獻，至中土文獻一脈相承的詞語，使用頻率高，展現強大的生命力，運用在非宗教文獻之中，代表漢語完全地接納了它們。

7. 喚作陰司總會門，下方閻老森羅殿。（《西遊記》）

8. 山不甚高，也是個大廟。兩廊塑的是十殿閻君，那十八層地獄的苦楚無所不有。（《醒世姻緣》）

二詞均承襲釋家文獻而來。

（二）新生

9. 將來年老血衰，暗中有閻王老子管著，一旦身亡，可不枉生世界之中。（《西遊記》）

10. 咱們明兒到閻王廟去燒香，和閻王爺說去。(《紅樓夢》)

“閻王爺”、“閻王老子”二詞都是新生的詞，將神靈冠上親屬稱謂，使其具有人間性格和親和力。代表外來詞融合的面貌和新生活力。

五、小 結

往下從運用情形、音節數、構詞法等角度，說明［Yama-rāja］譯詞在漢語詞彙演變的意義。

首先，統整詞語的構成與在文獻運用的情形如下表：

表1 詞語運用統計表

構詞法	詞 語	佛	釋	中	構詞法	詞 語	佛	釋	中
節譯	1. 閻羅	★	●	●	節譯	29. 剡魔	★		
合璧	2. 閻羅王	★	●	●	合璧	30. 焰魔王	★	●	
合璧＋節縮	3. 閻王	★	●	●	合璧＋合義	31. 焰魔法王	★		
合璧＋合義	4. 閻羅王神	★			合璧	32. 琰魔鬼	★		
節譯	5. 閻摩羅王	★	●		合璧＋合義	33. 閻魔大王		★	
節譯	6. 閻魔羅	★	●		全譯	34. 琰魔邏闍		★	
合璧	7. 閻摩羅	★	●		合璧＋合義	35. 閻羅法王	★	●	
合璧	8. 閻魔羅王	★	●		節譯	36. 爓魔	★		
合璧＋合義	9. 閻羅大王	★	●	●	合璧	37. 焰魔羅王		◎	
節譯	10. 閻摩	★		●	合璧＋合義	38. 焰羅法王		◎	
合璧	11. 閻魔王	★	●		合璧＋合義	39. 琰魔死王	★		
合璧	12. 閻摩王	★	●		節譯	40. 琰魔羅	★	●	
節譯	13. 閻魔	★			合璧	40. 琰魔羅王	★		
合璧＋合義	14. 閻摩法王	★	●		節譯	41. 琰摩羅	★		
全譯	15. 閻摩羅社		★		合璧	42. 琰摩羅王	★	●	
合璧	16. 閻羅天子	★	●	●	節譯＋合義	43. 閻羅老子		★	
節譯	17. 焰魔	★			節譯＋合義＋節縮	44. 閻老子		★	
節譯	18. 琰魔	★	●		節譯＋合義＋節縮	45. 閻君		★	●
合璧	19. 琰魔王	★	●		合璧	46. 琰摩天主		★	
合璧＋合義	20. 琰魔法王	★	●		節譯＋合義＋節縮	47. 閻老		★	●
節譯	21. 琰摩	★			合璧＋合義	48. 閻魔法王	★	●	
合璧	22. 琰摩王	★			節譯	49. 琰魔羅	★		
合璧	23. 琰魔鬼王	★			節譯	50. 焰魔羅	★		
合璧	24. 焰魔鬼王	★			合璧＋合義	53. 閻法王	★		

續表 1

合璧	25. 剡魔王	★			節譯＋合義＋節縮	51. 閻羅老		★	
合璧	26. 剡魔鬼	★			合璧	52. 焰羅王		◎	
合璧	27. 閻羅鬼王		★		合璧＋合義	54. 閻王老子			★
合璧	28. 閻魔鬼	★			合璧＋合義	55. 閻王爺			★
						小計	40	33	10

（圖例說明：★新生 ●完全沿用 ◎改變字形沿用）

總體觀之，佛經譯品運用最多，釋家文獻次之，中土文獻中最少。就時代來看，從“閻羅天子”到“閻魔法王”共 33 個，都在唐代文獻首見，充分展現唐代在佛教思想大量傳布的需求。同一詞的不同書寫形式，如“焰魔、琰魔、琰摩、剡魔、閻魔、爓魔”等，展現音譯詞的多樣性，也透露出譯師的嘗試，如玄奘有“焰魔、琰魔、琰摩、琰魔王、琰摩王、剡魔王、琰魔法王、剡魔鬼、琰魔鬼王、焰魔鬼王”；西元 693 到中國的菩提流志有“焰魔王、焰魔法王、琰魔鬼”；不空有“爓魔、焰魔羅王、焰羅法王”；般若有“琰魔死王、琰魔羅王、琰摩羅、琰摩羅王”等，多樣貌的詞形，代表表達概念“冥界之王”的需求、譯師的創造力，和佛教思想的靈活度。

歸納 55 個書寫形式不重複的語詞，其音節數分布如下：

表 2 詞目音節統計用例表

	雙音節	三音節	四音節
詞目數	11	20	24
%	20%	36.4%	43.6%

表內所列，整體四音節詞最多，三音節詞次之，雙音節詞最少，多音節合計佔 80%強，多音節詞為［Yama-rāja］詞語的主體形式，四音節是表達“冥界之主”概念的最高極限形式。

不同音節數的運用，透露著詞彙體系內部的嘗試與協調。統計三種文獻裡詞語音節的用例數，如表 3：

表 3 音節統計用例表

	雙音節	三音節	四音節	小計（%）	%
佛	9	16	15	40	48.2%
釋	5（3：2）	11（9：2）	17（9：8）	33（21：12）	39.8%
中	5（5：0）	2（1：1）	3（2：1）	10（8：2）	12%
小計	19（22.9%）	29（34.9%）	35（42.2%）	83（100%）	

（括弧內數字指“沿用舊詞形：新造詞形”用例數）

以用例數（表 3 小計）除上詞目數（表詞目數），觀察詞語複現率，如：雙音節有 11 個詞目，用 319 次，每個詞複現率 1.73 次、三音節詞 1.45 次、四音節詞 1.46 次，雙音節詞複現率較高，而三音節居末。

用例上，佛經譯品以多音節為主，三音節者略多；釋家文獻也以多音節為主體，四音節者較多；中土文獻則以雙音節主。就不同音節數詞語所出現的文本，雙音節詞、三音節詞均以佛經譯品為多、四音節以釋家文獻略多。

就沿用或新創來看，釋家文獻 33 詞例，沿用與新造的比例21:12，且新造詞以四音節詞為多；中土文獻則是 8:2，以承襲為主，顯示至此時詞語的變動已趨近於穩定，沿用中土釋家文獻者 7 詞、佛經譯品 1 詞。三種文獻都運用“閻羅”、“閻羅王”、“閻王”、“閻羅大王”、“閻羅天子”五詞。釋家文獻，上承漢譯佛典的用詞，同時創造新詞語，成為中土文獻承襲的對象，實是佛教詞語漢化的關鍵。中土文獻內雙音節詞和多音節勢均力敵各佔 1/2，雙音節詞都是沿用，而兩個新造詞，皆為多音節詞。

整理詞語的構詞用例法如下表：

表 4　構詞法用例統計表

	全譯	節譯	合璧	合璧＋合義	節譯＋合義	音譯＋合義＋節縮	小計
佛		13	18	9			40
釋	2	5	14	7	1	4	33
中		2	3	3		2	10
總計	2	20	35	19	1	6	83
%	2.4%	24.1%	42.2%	22.9%	1.2%	7.2%	100%

從上表看來，詞語的構成整體以音譯和合璧為主，二者合計 68.7%。漢譯佛典是嘗試階段，“節譯、合璧、合璧加合義”三者為主幹，以雙音節、三音節記錄音譯詞；合璧詞是音譯詞漢化的開端，不僅是以“王”，將加入前一音節［Yama］的義譯“鬼”共同構詞；在合璧的基礎上加入漢語成分，是漢語化的進一步工作。釋家文獻是承先啟後的關鍵期，構詞方法最豐富，完全承襲之外，以不同的字形沿用佛典的詞語，不同的書寫形式，呈現漢語音譯的豐富樣貌。此時合璧、合義共同構詞，再進一步節縮產生新詞。中土文獻，四種構詞法平均分布。

整體而言，純音譯與非純音譯詞比例：26.5%：73.5%，純粹音譯在漢譯佛典最多、釋家文獻驟減，至中土文獻僅用 2 詞。合璧、合義兩種構詞法，加入漢語成分構詞，或改變音節數，更漸次改變［Yama-rāja］原本嚴肅、恐怖的形象，故是漢語融合與新生的重要手段。

最後，整理不同音節的音譯詞和其他構詞法合作的情形：

（一）四音節全譯詞“琰魔邏闍”“閻摩羅社”，僅維持原有，未能構成新詞。

（二）三音節音譯詞，如“琰魔羅”“閻魔羅”等詞，能構成合璧詞，如“琰魔羅王”、“閻魔羅王”等。

（三）雙音節音譯詞，如“琰魔”“閻摩”“閻羅”“焰魔”等詞；或構成梵漢合璧詞，如“琰魔王”“閻摩王”“焰魔王”“閻羅王”“剡魔鬼”“焰魔鬼王”“琰摩天主”；或加入漢語成分合義構成為“琰魔死王”“閻摩法王”“閻羅大王”“閻羅王神”等詞。音譯與合義結合，構成“閻羅天子”“閻羅老子”；進一步節縮，構成“閻羅老”“閻老子”“閻老”。雙音節音譯詞，僅取一字，與合義構成“閻君”；或合璧為“閻王”，再加上漢語的修飾成分，合義而構成“閻法王”“閻王爺”“閻王老子”諸詞。

可知［Yama-rāja］音譯詞中，三、四音節的音譯詞變化不大，基本上維持著多音節的面貌。雙音節音譯詞，才是整個“冥界之主”族群內部產生構詞法、音節數變化的起點與主體。從這 55 個詞語，清晰地呈現外來詞起初雖然適應漢語崇雙的潛規則，而節譯為雙音節之後，運用合璧、加入漢語成分，朝向多音節詞發展，同時削減外來色彩。再以節縮、合璧，產生雙音節新詞。音節縮與放之間，充分展現漢語接納的彈性，“雙－多－雙”乃外來詞融合、新生的軌跡。

總而言之，源於梵語［Yama-rāja］為“鬼世界之始祖，冥界之總司，地獄之主神”，觀察其音譯詞，檢覈相關詞語的產生和變化，對比漢譯佛典、釋家文獻、中土文獻用例，觀察其漢化的過程。從音譯開始，以音譯、義譯共同構成的梵漢合璧詞為開端，逐漸加入漢語成分，以合義、節縮，產生新的詞語，從音節和成分，漸次脫卻異質色彩，添加人間性，改變了原本嚴肅的形象。這個詞語家族，隨著佛經進入漢語、融入漢語，挹注新的生命、展現新的活力，代代相傳至今，而成為我們熟知的詞語。

參考文獻

丁福保．佛學大辭典．北京：文物出版社，1984.

方一新、高列過．東漢疑偽佛經的語言學考辨研究．北京：人民出版社，2012.

中華電子佛典協會．CBETA 電子佛典集成．臺北：中華電子佛典協會，2016.

佛光大藏經編修委員會．佛光大辭典．大樹：佛光山文教基金會，1988.

周碧香．實用訓詁學（第二版）．臺北：洪葉文化出版社，2015.

郭錦桴．漢語與中國傳統文化．北京：中國人民大學出版社，1993.

梁曉虹．佛教與漢語詞彙．大樹：佛光出版社，2001.

（日）中村元原著、林光明編譯．廣說佛教語大辭典．臺北：嘉豐出版社，2009.

Fusion and Renaissance: Discussing the Chineselization of Buddhist Words from [Yama-rāja]

Zhou Bixiang

Abstract: The Chinese Buddhist scriptures translated a large number of polysyllabic words into Chinese. [Yama-rāja] begins with the Chinese-Sanskrit word. It gradually adds Chinese linguistic components to synonym and contract, gradually degenerates heterogeneity, adds interpersonality, integrates into Chinese, and infuses new life and displays new vitality. Changes in syllables, showing the flexibility of Chinese acceptance, is the trajectory of the fusion and renaissance of foreign words.

Keywords: Buddhist; multisyllable words; Chineselization; transliterated word; Chinese-Sanskrit word

（周碧香，國立臺中教育大學語文教育學系）

附錄：［Yama-rāja］**譯詞初見次序表**

（資料依序：生卒西元年/朝代・譯著者/經籍/詞目）
（生卒年依“人名規範資料庫”[①] 為準）
1. 197—253/吳・支謙譯/佛說黑氏梵志經/閻羅
2. 197—253/吳・支謙譯/佛說黑氏梵志經閻羅王
3. 197—253/吳・支謙譯/佛說黑氏梵志經/閻王
4. 359—430/東晉・佛陀跋陀羅譯/佛說觀佛三昧海經/閻羅王神
5. 385—433/北涼・曇無讖/金光明經/閻摩羅王
6. 386—534/元魏・瞿曇般若流支/正法念處經/閻摩羅
7. 386—534/元魏・瞿曇般若流支/毘耶娑問經翻譯/閻魔羅
8. 386—534/元魏・瞿曇般若流支/聖善住意天子所問經/閻魔羅王
9. 502—557/梁・諸大師/慈悲道場懺法/閻羅大王
10. 523—601/隋・闍那崛多等譯/起世經/閻摩
11. 523—601/隋・闍那崛多等譯/起世經/閻魔王

① 人名規範資料庫 http://authority.dila.edu.tw/person/檢索 20180820—20181012。

12. 523－601/隋・闍那崛多等譯/起世經/閻摩王

13. 529－619/隋・達摩笈多譯/起世因本經/閻魔

14. 529－619/隋・達摩笈多譯/藥師如來本願功德經/閻摩法王

15. 539－598/隋・智顗/金光明經文句文句記會本/閻摩羅社

16. 531－621 唐・慧覺/683－727/ 一行/ 華嚴經海印道場懺儀/閻羅天子

17. 603－664/唐・玄奘譯/大寶積經/焰魔

18. 603－664/唐・玄奘譯/藥師琉璃光如來本願功德經/琰魔

19. 603－664/唐・玄奘譯/藥師琉璃光如來本願功德經/琰魔王

20. 603－664/唐・玄奘譯/藥師琉璃光如來本願功德經/琰魔法王

21. 603－664/唐・玄奘譯/瑜伽師地論/琰摩

22. 603－664/唐・玄奘譯/阿毘達磨集異門足論/琰摩王

23. 603－664/唐・玄奘譯/阿毘達磨發智論/琰魔鬼王

24. 603－664/唐・玄奘譯/顯揚聖教論/焰魔鬼王

25. 603－664/唐・玄奘譯/大般若波羅蜜多經/剡魔王

26. 603－664/唐・玄奘譯/大般若波羅蜜多經/剡魔鬼

27. 607－684/唐・釋道世/法苑珠林/閻羅鬼王

28. 614－688 /唐・地婆訶羅譯/證契大乘經/閻魔鬼（676 到長安）

29. 596－695/唐・玄應/一切經音義/剡魔

30. 572－727 /唐・菩提流志/一字佛頂輪王經/焰魔王（693 到中國）

31. 572－727 /唐・菩提流志/五佛頂三昧陀羅尼經/焰魔法王

32. 572－727 /唐・菩提流志/佛說寶雨經/琰魔鬼

33. 626－713 唐・僧詳/法華經傳/閻魔大王

34. 673－743/唐・慧苑述/新譯大方廣佛花嚴經音義/琰魔邏闍

35. 675－732/唐・佛陀波利譯/佛說長壽滅罪護諸童子陀羅尼經/閻羅法王

36. 705－774/唐・不空/普遍光明清淨熾盛如意寶印心無能勝大明王大隨求陀羅尼經/燗魔

37. 705－774/唐・不空/勝軍不動明王四十八使者祕密成就儀軌/焰魔羅王

38. 705－774/唐・不空/焰羅王供行法次第/焰羅法王

39. 744－835/唐・般若譯/大方廣佛華嚴經/琰魔死王

40. 744－83/5 唐・般若譯/大乘本生心地觀經/琰魔羅王

41. 744－835/唐・般若譯/大乘集菩薩學論/琰摩羅

42. 744－835/唐・般若譯諸佛境界攝真實經經/琰摩羅王

43. 797－871/ 唐・裴休/黃檗斷際禪師宛陵錄/閻羅老子

44. 797－871/ 唐・裴休/黃檗斷際禪師傳心法要/閻老子

45. 797—893/唐・懷信/釋門自鏡錄/ 閻君

46. 824—859/唐・法全譯/供養護世八天法/琰摩天王

47. 854—866 以後/唐・慧然/ 鎮州臨濟慧照禪師語錄/ 閻老

48. 唐・藏川述/佛說地藏菩薩發心因緣十王經/閻魔法王

49. 976—983/宋・法護/佛說大乘菩薩藏正法經/琰魔羅

50. 976—983/宋・法護/佛說大乘菩薩藏正法經/焰魔羅

51. (146—212/東漢・安世高/佛說分別善惡所起經/閻法王)

52. 南宋・蘊聞/大慧普覺禪師語錄/ 閻羅老

53. 明・元賢集/林疏語考證/焰羅王

54. 明・吳承恩/西遊記/閻王老子

55. 清・曹雪芹/紅樓夢/閻王爺

菩提流支《金剛經》譯本風格探析*

——以鳩摩羅什與玄奘譯本為對比參照

王繼紅

提　要：《金剛經》現存鳩摩羅什、菩提流支、真諦、笈多、玄奘和真諦等六種漢譯本。通過梵漢對勘與同經異譯方法可知，菩提流支譯本的突出特徵之一便是尊重原典，以如實體現佛經原典語言的詞彙和語法特點為原則，傳遞語言背後的異域宗教、民族的語言與文化特徵。菩提流支對鳩摩羅什譯本進行了修改，並且得到玄奘重譯本的認可與承繼。

關鍵詞：金剛經；菩提流支；鳩摩羅什；玄奘；重译

一、前　言

在佛教史上，重要的佛經原典由於受到普遍關注，所以重譯的頻率更高。“不少佛典不是一次而是多次被翻譯成漢語。重複翻譯的主要原因是後代的譯者對以往的翻譯不甚滿意，於是就對它做了部分修改或者乾脆重新翻譯。……新譯出現之後，往往取代舊譯，舊譯就逐漸散失。但是也有不少的佛經，它的新譯與舊譯都流傳至今。”（辛島靜志，2001）《金剛經》便是如此。《金剛經》現存六種漢譯本。第一，後秦鳩摩羅什於402年所譯，名為《金剛般若波羅蜜經》；第二，北魏菩提流支於509年所譯，名為《金剛般若波羅蜜經》；第三，南朝陳真諦於562年所譯，名為《金剛般若波羅蜜經》；第四，隋代達磨笈多於592年所譯，名為《金剛能斷般若波羅蜜經》；第五，唐代玄奘於648年所譯，名為《能斷金剛般若波羅蜜多經》；第六，唐代義淨於703年所譯，名為《能斷金剛般若波羅蜜多經》。六種漢譯本是同經異譯關係，鳩摩羅什之後的譯本都是前代譯本的重譯。《金剛經》的六位譯者翻譯風格各異，都有經典譯本存世。這也是《金剛經》六種漢譯本得以存留至

* 本文得到國家社科基金項目（13BYY111）、北京外國語大學中青年卓越人才（2015QZ009）的資助。匿名审稿专家的意见非常中肯，在此致以诚挚的谢意。

今的重要原因。

鳩摩羅什和玄奘是中國佛經翻譯史上的代表性人物。現存六個譯本中，鳩摩羅什譯出最早，菩提流支在100多年後才首次重新翻譯。鳩摩羅什譯本語言符合中土漢語母語者的語感，並且文采斐然，在佛教界產生的影響最大。宋代道川《金剛經注》認為，“此一卷經如儒家論語，辭有盡，理無窮。自佛法西來，雖載於大般若經第五百七十七卷，而其文義經六朝法師翻譯。今之所行者，乃秦羅什本也。”玄奘應唐太宗所求而翻譯《金剛經》。胡海燕（1985：19）認為，“玄奘的《金剛經》譯文可以充分展示這位翻譯大師對梵文深刻透徹的理解力，以及他駕馭漢語的非凡才能和卓越的翻譯技巧。在《金剛經》的六種譯本中，玄奘譯本可謂最佳之作。”

鳩摩羅什《金剛經》譯本珠玉在前，又有玄奘譯本高峰在後，菩提流支的重譯本似乎一直處於翻譯史上兩位著名譯師的陰影之下，並未得到足夠重視。黃心川（2005）認為，“在眾多的譯本中，除隋笈多本屬於直譯，文字艱澀難解外，其他譯本實無大的差別。”楊全紅（2010）認為，“所謂的複譯其實主要是‘借鑒’甚至‘拿來’舊譯，‘代謝’和‘出新’的成分並不大。”對《金剛經》菩提流支重譯本價值進行重新評估需要解決的主要問題是，菩提流支與鳩摩羅什譯本有無差異，是否是對鳩摩羅什譯本的“拿來”？玄奘譯本與菩提流支譯本有何關係？

二、語句選擇異同

（一）語句相同

菩提流支的譯本比鳩摩羅什的譯本篇幅更大。菩提流支譯本有4178字，鳩摩羅什譯本有3566字，前者比後者多出612個字。鳩摩羅什獨用詞有45個，包括“著、長、影、一往來、言說、虛妄、虛、性、賢聖、稀、勿、唯然、往來、聽受、貪著、所所、授記、身相、舍衛國、舍衛、入流、如我、然燈、菩提、逆、量、類、誑語者、教、狐疑、後五百歲、後末世、後、行者、國土、凡夫、弟子、德、得成、道、差別、百千萬億分、暗、阿僧祇、阿蘭那”等。菩提流支獨用詞有72個，包括“至去、正念、正遍知、正、真如、匝、云、語、優波尼沙陀、應供、翳、詣、譯、疑惑、夜分、修行、修伽陀、修多羅、星、向、想、無諍行、無生、妄語、退坐、體、貪著、似、識、施、聖人、攝、舍婆提城、舍婆提、繞、燃燈佛、燃燈、親、千分、婆伽婆、莫作、末世、摩那婆、妙、面、捫、門、立、界、結、覺、加趺坐、記、後世、恒、歌羅、幹闥婆、佛國土、分、法身、爾許、端、頂禮、燈、到、大人、百千萬分、暗、阿僧只、阿僧祇”等。

菩提流支與鳩摩羅什、真諦和玄奘的共用詞差異

譯者	詞語數量	共用詞	
		數量	比例
鳩摩羅什	455	410	43.7%
菩提流支	483		
真諦	546	362	35.2%
菩提流支	483		
玄奘	564	326	31.1%
菩提流支	483		

如上表所示，菩提流支與鳩摩羅什譯本的共用詞語為 410 個，占兩人譯本詞語總量的 43.7%。菩提流支與真諦譯本的共用詞語為 362 個，占兩人譯本詞語總量的 35.2%。菩提流支與鳩摩羅什譯本的共用詞語為 326 個，占兩人譯本詞語總量的 31.1%。菩提流支與鳩摩羅什譯本同中有異，二者相似度高於其他譯本。“從內容及譯文來看，這個譯本與鳩摩羅什譯本比較接近，受其影響很大。”（史原朋，2009：30）胡海燕（1988）認為，菩提流支和鳩摩羅什所用的底本也是相同的。例如：

（1） yaśca khalu punaḥ subhūte kulaputro vā kuladuhitā va imaṃ trisāhasramahāsāhasraṃ lokadhātuṃ saptaratnaparipūrṇaṃ kṛtvā tathāgatebhyo ‘rhadbhyaḥ samyaksaṃbuddhebhyo dānaṃ dadyāt yaśca ito dharmaparyāyādantaśaś catuṣpādikāmapi gāthāmudgṛhya parebhyo vistareṇa deśayet saṃprakāśayet ayameva tatonidānaṃ bahutaraṃ puṇyaskandhaṃ prasunuyādaprameyasaṃkhyeyam |

【鳩】若複有人於此經中，受持乃至四句偈等，為他人說，其福勝彼。

【菩】若複於此經中受持，乃至四句偈等，為他人說，其福勝彼無量不可數。

【玄】若善男子或善女人，于此法門，乃至四句伽陀，受持、讀誦、究竟通利，及廣為他宣說、開示、如理作意，由是因緣所生福聚，甚多於前無量無數。

ayam	eva	tato	nidānaṃ	bahu-taraṃ
dem. pron. m. sg. N.	adv.	Adv	n. sg. Ac.	compar. m. sg. Ac.
此		由此	原因	甚多於

puṇya-skandhaṃ	prasunuyād	aprameyam	asaṃkhyeyam
m. sg. Ac.	opt. 3. sg. P.	m. sg. Ac.	m. sg. Ac.
福聚	所生	無量	無數

此句意為，他會由此因緣產生更多的無量無數功德藏。“甚多”對應于原典中的 bahu-taraṃ。bahu 意為“許多，大量”，tara 是形容詞比較級後綴，bahu-taraṃ 意為“更多的”。鳩摩羅什和菩提流支都將 bahu-taraṃ 意譯為“勝彼”。為了表現程

度的差異，玄奘將其譯為“甚多於”。在漢譯佛經中，“甚多於”首見於玄奘譯經，在玄奘譯經中出現頻率較高。後來零星見於唐實叉難陀和不空等人的譯經中，也可見于唐代玄奘弟子窺基等人的中土佛教文獻中。例如：“若有能令三千大千世界諸有情類，一切皆得阿羅漢果或緣覺地，若複有能置一有情於佛菩提，此之功德甚多於彼。”（唐不空譯《大聖文殊師利菩薩佛刹功德莊嚴經》）“若有能令三千大千世界所有眾生一切皆得阿羅漢果、或複置於緣覺之地，若複有能置一眾生於佛菩提，此之功德甚多於彼。”（唐實叉難陀譯《大寶積經》）

甚至連鳩摩羅什譯本中個別不妥之處也被菩提流支譯本沿用。漢語的句法關係主要依靠虛詞和語序，而梵語和其他一些西域古代語言存在豐富的形態變化。漢語畢竟不是生于西域的鳩摩羅什的母語，雖然譯場有較多助手，鳩摩羅什譯本也會殘留一些原典語言語法痕跡。例如：

（2）yaḥ kaścit kulaputro vā kuladuhitā vā imaṃ trisāhasramahāsāhasraṃ lokadhātuṃ saptaratna paripūrṇam kṛtvā tathāgatebhyo ‘rhadbhyaḥ samyaksaṃbuddhebhyo dānaṃ dadyāt api nu sa kulaputro vā kuladuhitā vā tato nidānaṃ bahu puṇyaskandham prasunuyāt |

【鳩】若人滿三千大千世界七寶以用布施，是人所得福德，寧為多不？

【菩】若滿三千大千世界七寶，以用布施，須菩提！于意云何？是善男子、善女人所得福德，寧為多不？

【玄】若善男子或善女人，以此三千大千世界盛滿七寶持用布施，是善男子或善女人，由此因緣所生福聚，寧為多不？

yaḥ	kas-cit	kula-putras	vā	kula-duhitā
rel. pron. m. sg. N	indef.	m. sg. N.	conj.	f. sg. N.
若	任何	善男子	或	善女人

vā	imaṃ
conj.	dem. pron. m. sg. Ac.
或者	此

tri-sāhasra-mahā-sāhasraṃ	loka-dhātuṃ	sapta-ratna-paripūrṇam	kṛtvā …
m. sg. Ac.	m. sg. Ac.	m. sg. Ac	ger.
三千大千	世界	盛滿七寶	做（後）

此句意為，須菩提啊，若有善男子或善女人用七寶鋪滿這三千大千世界，布施給眾如來、阿羅漢、正等覺，這善男子或善女人會由此因緣產生很多功德藏嗎？鳩摩羅什的翻譯“若人滿三千大千世界七寶”显得比較生硬，不符合漢語表達習慣，缺少表工具或方式的介詞“以”，顯然是受到原典語言影響，玄奘譯本都添加“以”字

來對應梵文格尾的語法意義。菩提流支與鳩摩羅什翻譯方法相同。

（二）語句相異

《金剛經》梵文原典包括881個小句，菩提流支與鳩摩羅什漢譯本有483個小句相同，有398個小句的翻譯存在差異。差别包括兩種情況。第一，從譯本與原典對應完整度看，鳩摩羅什譯本存在缺省不譯之處，也存在翻譯不完整之處。菩提流支委依原典，大多逐一翻譯，因此比鳩摩羅什多出107個小句。玄奘譯本比菩提流支譯本更加詳細。例如：

（3）tat kasya heto ḥ na sa subhūte bodhisattvo vaktavyo yasya sattvasaṁjñā pravarteta，jīvasaṁjñā vā pudgalasaṁjñā va pravarteta ｜

【鳩】（缺譯）

【菩】何以故？非須菩提。若菩薩起眾生相、人相、壽者相，則不名菩薩。

【玄】所以者何？善現！若諸菩薩、摩訶薩不應說言有情想轉，如是命者想、士夫想、補特伽羅想、意生想、摩納婆想、作者想、受者想轉，當知亦爾。何以故？善現！無有少法名為發趣菩薩乘者。

（4）asti kecit sattvā bhaviṣyantyanāgate ‘dhvani paścime kāle paścime samaye paścimāyāṃ pañcaśatyāṃ sad dharma vipralope vartamāneya imeṣv evaṃrūpeṣu sūtrānta padeṣu bhāṣyamāṇeṣu bhūta saṃjñām utpādayiṣyanti ｜

【鳩】（缺譯）

【菩】頗有眾生，于未來世、末世，得聞如是修多羅章句，生實相不？

【玄】頗有有情，于當來世，後時、後分、後五百歲，正法將滅時、分轉時，聞說如是色經典句，生實想不？

（5）subhūtir āha bahu bhagavan bahu sugata strī vā puruṣo vā tato nidānaṃ puṇyaskandhaṃ prasunuyād aprameyam asaṃkhyeyaṃ

【鳩】須菩提言："甚多，世尊。"

【菩】須菩提言："甚多，世尊！彼善男子善女人得福甚多。"

【玄】善現答言："甚多，世尊！甚多，善逝！是善男子或善女人，由此因緣所生福聚其量甚多。"

（6）yaś ca khalu punaḥ subhūte kulaputro vā kuladuhitā vemaṃ trisāhasramahāsāhasraṃ lokadhātuṃ saptaratnaparipūrṇam kṛtvā tathāgatebhyo ‘rhadbhyḥ samyaksaṃbuddhebhyo dānaṃ dadyāt yaś ceto dharmaparyāyād antaśaś catuṣpādikām api gāthām udgṛhya parebhyo vistareṇa deśayet saṃprakāśayed ayam eva tato nidānaṃ bahutaraṃ puṇyaskandhaṃ prasunuyād aprameyam asaṃkhyeyam

【鳩】若複有人於此經中，受持乃至四句偈等，為他人說，其福勝彼。

【菩】須菩提！若善男子、善女人，以滿三千大千世界七寶，持用布施。若複於此經中受持，乃至四句偈等，為他人說，其福勝彼無量不可數。

【玄】善現！若善男子或善女人，以此三千大千世界盛滿七寶，持用布施。若善男子或善女人，于此法門，乃至四句伽陀，受持、讀誦、究竟通利，及廣為他宣說、開示、如理作意，由是因緣所生福聚，甚多於前無量無數。

(7) bhagavān āha ārocayāmi te subhūte prativedayāmi te yāvatyas tāsu gaṅgānadīṣu vālukā bhaveyus tāvato loka dhātūn kaś cid eva strī vā puruṣo vā saptaratnaparipūrṇaṃ kṛtvā tathāgatebhyo 'rhadbhyah samyaksaṃbuddhebhyo dānaṃ dadyāt tat kiṃ manyase subhūte api nu sā strī vā puruṣo vā tato nidānaṃ bahu puṇya-skandhaṃ prasunuyāt

【鳩】"須菩提！我今實言告汝：若有善男子、善女人，以七寶滿爾所恒河沙數三千大千世界，以用布施，得福多不?"

【菩】佛言："須菩提！我今實言告汝：若有善男子、善女人，以七寶滿爾數恒沙數世界，以施諸佛如來。須菩提，于意云何？彼善男子、善女人得福多不?"

【玄】佛言："善現！吾今告汝，開覺於汝：假使若善男子或善女人，以妙七寶盛滿爾所殑伽河沙等世界，奉施如來應正等覺。善現！于汝意云何？是善男子或善女人，由此因緣所生福聚寧為多不?"

(8) abhijānāmy ahaṃ subhūte atīte 'dhvany asaṃkhyeyaiḥ kalpair asaṃkhyeya-tarair dīpaṃkarasya tathāgatasyārhata ḥ samyak saṃbuddhasya pareṇa paratareṇa caturaśītibuddha-koṭiniyutaśatasahasrāṇy abhūvan ye mayā ārāgitā ārāgya na virāgitāḥ

【鳩】須菩提！我念過去無量阿僧祇劫，於然燈佛前，得值八百四千萬億那由他諸佛，悉皆供養承事，無空過者。

【菩】須菩提！我念過去無量阿僧祇阿僧祇劫，於燃燈佛前，得值八十四億那由他百千萬諸佛，我皆親承供養，無空過者。須菩提！如是無量諸佛，我皆親承供養，無空過者。

【玄】何以故？善現！我憶過去於無數劫複過無數，於然燈如來應正等覺先複過先，曾值八十四俱胝那庾多百千諸佛，我皆承事，既承事已，皆無違犯。善現！我于如是諸佛世尊皆得承事，既承事已，皆無違犯。

第二，從譯本對應的嚴密性來看，菩提流支和鳩摩羅什有 276 個小句翻譯文本存在差異。鳩摩羅什和菩提流支有各自的詞語選擇傾向，使用不同的近義詞或同義詞來對譯原典中的語言成分。例如：

（9）evam ukte bhagavān āyuṣmantaṃ subhūtim etad avocet yāvat subhūte lakṣaṇa saṃpat tāvan mṛṣā yāvad alakṣaṇasaṃpat tāvan na mṛṣeti hi lakṣaṇālak ṣaṇatas tathāgato draṣṭavyaḥ ||

【鳩】佛告須菩提："凡所有相，皆是虛妄。若見諸相非相，則見如來。"

【菩】佛告須菩提："凡所有相，皆是妄語。若見諸相非相，則非妄語。如是諸相非相，則見如來。"

【玄】说是语已。佛复告具寿善现言："善现！乃至诸相具足，皆是虚妄。乃至非相具足，皆非虚妄。如是以相非相应观如来。"

此句意為，這樣說後，世尊對長老須菩提說道："須菩提啊，凡諸相完善，則是虛妄。凡非諸相完善，則不是虛妄。確實應以身體特徵不是身體特徵而見如來。"鳩摩羅什將 mṛṣā（無益，虛妄）譯為"虛妄"，而菩提流支將其譯為"妄語"。雖然用詞不同，但是不影響原典語意表達的準確。玄奘遵循了菩提流支译本的翻译方法。

（10）āyu ṣ mān subhūtir āha yo 'sau bhagavaṃs tathāgatena puruṣo bhāṣita upetakāyo mahākāya iti akāyaḥ sa bhagavaṃs tathāgatena bhāṣitaḥ | tenocyata upetakāyo mahākāya iti |

【鳩】須菩提言："世尊，如來說人身長大，則為非大身，是名大身。"

【菩】須菩提言："世尊，如來說人身妙大，則非大身，是故如來說名大身。"

【玄】具寿善现即白佛言："世尊！如来所说士夫具身大身，如来说为非身，是故说名具身大身。"

此句意為，長老須菩提說："世尊，如來所說的這人具有身軀，身軀高大，世尊，也就是如來所說的非身軀。因此，稱為具有身軀，身軀高大。"mahā-kāyas（大一身）是持業釋複合詞，鳩摩羅什將此複合詞前半部分的形容詞 mahā 譯為"長大"，而菩提流支譯為"妙大"。

在翻譯疑問句時，鳩摩羅什和菩提流支譯本也有一些呈規律性的差異。"tat（那）kasya（什麼）hetoḥ（原因）"是原典比較常見的一個疑問句，意為"那是什麼原因呢？"六種異譯本對"tat kasya hetoḥ"的翻譯存在差別。鳩摩羅什一般將其譯為"所以者何？"菩提流支譯為"何以故？"玄奘譯本中既有"所以者何？"也有"何以故？"例如：

（11）tat kasya hetoh yo 'sau bhagavan paramāṇusaṃcayas tathāgatena bhāṣ itah a-saṃcayah sa tathāgatena bhāṣitah | teno cyate paramāṇusaṃcaya iti |

【鳩】所以者何？佛說微塵眾，則非微塵眾，是名微塵眾。

【菩】何以故？佛說微塵眾則非微塵眾，是故佛說微塵眾。

【玄】所以者何？如來說極微聚即為非聚，故名極微聚。

（12）tat kasya hetoḥ nāsti subhūte sa kaścid dharmo yo bodhisattvayānasaṃprasthito nāma

【鳩】所以者何？須菩提！實無有法發阿耨多羅三藐三菩提者。

【菩】何以故？須菩提！實無有法名為菩薩發阿耨多羅三藐三菩提心者。

【玄】何以故？善現！無有少法名為發趣菩薩乘者。

（13）tat kasya hetoḥ atītaṃ subhūte cittaṃ nopalabhyate anāgataṃ cittaṃ nopalabhyate pratyutpannaṃ cittaṃ nopalabhyate

【鳩】所以者何？須菩提！過去心不可得，現在心不可得，未來心不可得。

【菩】何以故？須菩提！過去心不可得，現在心不可得，未來心不可得。

【玄】所以者何？善現！過去心不可得，未來心不可得，現在心不可得。

三、言說動詞翻譯異同

（一）言說動詞翻譯的差異

在語料庫語言學領域，詞表（wordlist）並非純粹的詞語列表，而是按照類符的頻率高低列出的類符表，也叫詞頻表。在對語料庫文本進行統計分析時，詞表可以直觀地提供三種信息：類符總數、每個類符的頻數和每個類符的頻率。借助 Wordsmith 6 或者 AntConc 軟體，我們可以獲得《金剛經》梵文本的詞表。

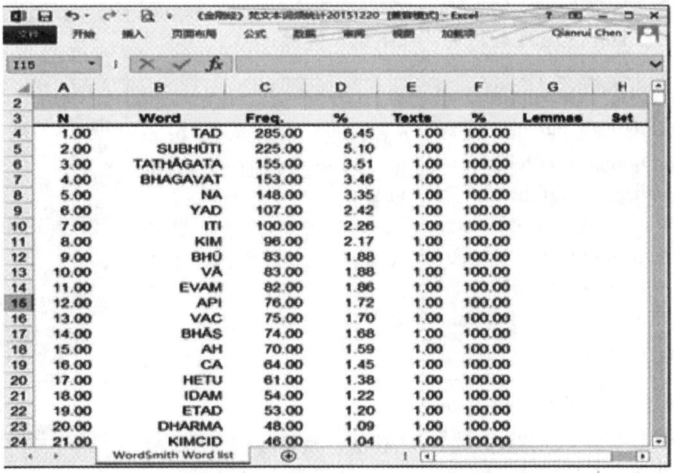

N	Word	Freq.	%	Texts	%	Lemmas	Set
1.00	TAD	285.00	6.45	1.00	100.00		
2.00	SUBHŪTI	225.00	5.10	1.00	100.00		
3.00	TATHĀGATA	155.00	3.51	1.00	100.00		
4.00	BHAGAVAT	153.00	3.46	1.00	100.00		
5.00	NA	148.00	3.35	1.00	100.00		
6.00	YAD	107.00	2.42	1.00	100.00		
7.00	ITI	100.00	2.26	1.00	100.00		
8.00	KIM	96.00	2.17	1.00	100.00		
9.00	BHŪ	83.00	1.88	1.00	100.00		
10.00	VĀ	83.00	1.88	1.00	100.00		
11.00	EVAM	82.00	1.86	1.00	100.00		
12.00	API	76.00	1.72	1.00	100.00		
13.00	VAC	75.00	1.70	1.00	100.00		
14.00	BHĀS	74.00	1.68	1.00	100.00		
15.00	AH	70.00	1.59	1.00	100.00		
16.00	CA	64.00	1.45	1.00	100.00		
17.00	HETU	61.00	1.38	1.00	100.00		
18.00	IDAM	54.00	1.22	1.00	100.00		
19.00	ETAD	53.00	1.20	1.00	100.00		
20.00	DHARMA	48.00	1.09	1.00	100.00		
21.00	KIMCID	46.00	1.04	1.00	100.00		

由上表可知，vac（說）、bhāṣ（說）和 ah（說）等言說動詞位於《金剛經》原典詞表的前 20 位，都是高頻出現的詞語。這與《金剛經》的文體和篇章類型都有關係。《金剛經》記述了佛世尊一次說法的過程，佛世尊與須菩提之間互有問答，

有時世尊也會自問自答，因此《金剛經》梵文原典使用了大量言說動詞。

在鳩摩羅什譯本中，大量的言說動詞沒有翻譯。菩提流支译本则逐一译出所有言说动词。例如：

（14）**subhūtir āha** no hīdaṃ bhagavan | **bhagavān āha** evaṃ dakṣiṇapaś cimottarāsv adha ūrdhvaṃ digvidikṣu samantād daśasu dikṣu sukaram ākāśasya pramāṇam udgrahītuṃ **subhūtir āha** no hīdaṃ bhagavan | **bhagavān āha** evam eva subhūte yo bodhisattvo 'pratiṣṭhito dānaṃ dadāti tasya subhūte puṇyaskandhasya na sukaraṃ pramāṇam udgrahītuṃ | evaṃ hi subhūte bodhisattvayānasaṁprasthitena dānaṃ dātavyaṃ yathā na nimittasaṁjñāyām api pratitiṣṭhet ‖ 4 ‖ tat kiṃ manyase subhūte lakṣaṇa saṃpadā tathāgato draṣṭ avyaḥ | **subhūtir āha** no hīdam bhagavan | na lakṣaṇasaṃpadā tathāgato draṣṭ avyaḥ | tat kasya heto ḥ yā sā bhagavan lakṣaṇasaṃpat tathāgatena bhāṣitā saivālakṣaṇasaṃpat |

鳩摩羅什和菩提流支译本的翻译方法比較如下：

原　典	鳩摩羅什	菩提流支
subhūtir āha no hīdaṃ bhagavan |	“不也，世尊，”	**須菩提言**：“不也，世尊。”
bhagavān āha evaṃ dak ṣ iṇapa ś cimottarāsv adha ūrdhvaṃ digvidikṣu samantād daśasu dikṣu sukaram ākāś asya pramāṇam udgrahītuṃ	“須菩提，南西北方，四維上下虛空，可思量不?”	**佛言**：“如是！須菩提。南西北方，四維上下，虛空可思量不?”
subhūtir āha no hīdaṃ bhagavan |	“不也，世尊，”	**須菩提言**：“不也，世尊。”
bhagavān āha evam eva subhūte yo bodhisattvo 'pratiṣṭhito dānaṃ dadāti tasya subhūte puṇyaskandhasya na sukaraṃ pramāṇam udgrahītuṃ | evaṃ hi subhūte bodhisattvayānasaṁ prasthitena dānaṃ dātavyaṃ yathā na nimittasaṁjñāyām api pratitiṣṭhet ‖ 4 ‖ tat kiṃ manyase subhūte lak ṣ aṇa saṃpadā tathāgato draṣṭavyaḥ |	“須菩提，菩薩無住相布施，福德亦複如是，不可思量!” “須菩提，菩薩但應如所教住。須菩提，于意云何？可以身相見如來不?”	**佛言**：“如是！如是！須菩提，菩薩無住相布施，福德聚亦複如是不可思量。” 佛複告須菩提：“菩薩但應如是行於布施。須菩提，于意云何？可以相成就見如來不?”
subhūtir āha no hīdam bhagavan | na lakṣaṇasaṃpadā tathāgato draṣṭavyaḥ | tat kasya heto ḥ yā sā bhagavan lakṣaṇasaṃpat tathāgatena bhā ṣ itā saivālakṣaṇasaṃpat |	“不也，世尊，不可以身相得見如來，何以故？如來所說身相，即非身相。”	**須菩提言**：“不也，世尊。不可以相成就得見如來。何以故？如來所說相即非相。”

在例（14）中，言說動詞 āha（說）出現 5 次。āha 是動詞 ah（說）的未完成體第三人稱單數形式。鳩摩羅什和菩提流支對 āha（說）的翻譯差別較大。鳩摩羅什並未翻譯原典中出現 5 次的言說動詞 āha，只有引語部分內容，並未說明言語行為主體。菩提流支則是逐一翻譯動詞 āha，將“subhūtir āha”譯為“須菩提言”，將“bhagavān āha”譯為“佛言”。又如：

（15）subhūtir **āha** bahu bhagavan bahu sugata | bhagavān **āha** evam etat subhūte evam etat | bahu sa kulaputro vā kuladuhitā vā tato nidānaṃ puṇyaskandhaṃ prasunuyād aprameyam asaṃkhyeyaṃ | tat kasya hetoḥ puṇyaskandhaḥ puṇyaskandhas iti subhūte askandhaḥ sa tathāgatena bhāṣitaḥ | tenocyate puṇyaskandha iti | sacet punaḥ subhūte puṇyaskandho 'bhaviṣyat na tathāgato 'bhāṣiṣyat puṇyaskandhaḥ puṇyaskandha iti || tat kiṃ manyase subhūte rūpakāyaparinispattyā tathāgato draṣṭavyaḥ | subhūtir **āha** no hīdaṃ bhagavan | na rūpakāyaparinispattyā tathāgato draṣṭavyaḥ | tat kasya hetoḥ rūpakāyapariniṣpatti rūpakāyapariniṣpattir iti bhagavan apariniṣpattir eṣā tathāgatena bhāṣitā | tenocyate rūpakāyapariniṣpattir iti | bhagavān **āha** tat kiṃ manyase subhūte lakṣaṇasaṃpadā tathāgato draṣṭavyaḥ | subhūtir **āha** no hīdaṃ bhagavan | na lakṣaṇasaṃpadā tathāgato draṣṭavyaḥ | tat kasya hetoḥ yāiṣā bhagavaṃ lakṣaṇasaṃpat tathāgatena bhāṣitā alakṣaṇasaṃpad eṣā tathāgatena bhāṣitā | tenocyate lakṣaṇa saṃpad iti ||

（16）【鳩】“如是，世尊，此人以是因緣，得福甚多。”“須菩提，若福德有實，如來不說得福德多，以福德無故，如來說得福德多。須菩提，于意云何？佛可以具足色身見不？”“不也！世尊，如來不應以具足色身見。何以故？如來說具足色身，即非具足色身，是名具足色身。”“須菩提，于意云何？如來可以具足諸相見不？”“不也，世尊，如來不應以具足諸相見。何以故？如來說諸相具足，即非具足，是名諸相具足。”

【菩】**須菩提言**：“如是，世尊，此人以是因緣，得福甚多。”**佛言**：“如是！如是！須菩提，彼善男子善女人以是因緣得福德聚多。須菩提，若福德聚有實，如來則不說福德聚福德聚。須菩提，于意云何？佛可以具足色身見不？”**須菩提言**：“不也！世尊，如來不應以色身見。何以故？如來說具足色身，即非具足色身，是故如來說名具足色身。”**佛言**：“須菩提，于意云何？如來可以具足諸相見不？”**須菩提言**：“不也！世尊，如來不應以具足諸相見。何以故？如來說諸相具足即非具足，是故如來說：名諸相具足。”

上文是世尊與須菩提對話，討論如來福德眾多，以及如來的法身雖然離色離相，但卻身相具足這兩個問題。梵文原典中使用了五個言說動詞 āha，都是動詞 ah 的完成體形式。鳩摩羅什沒有翻譯其中任何言說動詞，而菩提流支依照原典將 ah 都譯為“言”，表現出強烈的規律性。

（二）動詞 vac（說）的翻譯

（17）evam uktebhagavān āyuṣmantaṃ subhūtim etad avocat sādhu sādhu subhūte evam etat subhūte evam etad yathā vadasi | anuparig ṛ hītās tathāgatena bodhisattvā mahāsattvā ḥ parameṇānugraheṇa | parinditās tathāgatena bodhisattvā mahāsattvāḥ paramayā parīndanayā | tena hi subhūte śṛ ṇu sādhu casu ṣ ṭ hu ca manasikurubhā ṣ i ṣ ye ‘ haṃ teyathā bodhisattvayānasaṃprasthitena sthātavyaṃyathā pratipattavyaṃyathā cittaṃ pragrahītavyam |

【鳩】佛言：“善哉！善哉！須菩提，如汝所說，如來善護念諸菩薩，善付囑諸菩薩。汝今諦聽，當為汝說。善男子、善女人發阿耨多羅三藐三菩提心，應如是住，如是降伏其心。”

【菩】爾時，佛告須菩提：“善哉！善哉！須菩提，如汝所說，如來善護念諸菩薩，善付囑諸菩薩。汝今諦聽，當為汝說。如菩薩大乘中發阿耨多羅三藐三菩提心，應如是住，如是修行，如是降伏其心。”

【玄】爾時，世尊告具壽善現曰：“善哉！善哉！善現！如是！如是！如汝所說，乃至如來應正等覺能以最勝攝受攝受諸菩薩、摩訶薩；乃至如來應正等覺，能以最勝付囑付囑諸菩薩、摩訶薩。是故，善現，汝應諦聽，極善作意，吾當為汝分別解說。諸有發趣菩薩乘者，應如是住，如是修行，如是攝伏其心。”

bhagavān	āyuṣ mantaṃ	subhūtim	etat	avocat
m. sg. N.	m. sg. Ac.	m. sg. Ac.	dem. pron. n. sg. Ac.	aor. 3. sg. P.
世尊	具壽	善現	此	告訴

此句意為，這樣說罷，世尊對長老須菩提說道：“很好，很好！須菩提啊，正如你所說，……”句中的 avocat 是動詞 vac（說）的不定過去時第三人稱單數形式。動詞 vac 意為“to speak，say，tell，utter，announce，declare，mention，proclaim，recite，descerbe”，經常帶雙賓語。bhagavān（世尊）是體格形式，在句中充當主語，是言語行為主體。名詞 āyuṣmantaṃ（長老，尊者）和 subhūtim（須菩提）是業格形式，充當動詞 avocat 的間接賓語，即世尊說話的物件。指代詞 etad（此）是業格形式，充當動詞 avocat 的直接賓語。“bhagavān āyuṣmantaṃ subhūtim etat avocat”意為，世尊把這個告訴長老須菩提。etad（此）指代世尊對須菩提說話的

内容，即下文的“anuparig ṛ hītās tathāgatena bodhisattvā mahāsattvā ḥ parameṇānugraheṇa｜ parīnditās tathāgatena bodhisattvā mahāsattvā ḥ paramayā parīndanayā｜ tena hi subhūteśṛṇu sādhu ca suṣṭhu ca manasikuru bhāṣiṣye ‘haṃ te yathā bodhisattvayānasaṃprasthitena sthātavyaṃ yathā pratipattavyaṃ yathā cittaṃ pragrahītavyam｜”。因為直接引語部分較長，所以使用 etad 指代。

從動詞 vac（說）翻譯來看，菩提流支注意到 vac 具有可以支配業格或屬格名詞，並且在句中帶有雙賓語的句法特點，所以將 vac 所在的兩個句子都譯為“佛告須菩提：‘……’”的形式，既有直接賓語，又有間接賓語“須菩提”，表現出一定的規律性。鳩摩羅什將 vac（說）譯為“言”，沒有反映出 vac 可以支配雙賓語的特徵。玄奘與菩提流支譯本的翻譯方法相同。

（三）動詞 ah（說）的翻譯

鳩摩羅什譯本經常缺省直接引語管領詞或言語行為發出者，而菩提流支譯本依據梵語原典，如實地把直接引語結構逐一譯為漢語。例如：

（18）evam uktebhagavān āyuṣmantaṃ subhūtim etad **avocat** ① sādhu sādhu subhūte evam etat subhūte evam etadyathā vadasi｜……｜ evaṃ bhagavan **ity** ② āyuṣmān subhūtir bhagavataḥ pratyaśrauṣīt ‖2‖ bhagavān asyaitad **avocat** ③ iha subhūte bodhisattvayānasaṃprasthitenaivaṃ cittam utpādayitavyaṃ ……**subhūtir āha** ④ no hīdaṃ bhagavan｜**bhagavān āha** ⑤ evaṃ dakṣiṇapaścimottarāsv adha ūrdhvaṃ digvidikṣu samantād daśasu dikṣu sukaram ākāśasya pramāṇam udgrahītuṃ **subhūtir āha** ⑥ no hīdaṃ bhagavan｜**bhagavān āha** ⑦ evam eva subhūteyo bodhisattvo ‘pratiṣṭhito dānaṃ dadātitasya subhūte puṇyaskandhasya na sukaraṃ pramāṇam udgrahītuṃ｜ evaṃ hi subhūtebodhisattvayānasaṁprasthitena dānaṃ dātavyaṃyathā na nimittasaṁjñāyām api pratitiṣṭhet ‖4‖ tat kiṃ manyase subhūtelakṣaṇa saṃpadā tathāgato draṣṭavyaḥ｜**subhūtir āha** ⑧ no hīdam bhagavan｜ na lakṣaṇasaṃpadā tathāgato draṣṭavyaḥ｜ tat kasya hetoḥ yā sā bhagavan lakṣaṇasaṃpat tathāgatena bhāṣitāsaivālakṣaṇasaṃpat｜

以上梵文原典共有 8 處直接引語標記，其中包括 7 個言語動詞（avocat，2 例；āha，5 例）和 1 個不變詞 iti。iti 是梵語中用作直接引語標記的不變詞，提示言語的結束。無論是直接引語還是間接引語中，iti 表示在 iti 之前出現的詞語是說話人說過的話。iti 出現在引語之後。鳩摩羅什將例（17）中對話翻譯如下：

佛言：“善哉！善哉！須菩提，如汝所說，如來善護念諸菩薩，善付囑諸菩薩。汝今諦聽！當為汝說。善男子，善女人，發阿耨多羅三藐三菩提心，應如是住，如是降伏其心。”

“唯然，世尊，願樂欲聞。”

佛告須菩提：“諸菩薩、摩訶薩，應如是降伏其心。所有一切眾生之類，若卵生、若胎生、若濕生、若化生，若有色、若無色，若有想、若無想，若非有想非無想，我皆令入無餘涅槃而滅度之。如是滅度無量無數無邊眾生，實無眾生得滅度者。何以故？須菩提，若菩薩有我相、人相、眾生相、壽者相，即非菩薩。複次，須菩提，菩薩于法，應無所住，行於布施。所謂不住色布施，不住聲、香、味、觸、法布施。須菩提，菩薩應如是布施，不住於相。何以故？若菩薩不住相布施，其福德不可思量。須菩提，于意云何？東方虛空可思量不？”

“不也，世尊，”

“須菩提，南西北方，四維上下虛空，可思量不？”

“不也，世尊，”

“須菩提，菩薩無住相布施，福德亦複如是，不可思量！”

“須菩提，菩薩但應如所教住。須菩提，于意云何？可以身相見如來不？”

“不也，世尊，不可以身相得見如來，何以故？如來所說身相，即非身相。”

菩提流支例（17）中對話翻譯如下：

爾時，**佛告須菩提**：“善哉！善哉！須菩提，如汝所說，如來善護念諸菩薩，善付囑諸菩薩。汝今諦聽，當為汝說。如菩薩大乘中發阿耨多羅三藐三菩提心，應如是住，如是修行，如是降伏其心。”

須菩提白佛言：“世尊，如是！願樂欲聞。”

佛告須菩提：“諸菩薩生如是心，所有一切眾生，眾生所攝。若卵生、若胎生、若濕生、若化生。若有色、若無色，若有想、若無想、若非有想非無想。所有眾生界眾生所攝。我皆令入無餘涅槃而滅度之。如是滅度無量無邊眾生，實無眾生得滅度者。何以故？須菩提，若菩薩有眾生相，即非菩薩。何以故？非須菩提，若菩薩起眾生相、人相、壽者相，則不名菩薩。何以故？非須菩提，若菩薩起眾生相、人相、壽者相，則不名菩薩。複次，須菩提，菩薩不住于事行於布施，無所住行於布施；不住色布施，不住聲、香、味、觸、法布施。須菩提，菩薩應如是布施，不住於相想。何以故。若菩薩不住相布施。其福德聚不可思量。須菩提，於汝意云何？東方虛空可思量不？”

須菩提言：“不也，世尊，”

佛言：“如是！須菩提，南西北方，四維上下，虛空可思量不？”

須菩提言："不也，世尊，"

佛言："如是！如是！須菩提，菩薩無住相布施，福德聚亦複如是不可思量。"

佛複告須菩提："菩薩但應如是行於布施。須菩提，于意云何？可以相成就見如來不？"

須菩提言："不也，世尊，不可以相成就得見如來。何以故？如來所說相即非相。"

鳩摩羅什譯本中只有兩個言說動詞，而菩提流支將原典中的 8 個直接引語標記都譯為漢語。梵語動詞 vac 和 ah 在語義和用法上存在細微差別。從語義上看，二者相同之處都是"說"，但是 vac 的語義還包括"告訴，宣告，聲明"。在例（14）中，菩提流支將兩個 vac 都譯為"告"，如"佛告須菩提……"，將隨後的五個動詞 ah 都譯為"言"，如"佛言"。鳩摩羅什把一個 vac 譯為"告"，如"佛告須菩提"；另一個 vac 譯為"言"，如"佛言"。鳩摩羅什沒有翻譯上述原典中的五個言說動詞 ah。從句法特徵上看，vac 和 ah 也有所不同，菩提流支譯本很好地反映了這種差別。vac 可以支配雙賓語，而 ah 只能帶有引語。菩提流支顯然注意到這種句法差別，所以將 vac 所在句子譯為"言語主體＋告＋言語物件＋引語內容"，如"佛告須菩提……"，而將 ah 所在句子譯為"言語主體＋言＋引語內容"，如"佛言……"。

由此可知，菩提流支在翻譯言說動詞，不但關注言說動詞之間的詞義異同，而且力爭在漢譯本中反映原典語言言說動詞的句法特徵。玄奘遵循了菩提流支的翻譯方法。由同經異譯比較可知，玄奘譯出了原典的 7 個言說動詞和 1 個引語標記。

【玄】作是語已。爾時，世尊告具壽善現，曰："善哉！善哉！善現，……如是攝伏其心。"

具壽善現白佛言："如是！如是！世尊，願樂欲聞！"

佛言："善現諸有發趣菩薩乘者，應當發趣如是之心：……善現，若菩薩、摩訶薩都無所住而行布施，其福德聚不可取量。"

佛告善現："于汝意云何？東方虛空可取量不？"

善現答言："不也！世尊，"

善現，如是南西北方，四維上下，周遍十方，一切世界虛空，可取量不？

善現答言："不也！世尊，"

佛言："善現，如是！如是！若菩薩、摩訶薩都無所住而行布施，其福德聚不可取量，亦複如是。善現，菩薩如是如不住相想應行布施。"

佛告善現："于汝意云何？可以諸相具足觀如來不？"

善現答言："不也！世尊，不應以諸相具足觀於如來。何以故？如來說諸相具足，即非諸相具足。”

三個譯本比較而言，鳩摩羅什譯文與原典相差最大，僅僅譯出原典中的兩個言說動詞。菩提流支對於鳩摩羅什譯本的缺省部分多有補充，更加尊重原典。玄奘等後世譯者對於他的翻譯方法採取了遵循的態度。

四、偈頌翻譯完整性差異

《大唐大慈恩寺三藏法師傳》記載了玄奘對前代鳩摩羅什《金剛經》舊譯本的一段評價："此今觀舊經，亦微有遺漏。……又如下文，三問闕一，二頌闕一，九喻闕三，如是等。"玄奘批評鳩摩羅什的經文内容有缺失。

第一，鳩摩羅什譯本有"應云何住，云何降伏其心"，而玄奘認為應當譯為"應云何住，云何修行，云何降伏其心"，這就是"三問闕一"。

（19）āścaryaṃ bhagavanyāvadeva tathāgatenārhatā samyaksaṃbuddhena bodhisattvā mahāsattvā ḥ parīnditā ḥ paramayā parīndanayā | tat kathaṃ bhagavan bodhisattvayāna saṃprasthitena kulaputreṇa vā kuladuhitrā vā sthātavyaṃkathaṃ pratipattavyaṃkathaṃ cittaṃ pragrahītavyam |

【鳩】善付囑諸菩薩。世尊，善男子、善女人發阿耨多羅三藐三菩提心，<u>應云何住？云何降伏其心？</u>

【菩】善付囑諸菩薩。世尊，云何？菩薩大乘中發阿耨多羅三藐三菩提心，<u>應云何住？云何修行？云何降伏其心？</u>

【玄】乃至如來應正等覺，能以最勝付囑付囑諸菩薩、摩訶薩。世尊，諸有發趣菩薩乘者，<u>應云何住？云何修行？云何攝伏其心？</u>

梵文原典強調如來、阿羅漢、正等覺確實賦予眾菩薩大士最高的囑託是難得的事。發願奉行菩薩乘的善男子或善女人需要思考並回應三個問題：kathamsthātavyaṃ（應該如何安住?）kathaṃpratipattavyaṃ（應該如何修行?）kathaṃcittaṃpragrahītavyaṃ（應該如何調伏心?）鳩摩羅什譯本僅僅譯出第一個問題"應云何住"和第三個問題"云何降伏其心"。玄奘認為這種翻譯是不合適的，影響了佛教教義的完整性，需要"委依原本"完整地對譯原典。菩提流支完整地譯出全部三個問題。玄奘譯本與菩提流支譯本保持一致。

第二，鳩摩羅什譯本只有一頌"若以色見我，以音聲求我，是人行邪道，不能見如來"，玄奘認為應當有"諸以色觀我，以音聲尋我，彼生履邪斷，不能當見我"、"應觀佛法性，即導師法身，法性非所識，故彼不能了"等兩頌，這就是"二頌闕一"。

(20) ye māṃ rūpeṇa cadrākṣurye māṃ ghoṣena cānvaguḥ | mithyā prahāṇapras ṛ tāna māṃ drak ṣ yanti te janāḥ ‖ dharmato buddho dra ṣ ṭ avyodharma kāyā hi nāyakāḥ | dharmatā ca na vijñeyāna sāśakyā vijānituṃ ‖

【鳩】爾時，世尊而說偈言："若以色見我，以音聲求我，是人行邪道，不能見如來。"

【菩】爾時，世尊而說偈言："若以色見我，以音聲求我，是人行邪道，不能見如來。彼如來妙體，即法身諸佛，法體不可見，彼識不能知。"

【玄】爾時，世尊而說頌曰："諸以色觀我，以音聲尋我，彼生履邪斷，不能當見我。應觀佛法性，即導師法身，法性非所識，故彼不能了。"

梵文原典"atha khalu bhagavāṃs tasyāṃ velāyām ime gāthe abhāṣata"意為，此時世尊誦出這兩首偈頌，代詞 ime（這兩個）和名詞 gāthe（頌）是雙數形式，"imegāthe"意為"這兩首偈頌"。由此明確可知，梵文《金剛經》此處應當有兩首偈頌。鳩摩羅什只翻譯了第一頌，鳩摩羅什和菩提流支對第一頌的翻譯非常接近。菩提流支和玄奘完整地將原典中的兩首偈頌譯為漢語。

第三，在《金剛經》結尾處，世尊用九個比喻來說明有為法，也就是一切有條件存在的事物的特徵。

(21) tat yathā ākāse tārakā timiraṃ dīpomāyāva ś yāyabudbudaṃ | svapnaṃ ca vidyud abhraṃ caevaṃ draṣṭavyaṃ saṃskṛtaṃ ‖

【鳩】一切有為法，如夢幻泡影，如露亦如電，應作如是觀。

【菩】一切有為法，如星翳燈幻，露泡夢電云，應作如是觀。

【玄】諸和合所為，如星翳燈幻，露泡夢電云，應作如是觀。

taty	athā	ākāse	tārakā	timiraṃ	dīpo
dem. pron. n. sg. N.	adv.	n. sg. L.	f. sg. N.	n. sg. N.	m. sg. N.
	如	虚空	星	翳	燈

māyā-vaśyāya-budbudaṃ	svapnaṃ	ca	vidyud	abhraṃ
n. sg. N. 相違釋	n. sg. N.	indec.	f. sg. N.	n. sg. N.
幻—露—泡	夢	又	電	云

ca	evaṃ	draṣṭavyaṃ	saṃskṛ taṃ
indec.	adv.	fpp. n. sg. N.	ppp. n. sg. N.
又	如此	看見	有為法

鳩摩羅什譯出六種喻體：夢、幻、泡、影、露、電，菩提流支譯出九種：星、翳、燈、幻、露、泡、夢、電、云，玄奘遵循了菩提流支的翻譯方法，將"tārakā timiraṃ dīpomāyāvaś yāyabudbudaṃsvapnaṃ ca vidyud abhraṃ"譯作"如星翳燈

幻，露泡夢電云”。

在玄奘重譯《金剛經》之時，已有鳩摩羅什、菩提流支、真諦和笈多的譯本在世，而且他們都成為玄奘譯經的參考。玄奘批評鳩摩羅什譯本存在“三問闕一，二頌闕一，九喻闕三”等問題，這種判斷並不僅僅是玄奘將鳩摩羅什譯本與自己所有梵本進行比較得出的結論。從玄奘與菩提流支譯本相關部分相似程度來看，菩提流支譯本應當是玄奘翻譯《金剛經》的重要參考之一。鳩摩羅什譯本“三問闕一，二頌闕一，九喻闕三”的問題，在菩提流支的譯本中已經有所調整，而且為玄奘所遵循。

五、餘　論

佛經原典語言梵語（或其他古代中亞語言）與漢語的類型差異造成漢譯佛經語言呈現多樣化特點，詞彙與語法各有異同，有文質之別，詳略之分。漢譯本譯者風格的差異也反映了譯者的語言能力、翻譯理念、翻譯資源等方面的不同情況。

以往文獻對於菩提流支譯本評述不多。清俞樾《金剛般若經偈會本敘》將菩提流支本與義淨譯本進行比較，認為菩提流支的翻譯更勝一籌。“義淨法師云，無著菩薩昔于覩史多天慈氏尊處，親受八十行頌。又云，能斷金剛西方乃有多釋，考其始也，此頌最先。是金剛般若經之有頌，而頌之出於慈氏者，有明證矣。然義師既知此頌是慈氏所傳，其所譯頌本乃云無著造者，蓋命字之誤耳。且所譯之頌，與菩提流支所譯者校之，猶輸一籌，故令注疏家多取留支譯也。今撰新疏，亦用留本。”[1] 菩提流支譯本的突出特徵之一便是尊重原典，如實完整地將《金剛經》譯為漢語。在玄奘對鳩摩羅什《金剛經》譯本做出批評之前，菩提流支譯本已經對鳩摩羅什的一些翻譯方法進行了修改，並且得到了玄奘的認可與繼承。即使是面對鳩摩羅什與玄奘兩位佛經翻譯巨匠，菩提流支的《金剛經》譯本也有其獨到的承啟價值。

參考文獻

胡海燕．關於《金剛經》梵本及漢譯對勘的幾個問題（一）．南亞研究，1985（7）．

黄寶生．梵語佛經讀本．北京：中國社會科學出版社，2014．

黄心川．玄奘研究．鄭州：中州古籍出版社，2005．

慧立、彥宗．大慈恩寺三藏法師傳．北京：中華書局，1983．

辛島靜志．《道行般若經》和“異譯”的對比研究——《道行般若經》與異譯及梵本對比研究．漢語史研究集刊．第四輯．成都：巴蜀書社，2001．

---

① 菩提流支又译作菩提留支，简称留支。

許洋主. 新譯梵文金剛般若波羅蜜經. 臺北：如實出版社，1995.

楊冬敏. 從翻譯規範的角度探討鳩摩羅什的翻譯——以《金剛經》為例. 北京第二外國語學院學報，2011 (6).

楊全紅. 翻譯史另寫. 武漢：武漢大學出版社，2010.

F. Max Müller. (1881). Vajracchedikā-Prajñā-pāramitā-sūtra [J]. *Anecdota Oxoniensia*, *Aryan Series*, vol. I, part 1, 1881, pp. 19—46.

Edward Conze. (1957). *Vajracchedikā Prajñāpāramitā* [M]. Serie Orinetale Roma XIII Roma, Is. M. E. O. 1957, 27—63.

On the Translating Styles of Bodhiruci's Translation of the *Diamond Sutra*

Wang Jihong

Abstract: There now existing six versions of the Chinese translation of the *Diamond Sutra*, namely Kumārajīva, Bodhiruci, Paramārtha, Dharmagupta, Xuanzang and Yijing version. From the Comparison between Sanskrit and Chinese texts of the *Diamond Sutra* we can inquiry into the translating style of Bodhiruci, which remains consistent with the Source language of the Buddhist scripture.

Keywords: the *Diamond Sutra*; Bodhiruci; Kumārajīva; Xuanzang; retranslation

（王繼紅，北京外國語大學中國語言文學學院）

漢譯律典語詞的再闡釋*

——以南山律宗為中心

國 威 龔世艷

提　要： 律部典籍是漢譯佛經的重要組成部分，其在中國的傳播過程可以分為翻譯和闡釋兩個層次。以道宣、元照等人為代表的南山律宗以中國佛教和民族文化為本位，不但重新厘定了拘盧舍、非時食等印度概念的內涵，制定了統一的持守規範，而且在“投槃”等疑難問題上展開深入探討，對律學名相的闡釋和研究做出了傑出貢獻。

關鍵詞： 律典；語詞；南山律宗；道宣；元照

律部典籍是三藏之一，佛陀制戒的內容與精神皆賴此得以保存，在佛教演進過程中發揮著續佛慧命、住持正法的重要作用。佛法東入震旦，戒律亦隨之而來，但其時僅為律典節本的零星翻譯，尚未形成一定規模。直至兩晉時期，才完成《十誦律》《摩訶僧祇律》和《四分律》等廣律的翻譯。這些小乘律典與《梵網經》《善生經》等大乘律儀，共同成為漢譯佛典的重要組成部分。可以說，律典的翻譯不僅完善了中國佛教文獻的組織體系，還對本土化佛教制度的形成產生了深遠影響。

不過，雖有戒律為佛所制的說法，但如果從文獻編纂的學術角度來看，律典的形成實際上是一個歷史的過程，不但產生的時間不同，而且空間上也分佈於南亞的各個地區，故形成了多個部派的戒律典籍。如此，各律之間難免捍格不通，令僧眾無所適從。另外，律部條文細密繁瑣，而且相當一部分規定與中國的文化、習俗不相契合，造成持守上的巨大困難，一個著名的例子是廬山慧遠，《高僧傳》卷六：“以晉義熙十二年八月初動散，至六日困篤。大德耆年皆稽顙請飲豉酒，不許。又請飲米汁，不許。又請以蜜和水為漿，乃命律師，令披卷尋文得飲與不，卷未半而

* 本文為 2018 年國家社科基金青年項目“日韓所藏南山律宗文獻及文物搜集、整理與研究”（18CZJ011）和 2017 年教育部人文社科基金青年項目“南山律宗資持派文獻整理與研究”（17XJC730001）的階段性成果。

終。”雖然這則記載主要表現的是慧遠持律精嚴的作派與精神，但亦從側面說明持律之不易。以上兩個因素使律典在中國指導實踐的作用大打折扣，其後的史實也證明了這一點：律典不但沒有普及於中國下層僧眾，反而一路上行，成為義學取材之淵藪，逐漸淪為佛教精英階層智力遊戲的附庸。這也是為何禪宗清規興起之後，如風偃草，迅速取代傳統戒律的原因之一。

因此，翻譯雖然也屬於闡釋行為，但這只是律典進入中國的第一步，對其進行再闡釋才是本土化的關鍵。以南山宗為代表的中國律宗在這方面做出了巨大貢獻。南山始祖道宣為了使後學“臨機有用”、“即事即行”，遂以《四分律》為基礎，廣引他部律及諸經論，刪繁補闕，折衷異同，撰成《四分律刪繁補闕行事鈔》（簡稱《行事鈔》）。此書可視為中國僧人對律藏進行再闡釋的經典之作，不僅當時便盛行一時，甚至後世律宗的展開也是以注釋此書的形式進行的。道宣為律藏的再闡釋提供了典型與方向性指導，但作為一部總括性質的著作，《行事鈔》在某些方面仍嫌不夠具體，在語言風格方面也呈現出古拙幽深的面貌，為後世的理解和遵用帶來了困難，但也為疏記的湧現保留了較大空間。對《行事鈔》的注釋歷代不絕，共有數十家之多，但最著名者當屬成於宋代的《會正記》與《資持記》，《佛祖統紀》卷四六載：

> 自大法東度，律學未明，至唐正觀南山律師，始作《戒疏》《業疏》《事鈔》，以弘四分，流傳四百載，釋義六十家，唯允堪師《會正記》獨為盡理。至照律師，始約《法華》開顯，作《資持記》以明南山之宗，於是會正、資持疏為二派。

而允堪的《會正記》後來逐漸亡佚，唯餘《資持記》延續南山宗風。撰者元照生活於北宋中後期，是杭州地區著名的律學大家。他博究群宗，著書講說，有《資持記》《濟緣記》和《行宗記》行世，為南山三大部之疏記，代表了宋代律學的最高成就。故以道宣與元照的著作為中心進行考察，不但可以了解漢譯律學名相在中國的闡釋與接受，而且可見唐、宋兩代律師在戒律本土化、實踐化過程中的共同努力。

一、訂　異

前文已經提到，由於律典的形成具有歷史性，故諸律之間、乃至同一律典內往往異說紛出，甚至對同一問題的規定也充滿了矛盾與對立，這不但嚴重削弱了戒律的神聖性，而且為僧人的持守增加了困難。因此，戒律中國化的重要任務之一，就是折衷律部歧說，厘定一個明確的持守標準。在此過程中，中國的律師們採取“拿來主義”的態度，對諸律異說進行調和，增強了律條的確定性和可操作性，使之成為本國佛教的有機組成部分。以下選取若干例證進行說明。

（一）拘盧舍

《行事鈔》卷一："蘭若一界，諸部不定，多言僧界盡一拘盧舍（《明了論疏》云：一鼓聲間）。《雜寶藏》中翻為五里，相傳用此為定。"拘盧舍，梵語為krośa，是印度的長度單位，本意為叫、喚，引申為長度單位，即大牛鳴叫之聲或鼓聲所傳之距離。元照在《資持記》卷一對上引文字作了詳盡注釋：

> 《疏》云：諸部皆云一拘盧舍，而互說不定：大則二千弓，弓長五肘（出《僧祇》，計十里）；小則五百弓，弓長四肘（出《十誦》，計六百步，為二里）。注引《了疏》，翻同本律。然鼓有大小，聲有遠近，亦不可準。"雜"下明今取，彼經云：一拘屢奢。注云：秦言五里。

《明了論疏》與《四分律》相同，都採用了印度的計量習慣，用鼓聲所傳的距離來說明一拘盧舍，《摩訶僧祇律》主張一拘盧舍約合十里，《十誦律》則主張二里①。元照所引《疏》即道宣所撰《四分律刪補隨機羯磨》（亦稱《業疏》），元照曾作《濟緣記》以釋之，今本即為二書的合會本，其書卷一：

> 諸部皆云一拘盧舍，而互說不定：大則二千弓，弓長五肘；小則五百弓，弓長四肘。《四分》：俱盧舍者，一鼓聲間。驗鼓則鞞鼓不一，故其聲亦有遠近，皆是中國行李驛亭長短隨處，故致殊耳。大約《雜寶藏》五里為候也。

古印度多用類比的方式來確定量詞單位，除了拘盧舍，還有由旬、恒沙以及著名的芥子喻、磐石喻等②，這就使計量單位處于開放、變動的游移狀態，而不是一個確定的常數。道宣看到了其中弊端，並指出"中國"之所以用鼓聲所傳距離來計算里程，是因為驛亭之間長短不定。當然，此處所謂"中國"非指中華，而是恒河中游之摩羯陀。此種極具印度特色的計量方式當然很難通行於此土，故道宣根據《雜寶藏經》的注釋，將其定為五里，其文獻根據當為《雜寶藏經》卷一："一拘屢者（秦言五里）。"但沒有說明為何取此說。元照雖然也沒有對此作出明確說明，但注釋中已經透露了他的思路：首先將各律所主換算為華里，《摩訶僧祇律》為十里，但現實中鼓聲很難傳播如此長的距離；《十誦律》主張為二里，對於鼓聲傳播來說又嫌太短。故五里更符合生活經驗，因此道宣與元照皆以之為准。

（二）不非時食

另一個引起爭論的律學名相是不非時食，梵語為 vikālabhojana，指不能於戒

---

① 實際上，二律僅載一拘盧舍所合弓數（"弓"亦為古印度之長度單位），並未換算成里數，此處當為元照自己計算得出。

② 由旬，梵語為 yojana，原意為牛馬負軛，引申為牛馬掛軛於一日間所走的里程。恒沙以喻不可計量之數，芥子喻、磐石喻則極言"劫"之長久。

律規定的時間之外進食。非時一般指正午以後至第二天天明這段時間內，故亦稱持午戒或過午不食。《四分律》卷一四對“時”做了如下解釋：“若比丘非時受食，食者波逸提。比丘義如上，時者，明相出乃至日中。按此時為法，四天下食亦爾。非時者，從日中乃至明相未出。”但此處有一個疏漏：如果“時”指明相出（即天空露白）乃至日中，“非時”指日中乃至明相出，那麼日中到底屬於“時”還是“非時”？也就是說，日中進食是否如法？元照對此有自己的理解，《資持記》卷二：

> 釋初緣中引律定時，云至中者，此明極限，食必中前。四天下者，俱舍云：日轉四天下，正照一面，傍照兩面，長背一面。又云：北洲夜半，東洲日沒，南洲日中，西洲日出。四洲皆約從明至中，故云亦爾。下引《僧祇》正中犯吉，故知受食必在中前。經中食時乃當辰巳，古德卯齋護之彌急。有聞諸佛日中食，便謂中前非法，蓋不知教也。

元照認為進食應當在日中之前，而日中進食是不如法的。“諸佛日中食”的說法出自《毘羅三昧經》，已佚，其說保存在《法苑珠林》卷四二：“故《毘羅三昧經》：世尊為法惠菩薩說云：‘食有四種：旦天食時，午法食時，暮畜生食時，夜鬼神食時。佛斷六趣，因令同三世佛。’”道宣在《行事鈔》中亦引用此說：“經中說云：早起諸天食，日中三世諸佛食，日西畜生食，日暮鬼神食。佛制斷六趣，因令同三世佛故。”《行事鈔》同卷還引用《僧祇律》：“《僧祇》：日正中時名時非時，若食得吉。”道宣只是羅列了律部對非時食的解釋，但並未在這些混亂甚至相互矛盾的說法中做出取捨。元照覺察到了其中的問題，便以“極限”解釋“至中”，認為“中”是“時”的極限，但並不包括在內，“日中食”是不如法的，由此便調和了諸律的不同。

（三）懺悔

作為佛教重要的修行方法，“懺悔”是漢譯典籍中最為常見的名相之一，歷代高僧也對此詞的意義做了全面闡釋。今人聖凱法師（2004：27）考查了“懺悔”的梵文原詞並對漢譯源流進行梳理，認為其原詞為deśanā（意為宣說）與kṣama（意為安忍），其中前者更為恰當，但後者意為乞容恕，一定意義上也有“悔”的意思，故將kṣama譯為“懺悔”亦屬理所應當，這是一種梵漢並舉的譯法。實際上，“梵漢並舉”這一創造性的說法即為道宣所提出，《戒本疏》卷一：“悔是此土之言，懺是西方略語，如梵本音懺摩也。懺字非《倉》《雅》所陳，近俗相傳故耳。”《四分律刪補隨機羯磨》卷四有更為詳盡的解釋：

> 懺者，梵語本曰懺摩，唐言悔往，亦曰卑敬，存二方言，故曰懺悔。懺字後立，非此書也，取其義意，謂不造新，則此懺謂止斷未來非，悔謂恥心於往犯。由斯善故，已起無緣，當生無續，雙礙緣續，說名行除。又由斯善來感樂

報，差彼苦緣，名為報除。若欲懺者，略知此意。

意謂“懺”字乃梵語“懺摩”（kṣama）的音譯節略，而其意義又作悔往、卑敬，故採取“音譯加意譯”的方法，翻譯成“懺悔”。雖然道宣強調此舉為“取其義意，謂不造新”，但實際上這本就是一種創新。元照秉承了道宣之說，《資持記》卷二：“梵云懺摩，此翻悔往。有言懺悔梵華雙舉，準《業疏》云：取其義意，謂不造新，懺謂止斷未來非，悔謂恥心於往犯。有將懺字訓‘首’訓‘鑒’，義雖通得，華梵須分。”需要說明的是，南山宗的僧人們對“懺悔”進行闡釋時，並沒有泥於宗派之分而閉門造車，他們樂於接受前人的觀點，並以辯證的態度進行揚棄，如智者大師曾以十個角度來解釋“懺悔”：

（一）懺者首也，悔者伏也。如世人得罪於王，伏欵順從，不敢違逆，不逆為伏，順從為首。行人亦爾，伏三寶足下，正順道理，不敢作非，故名懺悔。

（二）又懺名白法，悔名黑法……

（三）又懺名修來，悔名改往。往日所作惡、不善法鄙而惡之，故名為悔；往日所棄一切善法，今日已去，誓願勤修，故名為懺。棄往求來，故名懺悔。

（四）又懺名披陳眾失，發露過咎，不敢隱諱；悔名斷相續心，厭悔捨離。能作所作合棄，故言懺悔。

（五）又懺者名慚，悔者名愧……

（六）又人是賢人，天是聖人，不逮賢聖之流，是故懺悔……

（七）又慚三乘之聖天，愧三乘之賢人。不逮此天人，故名慚愧。慚愧名懺悔。

（八）又三乘賢聖皆是人，第一義理為天，約此人天慚愧，故名懺悔。

（九）又三乘賢聖，尚非菩薩之賢，況菩薩之聖？……

（十）又三十心去自判聖人，十信是賢人，約此賢聖論慚愧懺悔。……合十番釋名也。

道宣“懺謂止斷未來非，悔謂耻心於往犯”的觀點與第三條十分相似，很有可能是受到了智顗的影響。而元照對“將懺字訓‘首’訓‘鑒’”的批判明顯是針對第一條。另外，南山僧人對懺悔的闡釋不僅停留在字面上的分析，他們還親自制定懺法懺儀，指導僧俗二眾的實踐，如道宣將懺法分為事懺和理懺兩種基本類型[①]，“自心若樂罪時，須修事懺；若樂福時，須修理觀”，並制定了不同的行儀，實際上分別對應著“悔”與“懺”。再如元照《蘭盆獻供儀》：

---

① 道宣還提出了“律懺”，但僅限於出家眾使用，故暫不討論。

至心懺悔：我等所生父母，多世親緣，自背真常，長流生死。順無明之倒想，隨欲境以攀緣，恣放六情，故為十惡：貪嗔邊見，殺盜邪婬，兩舌惡口以欺誣，綺語妄言而誑惑，加以悋財荒色，酣酒嗜音，慢辱僧尼，輕陵佛法，飡噉眾生血肉，傷殘無量合靈。不思萬劫之殃，但顧一時之美，或現遭厄難，或後受沉淪。忝當割愛出家，理合修身報德。幸值佛歡喜日、僧自恣時，仰遵調御法門，式奉盂蘭盆供，但以生緣義重，哀慕情深，由是輙敘瑕疵，代申懺悔。

仗三寶威神加被，眾僧功行冥熏，令彼罪根俱時除滅。亡沒遷神於天上，永脫冥途；生存保壽於人間，常無病惱。善根彌固，正信增深，俱出輪迴，盡生安養。無緣普覆，有感遂通，願賜哀憐，俯垂護念。

第一段是對所作惡業的痛悔，即“耻心於往犯”也，第二段為祈福滅罪，“善根彌固，正信增深”正是“止斷未來非”的前提條件。兩位律師的儀軌作品中均體現了“懺”與“悔”在時間維度上的分殊。

二、存　疑

由於律部典籍卷帙浩繁，故翻譯、注釋過程中也遺留了不少問題，南山宗的僧人們對這些疑難之處進行了艱苦探索，取得了豐碩的成果，但時空和語言的巨大差異還是形成了部分難以攻克的堡壘，如題安世高所譯的《大比丘三千威儀》詳列出家眾日常所應遵守之規範，是一部早期的律學譯作①，其書卷下載：

揵椎有五事：一者常會時、二者旦食時、三者晝飯時、四者暮投槃時、五者一切無常。

其中“投槃”一詞頗令人費解。由於此經在唐代之前少有徵引和注釋，故關於此詞的意義沒有早期文獻可以參考。唐代的律宗僧人最早注意到這個問題，相部宗的律師定賓在其所著《飾宗義記》卷八做了簡單注釋：“犍槌有五事：一常會，二旦食，三晝食，四暮投盤（蓋收盤器）。”從其語氣來看，定賓不敢十分肯定，但他並未因此付之闕如以藏拙，而是坦率地承認自己的結論帶有猜測的成份。唐代南山宗的一位僧人志鴻在《搜玄錄》卷二引用了定賓的注釋：“若准下卷，更有五事：一常會時，二且（旦）食時，三晝食時，四投牒時。《飾宗》云：投槃器也。五非常時。”雖然只是單純的徵引，但說明他是同意定賓之說的，二者皆認為“投槃”是一個漢語詞，其意義即為字面上的“收拾盤器”。元照對此有不同見解，《資持記》卷一釋“暮投槃時”：“一通同上，如今昏鐘。‘投槃’疑是梵語，未詳所翻。”元照懷疑

① 王毅力（2011）認為此經不可能為漢代所譯，而應當成於兩晉時期。

“投槃”是一個梵語詞，但原詞不詳。不過，既然以“昏鐘”來進行類比，說明他認為此詞的意義應與之相近。律宗僧人們雖然沒有徹底解決這個問題，但為後人的努力提供了方向和綫索，我們在此基礎上嘗試對此詞進行考察。

三藏中對“投槃”一詞的使用非常少，除了《大比丘三千威儀》，僅見於《經律異相》卷二九所引《雜譬喻經》：

> 昔有國王，憙飲酒射獵，還便然燈燒香，投槃作禮。邊侍人言：“王飲酒射獵，還都投槃，當有何福？”王聞之，便使人然大濩，湯便沸，內一瓶金，湯沸踊躍，便呼邊人，使探取金來。人言：“湯熱不可近。”王言：“汝當作方便取之，何故不得？”侍人言：“不知作何方便，當可得之？”王言：“汝去下火，以水添湯。”侍人即如王令，便探得金。王言：“我飲酒射獵時，自如湯沸；我投槃作禮時，自如去火、以水添湯，何以故不得福也？”

但這個文本同樣沒有體現出“投槃”的明確意義。通過檢索藏經，筆者發現康僧會所譯《舊雜譬喻經》第一條與《經律異相》所引相似：

> 昔有國王，出射獵還，過繞塔，為沙門作禮，群臣共笑之。王覺知，問群臣：“有金在釜，釜沸中以手取，可得不？”答曰：“不可得。”王言：“汝冷水投中，可得不？”臣白王：“可得也。”王言：“我行王事，射獵所作如湯沸；燒香然燈繞塔，如持冷水投沸湯中。夫作王，有善惡之行，何可但有惡無善乎？”

通過對比可知，雖然二者的文字差異較大，後者也沒有出現“投槃”一詞，但應該具有相同的來源。從這兩段引文可知，“投槃”與“然燈”、“燒香”等並列，故很可能是一種禮拜的方式。兩相比較，“投槃”似乎應與“過繞塔”相對應，且塔（梵文為 Stūpa）的具稱偷婆、塔婆、兜婆與“投槃”發音相近，那麼二者是否為同一詞呢？筆者認為可能性不大，首先，“塔”為名詞，不能用它來代表“繞塔”；其次，《大比丘三千威儀》中已經多次使用“塔”這一漢譯詞，同一部書中不可能再同時使用“塔婆”等詞。所以，“投槃”不太可能是梵語。

我們再回到《大比丘三千威儀》中來尋找內證，此經共十二次出現“槃”字，除了“投槃”，幾乎全是以“盤”的意義出現，如是書卷上：

> 不應作禮有五事：一者至舍後還，不得中道為人作禮，亦莫受人禮；二者上座臥不得為作禮，亦莫受人禮；三者上座澡嗽口不得為作禮，自嗽口亦莫受人禮；四者上座收槃未竟不得為作禮，自（前）槃未收亦莫受人禮；五者上座飯不得為作禮，自飯亦莫受人禮。

故此經中的“槃”皆為“盤器”之意。古印度的習俗，淨手時以澡罐由上傾水，下以澡盤承之，如《五分律》卷二四：“於是還宮，以女妻之。左手捉金澡盤，右手捉金澡罐，灌長生手，還其本國，復為拘薩羅王。”故前引之“收槃未竟”當指淨手未完成，雙手無法作禮。所以，“槃”字似乎當從定賓之說，作“盤器”解。另外，與“投槃”一起出現的旦食、晝飯皆為日常生活之事，故此詞的意義亦應相去不遠。因此，“投槃”應當為淨手之意，引申為澡浴。《經律異相》的引文中，“投槃作禮”可以理解為“淨手（或沐浴）後行禮”。

三、結　語

由以上所舉例證可知，作為中國律宗的代表，南山宗對戒律的整合與保存做出了不可磨滅的貢獻。誠然，律典的翻譯為戒律在中國的傳播提供了文本基礎，但歷代高僧、尤其是律宗僧人對律部名相的再闡釋，同樣是佛教戒律民族化和本土化過程中不可或缺的一環。我們在關注佛經語際翻譯的同時，也必須給予“闡釋”這一語內翻譯環節以其應有的地位。

參考文獻

（孫吳）康僧會譯.《舊雜譬喻經》.《大正藏》. 第 4 冊.

（梁）寶唱集.《經律異相》.《大正藏》. 第 53 冊.

（梁）慧皎.《高僧傳》.［日］高楠順次郎、渡邊海旭等編.《大正新脩大藏經》（大正藏）. 東京：大正一切經刊行會，大正十三年（1924）至昭和九年（1934）. 第 50 冊.

（隋）智顗.《金光明經文句》.《大正藏》. 第 39 冊.

（唐）道世.《法苑珠林》.《大正藏》. 第 53 冊.

（唐）道宣.《四分律刪繁補闕行事鈔》.《大正藏》. 第 40 冊.

（唐）定賓.《飾宗義記》.［日］河村孝照等編.《卍新纂大日本續藏經》（卍新纂續藏經）. 東京：國書刊行會，昭和五十年（1975）至平成元年（1989）. 第 42 冊.

（唐）志鴻.《搜玄錄》.《卍新纂續藏經》. 第 41 冊.

（宋）元照.《濟緣記》.《卍新纂續藏經》. 第 41 冊.

（宋）元照.《蘭盆獻供儀》.《卍新纂續藏經》. 第 74 冊.

（宋）元照.《行宗記》.《卍新纂續藏經》. 第 39 冊.

（宋）元照.《資持記》.《大正藏》. 第 40 冊.

（宋）志磐.《佛祖統紀》.《大正藏》. 第 49 冊.

［日］荻原雲來主編. 梵和大辭典. 台北：新文豐出版公司影印，1979.

聖凱. 中國佛教懺法研究. 北京：宗教文化出版社，2004.

王毅力. 從詞彙角度看《大比丘三千威儀》的翻譯年代. 西南交通大學學報（社會科學版）. 2011（9）.

Reinterpretation of the Chinese Version of Vinayapitaka Words

——With a Focus on Nanshan Vinaya School

Guo Wei，Gong Shiyan

Abstract：As an important part in the Chinese translation of Buddhist scriptures，Vinayapitaka's dissemination in China can be divided into the translation level and interpretation level. The Nanshan Vinaya School，with Daoxuan and Yuanzhao as its representatives，took Chinese Buddhism and national culture as the basis in redefining the connotations of the Indian conceptions such as 拘盧舍 and 非時食. They also formulated the unified conforming rules and discussed in depth on the issue of 投槃，thus contributing tremendously to the interpretation and research of Vinaya conceptions.

Keywords：Vinayapitaka；words；Nanshan Vinaya School；Daoxuan；Yuanzhao

（國威，四川大學中國俗文化研究所；龔世艷，四川大學文學與新聞學院）

近代漢語合成詞理據探尋方法——異形詞互證*

王 勇

提 要：基於近代漢語詞彙異形詞豐富這一語言事實，本文提出了“異形詞互證”的理據探尋方法，認為同一組異形詞的各成員可以互相參證、共同提供理據信息，從而探明詞語理據。文章通過闡釋原理、舉證分析，展現了這一方法的理論依據和實踐意義。

關鍵詞：詞語理據；異形詞；互證；近代漢語

“理據”是事物或現象獲得名稱的依據。近代漢語詞彙的理據較為難明，多方面的原因造成了這一結果，如借字、俗字、誤字、語素陌生化、詞義變化、特殊造詞法等。我們根據近代漢語合成詞的特點，結合其理據的致難原因，探索出一些解析近代漢語合成詞理據的方法。本文介紹其中一種——異形詞互證法。該方法曾昭聰（2013b，2015）已有所揭示，本文在已有研究的基礎上解釋“異形詞互證法”的原理，並展示該方法的操作過程。

一、異形詞的來源

異形詞是書面語中音義相同（或音近義同）、用法相同而書寫形式不同的詞語。[①] 異形詞豐富是近代漢語詞彙的一大特點。曾昭聰（2013a，2013d）將異形詞的來源概括為古今字、異體字、正俗字、通假字、古今音變、方言音轉、聯綿詞、外來詞等九方面。本文將這九類概括為兩個大類：

---

* 本文得到了國家社科基金後期資助項目“近代漢語詞彙理據研究”（18FYY034）、國家社科基金重大招標項目“漢語詞源學理論建設與應用研究”（17ZDA298）的資助，並提交“第十八屆全國近代漢語學術研討會”（2018，武漢），蒙植田均、汪維輝、曾昭聰、宋洪民等先生指教，特致謝忱。

① 《現代漢語詞典》對異形詞的定義為：“異形詞是書面語中音義相同、用法相同而書寫形式不同的詞語。”這一定義基本適用於近代漢語詞彙，但近代漢語書面文獻往往聽音為字，用音同或音近的字來記錄，因此近代漢語中的異形詞語音不一定相同。

第一類，因形而異。指同一語素（或音節）因時代、地域或造字手段的不同而用不同的字形來記錄，從而產生多個字形記錄同一語素（或音節）的情況，異形詞也隨之產生。這些形體有別但功能相同（或部分相同）的字或為古今字，或為異體字，或為正俗字。因古今字而形成的異形詞如“等子/戥子”；因異體字而形成的異形詞如“缽盂/盋盂/缽釪”；因正俗字而形成的異形詞如“扛/掆”。

第二類，因音而異。指同一語素（或外來詞的同一音節）因在不同時代、不同地域讀音有異而用不同的字形來記錄，或者因本字難尋等原因而用音同音近的字形來記錄，從而導致多個字形記錄同一語素（或音節）的情況，異形詞也隨之產生。此類異形詞又可以分為多個小類：因通假字而形成的異形詞，如“婘屬/眷屬”；因古今音變而形成的異形詞，如“白綽/白著/白䓔/白爍/白灼”；因方言音轉而形成的異形詞，如“酒胴肛/酒大工/酒掆工/酒頭工”；因聽音為字而形成的異形詞，如“鯽溜/唧溜/即溜/㗊溜/唧噹”；因聯綿詞而形成的異形詞，如“隴種/龍鍾/儱偅/曨踵/籠東”；因外來詞的音譯而形成的異形詞，如“浮圖/浮屠”。[①]

二、異形詞互證的原理

近代漢語詞彙中有許多異形詞，異形詞的來源前已言及，主要是誤字、俗字和借字。近代漢語文獻中俗字、借字、誤字頻現與異形詞豐富這兩種現象之間存在因果關係，我們可以將異形詞作為切入點，解決俗字、借字、誤字等問題，從而解釋詞語的理據。一組異形詞中，可能存在能體現該詞理據的成員，或者存在能部分體現該詞理據的成員，將各成員所提供的理據信息拼接起來，便可得到該詞理據的完整信息，這一方法我們稱之為“異形詞互證法”。

一組異形詞中常常存在能體現（或部分體現）該詞理據的成員，形成這一結果的原因主要有兩個：第一，時代較早的成員可能是最能反映造詞理據的形式。初創之時，詞語的內部形式和構成成分的意義往往較為明晰，其意義的直解度高，用文字記錄時也相對容易。因而異形詞的早期成員往往最能體現其造詞理據。例如：

【藏擪】【藏擫】【藏掖】【藏㩗】【藏拽】

(1) 亭亭自抬舉，鼎鼎難藏擪。（唐元稹《高荷》）

(2) 伶人有雜手伎號藏擫者在焉。丁顧夏曰：“古無詠藏擫詩，內翰可作一首。”英公即席獻詩曰：“舞拂桃珠複吐丸，遮藏巧伎百千般。主公端坐無由見，卻被傍人冷眼看。”（宋彭乘《墨客揮犀》卷八）

(3) 見胚胎破綻難藏擫，有點汗唵㗊強打迭。（元曾瑞《哨遍·秋扇》）

---

① 以上異形詞均引自曾昭聰（2013d）。

(4) 蹺跟兒掩映著真圈套，裏勾兒藏掖著深窟竅。（元鄧玉賓《村里迓古·仕女圓社氣球雙關》）

(5) 散樂則立教坊司，掌天下妓樂，有駕前承應雜戲、飛竿、走索、踢弄、藏㩙等伎。（明葉子奇《草木子》卷三下）

(6) 百計彌縫，萬般輾轉。弄藏拽，圖倖免。（明馮惟敏《朝天子·感述》）

上面五種形式是同一個詞的異寫形式，這個詞有兩個意義，例（1）（3）（4）（6）為“隱藏；藏匿”；例（2）（5）為“變戲法；表演魔術”，後者由前者引申。該詞的前一語素“藏”意義明確，無需討論。後一語素寫作“擪、擫、掖、㩙、拽”五種形式，五字中只有“掖”與“藏掖”的意義有關，《紅樓夢》第五一回：“你來把我這邊的被掖掖罷。”《紅樓夢》第九七回：“黛玉微微的點頭，便掖在袖裏。”“藏掖”也是該詞在現代漢語中的規範形式，因此我們很容易據此認定該詞當寫作“藏掖”，其他四個字形都是記音字。但這一結論是錯誤的。

“掖”表“藏”義首見於元代（見例（4）），而“隱藏；藏匿”義的“藏擪”唐代已產生（見例（1）），很顯然“藏掖”並非該詞產生之初可以體現其理據的形式。從目前的材料來看，“藏擪”是該詞最早的形式。“擪”在唐代未見表“藏”義的用例，但有表“塞；塞進”義的用例。“塞；塞進”義與“藏”義存在邏輯關係，後者是前者的結果或目的，因此《漢語大詞典》釋“掖”時將兩個意義歸併為一個，表述為“塞進；藏”。“擪”表“塞；塞進”義的用例如：

(7) 東夏諸尼衣皆涉俗，所有著用，多並乖儀。准如律說，尼有五衣：……五裙。四衣儀軌與大僧不殊，唯裙片有別處。梵云俱蘇洛迦，譯為篅衣，以其兩頭縫合，形如小篅也。長四肘，寬二肘，上可蓋臍，下至踝上四指。著時入內，抬使過臍，各蹙兩邊雙排擪（於協反）脊。（唐義淨《南海寄歸內法傳》卷二“尼衣喪制”）

“各蹙兩邊雙排擪脊”即用雙手扯住（裙子）左右兩邊交叉扯至背後，然後並為一股塞進脊背之後。[①] 又如：

(8) 苾芻白佛。佛言：“若緣梯上當結下裙，平地作時不應如是。”自注：“言結下裙者，謂捉裙後邊下緣，向前腰間急擫也。”（唐義淨《根本說一切有部毗奈耶雜事》卷六）

---

① 具體做法該書中有詳細的介紹，該書卷二“著衣法式”云：“其著裙法式聊陳大況：……繞身既訖，抬使過臍，右手牽其左邊上角，在內牽向腰之右邊。左邊上裙取外邊而掩左畔（近右手邊為右裾，近左手邊為左裾），兩手二畔舉使正平，中間矗直即成三襵，後以兩手各蹙至腰，俱將三疊向後掩之，兩角各抬三指俱插向脊使下，入腰間可三指許。斯則縱未系絛，亦乃著身不落。”

(9) 先時，吏部尚書劉晏裹頭至慢，每裹，但擎前後腳撅之，都不抽挽。或曰："尚書何不抽兩翅?" 晏曰："兩邊通耶?" 時人多哂之。兵部尚書嚴武裹頭至緊，將裹，先以襆頭曳於盤水之上，然後裹之，名為"水裹"。撅兩翅皆有襵數，流俗多效焉。（唐封演《封氏聞見記》卷五"巾襆"）

例（8）"捉裙後邊下緣，向前腰間急撅"意謂搴起裙子後幅的下沿，緊緊地塞進腰間。例（9）"但擎前後腳撅之，都不抽挽"即抓住前後腳交叉塞進去，而不將兩腳抽出拉緊。

據此，我們認為"藏撅"是該詞早期的且能體現其理據的形式。"藏撅"是近義並列式複合詞，"藏"取"掩藏"義，"撅"取"塞進；掩藏"義。"撅"從元代開始借"掖"來記錄，故產生了"藏掖"；清代在沿用"掖"的同時又偶借"拽"來記錄，從而產生了"藏拽"。

"撅"的"塞；塞進"引申自其"按壓"義，將事物按進某一空間即"塞；塞進"義。唐義淨譯《根本說一切有部苾芻尼毘奈耶》卷二〇："或時撮聚一角反撅腰邊，猶如蛇頭。"唐可洪《新集藏經音義隨函錄》十六冊注"反撅"云："按也，謂插也。"可洪的解釋意謂"撅"本為"按"義，在此引申為"插"義。"插"義與"塞；塞進"義相關，當塞進的事物呈長形或片狀且質地堅硬時即"插"，因此"掖"有時又可理解為"插"，如《兒女英雄傳》第八回："說着，掖上那把刀，邁步出門，往外就走。"又如：

【牽夫】【搼夫】【縴夫】[①]

(1) 汴州境內最弊最苦是牽船夫。……見縣令李式，年甚少，有吏才，條疏牽夫，甚有道理。（唐杜牧《與汴州從事書》）

(2) 回艇臨塘路，搼夫欣路平。（宋衛宗武《歸舟》詩）

(3) 老姑起把船，新婦為縴夫。（明吳嘉紀《挽船行》）

"牽夫"首見於唐代，北宋沿用，如《新唐書·百官志》："每歲孟秋，羣牧使以諸監之籍合為一，以仲秋上於寺，送細馬則有牽夫、識馬小兒、獸醫等。""搼夫"則首見於南宋袁說友《江舟搼夫有唱湖州歌者，殊動家山之想，賦吳歌行》一詩的詩題。"縴夫"首見於明代。據例（1）可知"牽夫"即"牽船夫"，"牽"最能體現該詞的理據，"牽"是古字，"搼""縴"則為今字。[②]

曾昭聰（2013b，2015）曾指出這一現象，他認為："從漢字的歷史發展出發

---

① 該例引自曾昭聰（2015）。

② "縴夫"似乎也能體現該詞理據，因為"縴"唐代已見，且可指"拉船前行的繩子"。實則不然。該字雖唐代已見，但當時的意義是"牽牲口的繩子"，表示"拉船前行的繩子"則首見於明代；而"牽夫"唐代已見，且理據清晰。因此，"縴夫"即便體現了理據，也非該詞的原始理據，而是俗詞源。

可分析異形詞中的某些後起詞形的理據或‘僞理據’。”曾先生所言甚是，但只在因古今字而形成的異形詞範圍内討論這一規律，未能展現這一規律在異形詞中的普遍性。

第二，漢民族的語言習慣是“望文知義”，純粹的表音字不符合漢民族的用字習慣。正如王雲路（2011）所言：“先民給事物命名，多在字的形音義上找到聯繫，形聲字、會意字都屬於此種類型。有些聯綿詞在使用中也會加上表義偏旁，或產生偏旁類化，如徘徊、躊躇、逶迤、婀娜等。”在上述心理的驅使下，人們在用文字記錄語詞時，往往企圖找到最合適的字——能顯示該詞各構成成分意義的字，這一過程便是對理據的探尋。這一嘗試或成功或失敗。失敗的結果有兩種，一是產生俗詞源，然後依據俗詞源記錄；二是使用任意同音字記錄。成功的結果也有兩種：一是明確詞語理據並準確記錄該詞的所有構成成分；二是明確詞語的部分理據並準確記錄相應成分。因此，在衆多字形中，可能有理據探尋成功後選取的字形。在這種情況下，後出形式反而比早出形式更能體現語詞的理據。例如：

【促掐】【促恰】【促卻】【促狹】【促俠】

(1) 你既肯度脱弟子成仙了道，怎生又要把我掉在大江之中，險喪性命？你好促掐也！（《元曲選·竹葉舟》四折）①

(2)（彭大云）他兩個同坐着哩，不知怎麽新人不死，是小姑娘死了。〔周公做哭科云〕桃花女，你好促恰也！（《元曲選·桃花女》三折）

(3) 我曉的你惱我，為李瓶兒，故意使這促卻來奈何我。（明《金瓶梅詞話》二七回）

(4) 怪小淫婦兒，使促狹灌灑了我一身酒。（明《金瓶梅詞話》六八回）

(5) 白玉堂暗使促俠假作遜讓，托着北俠的肘後，口内道：“請了。”用力往上一托。以為將北俠搡出，誰知猶如蜻蜓撼石柱一般，再也不動分毫。（清石玉崑《俠義傳》七八回）

“促掐/促恰/促卻/促狹/促俠”是一組異形詞，根據該詞所出現的句法環境，它應該有名詞和形容詞兩種用法：例（1）（2）中做謂語中心語，是形容詞；例（3）（4）（5）中做賓語，是名詞。我們認為，該詞的名詞用法當釋為“壞心”，即惡毒心腸或不良居心。②《醒世姻緣傳》六二回：“饒你這般管教他，真是沒有一刻

① “掐”字明万历刻本作“掐”。

② 已有研究對該詞的解釋不甚一致。李申認為：“促狹，猶言缺德。……使促狹，即作缺德的事，幹惡作劇以捉弄人。”（李申 1992：386）《漢語大詞典》釋為“指捉弄人、惡作劇的手段”，以例（4）為書證。二者釋義各有所長，但都不甚準確。李氏對“促狹”和“使促狹”的解釋都可取，但將二者合為一條解釋則不可取。“缺德”正是“促狹”的形容詞用法的意義，但“使促狹”中“促狹”當釋為名詞。《漢語大詞典》釋為名詞，但認為“促狹”是一種手段則不確。

的閑功夫，沒有一些快樂的肚腸；他還要忙裏偷閒，苦中作樂，使促狹，弄低心，無所不至。”該例中“促狹”與“低心”同義，“低心”即“壞心”。[①] 因此“低心”也可以出現在“弄”“使”後形成“弄低心”“使低心”，如《醒世姻緣傳》八〇回：“趁着我害病，大家獻淺，請他出來，叫他使低心，用毒計，唬殺孩子，愁我不死麼！”

該詞的形容詞用法當釋為“缺德”，即缺乏好的品德，指人做壞事，惡作劇，開玩笑，使人為難等。

記錄這組異形詞前語素的字相同，均為“促”。“促”有“狹小；狹窄”義，與“壞心”義相關，心胸狹窄的人往往有惡毒心腸或不良居心。據此，可以確定該詞的前語素是“促”，該詞可暫時表示為“促〇”[②]。各成員記錄後語素的字各不相同，分別是“掐”“恰”“卻”“狹”。前三字的意義均無法與該詞的意義產生聯繫，唯獨“狹”有“狹窄”和“見識或心胸狹隘”兩個意義，與該詞的意義密切相關。據此，可以確定該詞的後語素是“狹”，該詞的有理形式是“促狹”。

“促狹”產生於中古時期，是同義並列複合詞，本義為“窄小；狹隘”，裴松之注《三國志·魏志·文帝紀》引《獻帝傳》：“營中促狹，可於平敞之處設壇場，奉答休命。”以空間“狹隘”隱喻心理空間“褊狹”，產生“心性褊狹；心胸狹窄”義，[③]《三國志·魏志·袁紹傳》：“良性促狹，雖驍勇不可獨任。”褊狹之人往往嫉妒心、報復心強，尖刻而惡毒。因此，“促狹”又引申出“壞心”義。

該詞的“壞心”義用“促狹”這一詞形記錄的用例首見於明代，雖然較“促掐”“促恰”兩種形式出現得晚，但該詞的“壞心”義當產生較早，只不過常用其他三種非理形式來記錄罷了。[④]

三、異形詞互證的過程

異形詞互證是在可能的情況下，將一組異形詞的各成員放在一起比較，讓各成員為研究者提供理據信息，相互證發以探明理據。異形詞互證的過程如下：

第一，儘量多地搜集一組異形詞的成員。一組異形詞的成員越多，提供的理據信息可能就越多，探明該詞理據的概率就越高。

---

① 《漢語大詞典》《近代漢語詞典》釋“低心”為“壞心”。又“低人”指壞人，清《醒世姻緣傳》六七回：“這外科十個倒有十一個是低人，這艾滿辣是那低人之中更是最低無比的東西。”

② “〇”表示意義待明的語素。

③ 空間之“狹窄”與心理之“狹隘”相因，“匾窄”亦並有二義。例如元·楊景賢《劉行首》第四摺：“劉行首，此處敢匾窄，不如你高堂大廈麼？”此為空間“低矮狹窄”。《水滸傳》第三九回：“這人雖讀經書，卻是阿諛諂佞之徒，心地匾窄，只要嫉賢妒能，勝如己者害之。”此為“心胸狹窄”。

④ 汪維輝教授提醒作者：“‘促狹’可能是流俗詞源的放映，可以做進一步考查。”汪教授所言甚有道理，該詞的理據還可進一步探討。

第二，匯總每一個音節位置上的字，逐一考查各位置上各字的意義是否與語詞的整體意義存在聯繫，存在聯繫的字所記錄的語素有可能就是語詞的構成成分。

第三，對第二步得出的有理形式進行證明，確定詞語的內部形式。

假設“A ○○○/○ B ○○/○○ C ○/○○○ D”是一組異形詞（其中的大寫字母為意義明確的語素，[①]“○”表示意義不明晰的語素），將上述四個成員放在一起互參，就會形成一個完整的、理據明晰的四字格詞語“ABCD”。其過程如下圖：[②]

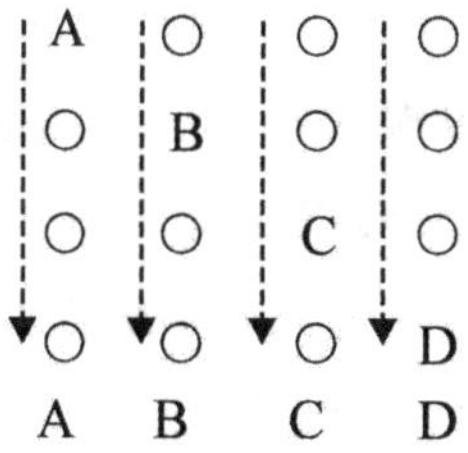

上圖所描述的互證過程適用於單音到四音的合成詞。將異形詞放在一起相互比參，不僅可以找到正字（體現構詞理據的字），而且還能找到俗字、誤字和借字等，以助文獻的校勘整理。

異形詞互證法可用於探尋單純詞和合成詞的理據，用於探尋合成詞的理據尤為有效。用異形詞互證法探尋合成詞的理據，可以分為整體考查和局部考查兩種。

（一）整體考查

一組異形詞中，可能存在能體現該詞理據的成員，因此在考查一組異形詞的理據時，首先應從整體上進行。例如：

【渾身】【渾深】【横順】[③]

（1）嫂子，你是也使了些谷，渾身替你念佛的也夠一個萬人。（清《醒世姻緣傳》三二回）

（2）我們這兩家姑娘可是不怕人相，也難說比那月裏紅鵝，渾深滿臨清唱的沒有這們個容顏，只是不好叫大官人自己看的。（同上一八回）

（3）行至中途，有一腰店，天色將晚，差人肚餓癮發，遂進店擺燈燒煙，割肉大酒，問喬要錢，又要打煙。喬曰：“錢已用完，不如走到城內，今晚宵夜打煙罷了。”二差不依，只想與喬擺些口案，横順要錢。（清《躋春臺·審豺狼》）

---

① 指與整體詞義聯繫明晰的語素。

② 該圖所展現的是理論上存在的最能說明異形詞參證作用及其過程的情況，實際研究中可能很難遇到如此整齊的互補狀態。

③ 一些學者，如許復嶺先生認為這組異形詞有“會勝”“恒屬”“恒數”“横是”“渾深”“渾身”“渾是”等成員。我們認為，這些形式應該記錄了3個詞：（1）横順，異寫形式有“渾身、渾深、會勝”；（2）横豎，異寫形式有“恒屬、恒數”等；（3）横是。

“渾身/渾深/橫順”記錄同一語詞，該詞義為“反正；不管怎樣”。除該義外，“渾身”有多個意義，如“全身；遍體”“自身；身體”“全身塑像”等，但均與該義無關。究竟哪個成員是該詞的有理形式，學者們看法不一。許復嶺（1999，2003）認為“渾深”等由“橫豎”或“橫是”音變而來。的王群（2010：1）認為是“渾身”。馮春田等（2012：396）認為：“‘渾身’的副詞用法是由其相應的實詞意義發展來的。從結構形式來看，‘渾’與‘身’是定中關係，‘渾’是形容詞，意為‘全’、‘滿’，‘身’為名詞，‘渾身’即‘全身’、‘滿身’，……‘渾身’在總括對象意義即概括所有的基礎上產生了‘任何情況下都是這樣’的語法意義。”[①]《近代漢語詞典》認為是“渾深”。晁瑞（2014：25）認為“渾身，是名詞，由名詞發展為副詞，甚為罕見，倒是形容詞發展為副詞，比比皆是。由此這個詞應該是兩個形容詞性語素構成，‘深’為大義，渾深，為聯合型合成詞。”

我們認為，該詞的有理形式是“橫順”。“橫”表示“橫的方向”，與“縱”相反；“順”表示“縱直”義，與“橫”相反。[②]“橫”“順”反義聯合，表示無論如何、不管怎樣。同義詞“橫豎”“橫直”的理據與該詞相同，可證“橫順”即該詞的有理形式。“橫豎”的早期用例如《元曲選外編·射柳捶丸》二〇回：“橫豎我的面皮比他大些，這功勞都是我的。”“橫直”在今武漢、溫州、南昌、黎川、梅縣、福州、廈門、雷州、長沙、婁底等地均使用（李榮 2002：5402）。

“橫豎”“橫順”“橫直”意義相同，構成語素的意義分別相同，語素間的語義結構也相同，三者都是理據清晰的形式。

“渾”是“橫”的記音字，“橫”在今西南官話中讀［xuən］，江淮官話湖北浠水也讀此音，與“渾”同音。身，《廣韻》失人切，書真開三平臻；深，《廣韻》式針切，書侵開三平深；順，《廣韻》食閏切，船稕合三去臻。近代深臻合流，因此“身”“深”同音，二字與“順”聲母同類，韻母有開合之別。現代漢語方言中“順”有讀為開口呼的，如廣西南寧平話（李榮 2002：4435）、江西黎川（李榮 2002：4436）讀［sen］，徐州汴塘話“順”韻母為［en］（闞桂英 2008：35）。“橫順”的“順”讀作開口呼也有可能是收到合口呼的“橫”［xuən］的影響而發生異化，失掉了介音［u］而致。

綜上，“橫順”是該詞的有理形式，“渾身”“渾深”是異寫形式，“渾”是前語素的記音字，“身”“深”是後語素的記音字。

---

① 魏紅（2012）的看法與馮氏一致。

② “順”表示“縱直”義的用例產生較晚，如田野《火燒島·愛與死的搏鬥》：“孤零零一個小島，橫十里，順十里。”但“順”的意義當中含有“縱”這一意義要素則是毋庸置疑的。

【官防】【關防】【官房】

(1) 君瑞懸梁，鶯鶯覓死，法聰連忙救。“您死後教人打官防，我尋思着甚來由?”(金《董解元西廂記》卷八)

(2) 多則是沒來由葫蘆提打關防，待推辭早承向。(《元曲選·魔合羅》三折)

(3) 也不索長詞短狀，直和你見鑾輿打一會官房。(《元曲選外編·延安府》四折)

該詞意義清楚，即“訴訟”。《近代漢語詞典》在“打關防”“打官房”後均說明“同‘打關防’”，即認為能體現該詞理據的形式是“關防”。我們認為，該詞的有理形式是“官房”。

“關防”本指“關隘”，唐杜甫《塞蘆子》：“延州秦北戶，關防猶可倚。”引申為“禁止；防範；限制”“嚴封”等義。《近代漢語詞典》雖認為該詞有“官司”(訴訟)義，但我們認為該義與前述“關防”的本義和引申義均無關。

“官防”，《近代漢語詞典》釋為“訴訟之事；官司”，金《董解元西廂記》卷八：“我去後必定有官防，君莫怕，我待做頭抵。”該詞的前語素“官”與其整體意義相關，而後語素“防”取何義尚需考查。

“官房”有“政府辦事處；公家的房舍”義，引申指“訴訟之事；官司”，例(3)即其用例。官府正是訴訟之地，因此“官房”由“政府辦事處”轉指在此發生的事件——“訴訟之事；官司”。同義詞“官司”有相同的引申軌跡：本指“官府”，《敦煌變文校注》卷三《燕子賦(二)》：“官司有道理，正敕見明宣。”引申指“訴訟”，《元曲選外編·西遊記》四本一四出：“自從攝將這女子來，他兩家打官司。”

根據上述分析，“官房”是能體現該詞理據的形式，“官防”“關防”是該詞的異寫形式，“關”是前語素的記音字，“防”是後語素的記音字。

(二) 拆分考查

一組異形詞中若無成員直接體現它們所記錄的語詞的理據，則需要逐一考查每一個音節位置上的字形，以獲得該位置上的理據信息，從而確定該位置的語素。在逐一考查之後，將所得信息加以綜合論證，最終確定語詞的理據。

【折半裂三】【析半裂三】【拆半裂三】【柝半裂三】【折半列三】【折半烈三】

禪籍中有一個四字格，目前所掌握的異形詞有以下幾個：[①] 折半裂三、析半裂三、拆半裂三、柝半裂三、折半列三、折半烈三[②]。我們可以將以上異形詞放在一

① 將ABCD四個位置上的字進行組配，還可以發現個多的異形詞。

② 需要指出的是：該詞意義尚不十分明確，據筆者觀察，可能有二義：一為運用自如，二為因有分別心而不斷產生妄見。

起，互相比參，從而弄清該詞的理據，確定能體現該詞理據的形式。先看用例：

(1) 雲門示眾："折半裂三，針筒鼻孔在什麼處？為我一一拈出來看。"自代曰："上中下。"（《宗鑒法林》卷四九）

(2) 雲門示眾："析半裂三，針箇鼻孔在甚麼處？為我一一拈出來看。"（《虛堂錄》卷五）

(3) 示眾云："拆半裂三，人人道得。去一拈七，亦要商量。"（《聯燈會要》卷二九《秀州本覺法真禪師》）

(4) 師云："仰山有知人之鑒，只是用處太過。山僧則不然。他回頭我稽首，柝半裂三，捉襟見肘。"（《虛堂錄》卷五）

(5) 折半列三，針筒鼻孔在什麼處？與我箇箇拈出來看。（《雲門匡真禪師廣錄》卷二）

(6) 折半烈三：折，當從木，作析。音錫。劈析也。烈，當作列，分解也。烈。火盛貌。非義。（《祖庭事苑》卷一）

第一個音節位置上的字有"折、析、拆、柝"，第二個音節位置上的字均為"半"，第三個音節位置上的字有"裂、列、烈"，第四個音節位置上的字均為"三"。第二、四兩個音節位置上用字十分統一，說明"半""三"二字為書寫者所認可，二字所記錄的語素即該詞的兩個語素，則該詞可表示為"〇半〇三"。

第三個音節位置上的"裂、列、烈"同音。該四字格有同義形式"折半破三""拆半破三"，第三個音節位置上的字為"破"，與三字中的"裂"同義，因此"〇半〇三"中的第三個音節位置上的語素即"裂"。該四字格可進一步表示為"〇半裂三"，其中"半""三"同為數詞，因此該詞當為 ABab 式四字格。第一個音節位置上的語素當與第三個音節位置上的語素語法性質相同，且意義相同、相反或者相類。第一個音節位置上的字有"折、析、拆、柝"，它們字形相近，四字中"析"有"劈；剖"義，"拆"（同"坼"）有"裂開；分裂"義，符合 ABab 式四字格的要求，因此"析""拆"二字中至少有一個記錄了第一音節位置上的語素，但孰正孰誤難以判斷，或均為正字。① 而"折""柝"是形近誤字②。

以"ABCD"表示我們所討論的對象，根據已掌握的異形詞加以分析，我們認

① "析"在敦煌文獻中作折、拼、柝、拆、析、折、析、析等形，"木"旁常與"扌"相混，"斤"與"斥"、"片"等相混。字形參黃征（2005：436）。

② "折"為常用詞，其意義十分豐富，但均與"分裂"義較遠。"柝"有"分裂"義，是"㯓"的異體，《說文・木部》："判也。""判"即"分開"義。但該字的常用義為"古代巡夜人敲以報更的木梆"，例如《易・系辭下》："重門擊柝，以待暴客。"因此在近代漢語，特別是口語性的文獻中，當用其常用義。因此"折""柝"從意義上看當非正字，加以它們的字形與"析""拆"極為相近，因此我們認為它們是"析"或"拆"的形近誤字。

為A位置上的字可以是“析”“拆”；B位置上的字是“半”；C位置上的字是“裂”；D位置上的字是“三”，當ABCD四個位置上的字同時滿足上述條件時，“ABCD”便是理據明確的詞。根據這一要求，前列諸形式中，只有“析半裂三、拆半裂三”是理據明晰的形式。

四、結　語

異形詞互證是探尋近代漢語合成詞理據的可行方法之一，但在使用該方法時必須注意以下幾種情況：

首先，必須區分異形詞和同音同義詞，不能誤將後者當前者，意義相同、讀音相同不一定就是異形詞。張志毅、張慶雲（2015：236）曾指出：“有些聲音相同的同義詞又常被誤認為異形詞，如‘界線/界限’、‘察訪/查訪’等。”

其次，一組異形詞並非只有一個有理形式。一些異形詞是分別以某概念的不同屬性為內部形式而產生的，各個成員分別有其理據。近代漢語中這類異形詞如“打劫/打截”，二者同音，且同為“攻打；劫掠”義。二詞用例如《敦煌變文校注》卷二《韓擒虎話本》：“遂卻繼自家旗號，顯其衾虎之名，引軍打劫，直到石頭店。”元張國賓《汗衫記》四折：“您要的是輕裘肥馬不公錢，卻打截俺這忍饑寒的范丹、原憲。”這組異形詞中的兩個成員的相異成分“劫”“截”於義各有所取：“劫”取其“搶奪；強取”義，“截”取其“阻攔；阻擋”義。因劫掠活動常發生在半道上，故“打劫”又云“打截”。與此同理的還有“劫路/截路”（攔路殺害或搶劫）。屬於此類的例子還有“匆促/匆卒”“促急/猝急/卒急/促疾”“打恭/打躬”“縫連/縫聯”等。這一點曾昭聰（2015）已有論述，曾文所舉的例子如“梅雨/黴雨/煤雨”“摽說/漂說/驃說”“牙門/衙門”。

最後，不能誤將流體現流俗詞源的形式當作有理形式。“人們根據語音的相似，既不考慮語音的歷史發展，也不考慮詞義的演變過程，而去牽強附會地推測詞源，就形成了所謂俗詞源。”（高明凱、石安石 1963：142）如“包彈”，唐已有之，又可作“褒彈、褒談、保彈、彈包、彈剝”等形。該詞義為“指摘、批評”。宋代便已據“包彈”的形式產生了流俗詞源，宋王楙《野客叢書》：“包拯為臺官，嚴毅不恕，朝列有過，必須彈去，故言事無瑕疵曰‘無包彈’。”此是據其字形（“包”）而誤以為該詞與包拯有關。實際上唐李義山《雜纂》卷上“不達時宜”條就有“筵上包彈品味”一語。又“強會”條下有“見他文字駁彈。”足見“包”指包拯實為無稽之談。張相（1979：708）引劉克莊《溪庵》詩“包彈靡靡蕭蕭制，指摘深深款款詩”云：“玩此詩，包彈與指摘作對，似乎包彈二字平用，俱為動辭。”所言甚是。事實上，該詞當以“駁彈”為正。

参考文獻

晁瑞.《醒世姻缘传》方言词历史演变研究. 北京：中国社会科学出版社，2014.

馮春田等. 明清山東方言語法研究. 濟南：山東教育出版社，2012.

高名凱，石安石. 語言學概論. 北京：中華書局，1963.

黄征. 敦煌俗字典. 上海：上海教育出版社，2005.

闞桂英. 徐州汴塘話音系研究. 四川師範大學碩士學位論文，2008.

李榮主編. 現代漢語方言大詞典. 南京：江蘇教育出版社，2002.

李申. 金瓶梅方言俗語匯釋. 北京：北京師範學院出版社，1992.

王群. 明清山東方言背景白話文獻副詞研究. 青島：中國海洋大學出版社，2010.

王雲路. 試論外族文化對中古漢語詞彙的影響//中古漢語論稿. 北京：中華書局，2011.

魏紅. 明清山東方言特殊語法詞研究. 濟南：齊魯書社，2012.

徐復嶺. 明清小說詞語誤釋舉例. 濟寧師專學報，1999（5）.

徐復嶺.《金瓶梅詞話》注釋、校勘拾誤. 濟寧師範專科學校學報，2003（1）.

曾昭聰. 近代漢語異形詞的來源. 安徽理工大學學報（社會科學版），2013（2）.

曾昭聰. 近代漢語異形詞理據研究論略. 綿陽師範學院學報，2013（7）.

曾昭聰. 古漢語異形詞與詞語釋義. 中國語文，2013（3）.

曾昭聰. 近代漢語異形詞的來源釋例. 漢語史學報第十三輯. 上海：上海教育出版社，2013.

曾昭聰. 近代漢語異形詞理據探討. 欽州學院學報，2015（1）.

張相. 詩詞曲語辭匯釋. 北京：中華書局，1979.

張志毅，張慶雲. 理論詞典學. 北京：商務印書館，2015.

Mutual Evidence of Heteromorphism

——The Way to Explore the Motivation of Compound Words in Modern Chinese

Wang Yong

Abstract: Based on the linguistic fact that modern Chinese vocabulary is rich in heterograph, this paper puts forward a method named "heteromorphism mutual evidence" to explore the motivation of words. It holds that members of the same group of heterograph can consult each other and provide information on motivation together so as to prove the motivation of words. By principle explanation and proof analysis, the article shows the theoretical basis and practical significance of this method.

Keywords: motivation; heterograph; mutual evidence of heteromorphism; modern Chinese

（王勇，四川師範大學文學院）

清末民初同素異序詞研究*

——以十種白話報刊爲例

韓書庚　張文國

提　要：清末民初是漢語發展的過渡時期，其詞彙呈現出鮮明的時代性，比如大量同素異序詞的出現。通過對當時十種白話報刊的調查分析表明，該時期的同素異序詞結構類型多樣；等義詞居多；在歷史層次上承繼與新生並存。同素異序詞發展到現漢又分三類：單序消亡、雙序承繼、雙序消亡，前兩類受到語言內部因素的影響，最後一類與社會因素有關。同素異序詞數量衆多，與文白轉型、方言以及語言接觸等因素密切相關。

關鍵詞：同素異序詞；清末民初；等義詞；歷史層次；文白轉型；語言接觸

清末民初處於近代漢語向現代漢語的過渡階段，是漢語詞彙變動劇烈的時期。本階段的詞彙呈現出鮮明的時代特點，大量同素異序詞的存在即是其中之一。而當時的白話報刊務求“能識幾個字的人，都看得下去，就是不識字，叫人念一念，也聽得明白”（京話日報 1904 第 1 號 8 月 16 日），言文合一的語言面貌使其成爲研究清末民初漢語的難得語料。本文即以清末民初十種白話報刊①爲例，對大量出現的同素異序詞的面貌、發展以及產生原因進行探討，進而探究清末民初的詞彙特徵。

一、清末民初同素異序詞的面貌

所謂同素異序詞指語素相同，結構順序相反，且詞義必須相同或相近的一組雙音節詞。清末民初的白話報刊中就存在有大量的同素異序詞，據不完全統計，共有916 組，如：

---

* 本文爲國家社科基金項目“基於百種白話報刊的清末民初白話辭彙研究（1897—1918）”（項目編號：14BYY106）、山東省社科規劃重點項目（項目號：07JDB118）的階段性成果。

① 十種白話報刊分別是《中國白話報》、《杭州白話報》、《第一晉話報》、《京話日報》、《安徽白話報》、《女子白話報》、《江蘇白話報》、《湖州白話報》、《南潯通俗報》、《河南白話科學報》。依次省略爲：中、杭、晉、京、徽、女、江、湖、南、河。

（1a）直隸紳士以天津學界，印刷傳單，抵制日貨，恐怕人有所藉口，預備佈告同人，此後不要開會，不要演說，不要散佈公啟。（徽 1909.6.15）[①]

（1b）若是板子舊了，刷印的書，模模糊糊，看不分明，便要去問朋友。（杭 1901.8.2）

（2a）各國若要到滿洲去興商業，便不能不受俄人的約束，他們只要把關稅重重的加起來，你們各國的物品，就不能夠暢銷了。（中 1904.15.3）

（2b）像那聲光設電，看得見聽得真的品物，那功用的靈妙，也就更可想而知了。（晉 1906.7.21）

（3a）這苦學生的尊重高貴比尋常學生又加幾倍，通國的人遇見苦學生沒一個不憐惜敬愛，決不因他貧苦譏笑輕慢的。（京 1904.9.21）

（3b）我們中國的錢不能輸出到外國去，國家自然富足，自然人人保生命，有生命才能做事業，有事業才能招聲譽，有聲譽才有人愛敬，這是一人的理想，不知道是不是衆位以爲我所講不差。（女 1912.3.24）

（4a）至於手工製造之物，實屬無幾，以弟等所見者，如土布一種，亦只爲印人自用，不足行銷於外埠。（南 1905.11.1）

（4b）要把本國製造的東西，銷行外國，賺外國人的錢。（杭 1903.7.15）

統計分析表明，清末民初同素異序詞的面貌呈現出以下特點：

第一，結構類型多樣。按數量多少主要有“並列式＋並列式”，如：“物品—品物、安慰—慰安、增加—加增”等。有“偏正式＋偏正式”，如：“東亞—亞東、昨日—日昨、半夜—夜半”等。還有“主謂式＋動賓式”，如：“氣喘—喘氣、心酸—酸心、心焦—焦心”等。

第二，等義詞居多。劉叔新（2005：316）認爲：“只有詞的成員，彼此不但意義的外延相同，内涵也一致，互爲所謂等義詞。”清末民初共出現了531組等義的同素異序詞，佔58％。民國時期的《國語辭典》收錄較多，如例（1）“印刷”（P1176）指“以一定之方法，作文字或圖形，製成印版，用色墨壓印之，連續可成多數者，謂之印刷”。“刷印”（P925）猶印刷。類似的等義詞再如：“命運—運命、刺激—激刺、跪拜—拜跪、脅迫—迫脅”等。

第三，歷史層次上承繼與新生並存。詞彙的歷史層次指不同時期的語言成分並存在同一個時代層面。陳滿華（2012：49）指出，詞彙發展的歷史層次研究具有理論意義。清末民初同素異序詞在歷史層次上具有重要特徵。首先，承繼爲主。例如，“敬愛—愛敬”兩序都承繼於上古漢語。承繼的再如：“來往—往來、裁剪—剪裁、代替—替代、搭配—配搭、訪拿—拿訪、申奏—奏申、劄委—委劄”等。其

① 例句後標示“1909.6.15”指1909年第6期15頁，以下倣此。

次，新生同素異序詞具有時代性。此種情況可分爲兩類：一類是雙序新生，如例(4)“行銷”與“銷行”都與清末“五口通商”有關，《國語詞典》(P635)“銷行”釋義爲：猶言行銷，謂銷售貨物於各地。類似的同素異序詞再如“彈藥—藥彈、機車—車機、社會—會社、東亞—亞東”等。另一類是單序新生，比如：“搓揉、短縮、剖解、拓開、法政、念記、煩厭、晨早、拙笨、單簡”等。新生同素異序詞大都表示的是隨着社會的發展而產生的新事物，因此，能夠凸顯出清末民初同素異序詞的時代性。

可以看出，本時期的同素異序詞由於類型多樣，還是具有一定能產性的；加之，本時期不僅出現了較大數量的新生同素異序詞，還繼承了古代漢語的同素異序詞，如此一來就使得同素異序詞數量衆多。而如此數量衆多的同序異序詞又以等義詞爲主，形成了一義多形的局面，也從同素異序詞的角度說明了本時期的漢語詞彙尚呈現出較強的不穩定性特點以及明顯的過渡性特徵。

二、清末民初同素異序詞的發展

張志毅等(2012：470)認爲：“在一個義場裏出現了兩個完全等值的義位，造成了義場的失衡，趨勢是：或者淘汰一個，或是分工。”清末民初同素異序詞發展到現代漢語的情況分三類：單序消亡、雙序承繼、雙序消亡，前兩類受到語言內部因素的影響，最後一類與社會因素有關。

(一) 單序消亡

同素異序詞中單序消亡共505組，占55%。侯敏(1991：17)指出：“在語義系統中，等義聚合是一個成員最不穩定的類聚體。”對大量等義同素異序詞而言，AB與BA若爲單一義項且不能產生意義分化，歷時發展必須淘汰其一，以符合經濟原則。馮志偉(2013：211)認爲：“經濟原則是支配人們言語活動的規律，它使人們能夠在保證語言完成交際功能的前提下，自覺或不自覺地對言語活動中力量的消耗，做出合乎經濟要求的安排。”至於淘汰哪一序，主要受到語音中聲調因素的制約。留下的一序大多符合陰陽上去的調序，淘汰的一序則正好相反，如“興盛、開拓、安慰、招募、殺戒、邊界、辛苦、急躁、奇怪、強盛、窮困”合乎調序；相應的BA一序“盛興、拓開、慰安、募招、戒殺、界邊、苦辛、躁急、怪奇、盛強、困窮”則不合調序。

(二) 雙序承繼

雙序在現代漢語中都承繼下來的共284組，佔31%。大多數兩序詞義發生演變與分化，其中隱喻和轉喻的認知機制起着重要作用。隱喻使得詞義形成具體義與比喻義之分。如“裁剪—剪裁”都指縫製衣服時把衣料按照一定尺寸剪斷裁開，後者在具體義的基礎上產生比喻義，比喻做文章時對材料的取捨安排。類似的詞再如："送葬—葬送、刷洗—洗刷、搖動—動搖、葬埋—埋葬"等。轉喻機制使得詞性產生單類與兼類之分。"蔽障—障蔽"皆有"遮蔽"動詞用法，而"蔽障"還有名詞用法，指起遮蔽或阻擋作用的東西。類似的詞再如："管保—保管、累積—積累、貼補—補貼、識見—見識"等。

（三）雙序消亡

雙序消亡在現代漢語中共 127 組，佔 14%。這些消亡的雙序詞都是一些與舊社會有關的事物、觀念的詞語，如"庶民—民庶、紳商—商紳、囚虜—虜囚、奏議—議奏、訪拿—拿訪、捕拿—拿捕、搜檢—檢搜、典憲—憲典"等。

總之，清末民初同素異序詞與現代漢語相比，存在大量現漢中已消亡的 BA 一序，並且擁有清末民初存在而現漢消亡的一類，二者所佔比例達 69%。這一方面說明現代漢語同素異序詞數量減少，所表概念的詞形已趨穩定，另一方面也印證了第一部分所述的清末民初同素異序詞數量多、不穩定的特點。

三、清末民初同素異序詞數量衆多的原因

清末民初同素異序詞數量衆多，其形成因素較爲複雜。刁晏斌（2008：224）認爲，清末民初時期是漢語發展新舊交替的時期，甚至可以說是開始"脱胎換骨"的時期。簡言之，同素異序詞的大量出現與此時期是近代漢語到現代漢語的過渡階段息息相關。其詞彙的過渡性、異質性、開放性特徵集中凸顯，而同素異序詞作爲一個重要的詞彙類聚自然也受其影響。具體而言，同素異序詞的大量存在與下列因素有關。

（一）與文白演變有關

徐時儀（2008：62）曾指出，文白演變是 20 世紀初漢語的重大變動，文白的轉型深刻廣泛地影響了我們整個民族的思維和演說方式，成爲中國文化由古典形態走向現代形態的起點。具體到同素異序詞，與文白轉型也有相當的關係。我們發現，雙序中一序爲文言詞，如"兵士、習練、康健、找尋、士人、加添、民人、康健、峻嚴、賞鑒、魂靈、苦痛、苦辛、酬應"等，而另一序爲白話詞，如"士兵、練習、健康、尋找、人士、添加、人民、健康、嚴峻、鑒賞、靈魂、痛苦、辛苦、應酬"等。文言一序在清末民初時期使用還佔優勢，後來隨着現代漢語的逐漸形成和詞彙的規範化，文言一序消失或較少使用，白話一序佔據優勢地位。

（二）與地域方言有關

清末民初時期隨着上海、北京等不同地域白話報刊的創辦使得方言詞出現的機會增多，這就爲同素異序詞的形成提供了條件，比如吳方言就表現出和北方方言不

同的對立特點，如：

（5a）凡事物的名兒，都叫名字。（京 1904.8.17）

（5b）在眼睛的薄衣上，無論外面有些什麼物事就映在神經上，這神經同腦相連，自然曉得外面的光景。（中 1904.16.24）

例（5）中“事物”爲北方方言詞，“物事”爲吳方言詞。類似的詞再如：“應該—該應、道路—路道、掙扎—紮掙、熱鬧—鬧熱、底細—細底、冒火—火冒、反倒—倒反”等。

（三）與語言接觸有關

“漢字文化圈”包括使用漢字或曾經使用漢字，並承襲漢字文化的民族與國家。中日同屬“漢字文化圈”，清末民初赴日留學成爲趨勢，尤其是精通日語的他們積極創辦白話報刊，一定程度上也會影響漢語的詞彙面貌。一些同素異序詞中 BA 一序的大量使用即受到日語的影響，如：

（6a）我今特在中國白話報裏面，添設文明紹介一門，你列位細細的看一番，走到上海就不怕沒把握了。（中 1904.6.65）

（6b）列位且想你們那些朋友起初認識的時候，必定已經有了一個認識的人，或是引他見我，或是引我見他，然後他與我才結交做朋友，這就是介紹的道理。（杭 1902.33.31）

例（6a）“紹介”出自林白水 1904 年創辦的的《中國白話報》，林白水三次留日，曾就讀日本早稻田大學，同時翻譯了《日本明治教育史》等著作，可見其精通日語。加之漢語的“介紹”在日語中爲“紹介”。很明顯，“紹介”的出現受到日語的影響。類似的詞還有：“運命、展開、買收、慰安、平和、會社、法政、言語、制限”等。

四、結　語

通過對十種白話報刊的調查分析表明，清末民初漢語中存在着類型複雜、數量衆多的同素異序詞。同時，我們還發現，同素異序現象不僅存在於詞這一級語言單位，而且在其他層級的語言單位如成語中也大量存在，如：“落花流水—流水落花、天翻地覆—地覆天翻”等。這些一義二形的同素異序現象的大量存在，明顯能夠反映出清末民國初漢語詞彙發展的特點和規律，具有較高的漢語詞彙史研究價值。

參考文獻

陳滿華. 現代漢語方言兒媳稱謂考察. 山西大學學報（哲學社會科學版），2012（6）.

刁晏斌．試論清末民初語言的研究．勵耘語言學刊，2008（2）．

馮天瑜．漢字文化圈論略．中華文化論壇，2003（2）．

馮志偉．現代語言學流派（增訂本）．北京：商務印書館，2013．

侯　敏．試論等義詞及其規範問題．語文建設，1991（4）．

劉叔新．漢語描寫詞彙學（重訂本）．北京：商務印書館，2005．

羅竹風．漢語大詞典．上海：漢語大詞典出版社，1990．

徐時儀．略論漢語文白的轉型．上海師範大學學報（哲學社會科學版），2008（2）．

張志毅、張慶雲．詞彙語義學（第三版）．北京：商務印書館，2012．

中國大辭典編纂處編，國語詞典（影印本）．北京：商務印書館國際有限公司，2011．

中國社會科學院語言研究所詞典編輯室．現代漢語詞典（第 7 版）．北京：商務印書館，2016．

A Study of Chinese Inverse Morphemes

——with Ten Vernacular Newspapers as Exemples

Han Shugeng, Zhang Wenguo

Abstract: The period in the late Qing Dynasty and the early years of the Republic of China was a transitiond peried of Chinese language. Vocabulary of this stage presented distinctive characteristics of that times, such as a large number of inverse morphemes. Analysis shows that inverse morphemes in that period have many structural types and equivalents; moreover, inheritance and rebirth coexist at the historical level. There are three types of inverse morphemes in the development of modern Chinese: the single order disappearance, the double order succession and the double order disappearance. The first two types are influenced by linguistic factors, and the last is related to social factors. It is closely related to the reform from classical Chinese to vernacular, dialect and language contact.

Keywords: inverse morphemes; the late Qing dynasty and early Republic of China; equivalents; historical levels; reform from classical Chinese to vernacular; language contact

（韓書庚、張文國，山東師範大學文學院）

試析《洗冤集錄》的頸喉詞*

高婉瑜

提　要：宋代宋慈的《洗冤集錄》(1247) 是世界上第一部完整的法醫學專著，記載了宋代檢驗屍傷法令、驗屍方法、死因鑑別、急救處理等多方面的內容。該書是司法檢驗的指南，不但為中國法醫學奠定堅實的基礎，18 世紀還傳入歐洲。有英、法、荷、德、韓、日、俄、匈多國譯本。“洗冤集錄”的人體部位比其他性質的典籍詳細，包含核心詞（基本詞）與非核心詞，其人體詞有口語性的和醫學行業語，是探索人體詞流變的難得語料。本文以頸部、喉部詞為對象，觀察該書呈現的頸喉詞系統。

關鍵詞：《洗冤集錄》；人體詞；頸部；喉部

《洗冤集錄》（1247）是宋慈（1186—1249）參考以前的檢驗書（如《內恕錄》），再結合自己多年實務經驗所成，是檢驗人員的案頭書，具有舉足輕重的地位。不過，就漢語史研究成果來論，研究《洗冤集錄》語言現象的論文不多。據筆者所知，對該書語言做過研究的有曹小云《〈洗冤集錄〉詞語札記》與翟毅寧的碩士論文《〈洗冤集錄〉詞彙研究》。

曹小云做的是詞語的基礎考釋，討論該書 7 個詞“覺舉、虛怯、口詞、聲說、翻異、沿身、今次”的意義。[①]翟毅寧研究《洗冤集錄》的法律詞、同義詞、多義詞、新詞，以舉例方式描寫部分詞語，結語提到該書法律詞語有鮮明的民間通用語色彩，同義詞、多義詞大量出現，與嚴格意義的法律術語有很大的區別。原因可能是民間通用語的口語化、普通詞語向法律詞語過渡、詞義引申、雙音化有關，[②]該論文主題較多（4 個），加上篇幅不長，多淺嘗則止。儘管這兩篇論文與本文主題

* 本文爲科技部計劃“《洗冤集錄》人體詞系統研究”（MOST106－2410－H－017－209－）研究成果，特此致謝。

① 曹小云：《洗冤集錄詞語札記》，《安徽師範大學學報》，2006 年第 4 期，第 469－473 頁。

② 翟毅寧：《洗冤集錄詞彙研究》，四川師範大學漢語言文字學碩士論文（2011 年），第 91 頁。

不同，但他們已為《洗冤集錄》的語言研究邁出可貴的一步。

為何較少學者關注《洗冤集錄》呢？筆者懷疑可能與該書的性質有關，《洗冤集錄》篇幅短小，僅 5 卷 53 條目，內容包含檢驗制度、條令、方法、屍體特徵、救死方法等等，屬專業書籍，較為冷門，少受注意。

傳統的驗屍工作側重屍體外表的觀察，宋慈深知檢驗結果會影響判決生死、罪行有無、輕重的關鍵，書序提到檢驗態度應“反覆深思”，希冀“洗冤澤物”，強調檢驗工作“切在詳細”。因為檢驗結果攸關刑責輕重，《洗冤集錄》所記人體器官、組織比其他性質的典籍篇幅更多、更詳盡，並具系統性，筆者認為這除了有助於瞭解古人所認識的人體結構，同時也是探究人體詞的良好材料。筆者對該書人體詞做過系統的考察，本文是系列文章之一，以頸部與喉部詞為例，藉此一窺《洗冤集錄》的語言面貌。

版本方面，《洗冤集錄》最早的本子是宋慈自刻本，後奉旨頒行天下，然宋代版本均佚。現存最早版本是元刻本《宋提刑洗冤集錄》，另有《永樂大典》的二卷本，於《四庫全書總目提要》子部十一法家類存目（未存書）。[①]本文採用孫星衍據元刊本影印的“岱南閣叢書”之《洗冤集錄》，此為善本。

一、頸部詞分析

《洗冤集錄》頸部場有 2 個詞：頸（3 例）與項（32 例），以項居多數，是本場的主流詞。

頸與項均見於上古，王力認為頸本來表示脖子前部，項表示脖子後面，頸在西漢以後指脖子。[②]李慧賢指出領較早出，見於《詩經》，指脖子，是上位詞，頸是戰國時期繼領之後的上位詞，表示脖子前部是特指，項是下位詞，本指脖子後部，表示脖子是泛指。中古時期到宋金，表示脖子用頸、項，但要突出脖子的前、後部時，兩者才有區分。[③]有關頸、項指脖子前、後的問題，龍丹有不同見解，他舉王鳳陽的頸、莖、脛同源為例，三者均有連接、支撐及細長之義，指出頸、項的語義對立不在前後位置，而是長短，與項相對指脖子前部的可能是亢，[④]從同源角度澄清舊問題，是值得考慮的。不過，從語例上看，頸、項析言有別，渾言則無別，都指脖子。

---

① 永樂大典二卷本洗冤集錄的記載或評價請見（清）永瑢“四庫全書總目”卷一百一子部十一（清乾隆武英殿刻本），中國基本古籍庫影像檔。另外，賈靜濤的評論亦可參考，見賈靜濤《宋慈及其偉大貢獻—紀念宋慈誕辰 800 週年》，《中國法醫學雜志》1987 年第 2 期。

② 王力：《漢語史稿》（重排本），北京：中華書局，2004 年，第 567 頁。

③ 李慧賢：《漢語人體部位詞語歷史演變研究》，北京大學漢語言文字學博士論文，2007 年，第 71－78 頁。

④ 龍丹：《先秦核心詞頸辨考》，《孝感學院學報》2007 年第 2 期。

《洗冤集錄》的頸泛稱脖子，搭配語境，才表脖子的局部位置。見：

1. 左側：〇左頂下、腦角、太陽穴、耳、面臉、頸、肩、膊……。（驗屍）

2. 髀骨之中陷者缺盆。缺盆之上者頸，頸之前者顙喉……。（論沿身骨脈及要害去處）

例 1 頸指脖子，本例由上而下陳述屍體的左側部位，因之，從視野來看，即是脖子的左側。

例 2 從手部向上細數人體的骨脈，缺盆為鎖骨上窩，缺盆之上者頸就是鎖骨上窩上方為脖子，亦不能狹隘解為脖子的前部，若將頸理解為脖子前方，那麼下一句"頸之前者顙喉"更為費解又拗口。

項在《洗冤集錄》有 37 例，排除表項目、種類之例，表脖子義有 32 例，需要仔細甄別，此 32 例可分兩義：1. 或用本義，指脖子後部，如例 3 與例 4。2. 或泛指脖子，如例 5 與例 6，

3. 翻身：腦後、乘枕、項、兩胛、背脊……。翻轉尸：腦後、乘枕全，兩耳後發際連項全，兩背胛連脊全……。（驗屍）

4. 如傷著喉下，說深至項，鎖骨損，兼周回所割得有方圓不齊去處，食系、氣系並斷，有血污，致命身死，可說要害處。（殺傷）

5. 即具仵作行人等眾狀，稱尸首頭、項、口、眼、耳、鼻、咽喉上下至心胸、肚臍、小腹、手腳等並遍身上下。（驗鄰縣尸）

6. 若被人勒死，項下繩索交過，手指甲或抓損。若自縊，即腦後分八字，索子不交，繩在喉下，舌出。（檢復總說下）

7. 纏繞繫，是死人先將繩帶纏繞項上兩遭，自踏高，繫在上面垂身致死。（自縊）

例 3 與例 1 互為參照，將屍體翻面，從上到下觀察屍體的部位，所看到的自然是脖子的背面，文中兩次提到脖子時，均用項，不用頸，透露宋慈用字是受到項本義的影響。

例 4 若被殺，傷到喉部下，傷痕深至項，意即脖子後面，用的是本義，為何不換用頸？因為喉部本在脖子之內，刀傷喉部，必然傷害了脖子，此時的重點是傷痕多深？驗屍報告的一字之別，會左右判決的輕重，因此需要講究，用項不用頸，除了迴避邏輯問題外，也準確指明傷痕深至脖子後方。

例 5 可與例 3 參照，亦是檢驗屍體各部位的場景，根據文意，此時檢驗的是屍體正面，由於是陳述檢查項目，與案情輕重關係不大，宋慈用項泛指脖子。

例 6 若被人勒死，繩子是環繞脖子縮緊，讓對方窒息，正常情況受害者會掙

扎，留下抓痕。根據今日的鑑識經驗，勒繩的位置會比縊繩位置低，[①]所以宋慈用項下，此時說項是指脖子，而不是專指脖子後方，會更符合常理。

例 7 可與例 6 參照。提到自縊者將繩子纏繞脖子上兩圈，纏繞是 360 度的動作，包含整個脖子，難以解為纏繞後脖。可知項是泛指整個脖子，而非限於脖子後方。[②]

李慧賢發現表示以物纏繞脖子時，文獻習慣用項，如《悉達太子修道因緣》："繩繫項牽將去，地獄還交渡奈河。"王梵志詩《雙盲不識鬼》："雙盲不識鬼，伺命急來追。赤繩串著項，反縛棒背皮。"此外，仍有少數選用頸或頸項，如沈括《夢溪筆談·續筆談十一篇》："蜀人臨水居者，皆養鸕鷀，繫繩其頸，使之捕魚。"《太平聖惠方·卷五十六·治狂邪鬼魅妄語狂走恍惚不識人殺鬼圓方》："右件藥擣羅為末，更研令勻，以蠟和圓，如彈圓大，絳囊盛之，繫臂上，男左女右，小兒繫頸項下。"大抵可以這麼說，宋慈的用法是合乎慣例的。

據上可知，頸部場成員頸與項之間，宋慈偏好選用項。這似與汪維輝的考察結果不同，他提到晚唐五代宋時期，有頸南項北的地域差異，敦煌變文有項（21 例）無頸，"朱子語類"有頸（4 例）無項。[③]宋慈是建寧府建陽人，相當於今福建省南平市建陽區人，仕宦於南方，擔任廣東、江西、廣西、湖南刑獄，但是宋慈用項多於頸。

之所以有出入，應是受制於語料數量的關係。汪維輝選的是變文與《朱子語類》，它們確實是北方、南方的代表，但它們無法全面反映兩方的語言現象，例如福建人宋慈所寫的《洗冤集錄》便出現與《朱子語類》不同的狀況。

再者，語料類型亦是因素，除了檢驗書之外，再看宋代的醫籍，王懷隱編著《太平聖惠方》（978—992）項有 216 例，頸有 78 例；宋徽宗敕編《聖濟總錄》（四合一本，1111—1118）項有 286 例，頸有 159 例；陳自明的"婦人良人大全"（1237）項有 56 例，頸有 20 例。三部醫書的項無論在比例或數量，均多於頸。醫書是專業書籍，醫家描述身體部位的用語講究準確，稱項時多指本義，如項背拘

---

① 道格拉斯．萊爾（Douglas P. Lyle)《犯罪手法系列——法醫科學研究室：鑑識搜查最前線，解剖八百萬種死法》，臺北：麥田，2017 年，192 頁。

② 匿名評審主張：項上、項下似可作比。項指脖子背面時，可稱項上，不可稱項下；泛指脖子時，可稱項下。因項在外在上，頸在內在下。故例 7，項上似亦可指脖子背面。筆者認為其說仍有疑慮。如"洗冤集錄·檢復總說上"："若是自縊，切要看吊處及項上痕，更看系處塵土曾與不曾移動及吊處高下，元踏甚處、是甚物上得去系處。更看垂下長短，項下繩帶大小，對痕闊狹。文中提到項上痕，如果是自縊，繩索套住脖子，整圈脖子均有痕跡，而不限於脖子後方上端才有痕跡。又如"水滸全傳·第四五回"：石秀一閃，閃在頭陀背後。一隻手扯住頭陀，一隻手把刀去脖子上閣著，……頭陀把衣服正脫下來，被石秀將刀就項上一勒，殺倒在地。頭陀已死了。"項上相當於脖子上。依照常理，頭陀被殺的部位應是脖子前方才會致死。因之，似不能說項上定是脖子背面，項下則是泛指脖子。

③ 汪維輝：《漢語核心詞的歷史與現狀研究》，北京：商務印書館，2018 年，第 188 頁。

急、背項緊急、項強背痛[①]等等，這些症狀強調脖子後面肌肉或筋脈緊硬、僵直。反之，如果《治肺藏風毒皮膚偏生瘡疤頸頷生結核宜服犀角圓方》，生結核的位置是頸、頷，頸理解為脖子前方，"頸脉動時欬"的頸亦是脖子前面，這些片段都不換作項。

如果頸、項無須區別時，常有異文可換用，如《太平聖惠方・卷八八・治小兒丁奚腹大乾瘦諸方》"治小兒丁奚腹脹頭大頸細手腳心熱雖喫冷水此是肺藏內疳大黃圓方"和《太平聖惠方・卷八十七・治小兒脊疳諸方》："治小兒脊疳頭大項細四肢黃瘦肚大胸高毛髮乾竪金蟾散方"，這兩例描述脖子纖細狀，用頸或項均可。再如《聖濟總錄・卷一八一・小兒咽喉諸病》"治小兒咽喉項腫啼聲不出牛黃散方"、《聖濟總錄・卷一九一・足陽明胃經》："口喎、脣胗、頸腫、喉痹、大腹…。"這兩例是泛指脖子腫起。又如《聖濟總錄・卷一二六・瘰癧統論》：九瘻之為病皆寒熱，瘰癧在於頸腋是也。"《聖濟總錄・卷一二六・瘰癧結核》："項腋之間，瘰癧結聚成核。"這兩例語境背景一致，此段記載可溯及"靈樞"，頸腋即是項腋，指脖子、腋下。

附帶一提，《洗冤集錄》沒有頸、項並列之例，但《太平聖惠方》找到頸項有 18 例，項頸有 3 例；《聖濟總錄》頸項有 55 例，項頸有 7 例；《婦人良人大全》頸項有 15 例，無項頸連用。顯示兩者並列時，頸項均多於項頸，由於兩詞語義相同，推測並列式頸項多於項頸應非義序的關係，較可能是遵守音序（先上後去）的緣故。[②]

據上，《洗冤集錄》頸部場主流詞是項，少用頸。宋慈用頸時是泛稱。若只是陳述人體部位，用項可能是脖子後面或泛指脖子；涉及傷痕深淺，影響案情輕重時，用項則是指脖子後方。

二、喉部詞分析

《洗冤集錄》的喉部詞有 7 個：喉（34 例）、喉骨（4 次）[③]、喉嚨（1 次）、咽喉（3 例）、氣喉（1 例）、顙喉（2 例）、結喉（2 例）。除顙喉首見於是書之外，其餘為舊詞。

《洗冤集錄》喉部主流詞是喉，泛稱整個咽部與喉部。咽不單用，而是與喉搭配，表示喉嚨。嚨亦不單用，喉嚨是連綿詞。見：

8. 四縫尸首須躬親看驗。頂心、囟門、兩額角、兩太陽、喉下、胸前、兩

---

① 宋遼金醫籍的項強有 270 餘例，頸強僅 4 例。

② 有關雙音詞的排列順序討論很多，可參見陳愛文、于民：《並列雙音詞的字序》，《中國語文》第 2 期（1979 年），第 101－114 頁。李思明：《中古漢語並列合成詞中決定詞素次序諸因素考察》，《安慶師院社會科學學報》第 1 期（1997 年 2 月），第 64－69 頁。周玟慧：《並列式雙音異序結構管窺》，《東海中文學報》第 19 期（2007 年 7 月），第 321－344 頁。

③ 喉骨是喉部的骨頭，屬骨頭詞，改置骨頭場論之。

乳……。（驗尸）

9. 若縊從早至夜，雖冷亦可救……，一人微微撚整喉嚨，依先以手擦胸上散動之……，又以少官桂湯及粥飲與之，令潤咽喉。（救死方）

例 8 驗屍需要親自看驗，從頭檢視到腳，喉下即喉嚨下。

例 9 撚整喉嚨即搓弄喉嚨，令潤咽喉指使喉嚨滋潤。喉嚨與咽喉均是泛指整個喉部。

究竟喉、咽、嚨有何區別呢？《說文解字・口部》："喉，咽也。""咽，嗌也。""嗌，咽也。""嚨，喉也。"說解採互訓或遞訓的方式處理。

《莊子・大宗師》："真人之息以踵，眾人之息以喉。"顯示喉與氣有關，是氣流通道。亦可泛指整個喉嚨，如《抱朴子內篇・金丹》："又太乙招魂魄丹法……，折齒內一丸，與硫黃丸，俱以水送之，令入喉即活。"將藥丸送入喉中，喉不可解作氣流通道（實際上是入食道），而是泛指整個喉嚨。類似之例還有《朝野僉載・補輯》："瓚明日設，烹一奴子十餘歲，呈其頭顱手足，座客皆攫喉而吐之。"客人攫喉指挖喉嚨催吐，此時的喉是泛指，而非指挖氣流通道。

先秦的咽多當動詞，表吞嚥之義，當名詞時，指鼻腔與口腔之後的空間、通道。仔細地說，文獻所見的咽可指連接氣管的部位，見《靈樞・癰疽》："猛疽不治，化為膿，膿不瀉，塞咽，半日死。"亦可指連接食道的部位，如《三國志》卷二九《魏書・方技傳・華佗》："佗行道，見一人病，咽塞，嗜食而不得下，家人車載欲往就醫。"

嚨本是黏著語素，常與喉搭配，見《靈樞・憂恚無言》："咽喉者，水谷之道也。喉嚨者，氣之所以上下者也。"揭露當時認為的咽喉與喉嚨之別。上述記載代表古人對喉部詞的認識。

黃金貴主張喉是總稱，咽是食道與呼吸道分流口，嚨與胡、喉連用，有口語色彩。[①]李慧賢認為喉是氣管最上部，上接咽，下通氣管，是喉頭、聲帶的所在地，屬呼吸系統。咽屬消化和呼吸系統。[②]吳寶安則認為咽多指食管，喉多指氣管。[③]顯示今人對咽、喉的看法。

根據圖 1，咽的位置比較高，喉的位置較低，兩者緊鄰。從醫學角度來說，咽喉是消化和呼吸系統的共同構造，於喉頭（fauces）處往下延伸。上咽部和鼻腔相連，下咽部的前方在喉口（laryngeal aperture）處和喉部（larynx）相通，往下咽

① 黃金貴：《古代文化詞義集類辨考》，上海：上海教育出版社，1995 年，第 537—540 頁。
② 李慧賢：《漢語人體部位詞語歷史演變研究》，第 83 頁。
③ 吳寶安：《西漢核心詞研究》，成都：巴蜀書社，2011 年，第 86 頁。

部下方延伸的部分稱為食道。[1]咽是氣流、食物的共同通道，喉是氣管的一部份，在氣管上端，亦屬氣流通道。

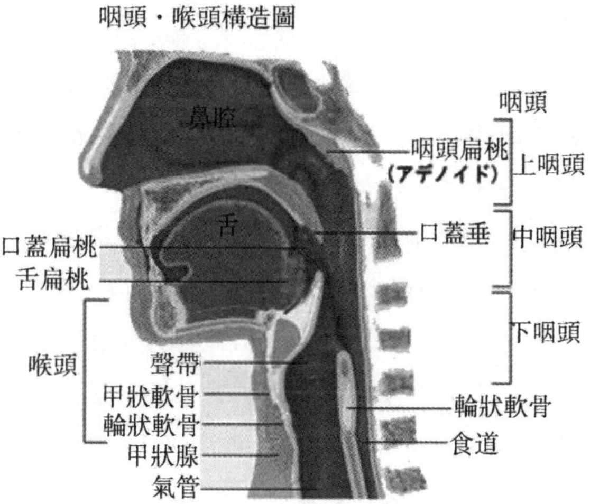

圖 1　咽頭、喉頭構造圖之一[2]

綜上，無論從古代典籍或現代醫學知識來說，咽與喉確實是不同部位，但進入語用層面，咽、喉渾言無別，泛指整個喉嚨。筆者發現文獻中咽喉（8000 多例）並列遠多於喉咽（500 多例），此時音序似非關鍵（兩語素皆是平聲），而是義序的影響，抑或說是遵守順序象似性。

"洗冤集錄"還有氣喉一詞，見：

10. 逐件器刃自割，並下刃一頭尖小，但傷著氣喉即死。（自刑）

例 10 氣喉指氣管，傷到氣管會立即死亡是正確的觀察。

《夢溪筆談・藥議》："又言人有水喉、食△喉、氣喉者，亦謬說也。"儘管沈括反駁三喉之說，卻證實喉是泛稱，為了區隔，才加上水、食、氣限定位置，亦說明至少宋代已流傳氣喉一詞。其他例子還有《普濟方・卷三〇九・用藥湯使法》："治人頭骨斷，不傷氣喉、食喉。"氣喉、食喉相當於氣管、食道。又《醫部全錄・卷四・陰陽應象大論篇》引馬蒔之言："'靈樞'憂恚無言篇少師曰：喉嚨者，氣之所以上下者也。俗云氣喉是也。此喉在前，通於五臟，凡聲音之出入，有會厭以為之開闔。'"馬蒔提到喉嚨是氣流上下流動的通道，氣喉是喉嚨的俗稱，對氣喉有深入的說解，據其所述，氣喉即是氣管。

---

① 後藤生、楊箸隆哉作，陳韻如譯：Your Body 完全透視人體圖鑑，新北：楓書坊文化，2015 年，第 178 頁。

② 咽頭、喉頭構造圖，網址：http：//www.sohu.com/a/67137098_208944，查詢日期：2018 年 3 月 2 日。

《洗冤集錄》還記載顙喉與結喉，見：

11. 缺盆之上者頸，頸之前者顙喉，顙喉之上者結喉，結喉之上者胲，胲兩傍者曲頷……。（論沿身骨脈及要害去處）

例 11 顙喉一詞首見於《洗冤集錄》，後代的顙喉多引自本書。結喉，指喉部前端由甲狀軟骨構成的隆起物，相當於今天所謂的喉結。姜麗蓉認為顙喉即嗓喉，顙是額，與文意不合，疑為嗓之誤。[①]該說尚可斟酌。

《說文解字·頁部》："顙，額也。"事實上，顙亦可指喉（氣流通道），如《黃帝針灸甲乙經·卷二·十二經脈絡脈支別》："肝足厥陰之脈，起於大指叢毛之際……，循喉嚨之後，上入頏顙，連目系，上出額，與督脈會於巔。"頏顙的顙不會是額頭。否則語義不通，從文中可知頏顙在喉嚨（指氣管）上方。查頏，《廣韻·宕韻》："頏，咽頏"。《玉篇·頁部》："頏，苦浪切，咽也。"表咽部的頏是亢的異體字。依此，可知頏指咽，顙指喉，是氣流流通的孔道。

前揭《靈樞·憂恚無言》："咽喉者，水谷之道也。喉嚨者，氣之所以上下者也。會厭者，聲音之戶也。口唇者，聲音之扇也。舌者，聲音之機也。懸壅垂者，聲音之關者。頏顙者，分氣之所泄也。"顯示頏顙與發音活動有關，是氣流通過的孔道。又《諸病源候論校注·卷二九·食諸物誤落鼻內候》："頏顙之間，通於鼻道。氣入，有食物未及下喉[②]，或因言語，或因嚏欬而氣則逆，故食物因氣逆者誤落鼻內。"校注提到頏顙即鼻咽部，亦稱後鼻道。為人體與外界交換氣體之必經通路。校注所言正確，在醫學上，頏顙就是鼻腔的後方，也就是鼻咽（nasopharynx），詳見圖 2。

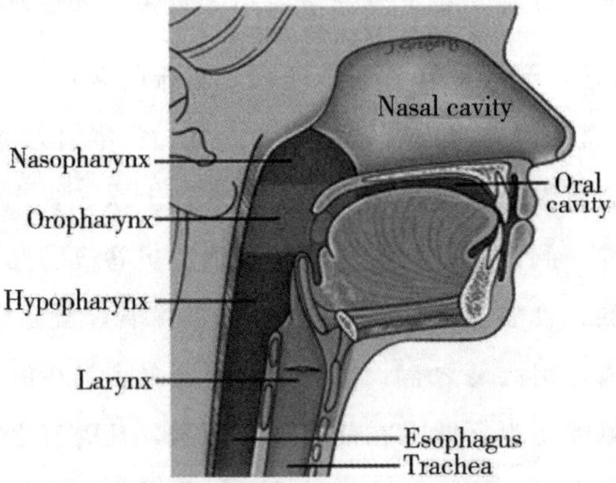

圖 2　咽（Pharynx）、喉（larynx）結構圖之二[③]

《夢溪筆談·權智》："世人以竹、木、牙、骨之類為叫子，置人喉中吹之，能

---

① 姜麗蓉譯注《洗冤集錄》，沈陽：遼寧教育出版社，1996 年，第 122 頁。

② 校注提到喉應作咽字理解。仔細說，就是指食道。

③ 咽（Pharynx）、喉（larynx）結構，網址：https://www.outlanderanatomy.com/tag/larynx/

作人言，謂之顙叫子。嘗有病瘖者，為人所苦，含寃無以自言，聽訟者試取叫子令顙之，作聲如傀儡子。粗能辨其一二，其寃獲申。”顙之的顙是動詞，意指放入喉中吹。弘治本作“取叫子含顙，令作聲如魌儡子”，稗海本、學津本皆作“取叫子，令顙子作聲如傀儡子”，沈括之說亦見《折獄龜鑑》的《顙叫子訴寃》“令顙之作聲注作顙之，顙即嗓，謂以嗓吹哨子”。從異文、注解顯示顙可當名詞，又稱顙子，是發音構造的喉部。

嗓為後起字，見《集韻·蕩韻》：“嗓，喉也。”表喉的顙相當於嗓，宋代之後兩者並行，就語義而言，嗓的部件從口，而喉部詞多從口，兩者較吻合，嗓多見於小說、戲劇；顙本指額頭，政書、史書多沿用此義，不如嗓表義明確，故後起的嗓漸漸取代了顙。

回到例 11 顙喉之上者結喉，顙喉是同義並列，指喉部（氣流通道），喉部上端是結喉（喉結）。筆者發現《大清會典事例（光緒朝）》引《洗冤集錄》此段時，將顙喉改成嗓喉，留下嗓取代顙的痕跡。

總結前論，宋慈所用的人體詞多承襲宋代以前的舊詞，反映人體詞具有基本詞的穩定、普遍特性。一開始，同部位的人體詞彼此有些區別，如頸與項，頸著重於連接、細長的特徵，項則側重於脖子後面。進入語用層面，有時兩者是無別，均指脖子，宋慈習慣用項（32 例），在書中可能用本義，亦可能是泛稱。但遇到判斷關鍵，例如傷及至脖子後方或脖子前方，將影響案情輕重時，便審慎用項。

《洗冤集錄》的喉部詞 7 個，單音詞只有喉（34 例），數量最多，其餘是雙音詞喉骨（4 次）、喉嚨（1 次）、咽喉（3 例）、氣喉（1 例）、顙喉（2 例）、結喉（2 例），數量不如單音的喉。除顙喉首見於是書之外，其餘皆是舊詞。

是書的喉、喉嚨、咽喉常是泛稱，泛稱整個咽部與喉部。仔細地說，咽部位置在上，喉部在下，兩者毗鄰，咽部是氣流、食物運動的共同通道，上接鼻腔下接食道，喉部是氣流通道。嚨則是黏著語素，不單用，通常與喉組成連綿詞，亦指氣流通道。氣喉是指氣管，是喉嚨的俗稱，顙喉指喉部，顙後來替換成嗓，結喉指喉部前方隆起處，意即喉結。

参考文獻

陳夢雷等編．醫部全錄．北京：人民衛生出版社，1988—1991.

丁光迪主編，倪和憲副主編．諸病源候論校注．北京：人民衛生出版社，1991—1992.

王力．漢語史稿（重排本）．北京：中華書局，2004.

王明．抱朴子內篇校釋．臺北：里仁書局，1981.

吳寶安．西漢核心詞研究．成都：巴蜀書社，2011.

李思明．中古漢語並列合成詞中決定詞素次序諸因素考察．安慶師院社會科學學報，1997（1）.

李慧賢．漢語人體部位詞語歷史演變研究．北京大學漢語言文字學博士論文，2007．

汪維輝．漢語核心詞的歷史與現狀研究．北京：商務印書館，2018．

周玟慧．並列式雙音異序結構管窺．東海中文學報（第19期）．

姜麗蓉譯注．洗冤集錄．沈陽：遼寧教育出版社，1996．

後藤生、楊箸隆哉作，陳韻如譯．Your Body完全透視人體圖鑑．新北：楓書坊文化，2015．

曹小云．洗冤集錄詞語札記．安徽師範大學學報，2006（4）．

陳愛文、于民．並列雙音詞的字序．中國語文，1964（2）．

黃金貴．古代文化詞義集類辨考．上海：上海教育出版社，1995．

楊維傑編．黃帝內經靈樞譯解．臺北：台聯國風出版社，1984．

賈靜濤．宋慈及其偉大貢獻—紀念宋慈誕辰800週年．中國法醫學雜志，1987（2）．

道格拉斯．萊爾（Douglas P. Lyle）．犯罪手法系列——法醫科學研究室：鑑識搜查最前線，解剖八百萬種死法，麥田，2017．

翟毅寧．洗冤集錄詞彙研究．四川師範大學漢語言文字學碩士論文，2011．

龍丹．先秦核心詞頸辨考．孝感學院學報，2007（2）．

An Analysis of the Words about Neck and Larynx in *Collected Cases of Injustice Rectified*

Gao Wanyu

Abstract：*Xiyuan Jilu*（*Collected Cases of Injustice Rectified*）written by Song Ci in the Song dynasty is the world's first complete collection of legal medical cases. It is a guidebook of legal inspection，discussing regulations of corpse and injury inspections，autopsy procedures，identification of causes of death，and emergency treatments at the time. The book not only laid a solid foundation for China's legal medicine，but was also introduced to Europe in the 18th century and translated into such languages as English，French，Dutch，German，Korean，Japanese，Russian and Hungarian. *Xiyuan Jilu*（*Collected Cases of Injustice Rectified*）describes body parts in greater detail and accuracy than other types of records，with the terms of body parts in this book being not only its kernel words but also jargon in the field of legal medicine，making it a rare corpus for tracing the evolution of terms of body parts.

Keywords：*Xiyuan Jilu*（*Collected Cases of Injustice Rectified*），The terms of body parts，neck，larynx

（高婉瑜，高雄師範大學國文學系）

論簡帛的中國語言學史研究價值*

李真真　張顯成

提　要： 百年來出土了大量簡帛文獻，內中有不少有關中國語言學史的材料。有關先秦名實問題論述的材料，補充並修正了原來的有關認識。有關《蒼頡篇》的材料，讓我們了解了《蒼頡篇》的面貌，還糾正了過去的一些錯誤觀點。有關秦王朝語言政策的材料，使我們知道了秦曾經在"規範"名稱用字方面實行過一個系統工程。總之，簡帛在中國語言學史上具有重大研究价值。但檢討有關中國語言學史的著作發現，對這批材料幾乎沒有利用。應該高度重視並及時將有關材料納入到中國語言學史的研究中，方有利於中國語言學史的構建。

關鍵詞： 簡帛價值；名實問題；《蒼頡篇》；《更名詔書》；中國語言學史

中國語言學史是研究中國語言學產生發展的歷史的科學。它研究中國各個歷史時期的語言學，研究各個歷史時期的語言學家及其語言學著作，以及各個歷史時期的語言觀點、語言政策。① 著名學者傅斯年先生說過一句至理名言："凡一種學問能擴張他研究的材料便進步，不能的便退步。"② 也就是說，在科學研究中，如果我們不能及時擴展研究材料，特別是新發現材料，我們的研究將會落伍，這一論斷適合於任何學科，自然也適合于中國語言學史這門學科。

一個世紀以來，考古發現了大量的簡帛文獻，據我們初步統計，20 世紀初至今這百年以來出土的戰國秦漢魏晉時期的簡帛總共達 22 萬枚（件）左右，總字數約 700 萬，這一數量是十分驚人的，是原來完全想像不到的，簡直就是爲我們開啟了一座美不勝收的"地下圖書館"。並且，近些年來又不斷有新的發現，還往往都

---

* 本文爲西南大學創新團隊項目（SWU1509395）和中央高校基本科研项目（SWU1809439）階段性成果。

① 這裏所說的"中國語言學史"，是用的傳統說法，實際上指的是"漢語言學史"。

② 傅斯年《歷史語言研究所工作之旨趣》，載中央研究院《歷史語言研究所集刊》第一本第一分冊，民國 17 年。

是重大發現，這種愈演愈烈的局面，預示着簡帛將不光進一步與傳世的先秦漢魏文獻相互妍美，而且還有在數量上與之並駕齊驅甚至超過之勢。這些寶貴的材料中，就不乏中國語言學史研究的材料，并且這些材料對中國語言學史有着重大的研究價值，以下僅從"有關先秦名實問題的研究价值""有關《蒼頡篇》的研究价值"，和"有關秦王朝語言政策的研究价值"三方面來談談。

一、有關先秦名實問題的研究价值

名實問題實際上是語言觀的問題，[①] 對名實問題的研究，是中國語言學早期歷史上的一個重要問題，據傳世文獻記載，先秦諸子中就有不少這方面的論述，如：

老子的"無名"理論。《老子·道經》中説："道，可道也，非恒道也。名，可名也，非恒名也。無名，萬物之始也。有名，萬物之母也。"[②]

孔子的"正名"理論。《論語·子路》中説："必也正名乎！……名不正，則言不順；言不順，則事不成；事不成，則禮樂不興；禮樂不興，則刑罰不中；刑罰不中，則民無所錯手足。故君子名之必可言也，言之必可行也。君子于其言，無所苟而已矣。"[③]

墨子的"名實合"理論。《墨子·經上》説："名實合。"《經説上》解釋此句經文曰："所以謂，名也；所謂，實也。名實耦，合也。"[④]

荀子的"約定俗成"理論。這是有關名實理論最有名者。《荀子·正名》篇説："名無固宜[⑤]，約之以命，約定俗成謂之宜，異於約則謂之不宜。[⑥] 名無固

---

① 名實問題，也屬於哲學問題，但各自研究的方法和目的不同。

② 此引文以帛書本爲准。"道，可道也"：今本無"也"，以下各"也"字今本均無。恒：今本作"常"，爲避漢文帝劉恒名所致，下"恒"字同。萬物：今本作"天地"，下同。《史記·日者列傳》引與帛書相同。今本"萬物"後王弼注："凡有皆始於無，故未形無名之時則爲萬物之始。"可知原本與"帛書本同，今本作"天地"當屬後人妄改。此段老子的意思是説：道，可以説得出來的（即可以用言語表述的），它就不是平常之"道"。名，可以叫得出來的（即是可以確定其名稱的），它就不是平常之"名"。無名，是萬物的原始。有名，是萬物的根本。

③ 孔子"正名"的核心內容，就是"君君，臣臣，父父，子子"（《論語·顔淵》），就是這個他認爲不能變更的社會秩序。君臣父子關係之名稱，與君臣父子關係這一客觀事實相符了，則爲"正名"；否則，名實若不相符，則爲"名不正"。故名不正，則言語就不會順理（合乎事理）；言語不順理，則事就不能作好；事作不好，則禮樂制度就不能興；禮樂制度不能興，則刑罰就不會得當；刑罰不得當，則民連手足都無所措，不知該幹什麼。也就是説，"名不正"會造成社會的無序狀態之嚴重後果。所以，孔子接下來説，君子口中的名稱概念，必定要有可言之理，説出的話一定要可行。君子對於自己的言語，應沒有馬虎。孔子的這一"正名"主張本是從政治需要出發提出的，但是實際上也是語言學的"名稱、概念"與"事物"的關係問題，故我們説，孔子是主張名實相符的。

④ 意思是説，用來稱呼事物的是"名"，所指稱的對像（事物）是"實"。名實相符（耦），則爲一致（合）。

⑤ 宜，即適宜，適合。

⑥ 楊倞注："名無故宜，言名本無定也。約之以命，謂立其約而命之，若約爲'天'則人皆謂之'天'也"。

實，約之以命實，約定俗成謂之實名。名有固善，徑易而不拂，謂之善名。"①

以上是傳世文獻中有關名實問題論述的材料。一個世紀以來，從地下陸續發掘出的先秦兩漢時期的簡帛文獻，其中不乏有關"名實"論述的材料。例如，1973年在湖南長沙發現的馬王堆漢墓帛書，其中有黄老書《經法》《經》《稱》《道原》四種，依次抄寫在帛書《老子》乙本的前面，據研究，它們就是失傳已久的《漢書·藝文志》所載的"《黄帝四經》四篇"，其成書年代在"戰國前期之末到中期之初，即公元前400年前後"。②《黄帝四經》的發現，不光爲研究道家學派提供了極爲寶貴的資料，同時，也爲我們研究中國語言學史提供了極其寶貴的資料，因爲内中有大量關於名實問題論述的材料，且是迄今所知最早的出土材料。以下僅選録兩段以見一斑：③

1.《經法·論》50行上～57行下："天建【八正④以行七】法。明以正者，天之道也；適者，天度也；信者，天之期也；極而【反】者，天之生（性）也；必者，天之命也；【□】者，天之【□□□□□】者，天之所以爲物命也。此之胃（謂）七法。七法各當其名，胃（謂）之物⑤。物各【□□□□】胃（謂）之理。理之所在，胃（謂）之□。物有不合於道者，胃（謂）之失理。失理之所在，胃（謂）之逆。逆順各自命也，則存亡興壞可知【也。強生威，威】生惠（慧），惠（慧）生正，【正】生静。静則平，平則寧，寧則素，素則精，精則神。至神之極，【見】知不惑。帝王者，執此道也。是以守天地之極，與天俱見，盡□于四極之中，執六枋（柄）以令天下，審三名以爲萬事□，察逆順以觀于霸王危亡之理，知虚實動

---

① "徑易而不拂，謂之善名"楊倞注："徑疾平易而不違拂，謂易曉之名也，即謂呼其名遂曉其意，不待訓解者。"

此段大意是：名稱沒有固定原本就適宜於指稱的事物，即用什麼樣的名稱來表達某一事物，二者沒有必然的聯繫。需要人們共同約定給事物命名；約定俗成後方謂之宜，即某事物的名稱經過人們長期實踐共同認可者，則謂之適宜。未經約定俗成者則謂之不適宜。名稱原本並無固定的指稱事物（對像），需要人們共同約定給事物命名；約定俗成後方謂之事物的名稱。名稱原本有善者，表義直接平易而不違拂（即表義簡潔明確而不使人誤解）者，這樣的名稱叫做善名。

② 見唐蘭《馬王堆出土〈老子〉乙本卷前古佚書的研究》，載《考古學報》1975年10期。關於《黄帝四經》的成書及作者等問題，後龍晦、任繼愈、李學勤等先生多有補説（龍説見龍晦《馬王堆出土〈老子〉乙本卷前古佚書探原》，《考古學報》1975年第4期；任説見任繼愈《中國哲學史》（秦漢）頁102，人民出版社1985年版；李説見李學勤《馬王堆帛書〈經法·大分〉及其它》，載《道家文化研究》第三輯，上海古籍出版社1993年版）。也有學者認爲不是《黄帝四經》，但屬先秦較早的道家學派著作是無疑的。

③ 以下兩段引文，可分别見裘錫圭主編《長沙馬王堆漢墓簡帛集成（肆）》第140－141頁和127頁，中華書局，2014年。另，以下所論，可詳拙文《論述名實的最早出土文獻——附訓詁術語三條》，《簡帛研究2002、2003》，廣西師范大學出版社，2005年，第144－150頁。本文所引簡帛文字，參考了整理者和學界的釋讀成果，但也時有筆者的釋讀意見，爲行文簡潔，於此不再説明。

④ 八正：指本篇上文所談的"四時有度，動静有位，内外有處"。

⑤ 七法各當其名，謂之物："七法"各自有自身的名稱，叫做"物"。

靜之所爲，達於名實【相】應，盡知請（情）、僞而不惑，然后（後）帝王之道成①。六枋（柄）：一曰觀，二曰論，三曰僮（動），四曰轉，五曰變，六曰化。觀則知死生之國，論則知存亡興壞之所在，動則能破強興弱，槫（轉）則不失諱（韙）非之【□】，變則伐死養生，化則能明德徐（除）害。六枋（柄）備則王矣。三名：一曰正名②，立（位）而（乃）偃（安）；二曰倚名③，法而（乃）亂；三曰強主滅，而（乃）無名④。三名察則事有應矣。動靜不時，種樹⑤失地之宜，【則天】地之道逆矣。臣不親其主，下不親其上，百族⑥不親其事，則內理逆矣。逆之所在，胃（謂）之死國，【死國】伐之。反此之胃（謂）順，順之所在，胃（謂）之生國，生國養之。逆順有理，則請（情）、僞密矣。實者視（示）【人】虛，不足者視（示）人有餘。以其有事起之則天下聽，以其無事安之則天下靜。名實相應則定，名實不相應則靜（爭）⑦。勿（物）自正也，名自命也，事自定也⑧。三名察則盡知請（情）、僞而【不】惑矣。有國將昌，當罪先亡。”

此段論國家存亡興壞之所在，強調事物要“當其名”，要名實相符；並着重闡明了三種名實關係（“三名”），一是“正名”，二是“倚名”，三是“無名”；最後指出，“名實相應則定，名實不相應則爭”，“名自命”，“三名察則盡知情、僞而不惑”。這些，都是圍繞着循名責實的問題來展開論述的，並且，名實問題的論述是與政治倫理問題的論述緊密相聯的。

下面再舉一段文字少的例子：

> 2.《經法·道法》8行上：“凡事無大小，物自爲舍。逆順死生，物自爲名。名刑（形）已定，物自爲正。”

此段大意是：凡事無論大小，萬物都是自行確立其存在的位置。萬物的逆順死生，都是自行確立其相應的名稱。名實關係確立以後，萬物就會各自正常地發展變

---

① 執六柄以令天下，審三名以爲萬事□，察逆順以觀于霸王危亡之理，知虛實動靜之所爲，達於名實相應，盡知情、僞而不惑，然後帝王之道成：執掌六柄（六種治理國家的方法）以號令天下，詳審三名（三種名實關係）以處理各種事務，明察順與不順來探求霸主、帝王危亡之理，明瞭虛、實、動、靜各方面的做法，判斷事物達到用名與實相符的標準去衡量，則盡知實情與僞詐而不被迷惑，這樣，帝王治理天下的方法便成熟了。

② 正名：與實相符之名，即名實相符，與“倚名”、“無名”相對。（“正名”在帛書不同的語境中常有不同的兩種意義：一是名詞義，即符其實之名；一是動詞義，就是使名正，也就是使名實相符。這裡是名詞義，下文引文中有時是動詞義。）

③ 倚名：即名不正，亦即名實不相符。

④ 強主滅，乃無名：再強的霸主滅亡了，於是也會無名無實。

⑤ 種樹：分別指種植穀物和種植樹木。

⑥ 百族：即百姓。

⑦ 名實相應則定，名實不相應則爭：指名與實相符社會就會安定，名實不相符社會就會爭亂。

⑧ 物自正也，名自命也，事自定也：這是黄老思想的無爲理論，指事物各自爲正，事物各自爲自身命名，事物各自爲定。

化。這裡，也是首先說明萬物都有其名，即"物自爲名"，然後強調名實關係的重要，即"名刑（形）已定，物自爲正"。

僅馬王堆漢墓帛書《黄帝四經》中有關名實的材料就有很多，據我們統計，竟多達幾十處。並且，與原來我們已知的傳世文獻中諸子的名實論述相比，出土材料有關名實論述的政治性更強，這些材料往往是既在談名實關係，又在談政治倫理問題，而談政治倫理問題又往往是借名實理論來闡述的，這顯然使我們對先秦諸子名實問題的理論有了進一步的新認識，補充並修正了過去的有關結論。

如上所述，《經法》《經》《稱》《道原》四種佚書，就是失傳已久的《漢書・藝文志》所載的"《黄帝四經》四篇"，其成書年代在"戰國前期之末到中期之初，即公元前400年前後"。《黄帝四經》的發現，不光爲研究道家學派，特别是爲研究黄老學派，提供了極爲寶貴的資料，而且這批關於名實問題論述的最早的地下出土文獻，爲我們研究中國中國語言學史和哲學史提供了極其寶貴的資料，爲我們提供了不少先秦諸子名實觀的新信息，具有重要研究價值。

二、有關《蒼頡篇》的研究价值

在中國語言學史上，因爲漢字特點的原因，文字學的研究往往也屬於語言學的研究，特别是中國語言學史的早期，語言學更是與文字學密不可分，研究語言學史必須要研究文字學史。故談中國語言學史的早期狀況，不得不談文字學的問題。

據《漢書・藝文志・六藝略・小學序》可知，秦王朝爲統一文字，曾編寫過一系列文字學專書，其中"(《史籀篇》者，周時史官教學童書也，與孔氏壁中古文異體。)《蒼頡》七章者，秦丞相李斯作也；《爰曆》六章者，車府令趙高所作也；《博學》七章者，太史令胡毋敬所作也。文字多取《史籀篇》，而篆體複頗異，所謂秦篆者也。"

另據《漢書・藝文志・六藝略・小學序》載，漢王朝也曾有不少文字學著作，"漢興，閭里書師合《蒼頡》《爰曆》《博學》三篇，斷六十字以爲一章，凡五十五章，並爲《蒼頡篇》。武帝時，司馬相如作《凡將篇》，無複字。元帝時，黄門令史遊作《急就篇》。成帝時將作大匠李長作《元尚篇》，皆《蒼頡》中正字也。《凡將》則頗有出矣。《蒼頡》多古字，俗師失其讀，宣帝時征齊人能正讀者，張敞從受之，傳至外孫之子杜林，爲作訓故，並列焉"。《漢書・藝文志・六藝略・小學》還記載了揚雄撰《蒼頡訓纂》一篇。

以上都說明，《蒼頡篇》在中國語言學史上曾有着極其重要的地位。然而，此書早已失傳，後人無法見到其書，自是憾事。一個世紀以來，從地下發掘出了不少《蒼頡篇》的材料，主要有以下數批：

(1) 20 世紀初斯坦因在漢代敦煌出土的漢簡《蒼頡篇》(凡公佈 2 批)①

(2) 1930 年西北科學考察團在居延漢代烽燧遺址出土的漢簡《蒼頡篇》②

(3) 1972—1974 年在居延漢代烽燧遺址出土漢簡《蒼頡篇》③

(4) 1977 年在甘肅玉門花海出土的漢簡《蒼頡篇》④

(5) 1977 年在安徽阜陽雙古堆出土的漢簡《蒼頡篇》⑤

(6) 1979 年甘肅馬圈灣出土的漢簡《蒼頡篇》⑥

(7) 1993 年新疆尼雅出土的漢簡《蒼頡篇》⑦

(8) 2008 年甘肅永昌縣水泉子出土的漢簡《蒼頡篇》⑧

(9) 2015 年北京大學刊佈的從香港購回的漢簡《蒼頡篇》⑨

以上考古發現的《蒼頡篇》，雖然都不是全本，但已經向我們展示了《蒼頡篇》的基本面貌，並且使我們進一步知曉了《蒼頡篇》的不少情況，如：

1. 李斯撰的《蒼頡篇》是四言本，首句爲“蒼頡作書”，故以此命名爲“蒼頡篇”。如《居延新簡》EPT50：1：⑩

蒼頡作書，以教後嗣。[之部]

幼子承昭（詔），謹慎敬戒。[之部]

勉力風（諷）誦，晝夜勿置。[之部]

苟務成史，計會辯治。[之部]

超等軼（秩）群，出尤別異。[之部]

初雖勞苦，卒必有意（懿）。[之部]

2. 漢代閭里書師所改編的《蒼頡篇》句式較爲齊整，斷六十字爲一章，凡五十五章，共 3300 字，而“閭里書師本”之前的本子，每章字數不定，多爲一百字

---

① 可分別見：羅振玉、王國維《流沙墜簡·小學數術方技書考釋》，中華書局重印本，1993 年，第 76 頁。汪濤、胡平生、吳芳思主編《英國國家圖書館藏斯坦因所獲未刊漢文簡牘》，上海辭書出版社，2007 年。

② 可見：中國社會科學院考古研究所《居延漢簡甲乙編》，乙圖版柒，中華書局，1980 年。

③ 可見：甘肅省文物考古研究所、甘肅省博物館、文化部古文獻研究室、中國社會科學院歷史研究所《居延新簡》，文物出版社，1990 年，第 151 頁。

④ 可見：甘肅省文物考古研究所《敦煌漢簡》，圖壹叁叁，中華書局，1991 年。

⑤ 可見：國家文物局古文獻研究室、安徽省阜陽地區博物館阜陽漢簡整理組《阜陽漢簡〈蒼頡篇〉》，《文物》1983 年 2 期。

⑥ 可見：甘肅省文物考古研究所《敦煌漢簡》，圖壹叁捌，中華書局，1991 年。

⑦ 可見：王樾《略說尼雅發現的“蒼頡篇”漢簡》，《西域研究》1998 年第 4 期，第 55—58 頁。

⑧ 可見：張存良《水泉子漢簡初識》，《文物》，2009 年第 10 期，第 88—91 頁。張存良《水泉子漢簡七言本〈蒼頡篇〉蠡測》，《出土文獻研究》第九輯，中華書局，2010 年，第 60—75 頁。張存良《〈蒼頡篇〉的版本、流傳、亡佚和再發現》，《甘肅社會科學》，2015 年第 1 期，第 89—94 頁。

⑨ 可見：北京大學出土文獻研究所編《北京大學藏西漢竹書（壹）》，上海古籍出版社，2015 年。

⑩ 簡文書於一枚木牘的正反面。爲便於閱讀，以下分段排列；並在韻腳字處下加點，在句末標出韻部，但對釋讀不確定的韻腳字則一般不標韻部（最多推測其韻部）。下同。

左右。以下是在敦煌馬圈灣出土的漢簡《蒼頡篇》的《焦黨陶聖》章：[①]

焦黨陶聖。［耕部］
陳穀魏嬰。［耕部］
程頎樛平。［耕部］
梁賢尹寬。［元部］
桀癱尚鐘。［元部］
岑應（?）露騫。［元部］
彭績（?）秦參（?）。
涉競夏連。［元部］
樂恢（?）橄更（?）。
唐美耿督。［元部］
瘕沓瘞譔。［元部］
黄文訾山。［元部］
肥赦桃脩（?）
賈闌鄧難。［元部］
季偃田硯。［元部］

以上一章當是與姓氏有關的內容，全章共 15 句，每句 4 字，正好是 60 字。

3.《蒼頡篇》的句子有的是隔句押韻，有的是句句押韻。如以上“1”所舉首章，是隔句押韻，押之部韻，以上“2”所舉《焦黨陶聖》章，則是句句押韻，前 3 句押耕部韻，後 12 當押元部韻。

4. 漢代的《蒼頡篇》還有七言本，這是原來沒有想到的。甘肅永昌縣水泉子出土的漢簡本《蒼頡篇》就是七言本。不過，無論是七言本還是四言本，其編排都“有韻可循，以類相從”。例如《雲雨章》四言本的以下句子：

雲雨賈零，霧露雪霜。［陽部］
朔時日月，星晨紀綱。［陽部］
冬寒夏暑，玄氣陰陽。［陽部］

七言本則是在四言本基礎上，每句後加三字，所加的三字往往是對該句的申說闡釋，如以上四言本的：

“霧露雪霜”，七言本作“霧露雪霜有利傷”，加上“有利傷”三字，意思是說“霧、露、雪、霜四種天氣，有利有害”；

---

① 以下所引簡文收入《敦煌漢簡》一書，編號是 639。簡文書於一枚四棱觚。

“冬寒夏暑”，七言本作“冬寒夏暑天之常”，加上“天之常”三字，意思是說“冬、寒、夏、暑四季運行，乃自然規律”。

再例如，上“1”所舉開篇第一章前12句七言本爲：

【蒼頡作】書智不願，以教後嗣世【□□】。[元部；當元部或文部][1]

【幼】子承詔唯毋【□，謹】慎敬戒身即完。[當元部或文部；元部]

勉力諷誦槫出官，晝夜勿置功【□□】。[元部；當元部或文部]

【苟務成】史臨大官。計會辯治推耐前。[元部；元部]

超等秩群【□□□，出尤別異】黑白分。[當文部或元部；文部]

初雖勞苦後必安，卒必有【意□□□】。[元部；當元部或文部]

由上可知，七言本不光增強了押韻味（如變首章隔句韻爲句句韻），還申說了文意，增加了可讀性。

4. 七言本的形成時間當在武帝之後，不會早於武帝時期，很可能產生於西漢晚期民間書師之手。理由有二：

七言本《蒼頡篇》中有“▨貴富萬石君，瞻彼卑賤不□□”的句子，其中萬石君就是漢文、景之時以“行過乎恭”美德而聞名的石奮，其事跡《史記》《漢書》皆有傳，石奮父子五人皆因以溫良恭儉讓立身處世而累世爲達官，“萬石君家以孝謹聞乎郡國”，在當時是有口皆碑世人效法的榜樣，民間的書師將“萬石君”編入教學用書而成七言本《蒼頡篇》，顯然是爲了廣傳其跡，以導世風。

再者，兩漢時期韻文由四言發展爲七言，且出現了較多的七言韻文，字書《凡將篇》《急就篇》正是這種歷史潮流的產物，顯然七言本《蒼頡篇》也應當是受此影響在這個時期產生的。由此可以推測，七言本《凡將篇》很可能產生於西漢晚期。

並且，七言本也應當是民間的“閭里書師”爲教學而編製的教學用書。四言本是秦漢國家頒佈的教科書，不會輕易改動，七言本也從未見載於史籍，並且七言本每句所增的三字，是對前四字的申說，不是對識字課本內容的增加，只是爲增加可誦讀性而已，所以七言本也應當是民間的“閭里書師”爲教學而編製的教學用書。

5.《蒼頡篇》內容涵蓋古代生活的方方面面，但都只列字詞而不做訓釋。《蒼頡篇》屬教科書，以識字和增長知識爲目的，從文獻記載和出土實物可知，該書內容涵蓋了古代生活的方方面面，但都只列字詞而不做訓釋。至於後者，從上舉例即可知，都是只列出字詞，不做訓釋的，即使是七言本在每句後增三字以申說，也不是做訓釋。下面以《北京大學藏西漢竹書（壹）》爲例看看《蒼頡篇》內容所涵蓋

① 文部與元部屬旁轉，二部音很近。

的古代生活除上已舉以外的一些領域：

地理方面：谿谷阪險，丘陵故舊。（簡 4）

植物方面：茱臾蓼蕪，果蓏茄蓮。（簡 25）

動物方面：貔貐貂狐，蛟龍虫蛇。（簡 28—29）

人體方面：𩑰髦髾搣，須𩯨髮膚（簡 36）

疾病方面：癉熱疥癘，瘕痺癰疽（簡 36）

宮室方面：街巷垣蘠，開閉門閭。（簡 53）

庫藏方面：庫府廥廄，困窖廩倉。（簡 55）

江河方面：淵泉隄防，江漢澮汾。（簡 57）

天文方面：杲旭宿尾，奎婁軫亢。（簡 60）

禮節方面：禮節揖讓，送客興居。（簡 27）

歷史方面：漢兼天下，海內并廁。（簡 8）

其他方面：頯勃醉酤（簡 32）；鼙鼓歌醵（簡 33）；百越貢織（簡 9）；男女蕃殖（簡 9）；誅罰貲耐（簡 10）；餩餓饑餔（簡 26）；貪欲資貨（簡 30）；旃翳簦笠（簡 36），等等。

6. 該書有通假字。漢簡《蒼頡篇》有通假字，說明儘管是字書，還是不避通假，反映出當時的用字並非象後世那樣規範。按照後世的觀點，既然是很嚴肅的教科書字書，就應當很規範，不應當有通假字，但從出土的簡本來看並非如此，自然說明漢代的用字還比較隨意。《蒼頡篇》中通假字雖然不多，但還是不少，如上舉開篇幾句，就有好幾個通假字：

第三句“幼子承昭”的“昭”通“詔”。

第五句“勉力風誦”的“風”通“諷”。

第九句“超等軼群”的“軼”通“秩”。

第十二句“卒必有意”的“意”通“懿”。

7. 書名是“《蒼頡篇》”，而不是“《倉頡篇》”；人名也當作“蒼頡”，而不是“倉頡”。出土《蒼頡篇》中，均寫作“蒼頡”而不作“倉頡”。傳世文獻中無論是書名還是人名，“蒼頡”二字的書寫形式都很隨意，時作“蒼頡”，時作“倉頡”，甚至有人認爲從漢字發展史的角度來看，應當作“倉頡”，今從簡帛來看，這是錯誤的。①

以上這些關於中國語言學史上的重要著作《蒼頡篇》的重要信息，顯然是極其寶貴的，爲我們研究中國語言學早期歷史提供了非常有價值的材料，讓我們認識到了秦漢時期最爲重要的文字學著作《蒼頡篇》的基本面貌。所以，出土《蒼頡篇》

---

① 關於“蒼頡”的定名問題，筆者將有專文論述，此不再贅述。

在中國語言學史上具有重要研究價值。

三、有關秦王朝語言政策的研究价值

語言政策，包括有關語言和文字的政策。中國歷史上有不少朝代都在運用行政手段來統一文字、“規範”用語，以起到利於語言文字交際的作用和統一百姓思想鞏固國家統治的作用，這種做法一直延續至今（我國專門成立了“國家語言文字工作委員會”以管理語言文字工作的規範問題）。

以上談的關於《蒼頡篇》的問題，實際上不是單一的文字問題，秦漢編製的一系列《蒼頡篇》類文字學著作，實際上就是在規範辭彙用語、規范文字。更爲典型的是從地下發掘出來的秦王朝的《更名詔書》（編號爲 8—461），則是典型的關於語言文字政策的“中央文件”。2002 年，在湖南省龙山县里耶古城的始建於战国而废棄於秦末的 1 號古井中出土秦代官署档案简牍 2 万多枚，《更名詔書》便是其中一種。該詔書書於一方木牘，分兩欄書寫，内容是對一系列名稱說法或用字的更換“規範”。[①] 現摘錄部分以窺其貌（每條後括注其大意）：

大如故，更泰守。（表示“極大”仍舊用“大［tài］”，如今表示郡守時改用“泰［守］”。）

賞如故，更償責。（表示“賞賜、獎賞”仍舊用“賞”，如今表示“償還責［債］務”時改用“償”。）

吏如故，更事。（表示“官吏”仍舊用“吏”，如今表示“事情”時改用“事”。[②]）

卿如故，更鄉。（表示“卿大夫”仍舊用“卿”，如今表示“鄉黨”時改用“鄉”。[③]）

走馬如故，更簪褭［niǎo］。（表示從事服務的人員仍舊用“走馬”，如今表示秦第三級爵位名改用“簪褭”。）

者如故，更諸。（表示之乎者也之“者”仍舊用“者”，如今表示“衆多”改用“諸”。[④]）

酉如故，更酒。（表示地支的“酉”仍舊用“酉”，如今表示喝酒的“酒”

---

① 《更名詔書》現藏湖南省文物考古研究所，其圖版最早正式刊佈於《里耶秦简（壹）》，湖南省文物考古研究所，文物出版社，2012 年，第 14 頁（彩圖），第 68－69 頁（黑白圖），第 32－33 頁（釋文）。後學界陸續對該牘文字的釋讀有新見，主要有：陳偉主編《里耶秦简牘校釋》第一卷，武漢大學出版社，2012 年，第 155－160 頁；山東博物館、中國遺産研究院編《書于竹帛：中國簡帛文化》，上海書畫出版社，2017 年，第 27—28 頁。

② 古“吏”“事”字形相同，後方分化，故此條曰：“吏如故，更事。”

③ 古公卿之“卿”、鄉黨之“鄉”爲同一字，後方分化，故此條曰：“卿如故，更鄉。”

④ 古“者”可通“諸”，故“諸侯”《詛楚文》寫作“者侯”。

改用“酒”。①)

灋（fǎ）如故，更廢官。(表示法律的“灋”仍舊用“灋”，如今表示“廢官”的“廢”改用“廢”。②)

鼠如故，更予人。(表示老鼠的“鼠”仍舊用“鼠”，如今表示“給予人”的“給予”改用“予”。③)

更詑（tuó）曰謾。(原來用“詑”，如今改用“謾”。④)

……

毋敢曰王父，曰泰父。(不准說“王父”，應叫“泰父”。⑤)

毋敢曰巫帝，曰巫。(不准說“巫帝”，應叫“巫”。)

毋敢曰豬，曰彘。(不准說“豬”，應叫“彘”。⑥)

王馬曰乘輿馬。(原來稱“王馬”，如今稱“乘輿馬”。⑦)

……

以王令曰以皇帝詔。(原來說“以王令”，如今說“以皇帝詔”。)

承令曰承制。(原來說“承令”，如今說“承制”。)

王室曰縣官。(原來說“王室”，如今說“縣官”。)

公室曰縣官。(原來說“公室”，如今說“縣官”。)

……

徹侯爲列侯。(原來說“徹侯”，如今說“列侯”。⑧)

……

莊王爲泰上皇。(莊王稱“泰上皇”。⑨)

邊塞曰故塞。(原來所說的“邊塞”，如今說“故塞”。⑩)

---

① 古“酒”字寫作“酉”，後方以“酒”專表喝酒之酒。

② 即表示“廢除”義時用“廢”。廢官，謂有職而無其官，或有官而不稱其職。《論語・堯曰》：“謹權量、審法度、脩廢官，四方之政行焉。”楊伯峻注引清趙佑《四書溫故錄》：“或有職而無其官，或有官而不舉其職，皆曰廢。”

③ “鼠”表示“給予”，過去在傳世文獻中未見，今始知漢語詞匯上有此用法。

④ “詑”和“謾”都是“欺騙、蒙蔽”義。《說文・言部》：“詑，沇州謂欺曰詑。”又，“謾，欺也。”故“詑”“謾”可同義複合爲“詑謾”一詞，表示欺騙、蒙蔽義。

⑤ 王父，祖父。

⑥ “豬”是後起詞。

⑦ 王馬，指官馬或皇室之馬。《周禮・夏官・校人》：“校人掌王馬之政。”孫詒讓正義：“掌王馬之政者，官所畜之馬以給王事者，別於民馬，謂之王馬，亦即《馭夫》，所謂公馬也。”乘輿馬，皇室之馬。

⑧ 徹侯，爵位名，秦朝的二十級軍功爵中的最高級，漢初因襲之，多授予有功的異姓大臣，受爵者還能以縣立國。《漢書・百官公卿表上》：“爵：一級曰公士，二上造……二十徹侯。皆秦制，以賞功勞。徹侯金印紫綬。”過去認爲改稱“列侯”是避漢武帝劉徹之諱，今看來此說不確，是秦時就改稱爲“列侯”了。

⑨ 秦莊襄王，是秦始皇的父親。

⑩ 塞，險要之處，多指邊界上可以據險固守的要地。

毋塞者曰故徼（jiào）。（［原來所說的“邊塞”，若］無要塞者稱“故徼”。①）

……

王遊曰皇帝遊。（原來說“王遊”，如今說“皇帝遊”。）

王獵曰皇帝獵。（原來說“王獵”，如今說“皇帝獵”。）

王犬曰皇帝犬。（原來說“王犬”，如今說“皇帝犬”。）

以大車爲牛車。（原來說“大車”，如今說“牛車”。）

關於秦王朝統一用語用字方面的材料過去我們知道得很少，大家比較熟悉的是以下几条村料：

（1）《史記·秦本紀》：“非子居犬丘”張守節正義：“《地理志》云：扶風槐里縣，周曰犬丘，懿王都之，秦更名廢丘，高祖三年更名槐里也。”

（2）又，“（惠文君）六年，魏納陰晉，陰晉更名寧秦。”裴駰集解引徐廣曰：“今之華陰也。”

（3）又，“（武王）五十年，十月攻汾城，即從唐拔寧新中，寧新中更名安陽。”張守節正義：“唐，今晉州平陽，堯都也。《括地志》云：寧新中，七國時魏邑，秦昭襄王拔魏寧新中，更名安陽城，即今相州外城是也。”

（4）《史記·秦始皇本紀》：“二十六年……追尊莊襄王為太上皇。”

（5）又，“（二十六年）始皇推終始五德之傳，以爲周得火德，秦代周德，從所不勝。……更名河曰德水，以爲水德之始。”

（6）又，“（二十六年）分天下以为三十六郡，郡置守、尉、监，更名民曰黔首。”②

（7）又，“三十一年，十二月，更名臘曰‘嘉平’。”裴駰集解：“《太原真人茅盈内紀》曰：‘始皇三十一年九月庚子，盈曾祖父濛，乃於華山之中，乘雲駕龍，白日升天。先是其邑謠歌曰：‘神仙得者茅初成，駕龍上升入泰清，時下玄洲戲赤城，繼世而往在我盈，帝若學之臘嘉平。’始皇聞謠歌而問其故，父老具對此仙人之謠歌，勸帝求長生之術。於是始皇欣然，乃有尋仙之志，因改臘曰‘嘉平’。”司

---

① 徼，邊界，有時也指邊塞。

② 關於“更名民曰黔首”（改稱“民”爲“黔首”），這在出土簡牘文獻中也多有體現，如《里耶秦簡（貳）》J1⑯5 簡正面即稱“民”爲“黔首”：“廿七年二月丙子朔庚寅，洞庭守禮謂縣嗇夫卒史嘉、叚（假）卒史穀、屬尉，令曰：傳送委輸，必先悉行城旦舂、隸臣妾、居貲、贖責（債），急事不可留，乃興䌛（徭）。·今洞庭兵輸内史及巴、南郡、蒼梧，輸甲兵當傳者多節傳之，必先悉行乘城卒、隸臣妾、城旦舂、鬼薪、白粲、居貲、贖責（債）、司寇、隱官、踐更縣者。田時殹（也），不欲興黔首。嘉、穀、尉各謹案所部縣卒、徒隸、居貲、贖責、司寇、隱官、踐更縣者簿，有可令傳甲兵，縣弗令傳之而興黔首，興黔首可省少，弗省少而多興者，輒劾移縣，縣亟以律令具論，當坐者言名史泰守府。嘉、穀、尉在所縣上書，嘉、穀、尉令人日夜端行。它如律令。”

馬貞索隱：“《廣雅》曰：‘夏曰“清祀”，殷曰“嘉平”，周曰“大蠟”，亦曰“臘”，秦更曰“嘉平”。’蓋應歌謠之詞而改從殷號也。”

以上將（4）“追尊莊襄王為太上皇”計算在更名內，共7條。其中（1）（2）（3）屬更地名，這種情況歷代都多，都是臨時更某地之名，故不會是秦的系統更名；（4）（5）（6）（7）屬於意識形態領域更名，但也看不出是秦的系統更名。也就是說，秦王朝否在“更名”（即“規範”名稱）方面是成系統的，亦即是否有一系列的名稱被“更名”被“規範”，我們不得而知。現在，《更名詔書》的出土，使我們知道了秦在“規範”名稱方面是有一個系統工程的，爲了維護其統治，“更”了一系列的“名”。應該說，秦的語言文字規范政策，開啟了利用政府行爲進行的語言文字規范標準化的先河。這在中國語言學史上顯然是值得研究的極重要現象。

《更名詔書》的問世，在中國語言學史上以及漢語辭彙史上均有重要價值，除上述此詔書開啟了利用政府行爲進行的語言文字規范標準化的先河以外，其價值还體現在以下几个方面：

1.《更名詔書》的頒佈時間當在秦王朝中晚期。

既然《更名詔書》在中國語言學史上有重要價值，則其頒佈時間自然是語言學史需要研究的重要內容。通過對《更名詔書》中的辭彙研究可知，在中國語言學史上有着重大價值的《更名詔書》的頒佈時間當在秦王朝中晚期。《更名詔書》中有以下一條材料：

鼠如故，更予人。（表示老鼠的“鼠”仍舊用“鼠”，如今表示“給予人”的“給予”改用“予”。）

如上所述，“鼠”表示“給予”，過去在傳世文獻中未見，今始知漢語詞匯上有此用法。不光如此，我們通過其他出土文獻材料可得知《更名詔書》的頒佈時間，因爲僅《睡虎地秦墓竹簡》中就有大量的“鼠”表示“給予”的用例，如：[①]

《睡虎地秦墓竹簡·秦律十八種·金布律》72—75：“都官之佐、史冗者，十人，養一人；十五人，車牛一兩（輛），見牛者一人；不盈十人者，各與其官長共養、車牛，都官佐、史不盈十五人者，七人以上鼠（予）【車牛】、僕，不盈七人者，三人以上鼠（予）養一人；小官毋（無）嗇夫者，以此鼠（予）僕、車牛。豤生者，食其母日粟一斗，旬五日而止之，別紨以叚（假）之。”

《睡虎地秦墓竹簡·為吏之道》末附“魏户律”18伍—19伍：“自今以來，叚（賈）門逆吕（旅），贅壻後父，勿令爲户，勿鼠（予）田宇。”

《睡虎地秦墓竹簡·日書甲種》29背叁：“鬼嬰兒恒爲人號曰：‘鼠（予）

① 爲便於理解，以下所引釋文均將“鼠”寫作“鼠（予）”。

我食。’是哀乳之鬼。”

《睡虎地秦墓竹簡》中“鼠”表示“給予”凡達 19 例，[①] 其中有 10 例出現在法律文獻中，9 例出現在《日書》中。《睡虎地秦墓竹簡》的形成時代是秦始皇統一天下前後[②]，其中大量的“鼠”表示“給予”的用例說明，《睡虎地秦墓竹簡》法律文獻頒佈于《更名詔書》前，甚至《睡虎地秦墓竹簡》的两种《日书》的形成時代也是在《更名詔書》之前，也就是說，秦規范用語用字的《更名詔書》的頒佈时間應當在秦王朝中晚期。這自然說明，秦王朝并不是一建立就以法定形式實行用語用字規范，其《更名詔書》的頒佈有一個孕育過程。

2. 秦王朝的語言政策在“規範”統一用語用字方面，雖然均是規範統一，但對有些用語用字使用是十分嚴厲，有些則次之，如：

極嚴厲者如：

毋敢曰王父，曰泰父。（不准說“王父”，應叫“泰父”。）——因爲“王”在夏

---

① 除上舉 5 例外，其他 14 例如下：

《睡虎地秦墓竹簡·秦律十八種·倉律》41－42：“有米委賜，稟禾稼公，盡九月，其人弗取之，勿鼠（予）。”

又《軍爵律》153－154：“從軍當以勞論及賜，未拜而死，有辠（罪）灋（法）耐䙴（遷）其後；及灋（法）耐䙴（遷）者，皆不得受其爵及賜。其已拜，賜未受而死及灋（法）耐䙴（遷）者，鼠（予）賜。”

《睡虎地秦墓竹簡·法律答問》：140：“盜出朱（珠）玉邦關及買（賣）于客者，上朱（珠）玉內₌史₌（內史，內史）材（裁）鼠（予）購。”

又 148：“‘百姓有責（債），勿敢擅₌强₌質₌（擅强質，擅强質）及和受質者，皆貲二甲。’廷行事强質人者論，鼠（予）者不論；和受質者，鼠（予）者□論。”

《睡虎地秦墓竹簡·爲吏之道》末附“魏奔命律”26 伍－27 伍：“享（烹）牛食士，賜之參飯而勿鼠（予）殽（肴）。攻城用其不足，將軍以堙豪（壕）。”

《睡虎地秦墓竹簡·日書甲種》32 背叁：“人毋（無）故而鬼有鼠（予），是夭鬼，以水沃之，則已矣。”

又 40 正－41 正：“禼（害），是胃（謂）其羣不摔（拜），以辭不合（答），私公必閉，有爲不成。亡者，得。利弋邋（獵）、報讎、攻軍、韋（圍）城、始殺。可取，不可鼠（予）。不可飲食哥（歌）樂。利以祠外。以生子，吉。”

又 39 背叁－40 背叁：“鬼恒胃（謂）人：“鼠（予）我而女。”不可辭。是上神下取（娶）妻，毄（繫）以葦，則死矣。弗御（禦），五來，女子死矣。”

又 115 背－116 背：“六月己未，不可以裚（製）新衣，必死。己、戊，壬、癸，丙申、丁亥，必鼠（予）死者。癸丑、寅、申、亥，秋丙、庚、辛材（裁）衣，必入之。”

又 120 背－121 背：“衣忌日，己、戊、壬、癸、丙申、丁亥，必鼠（予）死者。癸丑、寅、申、亥，秋丙、庚、辛材（裁）衣，必入之。”

《睡虎地秦墓竹簡·日書乙種》59：“㬋（害），羣不摔（拜），【以辭】不合（答）。亡者，得。可魚（漁）邋（獵），不可攻，可取不可鼠（予）。利祠外。”

又 64：“五穀良日，己☒□□□□☒出穜（種）及鼠（予）人。壬辰乙巳，不可以鼠（予）。子，亦勿以穜（種）。”

② 《睡虎地秦墓竹簡》的《編年記》的年號，在昭王、孝文王和莊王之後是“今元年”，即秦王政元年，最終記至“卅年”（秦始皇統一天下爲“廿六年”，公元前 221 年）。《睡虎地秦墓竹簡》的《語書》開篇曰：“廿年四月丙戌朔丁亥，南郡守騰謂縣、道嗇夫：……”“廿年”即公元前 227 年。所以，至少可以肯定地說，《睡虎地秦墓竹簡》中的《編年記》和法律文獻的寫成是在秦始皇統一天下前後。

商周三代時是天子之稱號,[1] 戰國時列國國君也皆稱王[2]，故秦統一天下後不得稱“王父”。

毋敢曰巫帝，曰巫。(不准說“巫帝”，應叫“巫”。)——因爲秦嬴政是“始皇帝”，巫顯然不能用“帝”這一稱呼。

毋敢曰豬，曰彘。(不准說“豬”，應叫“彘”。)——“豬”是後起俗語詞，這裡顯然是要體現秦的正統，不允許說俗語詞。

以上均用“毋敢曰”，顯然是非常嚴厲的。

次嚴厲者如：

> 灋(fǎ)如故，更廢官。(表示法律的“灋”仍舊用“灋”，如今表示“廢官”的“廢”改用“廢”。)
>
> 以大車爲牛車。(原來說“大車”，如今說“牛車”。)

3. 這些用語用字被規范的原因是多方面的，歸納起來大致有以下幾個方面：

一是抬高皇權，體現至尊無上，而更名，如：

莊王爲泰上皇。(莊王稱“泰上皇”。)——秦莊襄王，是秦始皇的父親，則必須尊稱爲“泰上皇”。

以王令曰以皇帝詔。(原來說“以王令”，如今說“以皇帝詔”。)——現在是始皇帝時代，過去說的“王”已不能體現新時代的皇權尊嚴，故改稱。

王遊曰皇帝遊。(原來說“王遊”，如今說“皇帝遊”。)——同樣，現在的皇帝，是不能說成“王”的，故改稱。下同

王獵曰皇帝獵。(原來說“王獵”，如今說“皇帝獵”。)

二是爲維護秦的統治，凡不利于秦“新时代”“新面貌”的字詞，一律不能容忍，而更名，如：

毋敢曰巫帝，曰巫。(不准說“巫帝”，應叫“巫”。)——一個巫豈能與秦的最高統治者一樣稱“帝”，必須改稱更名。

騎邦尉爲騎校尉。(原來說“騎邦尉”，如今說“騎校尉”。)——因“邦”有“國”義，秦已統一全國，豈能再稱“邦”，必須更名。下同。

邦司馬爲郡司馬。(原來說“邦司馬”，如今說“郡司馬”。)

三是爲體現正統典雅，對一些俗語詞、秦以外的方言詞予以更名，如：

毋敢曰豬，曰彘。(不准說“豬”，應叫“彘”。)——“豬”是後起俗語詞。

---

① 《書·盤庚上》:“王若曰：‘格，汝衆。’”《周禮·天官序》:“惟王建國。”陸德明釋文引干寶云：“王，天子之號，三代所稱也。”《史記·殷本紀》:“於是周武王爲天子。其後世貶帝號，號爲王。”

② 《孟子·梁惠王下》:“吾王之好鼓樂，夫何使我至於此極也。”羅根澤《諸子考索·管子·形勢》:“諸侯稱王，唯楚在春秋之世，餘皆在戰國。

更詑（tuó）曰諰。（原來用“詑”，如今改用“諰”。）——“詑”和“謾”都是“欺騙、蒙蔽”義，但“詑”是黃河下游地區沇州的方言詞。① 說明秦對中原以外的方言詞可能是持排斥態度的。

四是有些字詞被規范的原因，是因爲某一文字記錄的詞或義項太多，承擔的“任務”重，遂規定用另一字來分擔其任務而更名。如：

大如故，更泰守。（表示“極大”仍舊用“大［tài］”，如今表示郡守時改用“泰［守］”。）

賞如故，更償責。（表示“賞賜、獎賞”仍舊用“賞”，如今表示“償還責［債］務”時改用“償”。）

吏如故，更事。（表示“官吏”仍舊用“吏”，如今表示“事情”時改用“事”。）

卿如故，更鄉。（表示“卿大夫”仍舊用“卿”，如今表示“鄉黨”時改用“鄉”。）

者如故，更諸。（表示之乎者也之“者”仍舊用“者”，如今表示“衆多”改用“諸”。）

這顯然是符合漢字漢語發展趨勢的，說明爲了更好地進行語言文字交際，秦是順應并有意推動了漢語漢字正常發展的。

4．有些事物名稱（含名稱的用字）的改易，過去我們曾認爲與政治無關，現在看來並非如此。例如：

酉如故，更酒。（表示地支的“酉”仍舊用“酉”，如今表示喝酒、酒器的“酒”改用“酒”。）

在漢語辭彙史和漢字史上，早期的“酉”既可表示“酒、酒器”，也可表示“十二地支的第十位”，後前者加水旁爲“酒”專表之。但過去不知道這一發展變化與政治有關，今《更名詔書》的問世，方知“更酒”與與秦朝的語言政策是緊密相關的，或者說“更酒”是秦王朝語言政策推動的結果。這同時也說明，至秦時包括統治者在內的人們，都意識到了一字承擔多義多詞不利於語言交流，應當使用後起字來分擔一些“職責”，用“酒”來分擔“酉”的職責正是這方面的反映。

5．有些名稱的改易，過去認為是後世的統治者行為造成的，現在看來并非如些。例如，過去認爲稱“徹侯”是秦制，改稱“列侯”是避漢武帝劉徹之諱而來的，今天看來此說不確。因為《更名詔書》有以下一條材料：

① 如上所引《說文·言部》：“詑，沇州謂欺曰詑。”

徹侯爲列侯。（原來說“徹侯”，如今說“列侯”。）

徹侯，是爵位名，曾屬秦朝的二十級軍功爵中的最高級，漢初因襲之，多授予有功的異姓大臣，受爵者還能以縣立國。《漢書·百官公卿表上》：“爵：一級曰公士，二上造，三簪嫋，四不更，五大夫，六官大夫，七公大夫，八公乘，九五大夫，十左庶長，十一右庶長，十二左更，十三中更，十四右更，十五少上造，十六大上造，十七駟車庶長，十八大庶長，十九關内侯，二十徹侯。皆秦制，以賞功勞。徹侯金印紫綬；避武帝諱曰通侯，或曰列侯。”過去曾認爲稱“徹侯”是秦制，“徹侯”改稱“列侯”是避漢武帝劉徹之諱，今天看來此説不確，從《更名詔書》可知，早在秦時就改稱爲“列侯”了，也就是説，改稱“徹侯”爲“列侯”是秦王朝語言政策的結果，後來漢稱“列侯”只是對秦的繼承。並且，上引《百官公卿表》也説得清楚，“（徹侯）避武帝諱曰通侯，或曰列侯”，即稱“通侯”是漢避武帝之諱而來，“或曰列侯”自然是對原名稱的繼承。

6. 有些詞語，原來曾以爲是後世産生的，而現在《更名詔書》的問世，方知早在秦就已産生，例如：

騎邦尉爲騎校尉。（原來說“騎邦尉”，如今說“騎校尉”。）

原來從傳世文獻的記載來看，以爲此職最早見於秦末起義軍，因爲據《史記》記載，秦末起義軍方開始有此職，《項羽本紀》：“（項梁）部署吳中豪傑爲校尉、候、司馬。”又《張耳陳餘列傳》：“（陳勝）以張耳、陳餘爲左右校尉。”所以人們認爲漢代始建“校尉”為常職，其地位略次於將軍。今《更名詔書》的問世，方知早在秦就已産生此詞。

通過以上分析可，秦簡《更名詔書》在中國語言學史上的確具有重大的研究價值。

四、結　語

以上我們分“有關先秦名實問題的研究价值”“有關《蒼頡篇》的研究价值”“有關秦王朝語言政策的研究价值”三個方面談了簡帛在中國語言學史研究上的價值。從這些新材料可知，簡帛在中國語言學史研究上，亦即在中國語言學史的構建上的確具有重大價值，簡帛帶給我們的這些信息，都是嶄新的信息，甚至是我們原來未曾料到的信息，開拓了我們的眼界，大大地豐富了先秦兩漢語言學史的内容，甚至有時還改寫了原來的結論。

中國語言學史是研究中國語言學産生發展的歷史的一門科學，它研究中國各個歷史時期的語言學，研究各個歷史時期的語言學家及其語言學著作，研究各個歷史時期的語言觀點、語言政策。中國語言學史這門學科的正式建立至今至少已近一個世紀，[①] 但檢討這一個世紀以來的研究，我們不難發現，早期的中國語言學史著作未能利用地下出土材料是正常的，因爲地下的有關材料還未問世，但近二十來年的有關中國語言學史著作沒有利用新出土的簡帛材料就不得不使人感到遺憾了。我們不妨看看近二十來年出版的《中國語言學史》類著作：

何九盈《中国古代语言学史》，广东教育出版社，1995。

许嘉璐《中国语言学现状与展望》，外语教学与研究出版社，1996。

李恕豪《中国古代语言学史》，巴蜀书社，2003。

李开《中国语言研究史》，江苏教育出版社，1993。

邓文彬《中国古代语言学史》，巴蜀书社，2002。

赵振铎《中国语言学史》（修訂本），商務印書館，2017。[②]

這些著作均未提及簡帛中有關材料，也就是說，都沒有利用簡帛材料，所以，高度重視簡帛語料，及時利用簡帛語料來進行中國語言學史的研究，是當今從事中國語言學史研究的同仁們不可忽視的職責，只有高度重視並充分利用這批出土材料，方有利於中國語言學史這門學科的建設，才能構建出一部科學的中國語言學史。

参考文獻

張顯成．論述名實的最早出土文獻——附訓詁術語三條//簡帛研究 2002、2003，桂林：廣西師范大學出版社，2005.

裘錫圭．長沙馬王堆漢墓簡帛集成（肆）．北京：中華書局，2014.

中國社會科學院考古研究所．居延漢簡甲乙編．北京：中華書局，1980.

甘肅省文物考古研究所、甘肅省博物館、文化部古文獻研究室、中國社會科學院歷史研究所．居延新簡．北京：文物出版社，1990.

甘肅省文物考古研究所．敦煌漢簡．北京：中華書局，1991.

國家文物局古文獻研究室、安徽省阜陽地區博物館阜陽漢簡整理組．阜陽漢簡《蒼頡篇》．文物，1983（2）.

甘肅省文物考古研究所．敦煌漢簡．北京：中華書局，1991.

王樾．略說尼雅發現的“蒼頡篇”漢簡．西域研究，1998（4）.

張存良．水泉子漢簡初識．文物，2009（10）.

張存良．水泉子漢簡七言本《蒼頡篇》蠡測//出土文獻研究：第九輯，北京：中華書局，2010.

---

① 如果从林柷［zhù］敔［yǔ］《语言学史》（世界书局，1935）开始算，中国语言学史这门学科建立的历史也已有 80 多年。

② 該書初版 2000 年由河北教育出版社。

張存良.《蒼頡篇》的版本、流傳、亡佚和再發現. 甘肅社會科學，2015 (1).

北京大學出土文獻研究所編. 北京大學藏西漢竹書（壹）. 上海：上海古籍出版社，2015.

湖南省文物考古研究所. 里耶秦簡（壹）. 湖南省文物考古研究所. 北京：文物出版社，2012.

陳偉. 里耶秦简牘校釋（第一卷）. 武漢：武漢大學出版社，2012.

山東博物館、中國遺產研究院編《書于竹帛：中國簡帛文化》，上海書畫出版社，2017 年。

The Value of Bamboo and Silk Manuscripts to Chinese Linguistics History Research

Li Zhenzhen, Zhang Xiancheng

Abstract: In the past 100 years, substantial bamboo and silk manuscripts was discovered. They contained quantity of linguistics materials, such as "Cangjie"; "Gengming Zhaoshu" and so on. To study "Cangjie" helps to mend and correct the original materials. "Gengming Zhaoshu" makes us to acquile more knowledge on the official linguistio institution of Qin dynasty. In a word, bamboo and silk manuscripts have great value in Chinese linguistics history, however, seldom researchers have pay attention to it. We should think highly of these materials which contributed a lot to the development of Chinese linguistics.

Keywords: the value of bamboo and silk manuscripts; the question of naming; "Cangjie"; "Gengming Zhaoshu"; the history of Chinese linguistics

（李真真、張顯成，西南大學漢語言文獻研究所）

試論日本“倭玉篇”系列字書的語言研究價值*

王安琪　王　正

提　要：近年來，隨著對外交流的不斷深化，域外文獻逐漸成為研究熱點，而日本辭書也由於其特殊價值引起國內學界的重視。“倭玉篇”是日本室町時期出現的一系列按部首排列、以字形為檢索條件的字書的統稱，在日語史和日本辭書史上佔有重要地位。同時，“倭玉篇”還是《玉篇》“日本化”的重要產物，無論是對域外漢字，還是《玉篇》在海外的流傳，抑或漢語語音史的研究，都具有重要價值。由于“倭玉篇”主要為假名注音、釋義，對日語要求較高，所以在利用上較為困難，加上學界對其認識不足等原因，目前國內學界對“倭玉篇”還停留在簡單介紹的階段。本文從辭書編纂、文字學和音韻學等三個方面闡釋了“倭玉篇”系列字書的學術價值，以期得到學界同仁更多的關注。

關鍵詞：“倭玉篇”；《玉篇》；辭書編纂；文字學；音韻學

一、引　言

近年來，隨著對外交流的不斷深化，域外文獻逐漸成為研究熱點，而漢籍在海外的傳播和影響也成為學界的重要課題。縱觀整個日本辭書史，從最早的《篆隸萬象名義》，到江戶乃至明治時期名稱各異的“××玉篇”，《玉篇》在日本辭書體系的創立和發展過程中都佔有舉足輕重的地位。

《玉篇》在日本的流傳過程大致可以分為四個階段：

1. 平安時期，顧野王原本《玉篇》傳入日本，日本僧人空海在其基礎上編纂了日本現存最早的辭書——《篆隸萬象名義》。

* 本文為2015國家社科基金重大項目“基于資料庫的古籍計算機輔助版本校勘和編撰系統研究”(15ZDB104)、2017高校人文社會科學重點研究基地重大項目“跨文化視野下的字書整理與研究”的階段性成果。本文曾在“首屆跨文化漢字國際研討會：東亞碑刻漢字及文獻研究”上宣讀，有修改。

2. 大約在鐮倉時期，《大廣益會玉篇》傳入日本，隨後產生了其翻刻本和附訓本。

3. 室町時期，出現了日本人仿照《玉篇》編纂的漢和辭書，多以“倭玉篇”、“和玉篇”等為名，這類辭書的影響力一直持續到江戶乃至明治時期。

4. 江戶時期，出現了一系列以“××玉篇”為名的辭書，“玉篇”成為漢字字典的代名詞，與中國的《玉篇》已不再具有內容上的必然聯繫。

其中，第一階段的顧野王原本《玉篇》在國內早已亡佚，而日本尚保存有原本《玉篇》殘卷及《篆隸萬象名義》。經過數十年的研究，已經形成了一批重要的研究成果。第二階段目前也有學者在進行相關版本的搜集和整理。第四階段亦有學者關注，如王平於近期出版的《日本明治時代漢文辭書彙刊・玉篇卷》等。而第三階段，即“倭玉篇”[①]系列字书的流傳階段，國內卻鮮有問津。然而，這一階段是《玉篇》“日本化”的重要環節，缺少這一環，我們對於《玉篇》“日本化”過程的認識就不完整。

目前，國內學界對於“倭玉篇”的瞭解基本還停留在簡單介紹的階段，這一方面是由於文獻本身研究難度較大，另一方面則是因为學界尚未充分認識到其研究價值。本文擬從辭書編纂、文字學和音韻學等三個方面來介紹“倭玉篇”系列字書的语言研究價值，以期得到學界同仁更多的關注。

二、辭書編纂價值

日本有三種常用的辭書編纂方法：一是按照部首編排、以字形為檢索條件的字形索引式；二是按照讀音編排的字音索引式，其中既有按照中國韻書的韻部排列的，也有按照假名音序排列的（如“伊呂波”和五十音圖）；三是按照字、詞類別分門別類排列的意義索引式。到了室町晚期和江戶年間也出現過將三種方式合訂在一起的綜合索引類辭書，如吉利支丹版《落葉集》等。其中的第一種字形索引式辭書大體上相當於中國的字書。現存最早的由日本人編寫的字書《篆隸萬象名義》是日僧空海在顧野王原本《玉篇》的基礎上編寫的。可以說，日本的字書（即字形索引式辭書）編寫傳統便是仿照《玉篇》建立起來的。“倭玉篇”便是沿著這一路線發展下來的，是日本中世時期字形索引式辭書的代表。

“倭玉篇”對《玉篇》[②]的繼承和改造主要表現在編排方式和編撰內容兩方面。

編排方式方面，“倭玉篇”系列字書基本都採用了與《玉篇》類似的部首檢字

① “倭玉篇”是日本室町時期出現的一系列按部首排列、以字形為檢索條件的字書的統稱，由于“倭玉篇”嚴格來講不能算作一本書，而是一種類型的字書的統稱，故而本文在泛指“倭玉篇”这一類書時使用引號，特指其中的某一版本時使用書名號，引用他人說法時遵照原文。

② 此處的“《玉篇》”指的是《大廣益會玉篇》。若無特別說明，下文亦同。

的編排方法。先設立部首，再將字頭歸入相應的部首中。字頭呈分段式排列，每一豎行排列五個左右的字頭。注音大體有兩種情況，一種採用片假名注音，多標於字頭右側，有時左右兩側皆有注音，如長享本、慶長版等；一種是在注音下面加一個“云”字，而注音既有假名注音，也有漢字注音，如延德本、《音訓篇立》等。這種注音方式與漢字字書中的直音法相似，可能是受到了世尊寺本《字鏡》等日本字書的影響。釋文多為片假名，亦會夾雜少量漢字釋文。

值得一提的是“倭玉篇”對《玉篇》的部首體系的改造。《玉篇》的部首體系是基於《說文》而設置的，雖然進行了一些調整，但從整體上看還是遵從《說文》的。“倭玉篇”對此進行了大幅改造。以長享本《倭玉篇》① 為例，按照長享本目錄中部首下所標記的序號，長享本共收 312 部②，《大廣益會玉篇》收 542 部。一方面，長享本《倭玉篇》對《玉篇》的一些部首進行了刪除與合併，刪除了一些統字能力差的部首，如“民、兮、去”等。合併部首主要有三種情況：1. 將同形複體部首歸入基本部件，如將“晶”部歸入“日”部，“炎、焱”二部歸入“火”部，“誩”部歸入“言”部，“䖵、蟲”二部歸入“虫”部等；2. 合併有共同部件的部首，如將“旨、稽、但”三部歸入“日”部，“泉、驫”二部歸入“白”部，“尺、履”二部歸入“尸”部，“宮、寅”二部歸入“宀”部等；3. 合併形體相近的部首，如將“朩”部歸入“木”部，“旡”部歸入“先”部，“鬥”部歸入“門”部，“乚”部歸入“乙”部等。這種刪除、合併部首的做法與《字彙》如出一轍。可以說，長享本《倭玉篇》採用的是基於字形的檢字部首，而非基於構形的造字部首。另一方面，長享本也新設了一些部首，如“甫、番、君”等部。長享本新增的部首主要是由於“多角度歸部”造成的。長享本中有時會出現將同一個字歸入不同部首的情況，如將“徵”字同時歸入“彳、山、攵”三部中，將“哺”字同時歸入“口、甫”二部中。這種方法可以為檢字提供一些方便，但也不可避免地會增加一些中國字書中原本沒有的部首。中國字書中的部首一般都是形旁，但“多角度歸部”使長享本中增加了一些聲旁部首，如“甫”部所轄的字頭“酺、黼、哺、輔、浦”皆是以“甫”為聲旁的。

長享本《倭玉篇》書寫於 1489 年，遠早於《字彙》。對不同版本的《倭玉篇》

---

① 長享本《倭玉篇》是目前已知的最早的《倭玉篇》，書寫于長享三年（1489），原本不幸毀於大正十二年（1923）九月的關東大地震，橋本進吉博士于大正三年（1914）為其製作了影寫本，藏於東京大學國語研究室。

② 其中卷上最後一個部首“魚”部和卷中第一個部首“虫”部所標的均為 32；第 3 部和第 46 部均為“肉”部，第 25 部和第 225 部均為“虎”部，第 71 部和第 201 部均為“兄”部。從收字情況看，“肉－3”和“肉－46”兩部收字有部分重複；“虎－25”與“虎－225”除了部首字“虎”之外收字不重，前者所收字頭中均包含部件“虍”，後者均包含部件“虎”；“兄－71”與“兄－201”收字完全相同，應為編排時的疏漏造成的。

的部首體系進行考察，再與《字彙》等進行對比，有助於我們研究中日學者在改造漢字的部首體系時做法的異同，從而瞭解文化差異對漢字認知的影響。

編撰內容方面的改造主要有兩點：1. 刪減和增加字頭。“倭玉篇”系列字書中，不同版本之間收字量差異很大，但皆少於《玉篇》。以長享本《倭玉篇》和元刊本《玉篇》[①]為例，長享本共收單字字頭 10304 個（未去重），詞頭 46 個（其中，兩字詞頭 43 個，三字詞頭 3 個）；元刊本《玉篇》共收字頭 22804 個（未去重），未收詞頭。可見“倭玉篇”在編纂過程中對所收字頭進行過選擇。“倭玉篇”在收字方面的取捨，可以在一定程度上反映當時日本社會整體的漢字使用情況。我們以長享本為例進行了統計研究，結果發現在篩選字頭時，字頭在漢籍中的使用頻率是重要的影響因素，高頻字保留的比較多，低頻字刪去的比較多。刪減字頭的同時，長享本也在《玉篇》的基礎上增加了七百個左右的字頭[②]。新增字頭的情況比較複雜，其中有一部分屬於《玉篇》所收字頭的異體字，如“岩”（“巖”之異體）、“甜”（“甛”之異體）；一部分屬於《玉篇》失收字，如“魯”、“皆”、“朋”等；還有一部分是日本國字，如“榊”、“椺”等。2. 調整釋文。《玉篇》的釋文一定程度上繼承了《說文》，釋文一般包括字形和本義的說解，而“倭玉篇”則根據當時文獻中的實際使用情況做了調整。如“舞”字，《玉篇・舛部》：“亡禹切，足相背也”；《說文・舛部》：“樂也，用足相背，从舛，無声”。很明顯，《玉篇》的釋文是基於《說文》的，長享本則根據此字在文獻中的使用意義將釋文改為“マウ（舞う【跳舞，飄舞】）”。

總而言之，無論是對部首體系還是編撰內容的改造，都是日本學者根據日本的實際用字情況，在中國字書的基礎上進行的二次創作。

三、文字學研究價值

隨著國際交流的增多，國內學界對域外漢字越來越關注。王平在《基於數據庫的中日韓傳世漢字字典的整理與研究》一文中說：“通過對東亞文化圈傳世漢字字典的研究，可以瞭解漢字和漢文化傳播的時間、層次、國別、規律、特點、方向，可以瞭解支流文化對主流文化的回饋，從而構建科學的漢字傳播史”[③]。在域外漢字研究中，日本漢字是重要的研究對象。日本有自己的語言，卻沒有產生相應的自

① 之所以選擇元刊本《大廣益會玉篇》，是因為經過考察，我們發現，在各種類型的《玉篇》中，長享本《倭玉篇》與元刊本《大廣益會玉篇》最為接近，元刊本《玉篇》很可能直接影響了長享本《倭玉篇》的成書。有關這方面的研究情況將另撰文說明。

② 增加字頭的數量由於對漢字認同標準的不同而有不同，數量大約在六百八十到八百八十個之間。

③ 王平：《基於數據庫的中日韓傳世漢字字典的整理與研究》，《中國文字研究》2013 年第 19 期，第 217 頁。

源文字，而是借用了漢字。漢字傳入日本之初，使用範圍僅限於貴族及僧侶階層。隨著漢籍的大量傳入和教育的普及，漢字在日本的使用也日漸頻繁，並產生了假名。“倭玉篇”所處的中世時期是日本文化的一個轉型期，通俗文化呈上升之勢，漢字也在這一時期迅速普及。與平安時期偏學術型的字書不同，“倭玉篇”的實用性強，大體可以反映當時社會用字的實際情況，對其收字、字形和音訓等進行考察，可以從微觀的視角觀察日本中世、近世的用字變化，從而更切實地瞭解漢字在日本的傳播過程，推進跨文化漢字研究。

對於“倭玉篇”在文字學方面的研究價值，本文主要介紹以下兩點：

（一）可以為疑難字考證提供線索和證據

日本辭書在疑難字考證方面的作用早已被學界所重視，也產生了一批重要的成果，如何華珍的《日本漢字和漢字詞研究》、張磊的《〈新撰字鏡〉研究》等。這些研究所關注的對象大多是日本平安、鎌倉時期的辭書，如《倭名類聚抄》、《新撰字鏡》、《類聚名義抄》等，而對較晚的室町、江戶時期的辭書則利用較少。

事實上，“倭玉篇”同樣也可以為疑難字考釋提供一些線索和證據。例如：

譗［トウ］：ウツス（摹）[①]

按：《康熙字典（增訂版）[②]·酉集上·言部》：“譗，未詳。”根據《倭玉篇》中所注的音和義，再結合字形，推測此字應為“謄”的異體字，在原字的基礎上又累增了一個形旁。

蛦：カキ（牡蠣）

按：《字彙補·申集·虫部》：“蛦，思劦切，音燮，義未詳”；《康熙字典·申集·虫部》：“蛦，《搜眞玉鏡》音燮”。“蛦”字在中國的字書中意義未詳，《倭玉篇》將其訓為“牡蠣”，可作為參考。

醪［ラウ］：シラサケ（白酒）

按：《字彙補·酉部》：“醪，下老切，見《海篇》”；《康熙字典·備考·酉集·酉部》：“醪，《龍龕》音皓”。另，《精刻海若湯先生校訂音釋五侯鯖字》、《新校經史海篇直音》、《改並五音類聚四聲篇海》、《重訂直音篇》等字書中亦收此字，但均有音無義。《倭玉篇》中“醪”字的讀音同“老”，釋義為白酒，據此推測此字或為

---

① 此條材料出自長享本《倭玉篇》（1489），若無特殊說明，下文所引用的《倭玉篇》中的條目皆出自此版本。引用格式為：“字頭［注音］：和訓（和訓的漢字表記【和訓的漢語翻譯】）”，其中，“（和訓的漢字表記【和訓的漢語翻譯】）”是本文為了方便讀者理解所加，並非原文中的內容。

② 《康熙字典（增訂版）》是2008年由社會科學文獻出版社以道光十一年王引之校訂本為底本，在日本學者渡部温《康熙字典考異正誤》和我國學者王力《康熙字典音讀訂誤》的基礎上增補和修訂而成的版本。

"醝"的訛字。《玉篇·酉部》:"醝,在何切。白酒",而"差"字在文獻中又常被寫作"羗"(《碑別字新編·十畫·差字》引《魏元欽墓誌》)、"𦍑"(《敦煌俗字譜》)等形,與"老"字的字形相近,容易發生訛誤。所以,從形和義兩方面來看,"酡"字或為"醝"字的訛字。《玉篇》中"醝"是個形聲字,"差"為聲旁,訛變成"酡"字之後,人們不知道其字源,誤將其解讀為"從酉老聲"的字,讀音也發生了變化。

砳[ユウ]:カラウス(唐臼/碓【碓臼。臼埋入地中,用脚踩踏杵柄使其上下舂穀物的用具】)

按:《康熙字典(增訂版)·午集下·石部》:"砳,未詳。"《倭玉篇》中所注的讀音同"右",釋義為"碓臼",可作為參考。

娉[カク]:サワク(騒ぐ【吵鬧;慌張;騒動;不安;傳聞,許多人對特定的人或事進行談論】;ナマメク(艶く【女性顯得妖艶、妖媚】)

按:《康熙字典(增訂版)·丑集下·女部》:"娉,未詳。"根據《倭玉篇》中的注音和釋義,推測此字為形聲字,從女咢聲,意為形容女子妖豔、風騷、不安分。

另外,"倭玉篇"中的材料也可以給現有的一些疑難字考證成果提供一些證據。如:

韡:ハナヒラ(花弁【花瓣】)

按:《龍龕手鑒·韋部》、《四聲篇海·韋部》、《重訂直音篇·韋部》:"韡,音革";《字彙補·韋部》:"韡,見《篇韻》"。楊寶忠《疑難字續考》曾對此字進行過考證:"傳世文獻有'韡'字,乃'韡'字俗訛,非'革'字之變也。'韡'字有兩音兩義,一音 wěi,韡韡,花盛貌;一音 xuē,乃'韡'之易旁字。'韡'作為'韡'之俗訛字,亦有此兩種用法"。《倭玉篇》將此字釋為"花瓣",可以佐證第一種用法。

麥[ハク]:ムキ(麥)

按:郑贤章《漢文佛典疑難俗字彙釋與研究》"麥"字条:"《雲山燕居申禪師語錄》卷五:'階前飲啄禽魚順,籬下清涼黍麥香。仁壽無煩山野祝,情同松柏韻流長。'(J40,p0100b)按:'麥',大型字典失收,乃'麥'字。《雲山燕居申禪師語錄》卷六:'麥新一日喜聞鐘,遂把從前入夢中。彼此既知宜杜口,傳來一紙要流通。'(J40,p0103a)《宗寶道獨禪師語錄》卷四:'孰是孰非,黍麥難分。'(X72,p757c)'黍麥'即'黍麥','麥'即'麥的增旁俗字。"此字《倭玉篇》收錄，訓釋為“麥”，可佐證鄭賢章的說法。

需要說明的是，對於“倭玉篇”中收錄的不見於中國字書或在中國字書中音、義未詳的字，在利用這些材料時還要注意考辨。因為“倭玉篇”中的釋文基本都是和訓，除了有被訓字和訓釋語的意義是否等值的問題，還有日本民族的主觀選擇在裡面，這一點與同質文化內部的情況有所不同。另外，中國字書中收錄的音義未詳字中，有一些字或許本來就是域外漢字或少數民族地區用字。更多情況還有待於進一步的研究和分析。

（二）可以發掘一些特殊的用字現象

日本人在接受和使用漢字的過程中，也根據日語本身的需要對漢字體系進行了一些改造，比如創制“和制漢字”，以及賦予漢字新的用法等。日本學者新井白石在《同文通考》中將前者稱為“國字”，後者稱為“國訓”。

“倭玉篇”系列字書中收錄了一定數量的日本國字。以長享本為例，除了我們所熟知的“辻”、“込”、“畑”等字外，長享本中還收錄了一些其他的國字，例如：

榊：サカキ。玉篇無之。

按：《中華字海》：“榊，日本地名用字”。《新撰字镜・木部》：“榊，佐加木”，“佐加木”为“サカキ”的万葉假名。［日］源順撰《倭名類聚抄・序》：“海蛸為蚅，河魚為鱩，祭樹為榊，澡器為楾”；［日］光宗撰《溪嵐拾葉集・記錄部》：“尋云：神明灌頂ノ時，ハ波羅提木叉ト云，事有其相如何？答：波羅提木叉ト者，天竺ノ言ハナリ此ニハ云，レ戒ト其故ハ諸。ノ凡夫四季ノ轉變被レ移。爲二四相被二遷移一。是ノ生滅去來。ノ見則顯二常住不滅相一也。故ニ以レ榊爲二神明ノ法體ト一也。凡此木ハ不レ被レ移二四季一木也。故ニ以レ榊名二波羅提木叉ト一也一”；［日］近然撰《行林抄・第二十八》：“木綿。和名波比萬由美。世間所謂神祭ユフ者此木皮也。似苧付榊。付神，馬尾是也”。就我們目前掌握的資料來看，此字出於日本文獻，是指一種與祭祀有關的樹。

楾：ハンサウ

按：《倭名類聚抄・序》“海蛸為蚅，河魚為鱩，祭樹為榊，澡器為楾”；《同文通考・卷下・國字》：“楾，ハンゾウ，匜也。《說文》：匜，柄中有道，可以注水之器也。《倭名鈔》：有柄半挿其內，故呼為半挿也。按：近世呼注水噐謂飯銅者，蓋半挿之轉訛也”。就我們目前掌握的資料來看，此字出於日本文獻，為會意字，表示一種舀水的勺子，有柄，平時半插于水中。

鰯：イハシ

按：《倭名類聚抄・卷十九・鱗介部三十・龍魚類第二百三十六》：“鰯，《漢語抄》云‘鰯’（注：亦和之，今按，本文未詳）”；《和字正俗通·和制一·蟲魚》：“鰯，イハシ”；《同文通考·卷下·國字》：“鰯，鰛也”；《新字典·亥集中·魚部》：“鰯，日本所造字。讀如伊劃希。魚名。體似梭。鱗疏而大。背蒼黑色。腹銀白色。脂肪甚多。可榨爲燈油。乾之可爲肥料。自琉球至日本之北海道。所在多有之”。此字在中國文獻中未見，而在藤原忠平所作的日本史籍《延喜式》中多次使用。從字書中的材料來看，“鰯”字指的是一種生長在日本附近海域裡的魚，此字當為日本國字。

“倭玉篇”在對字頭進行訓釋時，有時也會加入一些日語中的用法。如“飽”，長享本中释为“アク（飽く）；アクマテ（飽く迄【……到底；彻底地】）”。“アク（飽く）”即“アキル（飽きる）”，意为“厭煩、够了”，或接在動詞連用形後，表“充分、足够”。此義項與漢語中的“飽”有關聯，可以說“アク（飽く）”中的“飽”是表義不表音的；“アクマテ（飽く迄）”義为“無論如何也……；總是，堅決”，作副詞使用。此義項與漢語中的“飽”無任何關聯，是日語中新增的用法。不過，這種情況在“倭玉篇”中還是比較少的。

另外，從室町時期到江戶時期出現了很多版本的《倭玉篇》，各版本在收字、注音、釋義等方面的變化，也能在一定程度上反映日本中世、近世時期漢字使用情況的變化。例如，“社”字在絕大多數日語辭書中都有“ヤシロ”這個訓讀，在长享本、延德本、傳紹益本、弘治二年（1556）寫本等版本的《倭玉篇》中亦有此訓，而“コソ”這個訓讀則在永祿六年（1563）的《類字韻》中才出現，之後的慶長版《倭玉篇》中亦有此訓。“ヤシロ”意為“神社，祭祀的固定場所”，與漢語的“社”字意義基本一致；而“コソ”是日語中的一個助詞，可以作為系助詞，表示逆接或順接條件句，或表示強調，也可以作為終助詞，表示願望、希望等。据考察，用“社”字記錄終助詞“コソ”的例子只出現在《万葉集》等早期文獻中，而記錄系助詞“コソ”的例子則集中出現在江户時代。其實，“コソ”作為系助詞的用法在日語中一直存在，只是江户以前都用假名来記錄，江户時代才开始頻繁地用“社”字来記錄。永祿本《類字韻》出現于日本戰國時代（室町時代與江戶時代之間），慶長版《倭玉篇》出現于江戶時代。除了幾種《倭玉篇》之外，江户時代的其他字書，如《異體字辨》、《同文通考》、《和字正俗通》和《倭字考》中都收錄有“コソ”這個訓讀。“中世以來的公文規定都要用漢字書寫，由於知識不足，古寫出了很多愚蠢的假借字，柳田對此戲稱為‘節用禍’。”[1] 日本中世以後，在漢字的權威性與庶民階層文化水準之間的矛盾的作用下，一些漢字被賦予了特殊的用法，而不同時期的《倭玉篇》中，“社”字條下所收錄訓讀的變化所反映的可能恰好是這

① 潘鈞：《日本漢字的確立及其歷史演變》，北京：商務印書館 2013 年，第 68 頁。

種現象[①]。

四、音韻學研究价值

域外語言文字材料的逐步傳入，為傳統音韻學的研究提供了新的材料和切入點，而日本的辭書材料較其他漢文化圈的國家和地區又更加豐富，有很大的研究空間。“倭玉篇”系列字書中有大量的注音材料，在漢語音韻學研究上的價值自不待言，其在日本語言文化，以及日漢對音等方面也都有一定的研究價值。

前面已經提到過，“倭玉篇”系列字書的注音主要採用兩種方式：一種是用片假名注音，多標於字頭右側，有時左右兩側皆有注音；一種是在注音下面加一個“云”字，而注音既有假名注音，也有漢字注音。下面我們以長享本《倭玉篇》為例，對“倭玉篇”在音韻學、日漢對音等方面的研究價值做一些說明。

長享本採用的是第一種注音方式，以假名注音為主，間有少量反切。假名注音以右音為主，部分字頭兼有左音。韓國學者李承英考察了慶長十五年版《倭玉篇》的左右音注，認為其中右音記錄的多為漢音，而左音記錄的多為吳音[②]。不過長享本中左右音的情況可能並非如此，今舉数例略作說明。

	右音	左音
明	ミヤウ	メイ
明	メイ	ミヤウ
倭	ワイ	ワ
借	シヤク	シヤ
怦	ハウ	ホウ

長享本中，“明”字重出，兩次出現時左右音互換；“倭”字宋刊本、元刊本《玉篇》皆收“于為、烏禾”二切，“倭”的左右二音分別對應這兩個反切；“借”字宋刊本與元刊本收“子夜、子亦”二切，而長享本的左右音亦分別對應這兩個反切；“怦”字宋刊本《玉篇》作“普萌切”，在耕部，元刊本作“普明切”，在庚部，《廣韻》中庚、耕同用，實際上讀音相同或相近。長享本的左右二音大概是受這兩個不同的反切的影響所致。上述情況在長享本的左右音中比較普遍，從這些材料來看，並不能確定左右音與吳音、漢音的對應關係。至少就長享本的情況來看，左右音的區分主要還是受漢文辭書注音影響所致[③]。另外，《倭玉篇》中有 40 字收錄了

① “社”條由北京師範大學外國語言文學院沈涵提供，謹致謝意！

② 李承英：《倭玉篇における漢字音の系統——文明本節用集との比較》（《倭玉篇》中的漢字音系統——與文明本《節用集》的比較），《日本語教育》2008 年第 44 期，第 15 頁。

③ 《玉篇》中的注音既有古音遺留，亦雜以方音、異讀等。所以，具體到某字注音時，需要具體分析。《倭玉篇》之左右音多受其影響。

反切，其中，“羯”、“鮩”二字皆收兩個反切及左右二音，比較反切與假名注音後發現，仍是以左右音分別對應兩個反切，可以進一步證明上文結論的可靠性。

對於長享本《倭玉篇》的音注，下文將就其對日漢對音、漢文辭書校勘及該書成書狀況等方面的研究價值做簡要說明。

（一）長享本《倭玉篇》音注對日漢對音研究的作用

在日漢對音方面，通過對《倭玉篇》假名注音與漢文字書、韻書中音切的整理、比較，我們大致瞭解了當時日漢對音的一般原則，歸納如下：

（1）清濁不分；（2）牙喉混切；（3）複輔音混切；（4）聲母古同①。

（5）前後鼻無别（6）ア行對應果攝字、假攝字；（7）イ行對應止攝字、蟹攝字、後鼻音字、入聲字；（8）ウ行對應止攝字、遇攝字、效攝字、流攝字、後鼻音字、入聲字；（9）エ行對應音蟹攝字；（10）オ行對應遇攝字、果攝字、流攝字；（11）ン對應前鼻音字。

（12）聲調無别（入聲除外）。

其中，（1）～（4）為聲母對音規則，（5）～（11）為韻母對音規則，（12）為聲調對音規則。

經過對比發現，日漢對音較為寬泛，往往一個元音可以對應漢語的多個韻母。这是由于日語僅有ア、イ、ウ、エ、オ五个元音，所以與漢語的複雜韻類的對音就顯得非常寬泛，這是具體語言特質造成的。又比如日語無前鼻音，所以前鼻音的對音就全部以ン來對應，看不出内部差别，不如後鼻音的對音精密。另外，日語無聲調，所以對音時除了入聲外，其餘聲調的區别也被完全忽略。其他日漢對音中的差異尚多，此不贅述。

由於，日語的吳音、漢音和唐宋時期漢語語音關係密切，所以《倭玉篇》的日漢對音特點，可以為中古漢語語音的研究提供新的研究材料，有待於進一步深入研究。

（二）長享本《倭玉篇》音注對漢文辭書校勘及該書成書狀況研究的作用

由於日漢對音的寬泛性，加之漢字讀音自身的一些特點，研究時有一定局限性。不過，具體到某個字注音的校勘時，《倭玉篇》中的材料可以起到一定的參考作用。比如：“腴”，右音作“シヨ”，左音作“ヨ”，宋刊本《玉篇》作“羊改切、又音與”，元刊本作“羊汝切、又音與”。从日漢對音規則來看，“ヨ”一般對應遇攝、果攝、流攝等攝的字，而宋刊本的“羊改切”為蟹攝，結合元刊本的“羊汝切”，可知“改”當為“汝”之誤，宋刊本《玉篇》誤。再如：“膢”，右音作“リ

① 聲母古同指後代聲母有别，但上古時代同屬於一個聲母的情況。

ウ”，宋刊本《玉篇》作“力由切”，元刊本作“力田切”。由“䉧”的聲旁基本可知不當讀“力田”，結合《倭玉篇》的右音來看，“ウ”一般對應止攝字、遇攝字、效攝字、流攝字、後鼻音字、入聲字等，而前鼻音一般與“ン”對應，則確知“田”當是“由”的形訛，元刊本《玉篇》誤。不過，由於日漢對音的寬泛性，在具體校勘時應當保持慎重的態度。

另外，《倭玉篇》雖然以假名注音為主，但有40個字留有反切，分佈於木、火、金、水、目、耳、手、足、鳥、牛、馬、羊、魚、肉、示、羽、豖等17個部首中。這40字的分佈比較零散，無規律可尋。在全書一萬餘字中，為何僅40字收有反切，令人費解。而全書一萬餘字中，有一千多字收錄了漢文釋義，這40字的反切亦雜於其中。考慮到絕大多數漢文釋義未並收反切，所以可以肯定，收錄反切不是編撰者的本意，亦即編撰體例中並無收錄反切的要求。所以，這些反切應該是編撰時無意中和漢文注釋一起收錄進去的。

這40個字分別為：槔、櫂、煆、钀、湒、滁、洬、湛、灑、滮、汓、灦、濕、眂、聯、插、掛、挍、拷、拃、拌、蹂、鳶、牳、鶩、驟、鱻（纍）①、羯、鰾、鮩、肓（盲）②、膚、肩（肩）、觜、臀、膏、脣、祉、羖、豞等。其中，同時收有假名左右音的有湛、灦、聯、插、挍、牳、驟、羯、鮩等9字；只收右音的有槔、櫂、煆、钀、湒、滁、洬、灑、滮、汓、濕、眂、掛、拷、拃、拌、蹂、鳶、鶩、鱻（纍）、鰾、祉、羖、豞等24字；無只收左音的字；左右音皆未收的有肓（盲）、膚、肩（肩）、觜、臀、膏、脣等7字。

經過校勘，發現長享本訛誤5處，皆為形近致訛③：

長享本字頭	長享本反切	元刊本反切	校勘
櫂	俱具切	具俱切	應作“具俱切”
濕	口及切	屍及切	應作“屍及切”
挍	古救切	古效切	應作“古效切”
鮩	步否切	步杏切	應作“步杏切”
肓	古先切	呼光切	應作“古光切”，“先”為“光”形近致訛。

通過對這40字的比對，發現與長享本《倭玉篇》相似度最高的是元刊本《玉篇》，兩書有33字反切完全一致，相似率達到了82.5%，不同反切字為“插、膏、脣、羖、肩（肩）、膚、觜”等7字。其次是宋刊本《玉篇》，有31字相同，相似

① “鱻”為“纍”之誤，下同。

② “肓”為“盲”的異體，下文“肩”為“肩”的異體。

③ 此處校勘時，參考了宋刊本和元刊本《玉篇》、《說文》、《廣韻》、《龍龕手鏡》等數十種材料，為節省篇幅，僅將與長享本《倭玉篇》相似度最高的元刊本《玉篇》附於表中。

率達到了77.5%，不同反切字為“插、膏、膂、羢、扃（肩）、膚、胔、洅、豟”等9字。其中，宋刊本與長享本反切一致的31字包含在元刊本與長享本反切一致的33字中。換句話說，元刊本與長享本反切一致的33字中，31字與宋刊本一致。

另外，長享本《倭玉篇》反切與《説文》相同的有9字，為“潏、滮、掛、鸁（纍）、羯、扃（肩）、膏、膂、羢”，相似率為22.5%。與《廣韻》一致的有10字，為“橰、滮、掛、拃、鸁（纍）、扃（肩）、膏、膂、羢、豟”，相似率為25%。與《篆隸萬象名義》相同的有“湒、潏、汓、灝[①]、眂、瞭、掛、蹂、羯[②]”等9字，相似率為22.5%。與《玉篇殘卷》相同的僅有“汓”1字，與《説文系傳》相同的有“掛、鸁（纍）”等2字，與《龍龕手鏡》相同的有“煆、掛、羯、臀”等4字，與《集韻》相同的有“橰、插、掛、羯、豟”等5字，與《類篇》相同的有“橰、插、掛、羯、膂、羢”等6字。而除去與元刊本《玉篇》反切不同的7字外，各書與長享本反切的相同率實際很低。由於古代字書、韻書的注音往往相互參照，故而這種低相同率並不能反映其與長享本的內在關聯性。

再看與元刊本《玉篇》反切不同的7字，這7字與《説文》一致的有4字，分別為“膏、膂、羢、扃（肩）”等；與《廣韻》一致的有4字，為“膏、膂、羢、扃（肩）”等；與《集韻》《類篇》一致的僅有“插”1字。而同時期或更早的其他辭書無一字音注與之相同。另外，7字中的“膚、胔”二字的反切與各書皆不同。從中可以看出，長享本編撰時應該主要參考了宋、元兩個刊本《玉篇》。另外，也可能利用了《説文》《廣韻》等對部分字的反切做了調整，至於調整的原因，尚需進一步研究。而是否利用了其他字書、韻書，就很難直接得出肯定的結論，只能說存在可能性。

另外，在與元刊本《玉篇》反切相同的33字中，31字與宋刊本相同，不同的兩字為“洅、豟”。其中，“洅”長享本、元刊本《玉篇》同作“子雷切”，宋刊本作“子罪切”。查《説文》作代切，《説文系傳》則代切，《類篇》祖猥、作代二切，《玉篇殘卷》作罪反，《篆隸萬象名義》作罪反，《廣韻》子罪切，並引《説文》作代切，《集韻》祖猥、作代二切。無作平聲者，則知“子雷切”有誤，而長享本沿用元刊本致誤，進一步説明兩書關係密切。再看“豟”字，長享本、元刊本《玉篇》同作“竹角切”，宋刊本作“丁角切”。此字《説文》未收，《篆隸萬象名義》丁角切，《廣韻》竹角切，《類篇》都木切，《集韻》都木、竹角二切。“丁角切”或“都木切”顯然是古音，而“竹角切”應是時音，長享本從元刊本《玉篇》等作

---

① “汓”字长享本收“似流、余周”二切，《篆隸萬象名義》僅收“似流反”一个反切；“灝”字长享本收“公道、公禫”二切，《篆隸萬象名義》僅收“公道”一切。

② “羯”字长享本收“巨謁、居謁”二切，而《篆隸萬象名義》、《集韻》、《類篇》、《龍龕手鏡》四書皆只收“居謁”一切。

“竹角切”，説明其在編撰時是考慮到當時實際讀音的，這與《倭玉篇》的編撰用途密切相關。從以上兩字也可看出，在與《倭玉篇》關係最為密切的宋、元刊本中，元刊本《玉篇》與《倭玉篇》的關係較宋刊本更密切。

以上我們從辭書編纂、文字學及音韻學等四個方面介紹了“倭玉篇”系列字書的語言研究價值。辭書編纂方面，“倭玉篇”在部首設置以及收字、義項的選擇方面的嘗試可以給我們一些啟示。文字學方面，“倭玉篇”中豐富的材料可以給疑難字考證提供一些線索和證據，也可以從中找到一些日本特有的用字現象，這對於域外漢字的研究來說是很有價值的。音韻學方面，“倭玉篇”中豐富的注音材料可以為日漢對音研究提供材料，在校勘中國字書及研究“倭玉篇”成書狀況方面也有一定的幫助。作為日本中世時期字書的代表，“倭玉篇”系列字書具有時間跨度長、使用頻率高、傳播範圍廣、流傳類型多等幾個特點，相信這是一處尚未開發的寶藏，有待學界的共同努力。

参考文獻

北恭昭．漢和字書の系譜における慶長整版倭玉篇——《字鏡》《音訓篇立》《大広益会玉篇》との対比において．国語学．第77期，1969.

川瀬一馬．增订古辞书の研究．雄松堂出版，1986.

高橋（大熊）久子．夢梅本倭玉篇と宋版大広益会玉篇——夢梅本の基礎的編纂資料に就いて．国学院雑誌，1989（5）.

李承英．倭玉篇における漢字音の系統——文明本節用集との比較．日本語教育．第44期，2008.

鈴木功真．倭玉篇の研究．日本大學2004年博士學位論文.

潘鈞．日本漢字的確立及其歷史演變．北京：商務印書館，2013.

王平．基於數據庫的中日韓傳世漢字字典的整理與研究．中國文字研究．第19辑，2013.

楊寶忠．疑難字續考．北京：中華書局，2011.

鄭賢章．漢文佛典疑難俗字彙釋與研究．成都：巴蜀書社，2016.

On the Linguistic Value of Japanese “Yu Pian” Series of Lexicons

Wang Anqi, Wang Zheng

Abstract: Foreign literature has gradually become hot research topics thanks to frequent international exchanges in recent years. Japanese dictionaries have attracted the attention of domestic academic circles because of their distinctive value. “Yu Pian”, appeared in the Japanese Muromachi period, means a series of lexicon books in which words are arranged by radicals and searched by the shape of the characters which are very important in Japanese history and Japanese dictionary history. Meanwhile, since it is an important product in the "Japanization" of "Yu Pian", it plays a very important role in studying the overseas Chinese characters, the spread of "Yu Pian" abroad, and the history of Chinese phonetics development. Because the "Yu Pian" research work requires a good command of Japanese, for it makes phonics notation and interpretation for kana, it is hard to make further research. In addition, with insufficient understanding of the value, the domestic circles made research work in the phase of brief introduction. This paper expounds the academic value of the "Yu Pian" series lexicon books from three aspects, that is, dictionary compilation, philology and phonology, to draw more attention from the academic circles.

Keywords: "Wo Yu"; "Yu Pian"; dictionary compilation; philology; phonology

（王安琪，北京師範大學文學院；王正，四川大學文學與新聞學院）

閉口韻對朝鮮漢字音與漢語上古音關係研究的價值*

張　輝

提　要：閉口韻是漢語音韻學史研究中的重要問題，其演化與消失時代的研究一直受音韻學界關注。它在現代漢語普通話中已經消失，朝鮮語漢字音中卻保留至今，是中朝漢字音差異的主要表征之一。那麼，二者間是否存在源流關係就非常值得探討。本文擬結合新發掘的朝鮮朝音韻"質正"文獻和音韻學相關研究成果，以及"箕子東適朝鮮說""上古東夷族說"等問題，綜述分析漢語上古音與朝鮮漢字音閉口韻關係及相關問題。

關鍵詞：閉口韻；朝鮮漢字音；上古音

一、引　言

據《韶濩堂文集定本卷八詩文集總名曰合刊韶濩堂集〇花開金澤榮於霖著雜言雜言二丙午（金澤榮）》有言：

> 詩有聲先而意隨者，如明月松間照，若就明字，易以皎字或寒字，可能有天然之意乎？亦有意先而聲隨者，如愁思看春不當春，若將一春字，作椿字讀，則雖利口，必不能諧律矣。
>
> 吾邦蓋在上古之世，只有方言而無文字，其有文字自箕子始。則吾邦字音，卽箕子之所授也，而今其字音，與中國大異而小同者何。吾嘗思之，蓋始同而後變耳。安徽王饒生聞餘讀書曰，某字某字，是中國之古音。夫中音有古今之變，則東音何獨不然，故今之不同者，卽互失其本音故也。惟吾邦入聲字音，似與中國絶異，然徐而尋之。特其音太猛而已，亦未嘗絶異也。①

---

* 基金項目：國家社科基金項目《朝鮮朝漢語官話語音"質正"制度研究》（項目編號：14XYY023）。

① 引自金澤榮. 韶濩堂集［A］. 韓國文集叢刊（347卷）［C］. 首爾：景仁文化社，1996年第318頁。

從這則材料來看，金澤榮（1850—1927 年），朝鮮朝開城人，字於霖，號滄江，另號韶濩生、雲山韶濩堂主人，晚年又稱長眉翁。曾結識嚴複、鄭孝胥，在撰修史籍领域颇有成就。同時也是一位享有盛譽的詩人，在中朝（韓）文化交流史上占有重要地位。上文中他提到兩個我們今天也比較關心的問題：一中朝漢字音“今其字音，與中國大異而小同者何”，為什麼現在的中朝（韓）漢字音差異這麼大呢；二“中音有古今之變，則東音何獨不然”，為什麼中國漢字音古今變化如此之大，而朝鮮漢字音卻并非如此？

上文可見，朝鮮朝學者金澤榮無疑認為早期朝鮮漢字音與漢語上古音有著師傳之關系，即“則吾邦字音。卽箕子之所授也”。如據此，則朝鮮語音來源於漢語殷商語音，中朝漢字音差異的原因在于“卽互失其本音故也”。其中，又提及“惟吾邦入聲字音，似與中國絕異”，可見入聲差異同樣非常明顯，關於“入聲”問題因為有另文專述，此不展開。本文僅從漢語上古音閉口韻現象入手進行討論，理論依據的出發點在於閉口韻在東亞各民族語言中體現不一，而現代漢語中至今幾乎完全消失，僅在現代漢語方言中，如粵語和閩語等幾個少數方言中還保留，但在粵語等方言中，以唇音為聲母的古閉口韻字，部分已經失去閉口韻尾，以舌音收尾。另外，朝鮮、越南、日本等受中國傳統文化影響比較大的國家，它們的很多漢語借詞的漢字音裏還保留有這類閉口韻，十分值得關注。

二、关于閉口韻的消失

關於漢語音韻學中的閉口韻研究是近代音研究中最為重要的內容之一，一般指對具有雙脣輔音［-am］、［-ap］或［-m］、［-b］收尾的韻母等的研究。閉口韻在漢語上古、中古音中是普遍存在的語音現象，但演變至現代漢語卻完全消失，僅保留於閩南、客家、廣東等南方方言中。近世音韻學研究的相關論著中雖多涉及閉口韻問題，但研究仍相對零散。比如邸宏香（2016）考察《辨音纂要》正讀的實際語音系統記錄的是明代的吳方言語音時，發現其中存在閉口韻現象。劉曉南（2016）對程朱二氏“四聲互用說”的考源中也有提及；秦曰龍，李曄（2012）考察《五音通韻》編纂者的語音觀念時也有論及。

此外，張玉來（2011）對明人葉秉敬的音韻學研究；尉遲治平，黃瓊（2010）對隋唐五代漢語詩文韻部史分期分析研究中；唐作藩，楊耐思（2009）評介羅常培先生在漢語音韻學上的貢獻論述中；張民權（2008）對萬光泰《古韻原本》的述評中；李子君（2003）論證《音韻集成》對《韻略匯通》的影響的考證中；王寧，黃易青（2001）討論清儒古音研究关于考古與審音二者的相互推動問題的研究中；葉寶奎（2001）分析《書文音義便考私編》音系的性質問題中；張渭毅（2009）對《集韻》的研究中，等等。多涉及閉口韻問題的討論。

在閉口韻的專題文獻研究中，有代表性的有如杜恒聯（2010）指出：段玉裁創立了古韻十七部。其中，第七部是侵緝合部，第八部是談盍合部，即第七第八兩部閉口韻是陽入合部。張竹梅（2008）發現：王文璧《中州音韻》中完整地保留了3個閉口韻部，據此認為明代中葉前後閉口韻仍然存在於吳方言中的語言事實。封傳兵（2014）指出：李登、李世澤父子的《書文音義便考私編》、《韻法橫圖》以及傳教士金尼閣的《西儒耳目資》真實地記錄了明代中後期南京官話的語音面貌，包含閉口韻［-m］尾的消失等問題。高永安（2013）則指出：南宋徽州人方岳的詩詞押韻中透露出徽州方音特點，當時的閉口韻還保留著。此外，張義（2016）考察發現，全濁聲紐清化、曉非混同、知章合流、入聲韻消變、閉口韻消失、重紐對立消失、濁上變去以及韻部間進一步並歸等在金代的音變現象。就上古音的研究而言，則主要如黃易青（2005）認為：先秦前期的陽聲閉口韻是侵、冬、談三部，其相配陰聲分別是幽、宵、魚。冬部在先秦前期是獨立的閉口韻，後期逐漸演為收鼻，最後與東部合流。黃易青（2006）進一步討論了上古閉口韻向收鼻韻演變的趨勢，以及上古去聲的存在及其來源。

上述各家的研究成果比較豐碩，但仍存在論證文獻分散，對閉口韻消亡、演變未給出可以明確判定的時間斷限，少有系統的整理性橫縱向研究。雖然陸志韋先生（1946）認為："近代漢語［-m］的轉化，是逐步進行的，先是首尾異化，後來整個失去"[①] 給出過基本的演化脈絡，但仍少見有明確直接的證據的具體印證。在這方面的研究中值得注意的是，朝鮮音韻文獻中存有閉口韻語音現象的記載，被很多學者關注并積極利用和研究，比如金基石先生（1997）以《四聲通解》所標記的今俗音（即16世紀初的中國北方音）為依據，得出［-m］尾韻早在《四聲通考》（1445）時代以前已在北方話中開始消失，到《翻譯老乞大樸通事》時代（16世紀初）完全變為［-n］韻尾等等。

那麼，為什麼朝鮮對標音文獻的作者注意到了漢語閉口韻的變化并進行了標記呢？主要原因還是在於朝鮮漢語音韻學家已經明顯感覺到這一時期中朝漢字音的巨大差異，上文金澤榮已經提及這一問題，這種差異現象對於朝鮮漢字音的來源問題的研究也就變得十分重要。是非常寶貴的語言遺存和材料。基於上述研究和認識，還可以發現閉口韻與朝鮮漢字音的历史來源問題似乎有關，但仍需明確。

我們既然要討論閉口韻，那麼首先需要來理清閉口韻的概念判定問題。關於閉口韻的判定，許嘉璐（1990）認為："閉口"音韻學術語，又稱閉口韻、閉口音。指收脣音尾的韻，陽聲韻收［-m］尾，入聲韻收［-p］尾，統稱閉口韻。史傑鵬（2004）在研究先秦兩漢時代韻母收尾音為［-m］、［-p］（簡稱閉口韻）的字的音

① 引自陸志韋《釋中原音韵》，《燕京學報》第31期，1946年第39頁。

義關系問題時也明確指出：字書裏以雙唇鼻音和塞音收尾的字，發最後一個音素時嘴唇呈閉合形態，所以學者們多簡稱其為閉口韻。一般將上古閉口韻分為四個韻目（部），也就是陽聲韻的侵、談和入聲韻的緝、檣（王力、高本漢等）一般將前者音值擬為［-m］收尾（雙唇塞音，濁鼻音），後者擬為［-p］收尾（雙唇塞音，清口音），發音時韻尾不爆破發聲，形成閉音韻尾。漢語的鼻音韻尾，自古以來就有雙唇、舌尖、舌根三套。現代漢語普通話韻母只有舌尖鼻韻尾、舌根鼻韻尾兩套。

關於閉口韻的研究性依據文獻，最具代表性的是《中原音韻》，其中保留有三個閉口韻，但三個韻部中沒有唇音字，即收［-m］尾唇音字已經轉化為［-n］尾了，陸志韋、王力、楊耐思諸先生都曾討論，認為當時［-m］尾消變遠遠不只唇音字，周德清將收［-m］尾的唇音字歸到［-n］尾，已經承認這種音變現象。證明當時“通語”裏［-m］尾已經不是成系統地存在。可以想見，韻書對實際語音記錄總是具有滯後性，因此可能《中原音韻》時期漢語中的［-m］尾已經轉化，雖然當時也應該還存在已不成系統的零星的［-m］尾字。直到蘭茂《聲律發凡》（1460）中已經不存在［-m］尾字。一般認為，［-m］尾字在15世紀中葉已經消失，只在個別方言存在［-m］尾字。[①] 但在朝鮮漢字音中卻系統的保留了閉口韻至今。

朝鮮語中的閉口韻與漢語閉口韻有無關系，如果有，則是利用朝鮮語及其相关標音文獻研究漢語上古音的重要材料和佐證依據。反之亦然。閉口韻尾的演變涉及漢語語音史研究的諸多方面。相關文獻中，值得關注的還有李得春先生（1980）曾指出東方一些國家曾經把漢字當做自己語言的書寫工具。這些漢字的讀音，在長期的历史過程中，雖然遵循所用國家和民族的語言規律發展變化，但總是跟漢語有千絲萬縷的聯系。在某些方面，漢語本身的變化甚多，喪失本來的面貌，但在借用國家和民族的語言中卻保留著漢語的本來面貌。這種現象，在朝鮮語漢字讀音中也能看到。

此後，李得春先生（1985）討論漢語上古音在十六世紀朝鮮漢字音中的遺存認為：朝鮮借用漢字的历史十分悠久，至少在兩千年以上。公元前後相繼建立的高句麗、新羅、百濟三國，都先後使用漢字作為書面交際工具。1444年，李朝世宗創制訓民正音（朝鮮文字）以前，朝鮮不僅借用漢字，而且還利用漢字的音和意，即利用漢字的假借原理和表意功能，創造了一種叫作《吏讀》的文字形式。雖然如此，但借用漢字的狀況並沒有發生變化。李得春（1987）指出：要對朝鮮漢字音這樣一個大領域作出某一種結論，單憑一兩篇短文是根本不可能的。但對此的研究，無疑有助於研究兩種語言的變化和源流關系。

① 參見李無未主編．漢語音韵學通論．高等教育出版社，2006年第169頁。

三、朝鮮漢字音閉口韻的來源

關於朝鮮漢字音閉口韻的來源問題，已有一些研究性文獻成果，比如張維佳（2008）認為朝鮮語漢字音主要有上古、中古和近古三個層次，對這些來曆不同的漢字音的層次依次加以研究，探索其來源，討論了對於研究漢語上古音的價值。而且崔蒙，張維佳（2015）通過對日本王朝時代六部代表性漢詩集的研究，討論因历史層次造成的日本漢詩出韻多、跨韻攝押韻多和四聲通押多等情況。金永蘭（2015）在考察文獻記載的基礎上，以朝鮮語的方言資料作為旁證，認為朝鮮漢字音中的一些現象是受到內部和外部雙重因素的影響。

此外，李得春先生（2007）認為，朝鮮語中無論是上古、中古、近代還是現代，只要是從漢語引進的，都應該稱為漢源詞。嚴翠恒（2006）發現，幾乎所有的漢字都有越南漢字音，有漢代音，也有唐代音。前漢越音或“漢代音”大致是王力所說的古漢越語。前漢越音的源頭是上古漢語，其層次大約是較晚的漢代和魏晉南北朝時代，韻母已經接近《切韻》系統。還有如李無未（2005）指出以沼本克明為代表的日本學者汲取有阪秀世等各家觀點，認為日本漢字音存在古音、吳音、漢音、新漢音、宋音、唐音六類，並提出了具體的證據和方法。李無未（2004）認為日本學者历來對朝鮮漢字音的研究十分重視，有豐碩而精到的成果，並形成“朝鮮漢字音學”。敘述了18世紀至20世紀期間日本學者朝鮮語漢字音研究的主要作品和觀點。

從历史學研究來看，“箕子朝鮮”與朝鮮漢字音的來源可能也有關系，要解釋朝鮮漢字音的來源問題，就需要先介紹一下朝鮮史。自古以來就有“檀君神話”和“箕子朝鮮傳說”，檀君神話見於《三國遺事》所引《古記》中，後載於《帝王韻記》、《東國李相國集·東明王篇》、《世宗實錄·地理志》、《三國遺事》等。李春虎（2014）介紹和分析了古朝鮮國家的產生和發展過程，探討了檀君朝鮮、箕子朝鮮、衛滿朝鮮的內涵、發展特點以及學界主要爭議點。關於“箕子朝鮮”說，即公元前中國殷朝貴族箕子到朝鮮建國，周武王“封箕子於朝鮮”成為朝鮮開國之始。“箕子”見於殷周文獻《易·明夷卦》載“箕子之明夷”。漢《尚書大傳》有“箕子走之朝鮮”的記載。司馬遷《史記·宋微子世家》載“武王乃封箕子於朝鮮而不臣也”。《漢書·地理志》亦雲：“箕子去之朝鮮，教其民以禮儀田蠶織作”。此後，《後漢書》、《三國志》等書中也有記述，出現長達一千年的箕子王朝。朝鮮《三國史記》曾將箕子排在首位。《三國遺事》和《帝王韻記》也曾談到箕子去朝鮮建國稱王之事。朝鮮朝也有《箕子志》、《箕子實紀》、《箕子外紀琍嗞五十王遺事記》等等。箕子朝鮮傳說流傳深遠。[①]

---

① 參見薑孟山，朝鮮通史（第一捲），延邊大學出版社，1992年，第54—55頁。

如果再聯想到東夷族的問題，就可能發現上古音、朝鮮漢字音與巴蜀方言的一些關聯性。比如雷欣翰（2015）認為《孔叢子·論書》篇中記載了一段關於孔子對“夔一足”的解釋。夔本來是靈長類動物的象形字，在商族宗教傳統的影響下，這個字又成為祖先之名。巴蜀地區的高大之牛被記為夔牛，是東夷部族南遷、東夷文化隨之南下的結果。由於東夷族擁有發達的祭天傳統和制樂技術，音樂成為該族群重要的文化標志。涿鹿之戰中“夔牛鼓”的傳說，就是東夷族制樂傳統的反映。蟒、鱷這類水生爬行動物是龍的原型，又和牛一樣，是制鼓的原材料，牛和龍都是東夷部族圖騰崇拜的對象，夔在神話傳說中的形象就在這些綜合因素的影響下與龍發生融合。由此，夔牛又變成了夔龍。這是一個有趣的佐證，還有一些值得思考的關聯性問題，如羅驥（2002）從原始漢族的形成、商語與漢語的關系、史前東西部刻劃與漢語的關系、漢語四大特征的來源等證明漢語的主體來源是東夷語而非炎黃語。李純蛟（1997）指出陳壽只為烏丸、鮮卑立傳，是因這兩個民族繼匈奴而起，為漢末以來最為重大的民族問題，對其加以總結，有助於中央王朝制定因應的方針和政策。他寫《東夷傳》則旨在探尋中國文化的原貌及其東漸，讓中國人從了解東夷历史中了解中國文化。

郭泮溪（1988）則認為，在中華民族燦爛的古文明史中，以山東半島為其發祥地與聚居地的東夷人曾創造出了不同凡響的東夷文化。但是幾千年來，在大一統思想的支配下，人們總認為黃河流域的古文明是圍繞著黃帝族的發展壯大而單線發展起來的，而東夷人所聚居的“東辟（僻）之地”是野蠻落後的，東夷文化是在中原文化的影響下才發生發展起來的。因此，對東夷文化一直缺乏應有的了解與正視，對東夷人的地位及其貢獻也缺乏公允的評價。此外，金仁喜（2010）通過在東夷文化圈中發現的神杆紋樣，對韓國神杆的起源和功能展開討論。金文研究發現，神杆起源於東夷文化圈，與稻作技術一道影響了韓國的南部地區。形態上的相似性，及功能上相似性，充分說明了韓國神杆與東夷文化圈的神杆有著緊密的聯系。

可見，在東夷族、箕子、東夷文化等系列問題上，及東夷族與殷商的關系，箕子與東夷族，箕子封地朝鮮，以及東夷文明與華夏文明等，在東亞文明史研究中，還有太多待解之謎。而語言證據則其是其中最為重要的內容之一，正如史傑鵬（2004）所說：之所以選擇閉口韻作為研究對象，主要因為閉口韻較少，而且從詞義看是比較特殊的一類韻。這種特殊性，也很早被朝鮮朝音韻學家所關注到，且進行了相關記錄與中朝漢字音差異及原因的對比分析。

四、朝鮮朝音韻文獻所載閉口韻

朝鮮朝的諺文漢音“質正”（參見張輝 2017）於申叔舟所撰《四聲通考》（1449）。並指出“漢俗”，真與侵、刪與覃、先與鹽混而不分了，已經把［-m］尾字念成［-n］尾。《稗官雜記》载："崔同知世珍精於華語，兼通吏文，屢赴燕質習，凡中朝制度物名靡不通曉。嘗撰《四聲通解》、《訓蒙字會》以進，奉教諺解《老乞大》、《朴通事》等書，至今學譯者如指諸掌，不煩尋師。"① 崔氏作為質正官"精於華語，兼通吏文，屢赴燕質習"，又諺解《老乞大》、《朴通事》。因為具有官方活動性質，所以崔氏的音韻著作具有時音性十分具有可信性。

胡明揚（1963）也曾指出，現存的《老乞大諺解》（1677）和《朴通事諺解》（1677）是朝鮮肅宗朝邊暹（憲）、朴正華厘定的本子，書裏漢字右邊的諺文對音（俗音），原［-m］尾字除了少數幾個還保存［-m］外，其餘一概作［-n］尾。陸志韋曾經說，根據崔氏《訓蒙字會》的諺文漢語對音來看，今本《老、朴諺解》的對音雖經邊、朴有所厘定，但大致上還能保存崔世珍原本的面貌，其右行的諺解大致上還能代表十六世紀初的漢語語音。

但也有學者如張竹梅《試論明代前期南京話的語言地位》（2007）指出，朱明王朝建立前期五十多年中，皇帝始終有遷都之念，同時朝廷重臣乃至為皇帝和太子侍講侍讀之人也均非江淮地方人士，因而認為，明代前期南京話並不具備成為官話或官話基礎方言所必需的語言基礎和社會條件。又如韓國蔡瑛純《試論朝鮮朝的對譯漢音與中國官話方言之關系》（1999）指出："朝鮮历代對譯漢音反映的漢語音韻現象忠實地表現了近代中國北方官話方言的語音變化，尤其肯定的是它具有與北京音的變化過程十分類似的形態。""北京作為中央政府所在地，孳其地方音對於學習漢語的朝鮮使臣來說，更具有一種權威性，所以就以它為標准來譯音。"② 此外，安奇燮（1995）曾依据韓國朝鮮時代的幾種漢語對音資料，認為《譯訓》裏反映當時北方實際語音的"俗音"，顯示［-m］韻的全面［-n］化，北方話裏的［-m］的全部消失，大約應該不晚於15世紀中後半葉。

五、研究價值

語言證據作為民族淵源關系研究的重要表征，一直被民族學與人類學界所關注，其作為族群來源追蹤的線索，一度為人類基因圖譜研究所應用和重視。朝鮮語言中遺存漢語語音現象，是重要印證。如何解釋闡明這些現象，很多學者進行過努力。其中朝鮮韻書是不可多得的對譯漢音文獻資料。但正如耿振生先生（2007）指出的朝鮮當時的對譯漢音資料中記錄的聲調非常受局限，故無法詳細判斷近代漢語的聲調變化。《翻老朴》中，在每個漢語的朝鮮語譯音和句節左側上標注了表示聲調的符號。觀察此聲調標記法，可以得知中古平上去聲的變化跟普通話基本相似，

① 轉引自楊耐思著，近代漢語音論 增補本，商務出版社，2012年，第59—60頁。

② 轉引自楊劍橋著：《漢語現代音韵學》（修訂本），復旦大學出版社，2012年，第80、81頁。

也充分反映了近代中國北音史料中也很少反映到的“濁上歸去”現象。本文的研究，僅在前人關於朝鮮漢字音與漢語上古音關系研究的基礎上，提出其中的典型閉口韻研究的佐證新思路。

參考文獻

邸宏香．明孤抄本《辨音纂要》正讀語音系統．東北師大學報（哲學社會科學版），2016（6）．

劉曉南．程朱二氏“四聲互用”說考源．語文研究，2016（4）．

秦曰龍，李曄．清抄本《五音通韻》的語音意識．複旦學報（社會科學版），2012（2）．

張玉來．明人葉秉敬的音韻學研究．煙臺大學學報（哲學社會科學版），2011（4）．

尉遲治平，黃瓊．隋唐五代漢語詩文韻部史分期簡論．語言研究，2010（2）．

唐作藩，楊耐思．羅常培先生在漢語音韻學上的貢獻．社會科學管理與評論，2009（2）．

張民權．萬光泰《古韻原本》述評．中國語文，2008（2）．

張民權．萬光泰古音學述評．古漢語研究，2005（1）．

李子君．《音韻集成》對《韻略匯通》的影響．中國語文，2003（3）．

王寧，黃易青．論清儒古音研究中考古與審音二者的相互推動．古漢語研究，2001，（4）．

葉寶奎．試論《書文音義便考私編》音系的性質．古漢語研究，2001（3）．

張渭毅．《集韻》研究概說［J］．語言研究，1999（2）．

黃易青．論上古喉牙音向齒頭音的演變及古明母音質——兼與梅祖麟教授商榷．古漢語研究，2004（1）．

史傑鵬．先秦兩漢閉口韻詞的同源關系研究．博士学位论文 2004

杜恒聯．關於段玉裁閉口韻陽入合部的押韻和諧聲理據的探討．江南大學學報（人文社會科學版），2010（5）．

張竹梅．論《中州音韻》閉口韻的性質．江蘇大學學報（社會科學版），2008（2）．

張義．《五音集韻》引《廣韻》《集韻》異文所見之金代若幹語音現象．語言研究，2016（2）．

封傳兵．明代南京官話的語音系統及其曆史地位．中南大學學報（社會科學版），2014（4）．

高永安．方嶽詩詞用韻考．語言研究，2013（2）．

張竹梅．論《中州音韻》閉口韻的性質．江蘇大學學報（社會科學版），2008（2）．

黃易青．傳統古音研究中的概率統計法與漸變觀．江西社會科學，2006（11）．

黃易青．論上古侯宵幽的元音及侵冬談的陰聲——兼論冬部尾輔音的變化及其在上古音系中的地位演變．北京師範大學學報（社會科學版），2005（6）．

李無未、張輝．朝鮮朝漢語官話質正制度考論——以《朝鮮王朝實錄》為依據．古漢語研究，2014（1）．

張輝．朝鮮朝漢語音韻“質正”輯略．語言研究．2017（3）．

崔蒙，張維佳．日本王朝時代漢詩出韻及其原因．民族語文，2015（5）．

金永蘭．再論朝鮮漢字音中的＊－t 現象．民族語文，2015（5）．

張維佳．朝鮮漢字音的層次和來历．民族語文，2008（5）．

李得春．朝鮮語漢字詞和漢源詞．民族語文，2007（5）．

嚴翠恒．漢越語的音韻特點．民族語文，2006（5）．

李無未．日本漢字音的時間層次及其確認的證據和方法．當代語言學，2005（3）．

李無未．日本學者對朝鮮漢字音的研究．民族語文，2004（3）．

李無未主編．漢語音韻學通論．高等教育出版社，2006．

李得春．漫談朝鮮漢字音舌音的演變．延邊大學學報（社會科學版），1987（1）．

李得春．漢語上古音在十六世紀朝鮮漢字音中的遺存．民族語文，1985（5）．

李得春．與漢語舌尖元音對應的朝鮮語漢字音及其演變．延邊大學學報（哲學社會科學版），1980（2）．

李春虎．朝鮮半島早期國家曆史新探 [J]．朝鮮・韓國曆史研究，2014，(00)．

金仁喜．韓國神杆的起源和特征——與中國大汶口文化和良渚文化中的神杆紋樣的比較研究．民俗研究，2010（4）．

雷欣翰．夔與東夷文化——《孔叢子・論書》所引《尚書》文字考之一．文化遺產，2015，(06)．

安奇燮．從朝漢對音考察－m 韻尾的轉化 [J]．語言研究，1995，(02)．

羅驥．論漢語主體源於東夷．古漢語研究，2000（3）．

李純蛟．讀《烏丸鮮卑東夷傳》二題．四川師範學院學報（哲學社會科學版），1997，(03)．

郭洋溪．東夷文化管窺．青島教育學院學報，1988（2）．

[韓國] 韓國國史編纂委員會 1981《朝鮮王朝實錄》，首爾國史編纂委員會。數據庫網址 http://sillok.history.go.kr/main.jsp.

韓國文集叢刊．首爾：景仁文化社，1996 年。

金基石．朝鮮翻譯韻書中所反映的近代漢語/－m/尾韻消失的年代——兼論“怎”“甚”兩字的讀音．延邊大學學報（哲學社會科學版），1997（4）．

許嘉璐，傳統語言學辭典，河北教育出版社，1990．

史傑鵬，先秦兩漢閉口韻詞的同源關系研究，博士學位論文，2004．

胡明揚《〈老乞大諺解〉和〈朴通事諺解〉中所見的漢語朝鮮語對音》，《中國語文》1963（3）．

丁治民著，唐遼宋金北京地區韻部演變研究，黃山書社，2006．

耿振生主编，近代官話語音研究，語文出版社，2007．

The Origin of the Ancient Chinese Phonology of Korean Chinese Characters

Zhang Hui

Abstract: Closed rhyme is an important problem in the study of phonology in Chinese language history, whose evolution and disappearance has attracted much attention. Closed rhyme has been disappeared in modern Chinese mandarin, while Korean Chinese characters sound remains until today. It is one of the main differences between the sound and characterization of Chinese and Korean. Then, it is very worthwhile to discuss whether there is a relationship between the two. This paper intends to combine the literature of Korean phonology "Zhi Zheng" and related reseach results, as well as "Qi went east to Korea" and "East Yi in ancient times", to discuss the ancient Chinese phonology and Korean Chinese characters sound, their relationship and other related issues.

Keywords: closing rhyme; phonology of Korean Chinese characters; Chinese ancient sound

（張輝，延邊大學漢語言文化學院）

“九大錯別字”正說*

張涌泉　黄　璟

提　要： 近年網上流傳的一篇題為“我國最明目張膽的九大錯別字”的文章，列舉避、魚、流和在、富和章、明、第、碑、院、突九組字，稱其為“九大錯別字”，并分別解釋了其來歷和錯誤的原因。本文從字形演變的角度，逐一加以“正說”，指出這些所謂“錯別字”大多是古代流傳已久的俗字，甚至是古代的標準字。論文強調要正確闡釋漢字的發展演變，而不能根據今天通行的字形隨意加以“戲說”。

關鍵詞： 九大錯别字；俗字；字形演變

這些年，一篇題為“我國最明目張膽的九大錯别字”的文章在微信朋友圈瘋狂流傳（以下簡稱“網文”），同時，一些獵奇的公眾號推波助瀾，作為“趣味漢字”的知識板塊加以推送，一時閱讀人數數千百萬，影響甚廣。網文開頭説：“對於錯别字，人人唯恐獻醜於人前，一經發現，趕緊拭去。但有些個錯别字，卻晃燦燦地懸掛於一些著名景點的牌匾或者石刻之上，流傳至今。”接着作者列舉了避、魚、流和在、富和章、明、第、碑、院、突這九組錯别字，將他們分别拉出來示眾，詳列其書寫者和使用地點，并通過一些歷史名人的軼事來加以“戲說”。由於這些所謂錯别字都出現在著名景點之中，如避暑山莊、花港觀魚、趵突泉等，又都出於名人筆下，一時間確實賺足了讀者的眼球。

再來看網上對這篇網文的評論。打開百度，與這篇網文標題直接相連的評論是“佩服佩服”“服了”，一遍倒的盲從之聲。還有的網友添油加醋，進一步曲加發揮。如言康熙皇帝御筆把避暑山莊的“避”寫作“避”是因為皇上忌諱“避”字有“逃避”的意思，不吉利，所以大筆一揮加上一横，這樣就沒有“逃避”之意了；有的進而把它與康熙評定三藩的歷史背景相結合，稱“避”“避”是異體字，“此

* 本文爲國家社科基金重大項目“漢字發展通史”（11&ZD126）中期成果，並受浙江大學“雙一流”重點建設項目“中華優秀文化傳承與創新計劃”支持。

是避暑之避，不是避難之避"。也有一些理性的網友從書法角度加以分析，認為這些所謂的"錯別字"在古代碑帖中很常見，是書法家有意為之。如一位網友說"書法中是允許錯別字的，換句話說，不管什麼字體寫出來，你第一眼就能認出它，那它就不是錯別字，它的意義已經存在了"。如此等等，眾說紛紜，不一而足。

那麼究竟該怎樣來看待這些所謂的"錯別字"？它們是書者偶然筆誤還是有意為之？是書者的創意還是承用前人的習慣寫法？面對洶湧的"輿情"，作為一個文字工作者，我們覺得有必要有責任從字形發展演變的角度加以"正說"，對這些所謂的"錯字"做出實事求是的評判。

一、避

康熙皇帝御書河北承德"避暑山莊"，"避"寫作"**避**"，被網友喻為"天下第一錯字"，理由是"避"字"右邊的'辛'下部多寫了一横"，並說："康熙多寫一横，臣僚應該當即看出來了，但是皇帝金口玉言，誰也不敢提醒皇帝寫錯了，結果就造就了這天下第一錯字。"

乍一看，網文給戴的高帽似乎還真有那麼點理兒。但從漢字演變的角度而言，"避"字這樣的寫法卻非康熙皇帝所創造，而是早已有之。話得從"避"字的部件"辛"說起。"辛"字漢代許慎《說文解字》所載的篆文作"𦍒"，加以隸定，其第三筆既有可能作兩點的"辛"，也完全有可能變作兩點下加一横的"𨐌"。後一種寫法漢代前後簡牘碑刻即已屢見不鮮，如馬王堆漢墓帛書、居延漢簡、漢《孔龢碑》皆有其例，而且比前一種寫法更為常見，以致清人顧藹吉《隸辨》卷六偏旁以"𨐌"作為這個字的標準寫法，顧氏在"𨐌"字下說："《說文》作𦍒，從一從䇂、隸變如上。……亦作辛，經典相承用此字。"[1] 也就是說，"辛"為"亦作"字，而"𨐌"才是漢代前後的標準寫法。同樣，從"辛"旁的"辭""薛""辟"等字當時亦多寫從"𨐌"。於是"避"也就寫成了"**避**"。如《隸辨》卷四引漢《孫根碑》："**避**地匿軌。"北魏正光六年（525）《李超墓誌》："君諱超，字景升，本字景宗，

① 清顧藹吉《隸辨》，中華書局影印清康熙五十七年項絪玉淵堂刻本，1986年，第240頁。

后承始族叔在江左旮縣同，故避改云。”[①] 唐歐陽詢《九成宫醴泉銘》：“皇帝避暑乎九成宫。”[②] 等等，“避”作“避”的寫法，自漢至唐，一線綿延，其例不勝枚舉。唐代字樣書顔元孫的《干禄字書》不載“避”字，也不載“辛”字，但收有“辭”字，該書云：“辤辭，上中并辝讓，下辭說，今作辝，俗作辞，非也。”[③] 顔元孫把這四個正俗異體的“辭”字右部皆寫作“辛”，可見“辛”旁作“辛”乃唐代前後的標準寫法。據此推斷，“避”也必然是當時的規範寫法。大約到了宋代以後，刻板流行，“辛”旁的寫法才開始逐漸佔據主導地位，并最終“經典相承用此字”。但作為避暑山莊的牌匾，康熙皇帝使用漢魏碑刻中通行的“避”的寫法，正所謂淵源有自，深得古人用字三昧。不成想，三百多年後，卻無端被扣上“天下第一錯字”的大帽子，恐怕康熙皇帝在地下也不免龍顔大怒，斥責你們這些徒子徒孫不學呢！

二、魚

杭州西湖“花港觀魚”碑，同樣是康熙皇帝御書。碑文“魚”字寫作“魚”，下部少一點，網文稱其為“最有說法的錯字”，并解釋說：“康熙信佛，有好生之德，題字時他想‘魚’字下面有四個點，四點代表‘火’，魚在火下烤，還能活嗎？於是有意少些了一點，三點成‘水’，這樣魚便能在湖中暢遊，瀟灑地活了。”

三點，水也，觀賞之魚依水而生，確比四點的“火”更合乎情理，也使康熙帝顯得富有人情味。然而“魚”字底部作三點，這個“知識產權”卻不能記在康熙帝的頭上，而是早已有之。“魚”本是一個象形字，甲骨文“魚”字下部作魚尾之形，金文、篆文變作“火”形，隸變而成四點，遂與火旁相混。又俗書四點與三點不分，如東漢建寧二年（169）《史晨前碑》“尉”字寫作“尉”[④]，是其例（“尉”字

① 《北京圖書館藏歷代石刻拓本匯編》，中州古籍出版社，1989年，第4册第179頁。
② 唐歐陽詢《九成宫醴泉銘》，文物出版社影印宋拓本，2015年，第11頁。
③ 顔元孫《干禄字書》，紫禁城出版社影印明拓本，1990年，第16頁。
④ 《漢史晨前後碑》，文物出版社影印明初拓本，1986年，第29頁。

本從尸，又持火），於是四點的"魚"就有可能進而寫作三點的"魚"。三國吳黄武四年（225）刻《浩宗買地券》"魚"字作"魚"[①]，下部已接近三點。北魏永安二年（529）《邢巒妻元純阤墓誌》："運屬文皇，契同魚水。"[②] 則為此字之早見者。敦煌寫本斯 78 號《類書》"濠梁"條下云："莊子觀魚游，曰：是魚樂也。"又"蘇"字斯 388 號《字樣》寫作"蘇"，《正名要錄》寫作"蘇"，可見"魚"旁作"魚"甚至成了唐代"字樣"的標準寫法。所以康熙皇帝把"花港觀魚"的"魚"寫作"魚"既非他一時的創意，也非無意的錯寫，而是承用六朝以來的通俗寫法，但網文因而給他戴上"有好生之德"的高帽，想必老爺子在地下也羞於"笑納"吧。

三、流與在

江蘇揚州大明寺平山堂有"風流宛在"的匾額，出自清光緒初年兩江總督劉坤一之手，係為追念曾在揚州主政的歐陽修所作，其中"流"字寫作"流"，"在"字寫作"在"，網文將其稱為"最富哲理的錯字"。網文說，歐陽修在揚州時是個"風流太守"，在風情萬種、色藝雙絕的揚州美女石榴裙下曾弄出了不少韻事，劉坤一有意把"流"少寫一點，"在"多些一點，希望少點風流，多點實在，極富哲理。

在討論這兩個"錯字"前，得先科普一下"風流"的詞義。誠如網文所說，"風流宛在"的匾額是為追念曾在揚州主政的歐陽修所作。歐陽修是北宋著名的政治家、文學家，慶曆八年（1048）正月，由滁州調任揚州，曾在揚州市西北郊蜀崗興建平山堂，雖一年後即離任，但仍留下許多美好的回憶。他的《朝中措・平山堂》一詞，就是離任揚州七年後的懷念之作：

> 平山欄檻倚清空，山色有無中。手種堂前垂柳，別來幾度春風。文章太守，揮毫萬字，一飲萬鍾。行樂直須年少，樽前看取衰翁。

宋神宗元豐二年（1079），蘇軾自徐州調任湖州，生平第三次經過平山堂。此

---

① 《北京圖書館藏歷代石刻拓本匯編》，第 2 冊第 33 頁。
② 《北京圖書館藏歷代石刻拓本匯編》，第 5 冊第 126 頁。

時，與恩師歐陽修最後一次相見已過九年，而歐陽修仙逝也已八年。觸景生情，蘇軾寫下了另一首著名的《西江月·平山堂》：

> 三過平山堂下，半生彈指聲中。十年不見老仙翁。壁上龍蛇飛動。欲吊文章太守，仍歌楊柳春風。休言萬事轉頭空。未轉頭時是夢。

平山堂有幸，與二位文學巨匠、兩首絕妙好詞連在了一起，平山堂足以不朽了。正是從這個意義上，劉坤一寫下了“風流宛在”四個大字。雖然八九百年過去了，但先賢建的平山堂仍在，先賢寫的詞仍在，先賢的音容笑貌仿佛也仍歷歷在目。所謂“風流”，正是指先賢的流風餘韻、音容笑貌。上揭網文卻硬把它與男女私情的“風流”扯在一起，不但冤屈了匾額的作者劉坤一，也褻瀆了揚州歷史上的功臣歐陽修，真是罪過啊！

再從漢字演變的角度而言，“流”和“在”這樣的寫法也是早已有之，而非劉坤一有“意”為之。先說“流”字。“流”《說文》篆文作“𣴜”（右上部從倒字“𠫓”），隸定后右部以有點作“㐬”為經見。但“流”字古文亦有作“𣲡”“𣲡”等形的[①]，右上部無點，隸定則可作“流”。東晉大享四年（405）《爨寶子碑》：“處淵流芳。”[②] 為其字之早見者。其后的碑刻、寫本、刻本皆極常見。唐顏元孫《干祿字書》：“流流：上俗下正。”[③] 唐釋慧琳《一切經音義》卷四一《大乘理趣六波羅蜜多經序》音義：“流液，上流字《說文》從水、從㐬，㐬音吐訥反，俗去點，非也。”[④] 所謂“俗去點”也應指“流”字俗作“流”而言。儘管顏元孫、慧琳以作“流”為俗為非，但這種寫法魏晉以後沿用不絕確是不爭的事實。

再說“在”字。“在”字《說文》從土、才聲，而“土”旁加點作“圡”為漢代以來俗書通例。如“吐”作“吐”（見東漢永壽二年《韓敕碑》、延熹七年《封龍山碑》等）、“莊”作“莊”（見東漢《武梁祠堂畫象》題字、北涼承平三年《沮渠安周造像記》）等。故《隸辨》卷三姥韻云：“‘土’本無點，諸碑‘士’或作‘土’，故加點以別之。”[⑤]《干祿字書》云：“圡土：上通下正。”[⑥] 相應地“在”字俗書亦常加點作“在”。如南朝宋大明二年（458）《爨龍顏墓碑》：“歲在壬申，百六遘釁。”[⑦] 敦煌寫卷敦研16號《自在王菩薩經》：“如是我聞，一時佛在舍衛城祇

---

① 徐在國《傳抄古文字編》，線裝書局，2006年，第1137頁。

② 《爨寶子碑》，文物出版社影印初拓本，1985，第10頁。

③ 《干祿字書》第32頁。

④ 唐慧琳《一切經音義》，上海古籍出版社影印日本獅谷白蓮社刻本，1986年，第1598頁。

⑤ 《隸辨》第94頁。

⑥ 《干祿字書》第37頁。

⑦ 《北京圖書館藏歷代石刻拓本匯編》，第2冊第132頁。

陀林給孤獨園。”等等，例多不贅舉。

由此可見，無論少點的“流”，還是加點的“在”，都是魏晉以後流行的通俗寫法，上揭大明寺匾額中出現這樣的字形，不過是書者劉坤一沿襲魏晉碑刻俗體而已，未必另有深意。網文作者硬要給他戴上“最富哲理的錯字”的高帽，相比也是書者不想“消受”的吧！

四、冨與章

山東曲阜孔府有一副對聯：與國咸休安富尊榮公府第，同天并老文章道德聖人家。其中的“章”對聯寫作“章”，下部的一豎上通於“曰”；“富”寫作“冨”，“宀”旁少了一點。網文解釋說：“富”不出頭，意思是“富貴無頭”；“章”字下的一豎出頭，則表示“文章通天”；稱這“兩個錯字，一下子就體現孔府這個非常門第的身份”，是“最令人叫絕的錯字”。

作為民間通俗的“文字學”，如此說文解字自然無可厚非。但從嚴謹的文字研究而言，這樣的解釋顯然是不靠譜的。

先來看“冨”字，“富”字《說文》從宀、畐聲。“宀”“冖”二旁形義皆近，古多混用，故“富”字先秦古文字已多見上部無點的“冨”形的寫法。清顧藹吉《隸辨》卷四宥韻引東漢熹平石經《論語》殘碑：“冨而無驕。”顧藹吉按云：“《說文》富從宀，碑變從冖。”顧氏又於同書卷六偏旁“宀”旁下云：“宜或變作冝、宴或作𡨎、富或作冨，皆訛從冖。”[①] 西晉永嘉元年（307）《王浚妻華芳墓誌》：“蓋夫貴而無驕，冨而不泰，難矣。”[②] 亦其早期用例。其後的碑本、寫本、刻本更是沿用不絕，如北魏正光四年（523）《高貞碑》：“雖綺襦紈绔，英華於王許，龍馬流車，陸離於陰鄧，而不以冨貴驕人，比以謙虛業已。”[③] 唐會昌三年（843）柳公權書《神策軍碑》：“舟車之所通，日月之所照，莫不涵泳至德，被沐皇風，欣欣然，陶陶然，然不知其俗之臻於冨壽矣。”[④] 敦煌寫本伯 2133 號《妙法蓮華經講經文》：

---

① 《隸辨》第 156、221 頁。

② 《北京圖書館藏歷代石刻拓本匯編》，第 2 冊第 71 頁。

③ 《初拓高貞碑》，蘭州古籍書店影印本，1992 年，第 16 頁。

④ 《神策軍碑》，浙江古籍出版社影印宋賈似道藏唐拓本，2000 年，第 20 頁。

"煞鬼豈曾饒冨貴，無常未肯怕公卿。"其例不勝枚舉。故《干祿字書》云："富冨：上俗下正。"[①] 宋孫奕《履齋示兒編》卷二二引《字譜總論訛字》：富從宀，而俗書為冨而從冖。[②] 皆以"冨"為俗字。宋陳師道《後山談叢》卷三："金陵人喜解字，習以為俗，曰同田為富。"[③] 所謂"同田為富"，即據俗字"冨"而言。唐張參《五經文字》卷上宀部："富，作冨者訛。"[④] 張參以"冨"為"訛"字，顯然是本着"經"書相對嚴苛的用字標準而言的。

再來看"章"字。"章"字《說文》從音從十作"章"，"十"旁上部與"音"旁底部相接而不上通。但商周戰國古文字此字作"章""章"等形[⑤]，下部的豎筆類皆上通於中部"曰"形部件。後來通行的"章"形的寫法，大約是秦漢之際才產生的。秦刻石《石鼓文》"如徒如章"[⑥]，已依稀可見"章"形的寫法。但"章"形的寫法漢代以後仍被廣泛使用。如《隸辨》卷二引漢《武榮碑》《白石神君碑》《校官碑》《孔宙碑》"章"字及"章"旁皆作"章"形。東晉太寧元年（323）《謝鯤墓誌》"晉故豫章内史"、南朝梁普通元年（520）《蕭敷墓誌》"載章微服""憲章盛典"[⑦]，亦其例。唐貞觀初年虞世南書《孔子廟堂碑》："知微知章，可久可大。"又云："宗聖疏爵，允緝舊章。"[⑧] 后碑"章""章"並出，說明這個字的正體當時還沒有定型。但也許是受《說文》的影響，"章"形的寫法在唐代前期逐漸被確立為標準字形，"章"則被視為異體俗字。斯 388 號《正名要錄》"各依腳注"類"章"字下注"從音"，說明"從音"的寫法當時已被定作規範字形。《干祿字書》："章章，上俗下正。"[⑨] 亦其證。但即便如此，"章"形的寫法唐代前後仍十分流行。如敦煌寫本斯 6825 號想爾注《老子道經》卷上："不因本而章篇。"宋元以後的刻本猶然。明郭一經《字學三正·體制上》"俗書簡畫者"："章，俗作章。"[⑩] 清畢沅《經典文字辨證書》卷一："章，正；章，俗。"[⑪] 都是這個字當時使用的實際記錄。

綜上所述，可知少一點的"冨"漢代前後已見，一豎出頭的"章"則是"章"字的早期寫法，二字皆源遠流長，歷代傳用不絕。孔府聯語沿襲其寫法，不過是書

---

① 《干祿字書》第 56 頁。
② 宋孫奕《履齋示兒編》，《叢書集成初編》本，商務印書館，1935 年，第 228 頁。
③ 宋陳師道《後山談叢》，《叢書集成初編》本，商務印書館，1936 年，第 13 頁。
④ 唐張參《五經文字》，《叢書集成初編》本，商務印書館，1936 年，第 15 頁。
⑤ 容庚《金文編》，中華書局，1985 年，第 154 頁。
⑥ 《石鼓文》，上海辭書出版社影印宋拓本中權本，2013 年，第 14 頁。
⑦ 毛明遠《漢魏六朝碑刻校注》，線裝書局，2008 年，第 1 冊第 355 頁、第 3 冊第 161 頁。
⑧ 《孔子廟堂碑》，文物出版社影印李宗翰藏唐拓本，1984 年，第 6、13 頁。
⑨ 《干祿字書》第 29 頁。
⑩ 明郭一經《字學三正》，《四庫未收書輯刊》第壹輯第拾肆冊，北京出版社影印明萬曆二十九年山東曹縣公署刻本，第 218 頁上。
⑪ 清畢沅《經典文字辨證書》，《叢書集成初編》本，商務印書館，1937 年，第 9 頁。

家炫耀其好古博學而已。網文曲解為“富貴無頭”“文章通天”，稱其“體現孔府這個非常門第的身份”“令人叫絕”云云，可謂牽強附會，全然無據。

五、明

在南京明孝陵、成都武侯祠、新都寶光寺等地的石刻、牌匾及東晉王獻之《洛神賦》的書帖中，“明”字皆寫作了“眀”，網文稱其為“出現次數最多的錯字”。至於這樣寫的原因，網文給出了兩種解釋，第一種說法是由於清代文字獄，“當時文人在許多場合都不敢直書大明朝中的‘明’，擔心惹禍，但又不能繞過此字，於是把‘日’易為‘目’，意思是‘睜眼寫錯字’”；另一種說法則相反，“用‘目’代替‘日’是一種智慧，代表的是一雙慧眼。如武侯祠的‘眀良千古’就是這用意。‘明君之明重在能識人、識勢’，所以重‘目’，而諸葛亮正是這樣有眼光的人”。

網文的兩種解釋，既然所引東晉王獻之《洛神賦》法帖已見書“明”作“眀”之例，第一種說法便不攻自破了。其第二種說法是否可靠，則應從“明”字的來源說起。考《說文·月部》：“朙，照也，從月從囧。明，古文朙，從日。”從日的“明”和從囧的“朙”皆已見於甲骨金文，來源甚古。“朙”字秦漢古文亦作“朙”“朙”“朙”等形①，所從的“囧”旁與“目”的常見寫法“目”字形接近，故“朙”的古文字形隸變或訛從“目”旁作“眀”，這一寫法在睡虎地秦簡、馬王堆漢墓帛書中均已多見。《隸辨》卷二引《韓敕碑》《北海相景君銘》“明”亦寫作“眀”。顧藹吉按語引明吳元滿《六書正義》云：“省朙為眀，非從目也。”② “眀”形的寫法魏晉以後相沿不絕，其例不勝枚舉。《干祿字書》：“眀朙，上通下正。”③ 斯 388 號《正名要錄》“正行者雖是正體，稍驚俗，腳注隨時消息用”類“朙”下腳注“眀”。

---

① 《金文編》第 480 頁。

② 《隸辨》第 63 頁。

③ 《干祿字書》第 30－31 頁。

《五經文字》卷上月部："明眀明，上古文，中《說文》，下石經，今並依上字。"①前二書以"眀"為正字，後書則改云"今並依上字"作"明"。大概唐代中後期"明"字以其簡明易寫而成為規範字形，"明"則被視作可"消息"使用的通行俗字，而"眀"字則因書寫不便逐漸退出了使用行列。由此可見，"明"之所以一再出現於各風景名勝的石刻、牌匾及書帖中，與它悠久的歷史密不可分。這樣的寫法，既與清代的文字獄風馬牛不相及，也與"慧眼"本不相干，網文作者生拉硬扯，強作解人，顯然都是靠不住的。

六、苐

秦皇島山海關有"天下第一關"的匾額，出自明代書法家蕭顯之手。其中的"第"匾書作"苐"，變竹頭作草頭，網文稱之為"最壯觀的錯字"。至於這樣寫的原因，網文作者認為"把第一的'第'字改寫成草字頭'苐'，使筆劃減少，視覺上的分量減輕；讓繁體的'關'字筆劃凝重，粗壯有力，牢牢地壓住似乎將要翹起的城樓西端"。

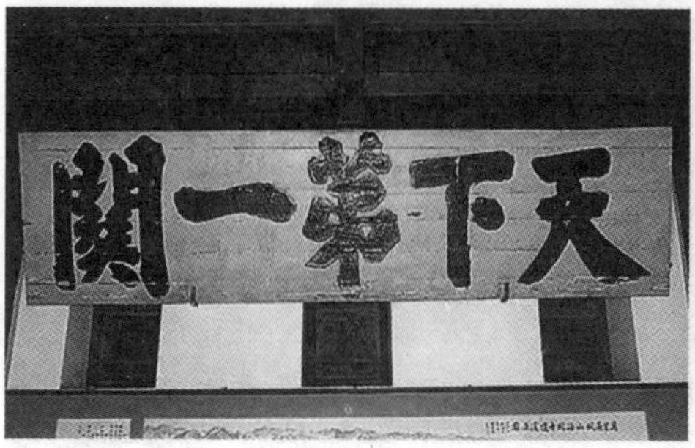

網文作者對上揭匾額字體的書法分析，筆者不諳此道，不敢妄加評論。但網文稱"第"寫作"苐"為"錯字"，則值得商榷。從字形演變的角度而言，次第的"第"字《說文》不載，是一個後起字，其字古本作"弟"。"弟"《說文》篆文作"𢎨"，隸定通常作"弟"，但也會變體增筆寫作"苐"形，如《居延漢簡甲乙篇》作"苐"（27.26）、"苐"（63.27）、"苐"（178.16）等形②。北魏太和二十年（496）《姚伯多供養碑》作"苐"③，亦其例。而"䒑"通常為草頭的俗寫，如《干祿字書》云"若"字通俗作"若"，《五經文字》云"荅"字石經作"荅"之類。《隸辨》卷六偏旁艸旁下云："艸"旁在上者"亦變作䒑"④。故當"䒑"被看作草頭的俗寫時，"弟"就有可能進而被訛寫成"苐"。如敦煌寫本伯 3270 號背《兒郎偉驅儺》：

① 《五經文字》第 15 頁。
② 《漢代簡牘草字編》，上海書畫出版社，1989 年，第 86 頁。
③ 《北京圖書館藏歷代石刻拓本匯編》，第 3 冊第 26 頁。
④ 《隸辨》第 200 頁。

"兄供（恭）苐順，姑嫂相愛相連（憐）。"斯 5961 號《新合六字千文》："孔懷朋友兄苐，昆李（季）同氣連支（枝）。"斯 5454 號《千字文》有"孔懷兄弟，同氣連枝"句，後例"弟"字伯 3416、2759 號作"苐"。其中的"苐"實皆為"弟"的俗寫。又俗書竹字頭多作草字頭，清顧藹吉《隸辨》卷六偏旁竹旁下云："（竹）字在上者作⺮，或作艹、艸，亦作卝、䒑，與從艸之字無別。"[①] 根據這一規律，當"苐"上部被誤認為竹旁俗寫時，據以回改，於是"第"字便產生了。漢印及《熹平石經》已見從竹頭的"第"[②]，蓋東漢前後產生的俗字。不過至遲唐代前後，"弟""第"已經開始分化，通常以"弟"指兄弟之"弟"，而以"第"指次第、第宅之"第"，而"苐"則被看作"第"的俗字。《干禄字書》："苐第：次第字上俗下正。"[③] 就是這種分化的實際記錄。上揭山海關匾額的"苐"字，也正是"第"的俗字，網文定作"錯字"，顯然也是不合適的。

附帶指出，江蘇無錫惠泉有石刻"天下苐二泉"，泰山岱廟內有米芾所題石刻"苐一山"，這些個"苐"同樣可看作"第"的俗字。

七、碑

西安碑林中"碑林"的匾額，系清代著名愛國將領、禁煙英雄林則徐手書。道光二十一年（1841）林則徐被革職，遠赴伊犁，途經西安，受邀題寫了"碑林"匾額，其中的"碑"寫作"碑"，與今天的規範字相比，右上部少一撇。網文說："有人認為這是他當時心境的自然流露，'碑'字頭上的一撇沒有了，寓意自己丟了烏紗帽。"因而稱這是"最刻骨銘心的錯字"。

題寫"碑林"匾額時，林則徐的心境如何，今天已無從考證。但把"碑"寫作"碑"與林則徐"丟了烏紗帽"扯在一起，則完全是無稽之談。"碑"從"卑"聲，後者《說文》小篆作"𢀩"，從𠂇、甲，隸定多作"卑"，其上有一短撇。但"卑"既從

① 《隸辨》第 211 頁。
② 徐無聞編《甲金篆隸大字典》，四川辭書出版社，1991 年，第 355 頁。
③ 《干禄字書》第 49 頁。

“甲”，“甲”字《説文》小篆作“甲”，先秦古文亦有作“甲”“甲”等形的，據後一類字形隸定，就可寫作“甲”而上部無短撇。所以，從“甲”的“卑”既可以隸定作“卑”，也可以變體作“卑”。魏晉以下碑刻及寫本，舉凡“卑”字及“卑”旁，皆以作“卑”形為常見。故唐顔元孫《干祿字書》、敦煌本斯 388 號《字樣》、斯 2071 號《切韻箋注》、元李文忠《字鑑》卷一支部皆以“卑”為標目字，而不列“卑”字。同理，“碑”字隸變也可作“碑”，且碑刻及寫本中以後一種寫法更為常見。東漢熹平三年（174）《營陵置社之碑》，碑名之“碑”作“碑”[1]，乃其字之早見者。魏太和五年（231）《曹真殘碑》有“立碑作頌”句[2]，亦其例。故斯 2071 號《切韻箋注・支韻》彼為反：“碑，＝銘。”故宫本唐王仁昫《刊謬補缺切韻》同一小韻：“碑，行記。”[3]皆不載“碑”字。只有到了宋代刻本流行以後，“卑”和“碑”形的寫法才逐漸佔據主導。《正字通・石部》：“碑，俗碑字。”大概就是受了刻本文獻的影響。

總之，“碑”字作“碑”歷史悠久，實為古代的規範字形（比較“甲”規範字隸定作“甲”），林則徐把“碑林”寫作“碑林”，不過是沿用老祖宗們習慣的寫法，網文把它定作“錯字”已是大大不妥，進而把這樣的寫法跟書者“丟了烏紗帽”“刻骨銘心”扯在一起，更是荒唐。

八、院

天津薊縣獨樂寺有個報恩院，院名據説是清咸豐皇帝題署，“院”字寫作“院”，右部“元”上少一横。網文稱這是“最有恩情的錯字”，并解釋説：“字寫好后，咸豐才發現自己‘獻醜’了，最後一個‘院’少些了一横。大家都看出來了，但皇帝寫的字誰敢説是錯字？這時咸豐開了金口，説人啊要知恩圖報，佛家説要報四重恩：佛恩、父母恩、眾生恩、國土恩，太多了，這恩一生是報不完的，所以‘完’字的筆劃不能寫全。”

① 《北京圖書館藏歷代石刻拓本匯編》，第 1 冊第 159 頁。
② 《北京圖書館藏歷代石刻拓本匯編》，第 2 冊第 7 頁。
③ 周祖謨《唐五代韻書集存》，中華書局，1983 年，第 439 頁。

按："院"從"完"聲，"完"又從"元"聲，無論是"院"本身還是所從的"完"或"元"，"元"上少一横的寫法他書未見，也不符合字形演變的規律，所以我們只能説這是一個真正的"錯字"。至於錯誤的原因，恐怕主要是書者一時筆誤所致。網文稱因人生四重深恩無法報完，故有意於"完"旁少寫一横，那顯然是信口開河。

九、突

濟南"趵突泉"石碑，出自明代山東巡撫胡纘宗之手，碑文"突"字寫作"突"，上部和犬旁各少一點，網文稱其為"最神話的錯字"。上部少一點的原因，網文列舉了兩種説法：一是當地人希望趵突泉永遠噴湧，沒有盡頭，所以把"突"字寶蓋頭的點省略了；二是當年刻寫的石碑豎立泉眼旁，泉水噴湧的勢頭非常猛，上竄出四、五米高，把"突"字的點衝掉了，這個點掉到水裏後順水漂流到了大明湖，於是大明湖的"明"字"日"字旁變成"目"。

"明"字作"明"，上文第五節已指出淵源於"朙"，其字秦漢簡牘帛書及碑刻即已多見，故網文所舉的後一種説法的確是"神話"，沒有絲毫可信度可言。前一種説法反映了當地人美好的願望，倒也無可厚非。不過從字形演變的角度而言，"突"字作"突"當與俗書省點的傾向有關。"穴"字古文字作"内"形，上部的點形筆畫隸定時易被忽略，猶如"宀"旁俗書多作"冖"之比（參上"富"字條）。如古鉨"空"字作"空"[①]，漢《正直等字殘碑》"究"字作"究"[②]，是其例。又如"突""滚"隸變作"突""深"，又作"罙""深"。《隸辨》卷六偏旁"穴"旁下云："從穴之字滚或作深，上省點。"[③] 亦其例。"突"字甲骨文或作"突"（佚775）[④]，東漢初平四年（193）《北海太守為盧氏婦刻石》作"突"[⑤]，上部皆無點，可參。清乾隆帝御書《薩爾滸之戰書事碑》有"後軍隨至，衝突而入"句，其中的"突"字原碑寫作"突"，上部亦省點。[⑥] 故"趵突泉"碑文"突"字作"突"形，也許是受俗書省點傾向的影響，而與泉水噴湧無關。

上面我們對網文所謂"九大錯别字"逐個作了辨析，這些所謂的"錯别字"，均見於景區牌匾、石刻之上，大多是古代流傳已久的俗字，有的甚至是古代的標準

---

① 《甲金篆隸大字典》第510頁。

② 《北京圖書館藏歷代石刻拓本匯編》，第1冊第208頁。

③ 《隸辨》第221頁。

④ 《甲金篆隸大字典》第511頁。

⑤ 《北京圖書館藏歷代石刻拓本匯編》第1冊第184頁。

⑥ 此例友生黄沚青博士提供。《薩爾滸之戰書事碑》原碑立在遼寧薩爾滸風景區，并建有碑亭，1978年碑亭被拆除，碑現移藏於瀋陽故宫。

字，它們多係書者有意為之，而與誤寫無關。解字者習於今而忘於古，望形生訓，隨意加以戲說，這是對老祖宗傳下來的漢字遺產的褻瀆，是一種極不嚴肅的行為。從這裏也可以看出，加強漢字的教學研究，普及漢字知識，又是何等的急迫！習近平總書記不久前指出："中國字是中華文化傳承的標誌。殷墟甲骨文距離現在3000多年，3000多年來，漢字結構沒有變，這種傳承是真正的中華基因。"① 我們應該認真繼承弘揚這份寶貴的文化遺產，正確闡釋漢字的發展演變，積極探尋其中蘊含的中華文化發展的基因，讓書寫在古籍和文物上的文字都活起來，為國家的統一和中國夢的實現提供強大的精神動力。

【附記】本文是在張涌泉指導的黃璟的本科畢業論文（浙江大學中文系2018）的基礎上，由張涌泉仔細改定的。論文試圖從漢字發展演變的角度探討網上一些所謂"錯字"的來歷。論文投稿後，友生黃沚青博士告知楊立新《錯字的尖叫——細數那些被誤解的錯字》（人民日報出版社，2014）、郭殿忱《有關〈中國五大著名錯字〉的幾點補正》（《漢字文化》2015年第1期）都對相關"錯字"有所討論，並提出了很好的意見，可與本文比觀。謹補記於後，請讀者留意。

參考文獻

許慎．說文解字．北京：中華書局，1963.
顧藹吉．隸辨．北京：中華書局，1986.
顔元孫．干祿字書．北京：紫禁城出版社影印明拓本，1990.
張參．五經文字．《叢書集成初編》本，商務印書館，1936.
容庚．金文編．北京：中華書局，1985.
徐無聞編．甲金篆隸大字典．成都：四川辭書出版社，1991.
陸錫興編．漢代簡牘草字編．上海：上海書畫出版社，1989.
毛遠明．漢魏六朝碑刻異體字典．北京：中華書局，2014.
黃征．敦煌俗字典．上海：上海教育出版社，2005.
張涌泉．漢語俗字研究．北京：商務印書館，2010.
張涌泉．敦煌俗字研究．上海：上海教育出版社，2015.

A Proper Analysis on the Nine Major Wrongly-Written Chinese Characters

Zhang Yongquan, Huang Jing

Abstract: There was a widespread article entitled "The Most Flagrant Nine

① 習近平2014年5月30日在北京市海淀區民族小學看望少年兒童時的講話，《習近平李克強"六一"前夕分別看望少年兒童》，新華網2014年5月30日。

Major Wrongly-written Chinese Characters" on the Internet. The article listed nine groups of wrongly-written characters (避、魚、流 and 在、冨 and 章、明、苐、碑、院、哭) and explained their origins and reasons why they were mistaken respectively. This essay provides an appropriate analysis for these characters from a perspective of graphemic evolution. It points out that most characters above were popular forms which widely used in ancient days. Some of them were formal characters even. This essay emphasizes the importance in illustrating the development and evolution of characters properly, instead of making random predictions based on their current forms.

Keywords: nine major wrongly-written characters; popular form of character; graphemic evolution

(張涌泉，浙江大學漢語史研究中心，古籍研究所；
黄璟，浙江大學古籍研究所)

漢語“亡”詞族考論

李　玉

提　要：本文以古籍及故訓為材料，著重用王力《同源字典》未注意到的含“急速”義的同源字主要用音繫法繫聯出漢語“亡”詞族。並由此推求出該詞族的“語核”為漢語前上古音複聲母**mb-。同時還利用現代漢語方言及親屬語言同源詞的mb-型複聲母及清鼻音聲母m̥-的反映形式，運用歷史比較法進行漢藏語同源詞歷史比較研究，對语上古音及前上古音**mb-型複聲母及清鼻音聲母**m̥-的構擬加以印證。

關鍵詞：同源詞；詞族；語根；語核；語源義；音韻學；漢藏語

王力在（1982·序）中說：“我從前曾企圖研究‘漢語的詞族’，後來放棄了這個計畫。‘詞族’研究起來是困難的。”本文對王力說的“漢語的詞族”研究再次作些嘗試。文中關於“詞族、字族、字根、語根、語核、義根、語源義、根詞”等術語的含義詳見李玉（2015：16—23）及李玉（2017：75—84）。關於“詞的‘內部形式’”參考了張永言（1999：164—176）。本文考釋的對象絕大多數是王力（1982）裡未收錄的詞義為“急速”、聲母為雙唇音的同源字（即“同源詞”，下文統稱“同源字”）。“亡”的本義是“逃跑”，“逃跑”當“迅速”，故“亡”當有“急速”義。本文所探究的“漢語的詞族”即以“亡”為代表字，簡稱“亡詞族”。“亡詞族”由100多個同源字組成。“亡詞族”的“語根”是：√mb-ŋ。“語核”是“語根”的核心，即“语根√mb-ŋ”中的聲母部分：**mb-複輔音。“語核”—**mb-是“亡詞族”在同源詞的衍生中比韻母更重要的語音形式，詳見李玉（2015：16）及李玉（2017：75）。在不違反音轉規則的前提下，本文也輔之使用“義繫法”來繫聯“亡詞族”的同源字。這樣做有利於儘量避免具有相同的“義根”的同源詞被肢解為若干對或若干組“同源字”（如《同源字典》那樣）的情況，增加“词族”的容量。“亡詞族”的“語源義”是“急速”。漢語“前上古音”含“急速”義的語音形式“**mbwaŋ”當是該詞族的“根詞”。按，“前上古音”即“‘原始漢語’的語音係統”，詳見李玉（1994：116）。

“亡詞族”的音轉規則遵循王力（1982：12—20）的原則，除**mb-型複聲母及清鼻音聲母**m̥-外①，字例的上古音及前上古音的擬音基本上依照周法高（1980）的體例標注。本文主要研究前上古音**mb-型複聲母的構擬。王力（1985：17—18）認為：“關於（先秦的）聲母方面，成績就差多了……有人引用漢藏語係各族語言的同源詞來證明漢語上古聲母，這是比較可靠的辦法。這種研究工作我們做得還很不夠。”此說甚是。王力之說當亦適用于前上古音聲母的研究。因為前上古音及上古音早期缺乏文獻證據。“亡詞族”中哪些字的聲母是**mb-型複輔音或清鼻音，主要靠運用“歷史比較法”進行漢藏語言同源詞歷史比較研究來確定。但“亡詞族”中有少數同源詞（字）的**mb-型複聲母可利用“內部構擬法”進行構擬。如：中古漢語裡“撫”“趏”“方”均有m-、b-兩讀，這當表明“撫”“趏”以及以“方”为声符兼义符的“迈、蹄”等字的上古音聲母也是**mb-，然後分化為中古音的*m-和*b-。又，“攺”“迒”均是“撫”的古字，其聲母當與“撫”同為**mb-，而“攺”“迒”以同根字“亡”為聲符兼义符，則“亡”的前上古音聲母當亦可構擬為**mb-。从谐声关系看，以“亡”為聲符兼义符的同根字（词）如“萠茫芒忙恾汒攺岐迒”的上古音、前上古音聲母當也可構擬為**mb-。“心s-”母的“喪”字以“亡m-”為聲符，其本身就存在s-/m-的交替，故“喪”一詞的前上古音聲母當是**sm-。再如：“曉h-”母的“荒、忽”兩類字均以“明m-”母字“亡、勿”為聲符，說明這兩類字（詞）前上古音及上古音的聲母當是清鼻音**m̥-（**hm-）。

繫聯“詞族”進而推求出该词族的“語核”是研究前上古音複辅音聲母的新方法和新途逕。

李玉（1994：1—85）利用出土文獻的7000多對通假字和異文主要運用“概率統計法”進行研究，得出漢語上古音存在雙唇“鼻—塞”複輔音聲母**mp-的結論。筆者認為，漢語前上古音也存在**mb-型複聲母。詳見下文“亡詞族”的“音轉關係”中所列的同源字的**mb-型复声母的拟音。

“亡詞族”的同源詞大多在上古漢語就形成了，故該詞族的“語源”—“語核（聲母）**mb-”當在原始漢語就形成了。從原始漢語到上古漢語，因詞族擴大的需要，“語核**mb-”當會經“濁音清化”的“音變通則”演變出**mp-、**mph-兩個聲母作為“亡詞族”同源詞不斷孳乳的語音載體。到中古漢語，大部分**mb-型複聲母便分化為*m-與*b-（*p-、*ph-）兩類聲母。詳見李玉（1990：23—31）。按，前上古音的複聲母**mb-仍存在於現代漢語部分方言中。在使用人口30多萬的廣西閩南話裡，双唇“鼻—塞”複聲母“mb-”是與m-、p-、ph-相對立的、具有區別意義作用的一個音位，詳見李玉（1990：23—31）。此外，山西文水、汾陽等地的漢語

① 為了排印的方便，下文的清鼻音聲母在鼻音聲母之前加字母h來表示。如：hm＝m̥，hŋ＝ŋ̊。

方言裡，上古明母字的聲母現在也讀為“鼻－塞”複輔音“mb-”。侯精一、溫端政（1993：51）認為：“鼻音聲母大多帶有同部位濁塞音成分。如汾陽，[m n ŋ ȵ] 後有明顯的 [b d g ȡ]：眉 [m^{b}-] 男納 [n^{d}-] ……”學術界一般認為現代漢語沒有複輔音聲母，這種看法是錯誤的。

下面是漢語前上古音“亡”一詞的語音形式“**mbwaŋ（急速）”根據“音轉規則”用“音繫法”將漢語“亡詞族”的同源字（詞）繫聯成為一個詞族的“音轉關係”：①

**mbwaŋ 亡：mbwaŋ 蝱茫芒恾忙汒𢻹𡵆迒迈蹠 smwaŋ/喪 mbrwak 驀趏迫 [mpewk 朴] <mbawk 暴㬥㬧瀑爆謈㶿>bat 颵驋鴦跡趃迊憋/bjiek 趧𢡆（mb-母雙聲/mb-：sm-鄰紐 [mb-：mp-准雙聲]〈雙聲〉mb-並旁紐，同音/陽部疊韻 [陽屋〈沃〉錫/旁對轉] 陽月通轉）；亡：mbrəw 咆 [mphjiaw 爂趕孚]〈mbiən 敏奮奔逩騂犇賁騯〉mpwan 翻翩鱕鶣騗潘 pjwan 媥褊惼蹁㥏邉趃（雙聲 [准雙聲] 旁紐，陽幽 [宵] 旁對轉〈陽文〉元通轉）；亡：mbjwaɤ 撫舞颰/mbjwəm 風飄汎〈mbjiwər 飛騑騑㛮〉[mbjiwər 飍]（雙聲 []，陽魚對轉/陽侵通轉 [侵微通轉]）；亡：mpjew 務鶩蝥 [mphjiaw 嫑票嘌熛驃翲䴩飄]〈mpjiaw 飆猋飆旚僄〉（旁紐，陽侯〈宵〉旁對轉）；亡：mbiwəɤ 駓駓/pjwət 颵趃跸// bewŋ 飃颫 [hmat 忽曶颮颮] hmrwan 趧儇翾憬譞獧〈hmwaŋ 荒駹駹〉（雙聲/旁紐 [〈鄰紐〉]，陽之旁對轉/之物 [陽月/元] 通轉//旁轉〈疊韻〉）。

下文主要依據上古典籍及古代訓詁，基本上按照上文“音轉關係”中字例的排列順序，逐字對“亡詞族”中的同源字之間義同、義近的關係及語義演變的情況進行考釋。引用書目詳見王力（1982：73－77）。部分故訓材料還引自宗福邦等（2004）。字例在其下加一橫線以示之。

亡（亾），《說文》“亾，逃也。從人。隸作亡”段玉裁注：“凡亡之屬皆從亡。”《集韻》：“亾，亡本字。”《說文》：“逃，亾也。從辵兆聲。”《廣雅·釋宮》：“辵，奔也。”從“辵”即從“奔”。《慧琳音義》卷六十二：“逃，走也。”《希麟音義》卷六：“逃，走也。”《說文》“走，趣也”段注：“〈釋名〉曰：‘疾行曰趣，疾趨曰走。’”則“走”字有凡迅速之義。《戰國策·中山策》“中山君亡”高誘注：“亡，走也。”《資治通鑒·漢紀》“豈當圖亡哉”胡三省注：“亡，謂亡走。”又《宋紀》“斷其走伏”胡三省注：“走，逃也。《國語·晉語》“以亡于楚”韋昭注：“亡，奔也。”又《楚語》“子牟有罪而亡”韋昭注：“亡，奔也。”《玉篇》：“奔，走也。”

“亡”有“急速”義，以“亡”為聲符兼义符的字亦多有“急速”義。“急速”

① “語核**mb-”與**mp-、**mph- 之間的音轉關係是“准雙聲”，與幫組諸母是“旁紐”關係，**mb-與清鼻音聲母**m̥-（**hm-）及**sm-是“鄰紐”關係，因為**mb-與**m̥-（**hm－）及**sm-同有雙唇鼻音 m-成分。

義是“亡”一詞隱晦的“内部形式（語源義）”，由這一“内部形式（語源義）”先後孳生出一組同源關係特別密切的同根字（詞），形成為一個“字族”，“字根”為“亡”，該“字族”可稱為“亡字族”。周祖謨（1988：42）在《字族》一文中認為，每一個“字族”中的聲符（字根）表音又表義，“字族”中的字義同或義近。“字族”是從文字論而言的，從語源學、語詞論而言，“字族”屬於本文及周祖謨（1988：552）在《詞族》一文中所說的“詞族”。一個“詞族”可包含若干個“字族”，“亡字族”是“亡詞族”的組成部分。“亡字族”主要由15個同根字（詞）組成①，即：“亡亾 朚茫芒忙恾汒⿰亡攵⿰亾支⿺辶亡䘮荒⿰馬荒⿰馬荒”。

朚，《廣雅・釋詁一》：“朚，遽也。”《廣韻》：“朚，遽也。”《玉篇》：“遽，急也。”《說文》“朚”段注：“即今之忙字，亦作茫，俗作忙。玄應書曰：‘茫，又作朚，遽也。’按，〈方言〉、〈通俗文〉皆作茫。”則“朚”與“忙”是對古今字。王力（1982：6）認為：“古今字（分別字、分別文、區別字）都是同源字。”《廣雅・釋詁一》“朚、趣、務，遽也”王念孫疏證：“朚者，〈方言〉：‘茫，遽也。’茫與朚通。”按，王念孫在《廣雅疏證》一書中所說的“通”，大多指同源相通，詳見李玉（2017：61）。茫，《玉篇》：“茫，速也。”《玄應音義》卷十五：“時務曰茫。”又卷六：“務、趣，疾也。”《廣雅・釋詁一》：“疾，急也。”按，在急速義上，“朚、茫”實同一詞。《說文》“疾”段注：“疾，經傳多訓為急、速也。”按，本文所用的“疾”字其義均為“急速”。《楚辭・哀時命》“茫茫而歸兮”舊校：“茫，一作芒。”是謂“茫”“芒”音義均同。芒，《方言》卷十三：“芒，忽也。”《列子・湯問》“涼風忽至”張湛注：“忽，疾貌。”《孟子・公孫醜》“芒芒然歸”趙岐注：“芒芒，遽也。”《漢書・高帝紀》“高祖隱于芒碭山”顔師古注：“芒，忙遽之忙。”忙（恾），按，“急忙”的“忙”古文寫作“恾”，“忙”字在中古才有急速義。《集韻》：“恾，心迫也。亦作忙。”《玉篇》：“迫，急也。”《太玄・窮》：“遽，恾也。”《集韻》：“忙，倉皇也。”按，“倉皇”有急速義。例：孤獨授《運斤賦》：“利器見投，尚倉皇於麾下。”汒《集韻》：“汒，忽遽也。”《韻會》：“汒，又悤遽貌。”《說文》：“悤，多遽悤悤也。”《廣韻》：“悤，速也。”《莊子・天地》“汒若于夫子之所言矣”陸德明釋文：“汒，本或作芒。”《正字通》：“汒，亦作茫。”是謂“恾忙汒茫”音義並同。⿰亡攵，《說文》“⿰亡攵，撫也。從攴亡，亡亦聲。讀與撫同”徐鍇繫傳：“尚書古文撫，或如此。”《玉篇》：“⿰亡攵，或作撫。”《方言》卷十二：“撫，疾也。”《龍龕手

① 在一個“詞族”中，“同源字（詞）”可分兩類：有的同源字是“同根字（詞）”，有的同源字是“同族字（詞）”。正如鄭張尚芳（2001：22—34）說的那樣：“同源詞的關係有親有疏。關係特別親的同源詞可稱‘同根詞’，關係疏的則稱‘同族詞’。”一般來說，同是聲符兼義符的一些字為“同根字”。“實同一詞”及“字族”中所包含的同源字也屬於“同根字（詞）”，下文统称“同根字”；而“同族詞、同族字”则统称“同族字”。

鏡》："撫，謂急疾也。"亡，《集韻》："撫，古文亡。"《玉篇》："亡，追也。"張衡《思玄賦》"追荒忽於地底兮"李善注："追，馳也。"《廣韻》："馳，疾趨也。"《說文》："亡，從辵亡，亡亦聲。""亡"當亦有其义符"辵、亡"的急速義。《字彙》："亡，逃走。"喪，《說文》"喪，亡也。從亡，亡亦聲"段注："喪，亡部曰：'亡，逃也。'亡非死之謂也。此喪之本義。"王力（1982：10）："'亦聲'都是同源字。"《玉篇》："喪，亡也。"《周語》"偏喪有咎"韋昭注："喪，亡也。""亡"與"亡亡喪"均有"亦聲"關係而相同源。

驀，《呂氏春秋·樂成》"因難驀邁"高誘注："驀，躍也，超也。"《說文》："躍，迅也。"《漢書·楊雄傳》"超既離虖皇波"顏師古注："超，速也。"《助字辨略》卷五："驀，忽也。"《正字通》："忽，疾也。"《慧琳音義》卷二十八："驀，踰也，越也。"趏，《玉篇》："趏，走貌。"《集韻》："趏，越也。字又作趏。"《龍龕手鏡》："趏，越也。今作驀。"《廣雅·釋詁一》："越，疾也。"迒，《玉篇》："迒，急行也。"《集韻》："迒，急行貌。"蹓，《玉篇》："蹓，急行。"《廣韻》："蹓，急走也。"迫，《玉篇》："迫，急也。"《廣韻》："迫，急也。"顏延之《赭白馬賦》"進迫遮迾"呂向注："迫，速也。"臱，《說文》："臱，迫也。"《玉篇》："臱，迫也。"《慧琳音義》卷六："迫，急也。"《正字通》："臱，急迫。"暴，《說文》"暴"朱駿聲通訓定聲："暴，假借為㬥。"按，此"假借"實為同源。朱駿聲的"假借"多為同源。詳見李玉（2017：79）。《廣韻》："暴，急也。"《書·立政》"是惟暴德"孔穎達疏："暴者，疾也。"《史記·項羽紀》"今暴得大名"裴駰集解："暴，遽也。"瀑，《說文》："瀑，疾雨也。"《文字典說》："瀑，水汎急流也。"㬥，《玄應音義》卷十六："㬥，速也。"郭璞《江賦》"駭浪㬥灑"李善注："㬥，疾也。"《助字辨略》卷四："㬥，遽也。"《廣韻》："遽，速也。"㬥，《說文》"㬥，疾有所趣也"朱駿聲曰："㬥，經傳皆以暴為之。"《廣韻》："㬥，猝也，急也。"《慧琳音義》卷六："猝，急也。"《字彙補》："㬥，速也。"㬥，《慧琳音義》卷五十二："㬥，疾也，猝也。"《素問·五常政大論》"其用㬥"王冰注："㬥，速也。"爆，《說文》"爆"王筠句讀："今俗謂火迸散為爆。"《正字通》："爆，火迸飛也。"《类篇》："迸，走也。""走"的核心意義為急速，"迸飛"即"速飛"。謈，《集韻》："謈，說文'謈，大呼自勉也。'"《正字通》："謈，大呼也。"謈，《說文》"謈"王筠曰："謈，大呼，自冤。"《漢書·東方朔傳》"舍人不勝痛，呼謈"師古曰："謈，謂切痛而叫呼也。""大呼"之聲當急速。蹕，《玉篇》："蹕，行急。"《集韻》："蹕，行急貌。"按，"暴㬥㬥㬥瀑爆謈謈蹕"是一個"字族"，"字根"為"暴"。

駑，《玉篇》："駑，馬走貌。"《字彙》："駑，馬走也。"趬，《玉篇》："趬，走也。"《字彙》："趬，走貌。"㦂，《方言》卷十二"㦂，猝也"郭璞注："謂急速也。"《廣雅·釋詁二》"㦂，猝也"王念孫曰："今俗語狀聲響之急速者也，是其義也。"

騃，《玉篇》：“騃，馬走也。”《集韻》：“騃，馬走貌。”敏，《詩·文王》“殷土膚敏”毛傳：“敏，疾也。”《莊子·天地》“給數以敏”成玄英疏：“敏，速也。”《論語·裡仁》“訥於言而敏于行”皇侃疏：“敏，急速也。”慦，《說文》：“辩，急也。”《集韻》：“辩，急也。或作慦。”媥，《說文》：“媥，輕貌。”《類篇》：“輕，迅也。”《廣雅·釋詁三》“媥，輕也”王念孫疏證：“媥之言翩也。”按，“之言”“之為言”是“聲訓”用語。王力（1982：10）認為：“‘聲訓’是古人尋求語源的一種方法。”則“媥”“翩”相“聲訓”而同源。按，“輕”有兩讀，讀去聲的“輕”之義為“急速”，本文的“輕”字其義均訓為急速。騗，《玄應音義》卷七：“騗，躍上馬者也。”《集韻》：“騗，躍而乘馬。又書作騙。”《玄應音義》卷十九：“騙，謂躍上馬也。”《爾雅·釋訓》：“躍躍，迅也。”褊，《爾雅·釋言》“褊，疾也”郭璞注：“褊、急，皆急疾也。”《廣韻》：“褊，急也。或作惼。”惼，《莊子·山木》“雖有惼心之人”陸德明釋文：“惼，爾雅云：‘惼，急也。’”《詩·葛屨序》“其君吝惼急”孔穎達疏：“惼急，言性躁也。”《慧琳音義》卷五：“躁，急性也。”蹁，《玄應音義》卷十一：“蹁，亦旋行也。”《廣韻》：“蹁，旋行也。”《廣韻》：“旋，疾也。”“旋行”即“疾行”。按，“媥騗騙褊惼蹁翩”是一組同根字。獂，王延壽《王孫賦》“性慓獱以獂疾”張銑注：“獂，疾也，輕迅也。”《字彙補》：“獂，輕迅貌。”趫，《說文》：“趫，走意。從走。”《廣韻》：“趫，走也。”《广韵》：“走，疾趋也。”趀，《廣韻》：“趀，走貌。”《集韻》：“趀，走也。”蹇，《說文》：“蹇，走貌。”《玉篇》：“蹇，走也。”侚，《說文》：“侚，疾也。”《廣雅·釋詁一》：“侚，疾也。”徇，《史記·武帝紀》“幼而徇齊”裴駰集解：“徇，疾也。”《墨子·公孟》“思慮徇通”趙岐注：“徇，急也。”按，“侚、徇”實同一詞。

奔，《說文》“奔，走也”段注：“凡赴急曰奔。”《爾雅·釋言》“奔，走也”邢昺疏：“奔，大走也。”《晉語》“臣聞奔刑之臣”韋昭注：“奔，趨也。”逩，《篇海》：“逩，奔走也。”《正字通》：“逩，疾走。義同奔。”驡，《玉篇》：“驡，馬走貌。”《字彙》：“驡，馬走。”犇，《慧琳音義》卷十二：“犇，眾牛走也。”《玄應音義》卷七：“犇，疾走也。”《玉篇》：“犇，急行也。犇，古奔字。”賁，《漢書·百官公卿表》“屬官有馬衛士旅賁三令丞”師古曰：“賁與奔同。言為奔走之任也。”又“更名虎賁郎”師古曰：“賁，如猛獸之奔。”“奔逩驡犇賁”也是一组“同根字”。

風，王力（1982：223）認為：“‘風’與‘飛’在意義上也有某種聯繫，古人認為飛是憑藉風力。”王力所說的的“‘某種’聯繫”中的“某種”應該是“急速”這種隱晦的（內部形式）的聯繫。《左傳·成公十六年》“免冑而趨風”杜預注：“風，速也，如風之速也。”《書·費征》“馬牛其風”鄭玄注：“風，走逸也。”《玉篇》：“逸，速也。”《資治通鑒·晉成帝紀》“風發相赴”胡三省注：“風發，言其速也。"《序傳》"䬙如發機"虞翻注："發，速也。""風發"以速疾義同義連文[①]。《廣雅·釋言》："風，吹也。"《玉篇》："出氣急曰吹。"可見"吹"與"風"均有急速義。飍，《元包經傳·仲音》"飍蕩森罙"李江注："飍，風也。"《廣韻》："飍，驚風。"《玉篇》："驚，逸也。"郭璞《江賦》"激逸勢以前驅"劉良注："逸，疾也。""驚風"即"疾風"。《字彙》："飍，大風眾起貌。"《玉篇》："飍，馳走貌。"《篇海》："飍，倉猝暴疾也。"《正字通》："飍，借疾風形擬奔走之狀。""飍"的詞義演變過程當是："飍"先有相對具體的"風"義，引申出"大風起"之義，再衍生出"疾風、馳走、倉猝暴疾"等更抽象的意義。"風"的"急速"義當是"飍"一詞詞義孳生所隱含的"内部形式（語源義）"。颿，《說文》"颿，馬疾步也"段注："馬之行疾於風。故曰追奔電，逐遺風。'從馬風聲'此當云：'從馬風，風亦聲。'"則"颿""風"依"亦聲"而同源。《類篇》："颿，馬疾馳也。"㶾，《說文》"㶾，火飛也"段注："㶾，與熛音義皆同。"按，"飛"即迅速。《廣韻》："㶾，今作票，同。"票，《漢書·王商傳》"遣票輕吏微求人罪"顏師古注："票，疾也。"《集韻》："票，勁疾也。"熛，《說文》"熛，火飛也"段注："〈玄應音義〉引三蒼云：'熛，迸火也。'""迸火"即"速飛之火星。"驃，《玉篇》："驃，驍勇也……驍，勇急捷也。"杜甫《天育驃圖歌題》仇兆鼇詳注："驃，疾走也。驃騎，猶言飛騎。""飛騎"即"急騎"。翲，《廣韻》："翲，高飛。"《別雅》卷二："翲忽，秒忽也。"《廣雅·釋詁一》："忽，疾也。"《廣雅·釋訓》"翲翲，飛也"王念孫曰："翲翲……飄飄，並字異而義同。"《集韻》："飄，疾也。"鷅，《玉篇》："鷅，鳥飛輕貌。"《字彙》："鷅，輕飛貌。"傅毅《舞賦》"鶣鷅燕居"李善注："鶣鷅，輕貌。"飄，《廣韻》："飄，大風也。"《呂氏春秋·觀表》"聖人則不可以飄矣"高誘注："飄，疾也。"《老子·二十三章》"飄風不終朝"高誘注："飄風，疾風也。"陸機《歎逝賦》"時飄忽其不再老"李善注："飄忽，疾貌。"𩙪，《玉篇》："𩙪，疾風吹貌。與飄同。"《集韻》："𩙪，大風也。又飄，或從麃。"嘌，《說文》"嘌，疾也"桂馥義證："嘌也者，〈廣韻〉：'疾吹之貌。'""吹"有急速義，見"風"字條。按，"㶾票熛驃翲鷅飄飃𩙪嘌"是一個"字族"，"字根"是"㶾"。飆，《說文》"飆，扶搖風也"桂馥義證："扶搖風也者，〈初學記〉引作疾風也。""扶搖"即"疾"也。《玉篇》："飆，暴風也。"潘岳《楊仲武誄》"當此衝飆"呂向注："飆，急風也。"《玉篇》："飆，暴風也。字亦作飊。"飊，《廣韻》："飊，風也。"《慧琳音義》卷九十二："飊，郭璞注〈爾雅〉云：'飊謂暴風從上而下者也。'"又卷八十二："飊，疾風。"颮，《說文》："颮，飆或從包。"《集韻》："颮，暴風貌。"《字彙》："颮，疾風貌。"按，"颮飆飊"實同一詞。旚，《說文》"旚，旌旗飛揚貌"桂馥義證："旌

① 《漢語大詞典·風部》："［風發］②迅疾。漢楊雄《河東賦》：'風發飆拂，神騰鬼趡。'"

旗飛揚貌者，本書‘飆，扶搖風也。’‘扶搖’即‘飛揚’。”按，“扶搖”有急速義。《玉篇》：“旛，扶搖之風也。”颮，《玉篇》：“颮，大風貌。或作颫。”《集韻》：“颮，大風也。”按，“大風”當更急速。颵，《廣韻》：“颵，風貌。”《玉篇》：“颵，大風也。”《集韻》：“颵，大風也。”飈，《玉篇》：“飈，風也。”《集韻》：“飈，疾風。”颰，《玉篇》：“颰，疾風。”《廣韻》：“颰，疾風也。”颫，《淮南子・覽冥》“降颫風”高誘注：“颫風，疾風。”“颫”即“疾”也。《玉篇》：“颫，風自上而下為之颫飄也。”“颫飄”與“扶搖”成詞的“內部形式”亦爲急疾也。《廣韻》：“颫，大風也。通作扶。”“颫”“扶”為同源相通。颹，《廣韻》：“颹，風起貌。”《正字通》：“颹，大風起。”颩，《廣韻》：“颩，輕風。”《集韻》：“颩，輕貌。”《玉篇》：“輕，速也。”颮，《說文》：“颮，疾風也。從風忽，忽亦聲。”則“颮、忽”因亦聲而同源。《玉篇》：“颮，疾風貌。”颲，《玉篇》：“颲，風起貌。”《集韻》：“颲，疾風也。”飃，《玉篇》：“飃，風貌。”《廣韻》：“飃，大風貌。”按，“颮颵飈颰颫颹颩颲飃”等字都是“亡詞族”後起的同源字，這些同源字屬於從“語根 mb-ŋ（急速）”間接衍生出來的“同族字”。

飛，“飛”有迅速義，現代漢語“飛”仍有急速義。如：“飛舟、飛奔”。《文選・佚名〈古詩十九首〉》“焉能淩風飛”劉良注：“飛，疾也。”陸機《挽歌詩》“翼翼飛輕軒”吕向注：“飛，馳也。”《類篇》：“馳，趨也。”顏延之《北使洛》“飛薄殊亦然”呂延濟注：“飛，飄。”《類篇》：“飄，風雨暴疾也。”騛，《說文》“騛，馬逸足也，從飛”朱駿聲曰：“此字後出，即飛字之轉注也。”《玉篇》：“騛，馬逸走也。”翻，《說文新附》：“翻，飛也。從羽，或從飛。”按，從羽即從飛。謝瞻《張子房詩》“翻動成雷”張銑注：“翻，飛也。”按，“飛”有急速義，见上文。曹植《七啟》“翻爾鴻翥”李周翰注：“翻，輕也。”《廣韻》：“翻，同飜。”杜甫《灩澦》“休翻鹽井擲黃金”仇兆鼇詳注：“翻，乃翻飛之意，鳥行疾也。”飜，《玉篇》：“飜，飛也。亦作翻。”謝瞻《張子房詩》“飜飛指帝都”李善注：“飜，飛也。”翩，《说文》：“翩，疾飛也。”張華《鷦鷯賦》“育翩翾之陋體”張銑注：“翩，疾飛也。”楊雄《揚州牧箴》“翩彼昭王”李善注：“翩，輕揚貌。”《说文》：“扬，飛舉也。”翾，張衡《思玄賦》“翾與舉而魚躍兮”呂向注：“翾，輕飛也。”王念孫《讀書雜誌・餘編上》：“翾者，疾也。”栩，《廣韻》：“栩，飛也，走也。”《集韻》：“栩，鳥飛上起也。”狘，《玉篇》：“狘，飛走貌。”《家語・禮運》“鳥不狘”舊注：“狘，飛走之貌。”奮，《禮記・樂記》“奮之以風雨”陸德明釋文：“奮，迅也。”《說文》“奮”朱駿聲曰：“奮字之義，大飛也。”翬，《說文》：“翬，大飛也。”《爾雅・釋鳥》“其飛也翬”郭璞注“鼓翅翬翬然疾”邢昺疏：“翬，其飛疾也。”王念孫《廣雅疏證一上》：“翬，即奮迅之意。”

趕，《玉篇》：“趕，疾也。”《玄應音義》卷十三：“趕，急也。”孚，《玄應音義》

卷八："孚，急也。字又作趕。"《易·姤》"羸豕孚蹢躅"鄭玄注："孚，務躁也。"《慧琳音義》卷十九："躁，急也。"朴，《方言》卷十二"朴，翿也"郭璞注："謂急速也。"《廣雅·釋詁二》"朴，猝也"王念孫曰："謂急疾也。"𪓰，《說文》"𪓰，疾也"朱駿聲曰："𪓰，今讀如赴，俗作趕。"《玉篇》："𪓰，急疾也。赴，趨也。"《廣韻》："𪓰，疾也。"按，"趕孚朴赴𪓰"是一組同根字。撫，《方言》卷十二"撫"郭璞注："謂急疾也。"潘岳《為賈謐作贈陸機》"撫翼宰庭"李善注："撫，奮也。"揚雄《甘泉賦》"奮以方攘"張銑注："奮，速也。"舞，《廣雅·釋詁一》"舞，疾也"王念孫疏證："撫、舞者，〈方言〉：'撫，疾也。'注云：'舞，謂急疾也。'"《方言》卷十二"撫"戴震疏證："撫亦作舞。舞，疾也，義本此。"騖，《玉篇》："騖，疾也。"《淮南子·主術》"魚得水而騖"高誘注："騖，疾也。"務，《說文》"務，趣也"段注："趣者，疾走也；務者，言其促疾於事也。"《廣韻》："務，遽也。"馚，《集韻》："馚，馬行疾貌。"《類篇》："馚，馬行疾貌。"𧼮，《說文》："𧼮，走也。"《玉篇》："𧼮，走貌。"𧼨，《玉篇》："𧼨，走貌。"《廣韻》："𧼨，走貌。𧼨，〈說文〉作𧼮。"跸，《玉篇》："跸，急行貌。"《集韻》："跸，行疾貌。"按，"𧼨𧼮跸"實同一詞。

駓，張衡《西京賦》"群獸駓騃"李善注："趨曰駓。"呂向注："駓，行走貌。"《集韻》："駓，獸趨行貌。"駓，《玉篇》："駓，走貌。"《廣韻》："駓，馬走貌。"迊，《玉篇》："迊，急走。"《廣韻》："迊，急走。"跰，《玉篇》："跰，急行貌。"《廣韻》："跰，疾行也。字又作越。"趚，《廣韻》："〈說文〉：'趚，一曰猝也。'或作迊。"《集韻》："趚，〈廣雅〉：'趚，猝也。'"《增補五方元音》："趚，同跰。急行貌。"按，"迊跰越趚"實同一詞。憋，《列子·立命》"憋懯"陸德明釋文："憋，急性也。"《方言》卷十"憋"郭璞注："憋，急性貌。"《類篇》："憋，急速貌。"汎，《詩·二子乘舟》"汎汎其境"毛傳："汎汎然，迅疾而不礙也。"王褒《洞簫賦》"泡溲汎㨗"李善注："汎㨗，波急也。"《集韻》："汎㨗，波急也。"驫，《玉篇》："驫，眾馬走貌。"《廣韻》："驫，眾馬走也。"《正字通》："驫，眾馬走。"騑，《玉篇》："騑，疾也。"《正字通》："騑，疾也。"猋，《說文》"猋，犬走貌"段注："猋，引申為凡走之稱。"《楚辭·九辯》"猋廱蔽此明月"朱熹集注："猋，速疾也。"儦，《詩·吉日》"儦儦俟俟"毛傳"趨則儦儦"陸德明釋文："儦，趨也。"《字彙》："儦，急行也。"咆，《說文》"咆，嘷也"徐鍇繫傳："嘷，其聲高大也。"《淮南子·覽冥》"虎豹襲穴而不敢咆"高誘注："咆，嘷也。""聲高"當急速。現代漢語"咆"仍有奔騰快速之義。如：黃河在"咆（哮）"。

忽，《左傳·莊公十一年》"其亡也忽焉"杜預注："忽，速也。"江淹《雜體詩三十首》"忽如上萍"呂向注："忽，疾也。"《離騷》"忽奔走以先後兮"王逸注："忽，疾貌。"曶，楊雄《甘泉賦》"翕赫曶霍"李善注："曶，疾。"呂延濟注："曶，盛疾貌。”《漢書・古今人表》“中曶”顏師古注：“曶，與忽同，謂輕也。”《字彙補》：“曶，讀與忽同，古文‘忽’字。”荒，《玄應音義》卷八：“荒，忽也。”張協《雜書》“忽如鳥過日”李善注：“忽，疾也。”《書・皋謨》“惟荒度土功”鄭玄注：“荒，奄也。”《爾雅・釋言》：“荒，奄也。”《方言》卷二：“奄，遽也。”《廣韻》：“奄，遽也。”駹，《説文》“駹，馬奔也”段注：“奔，走也。”《玉篇》：“駹，馬奔也。”《廣韻》：“駹，馬奔貌。字又作䭐。”《集韻》：“駹，奔走也，或從荒。”駹，《廣韻》：“駹，〈説文〉：‘馬奔也。’或從荒。”《集韻》：“駹，輕也。”按，“駹䭐駹”實同一詞。趨，《説文》：“趨，疾也。”《玉篇》：“趨，急行也。”儇，《方言》卷十二“儇，疾也。”張衡《南都賦》“儇才齊敏”劉良注：“儇，急疾也。”獧，《説文》：“獧，疾跳也。一曰急也。”《廣雅・釋詁一》：“獧，急也。”懁，《説文》：“懁，急也。”《玉篇》：“懁，心急也。”《莊子・列禦寇》“有順懁而達”成玄英疏：“懁，急也。”譞，《説文》“譞”段注：“譞，與儇音義皆同。”《方言》卷一“儇”錢繹箋疏：“儇翾懁譞趨獧並聲近義同。”按，“趨儇翾獧懁譞”是一組同根字。

下文用現代漢語閩南、山西方言和漢藏語係中 60 多種語言或方言裡聲母為 mb-型複輔音及清鼻音m̥-（hm-）的同源詞對上文“音轉關係”裡**mb-型複聲母、清鼻音聲母**m̥-及**sm-複輔音的構擬予以印證①。

［亡］：閩南 mba：ŋ^{2}，② 文水 mbaŋ^{423}；“逃”“逃跑”業隆語 mbrɯɤle，水語 mbɑ^{6}，白馬語 mbɔ^{13} ʂə^{13}，木雅語 mbɑn，彝語喜德 mbo^{55}；“滅亡”彝涼山 mbʉ^{33}，嘉戎 kə^{22}mbot^{52}③；“消失”嘉戎語卓克基 to mbop，藏語澤庫 mbɔr，爾龔語 mpu。［萌］（茫）：閩南 mba：ŋ^{4}，文水 mbɑŋ^{35}；嘉戎茶堡 mbjɑr，格曼語 mbʉŋ^{33}；“苗：青岩 mpjeŋ^{2}、高坡 mpaɛŋ^{2}、宗地 mpjeŋ^{2}、復員 mpjøŋ^{2}、楓香 mpeŋ^{2}。［趙秉璿、竺家寧（1998：259 嚴學宭、尉遲治平文）］。”［芒］：閩南 mba：ŋ^{1}，文水 mbɑŋ^{22}；貴瓊語 mbraɤ，格曼語 mbu^{53}；“（麥）芒”茶堡 qγjʐ̩mbaʁ，緬語 mpɑ^{1}。［汒］（忙）：閩南 mba：ŋ^{2}，文水 mbaŋ^{423}；茶堡 mbɤomst，卓克基 mbot；“急忙”業隆 mba^{55} bamʔ^{33}，克木語 mba：u。［喪］：閩南 sɔŋ^{5}；“藏語（聲母）sm-/漢語上古音*smaŋ［趙秉璿、竺家寧（1998：240/243）張琨文）］。”漢語上古音*smaaŋ（鄭張尚芳 2004：484）。原始漢藏語**smwaŋ（白保羅 1984：179）。“喪失”藏文 smub，藏巴塘 hmuaŋ^{31}，緬文 hmuɤ，緬語 hmjoŋ^{1}，阿昌語 hmop^{1}；水 mbɑ：t^{5}，怒語

---

① 括弧［ ］（ ）內的字是“亡詞族”中前上古音、上古音聲母為**mb-型複輔音及**sm-和清鼻音**m̥-的同源詞，用來與漢藏語言中聲母亦為 mb-型、sm-複輔音及清鼻音 m̥-（hm-）的同源词反映形式進行聲母方面的歷史比較研究。

② “閩南”是平南縣、玉林市等廣西閩南話的簡稱；“文水”是文水縣等山西方言的簡稱，下同。

③ 按，學術界對“嘉戎語”的例證一般不標注調值或調類。但黃良榮、孫宏開（2002）為“嘉戎語”的例證標注了調值，故本文將該書例證的來源統稱為“嘉戎”。

mbau^{3}，澤庫 mbor。可見，“喪”一詞在漢藏語言的反映形式就有 s-、sm-、hm-、mb-四個聲母。[㷼][䠙][迈]：“快”爾龔 mbɯ ʂthú，納木義語 mbɛ^{55}；“追”納西語 mba^{33}ɣi^{13}，卓克基 mbaʁ。[趙]（迫）：閩南 mbik^{9}；納西 mbv^{31}，澤庫 le mbQ，嘉戎日部 mbjam，巴塘 xha^{55}mba^{55}。[朴]：閩南 mbɐk^{9}；“朴（素）”苗石門 mbɔ^{6}，巴塘 mba^{33}ndy^{55}。[麤]（赴）：格曼 mboi^{53}，茶堡 mbiomst，白馬 mbiv^{35}；“趕路”卓克基 ɤù mphjaŋ，義都語 mbua^{55}，巴塘 mba^{33}，白馬 mbi^{35}，納木義 mbæɻ^{55}。[㬥][㬥][㬥]（暴）：閩南 mbau^{6}；卓克基 mpos，嘉戎 tə^{33}mpos^{33}，布賡語 mbou^{31}。[汎]（瀑）：納西 mbʊ^{31}，末昂語 mbam^{55}，喜德 mboʔ^{55}；“大雨”桑孔語 lɯ^{31} mbɐ^{13}，僜語 mphat^{35}，倈語 mbu：n^{53}。[㷖][熛]（爆）：嘉戎 ko^{31}mbak^{52}，納西 mbv^{31}，白馬 mbɛə^{13}，彝南華 mbu^{13}。[𧬊]（咆）：“咆（哮）”涼山 mbɷʔ^{33}，苗梘槽 mpea^{5}，巴塘 mbQʔ^{231}，藏夏河 mbo ʔa；“吵架”道孚語 mbaɤ，彝大方 mbu^{21} tsɯ^{33}；“吼”水 mbu^{6}，布賡mbũŋ^{33}。[舞]：閩南 mbu^{4}，文水 mbʊ^{35}；喜德 mbɿ^{33}，茶堡 mbust。[攺][迏]（撫）：閩南 mbu^{3}；“撫摸”水 mbja^{3}，巴亨語 mpa^{3}。[騖]：閩南 mbu^{6}，文水 mbʊ^{35}；“驅趕”嘉戎 mpuʔ^{52}ka^{22}。[務]：閩南 mbu^{6}，文水 mbɔ^{35}。[趏]（孚）：佤語 mbru，獨龍語 mbu^{33}，藏阿力克 mpər。[奮]：閩南 mbɐn^{4}；“興奮”佤 mbhɔ，毛難語 mba：k^{7}。[鴇]（騙）：嘉戎崗裡 mbʉn、金川 mbatr，巴塘 mbʊ^{35}tsy^{55}，茶堡 hjambʊʔ。[遳][犇][賁]（奔）：白馬 mbɸ^{13} ʂə^{35}，澤庫 mphəɤ，格曼 mboi^{53}，德昂語 mbɯ^{r4}，納木義 mbʊʔ^{55}。[鶩]：閩南 mbu^{6}，文水 mbʊ^{35}。[翑][䎗]（翻）：苗吉衛 mpɦɔ^{5}、臘乙坪 mphu^{1}，梘槽 mpo^{7}，彝祿勸 mbhu^{33}，爾龔 mbi^{3}，苗畢節 mpou^{5}，巴哼 mpai^{2}；（翑翑）：瑤布努 mphɔ^{3}、大坪江 mphou^{5}，梘槽 mpho^{5}。[騛]（飛）：白馬 mbu^{35}，佤 mbu，苗吉衛 mphæ^{3}tsʊ^{3}，金川 mphɔ，紮壩語 mbi^{55}tə^{55}，阿力克 mpəɹ，澤庫 mphər，納西 mbi^{31}。[䳍][翪]：“飛越”佤 mbo，大方 mbu^{31}，獨龍 mbèʁ^{55}。[飆][飄]（風）：獨龍 mbɯʔ^{53}，嘉戎 wu^{22}mbk^{33}，納西 mbā^{31}，阿力克 mpər、安多 mphe，澤庫 mpháɤ；“大風”格曼 mpaɯŋ，巴塘 mbʊ^{231}，澤庫 mbuje，卻域語 mbo^{55}。[票]：閩南 mbiɒo^{4}；格曼 mbøi^{53}，夏河 mboə，卻域語 le^{13}mbo^{55}。[飄]：閩南 mbiɒo^{1}；納西 mbi^{31}，巴哼 mpɦi^{33}，喜德 mpui^{33}，嘉戎 kə^{13} mbap^{33}。[嘌]：“吹”夏河 mbə，普米蘭坪 mba^{55}，紮巴 mbə^{55}，石門 mpa^{7}。[驃][騑][騕][驫]：“跑馬”卓克基 mbɹo dəʑək（馬），“賽馬”嘉戎草登 mbeɤ ɖʐu，格曼 mboʔ^{31} ɕø^{55}，金川 mbre ke。[飆][猋]：“快”日部 ka mbam，崗理 ko mbjəm，澤庫 mbɔ，彝祿勸 mbhɣ^{21}，納木義 mbɛ^{55}。[颮][儦]：“急”茶堡 mbɔɤ，桑曼 mba^{33}，草登 mpàm。[敏]：閩南 mbɐn^{4}，文水 mbəŋ^{423}，水 mbaɤ^{7}；“聰明”巴塘 ɕø^{55} mbʊ^{55}。[忽][𦧇]：“忽然”緬語 hmuiŋ^{1}，碌曲語 hmok；布努 hmoŋ^{6}，炯奈語 hmu^{1}。（忽）：閩南 hŋuk^{8}；“晚、暗”“苗：養蒿 hmaŋ^{5}、先進 hma^{5}、施洞口 hmaŋ^{4}，水尾 hmoŋ^{3}、泰國苗語 hmo^{3}。[趙秉璿、竺家

寧（1998：351 張琨文）]。”［趧］［翾］［駹］［鴵］（荒）：閩南 hŋuŋ^{1}；夏河 hmuŋ，布朗語hmŭt^{2}，基諾語 hmu^{2}。瑤東努 hmi^{5}、標敏 hmɔŋ^{5}。

可見，“亡詞族”里同源詞的聲母在漢藏語言共存 mb-型複輔音、m̥-及 sm-三種反映形式。這些聲母当来源於原始漢藏語的三合複聲母：**smb-。李玉（2015：21—22）指出，前上古音的清鼻音聲母**m̥-源於原始漢藏語的複聲母**sm-。從原始漢藏語到前上古音，**smb-受其前缀**s-的影響，部分同源詞聲母的**m-經濁音清化的音變通則發生**sm->**m̥- 的音變，使**m̥- 成為一個獨立的聲母。此外，另一些同源詞的聲母則發生**smb->**sm-及**s-失落兩種音變，进而又產生出兩個複聲母：**sm-和**mb-。於是便出現了**sm-、**m̥-及**mb-型複聲母在同一个词族的同源词声母共存的格局，這種格局從前上古音延續到上古音晚期。

［附錄］現代漢語閩南方言、山西方言及親屬語言同源詞語料主要來源：中國少數民族語言簡志叢書（修訂本）.（合訂本：卷壹—卷陸）。中國少數民族語言繫列詞典叢書。中國少數民族語言方言研究叢書。中國新發現語言研究叢書。李玉.《廣西思界閩南話記略》，《漢語史研究集刊》，巴蜀書社，1998 年第 1 輯。李玉.《廣西平南閩南話的語音係統及同音字彙》，《廣西師範學院學報》1999 年第 2 期。蘇麗紅.《玉林茂林閩南話同音字彙》，《廣西師範大學學報》2011 年第 1 期。侯精一、溫端正.《山西方言調查研究報告》，山西高校聯合出版社，1993 年。《苗瑤語方言詞彙集》，中央民族學院出版社，1987 年。黃布凡（主編).《藏緬語族語言詞彙》，中央民族學院出版社，1992 年。《壯侗語族語言詞彙集》，中央民族學院出版社，1988 年。黃良榮、孫宏開.《漢嘉戎詞典》，民族出版社，2002 年。

參考文獻

王力. 同源字典. 北京：商務印書館，1982.

李玉. 略論漢語“黑”詞族—兼論原始漢語清鼻音聲母**m̥- 的構擬. 語言研究，2015 (1).

李玉. 漢語“青”詞族研究—兼論漢藏語歷史比較研究與原始漢語**st-型複聲母的構擬. 語言研究，2017 (3).

李玉. 秦漢簡牘帛書音韻研究. 北京：當代中國出版社，1994.

周法高. 新編上古音韻表. 北京：中華書局，1980.

張永言. 關於詞的“內部形式”. //語文學論集（增補本). 北京：語文出版社，1999.

王力. 漢語語音史. 北京：中國社會科學出版社，1985.

李玉. 平南閩南話的音韻特徵及其聲母的古音痕跡. 臺北：台語文摘. 1989 年 (6). /又刊於語言研究. 1990 (1).

宗福邦等. 故訓匯纂. 北京：商務印書館，2004.

周祖謨. 字族，詞族. //中國大百科全書. 北京：中國大百科全書出版社，1988.

鄭張尚芳. 漢語的同源異形詞和異源共形詞. // 漢語詞源研究. 長春：吉林教育出版社，2001.

趙秉璿、竺家寧. 漢語複聲母論文集. 北京：北京語言文化大學出版社，1998.

鄭張尚芳. 上古音係. 上海：上海教育出版社，2003.

白保羅. 漢藏語言概論. 北京：樂賽月、羅美珍譯，中國社會科學院民族研究所語言室，1984.

On the Word Family of *Wang*（亡）in Chinese: A Comparative Study of Cognates in Sino-Tibetan and the Constructions of the Bilabial Nasal-Stop Compound Initials in Proto-Chinese

Li Yu

Abstract: Based on the materials from the archaic classics and ancient eyegeses and mainly using the phonological method, this paper constructs the word family of *wang*（亡）in Chinese with paronyms rarely listed in the *Dictionary of Paronyms* by Wang Li. It also argues that the root's nucleus of the family is the Compound initials **mb- in Proto-Chinese. The paper also studies on Sino-Tibetan Comparison and supports the Constructions of the **mb-type Compound Initials and the voiceless nasalized initial consonant **m̥- in Proto- and Archaic Chinese by using the comparative-historical method on the reflexes of modern Chinese *min*（閩）dialect and the same or similar forms of initials in the cognates of related languages.

Keywords: Cognate; Word family; Root; Root's nucleus; prime meaning; phonology; Sino-Tibetan

（李玉，中國社會科學院語言研究所）

讀《報任安書》劄記二則*

潘玉坤

提　要： 一、"無所短長之效"不是述賓結構，而是定中結構，"效"訓驗"短長"偏用"長"義。短語猶言"無所長之證驗"。二、"身雖陷敗彼觀其意"，當於"彼"後點斷；代詞可以不藉助介詞直接作處所補語。"陷敗"一詞的意義用法在出土文獻和傳世文獻中明顯有差異。

關鍵詞： 司馬遷；代詞補語；效；短長；陷敗

司馬遷《報任安書》是傳統散文名篇，流傳廣，影響大。其中有些詞句，雖然討論已有不少，卻總是難盡人意。筆者不揣譾陋，擇其中與語法、詞義關係緊密者二處，略陳愚見，以就正博雅。

一、無所短長之效

1.1　這一處的爭議涉及三個點："效"字義訓；"短長"是否偏義；句法結構。爲討論方便，茲將原文相關內容逐錄於下：

> 所以自惟：上之，不能納忠效信，有奇策材力之譽，自結明主；次之，又不能拾遺補闕，招賢進能，顯巖穴之士；外之，不能備行伍，攻城野戰，有斬將搴旗之功；下之，不能累日積勞，取尊官厚祿，以爲宗族交遊光寵。四者無一遂，苟合取容，無所短長之效，可見於此矣。

對"無所短長之效"的解釋主要有：沒有好的效果/功效，"短長"偏用"長"義（郭錫良等 2014：403，胡安順郭芹納 2014：843）；沒有哪怕一點很小的功效，"短長"偏用"短"義（江灝 1993）；沒有小大貢獻（朱東潤 1979：135，蔣凡 2003：13），大大小小的功效一概沒有（高小方 2003：414），"短長"義無所偏；

* 本文得到教育部人文社會科學重點研究基地重大項目（16JJD740011）的資助。

沒有特長可以奉效，“效”訓獻出（郭錫良李玲璞 1992：944）；對優劣、善惡的評判不能勝任，“效”訓勝任（馮其庸等 2011：159）。

1.2 “效”字到底該怎樣訓釋？筆者認爲《文選》張銑注早已經解決：“言上所述四者無一遂，苟且合時，取容執事，於國無損益之驗……。效，驗也。”張銑以“驗”訓“效”，適切允當，無可改易（釋“短長”爲“損益”則非是）。“驗”乃“效”之常訓。《荀子·議兵》：“臣請遂道王者諸侯強弱存亡之效，安危之勢。”楊倞注：“效，驗也。”《文選·［潘岳］閑居賦序》：“雖通塞有遇，抑亦拙者之效也。”李善注引《廣雅》：“效，驗也。”《漢書·賈誼傳》：“故疏者必危，親者必亂，已然之效也。”又“是非其明效大驗邪?”《論衡·道虛》：“死者生之效，生者死之驗也。”

一個詞語搭配現象也值得注意：征驗義之“效”，經常與動詞“見”連用。《淮南子·主術訓》“智者，雖煩難之事，其不闇之效可見”，《論衡·定賢》“效驗可見”，《抱樸子內篇·黃白》“見其效驗”，《漢書·蕭望之傳》“烏孫持兩端，亡堅約，其效可見”，《潛夫論·夢列》“吉凶之符，善惡之效，庶可見也”，皆爲明證。如此者，均可與“無所短長之效，可見於此矣”相發明。

1.3 “短長”是否偏義問題。先看看“短長”在典籍中有無偏義用法。《漢書·薛宣傳》：“始高陵令楊湛，櫟陽令謝游皆貪猾不遜，持郡短長，前二千石數案不能竟。”《後漢書·馬武傳》：“武為人嗜酒，闊達敢言，時醉在御前面折同列，言其短長，無所避忌。”這兩例“短長”皆偏用“短”義，謂“短處、缺點”。司馬遷本人在《越王勾踐世家》中也再次用到這個詞：“而朱公長男不知其意，以為殊無短長也。”意思是說陶朱公范蠡長子認為莊生很沒有能耐，“短長”只取“長”義。事實表明，“短長”可以作偏義詞使用。那麼，“無所短長之效”是否也是這樣用呢？回答是肯定的。司馬遷的兩個句子完全可以對讀：“以為殊無短長”是說朱公長男覺得別人沒什麼能耐（實際莊生很有能耐）；“無所短長”則是作者說自己沒甚麼本事（幽憤抑郁之氣存焉）。“無所短長之效”，猶言“無所長之證驗”。將上下文連在一起，司馬遷要表達的意思是很清楚的：自己在朝廷任職（“待罪輦轂下”）已有“二十餘年”，然而上不能…次不能…外不能…下不能…：四者無一遂。所有這些，正是自己缺乏才能、無所建樹的證驗。早年職任太史令（“廁下大夫之列”），尚且未能“引維綱，盡思慮”；“今已虧形為掃除之隸”，哪裏還適合“仰（昂）首信（伸）眉，論列是非”，向朝廷推舉人才呢？

1.4 “無所短長之效”的結構問題。弄清結構有助於準確把握意思。衆所周知，“所”字結構是由“所＋謂詞”構成的；在本短語中，謂詞是“短長”（即構成“無所短長”）還是“效”（構成“無所效”）呢？

不少注釋者將“效”處理成名詞，這是對的，但同時又將“短長之效”處理成定中關係，這就大有問題了：如此，“所”後面便沒有了謂詞、沒有了著落。也有注釋者將“效”作動詞處理，即認為短語的主幹是“無所效”。這樣做同樣有問題。首先，從詞的語法功能看，“短長”作狀語，不符合通例。第二，從意義表達看，狀中結構的“短長之效”，究竟表達什麼意思呢？第三，從實際用例看，古人有“吉凶之效”“得失之效”“存亡之效”“禍福榮辱之效”之類說法，均為名詞短語；而筆者使用愛如生典海數字平臺，唐及唐以前，連一例“短長/長短之效”都沒有檢索到。所以，“短長”才應該是構成“所”字結構的謂詞，組合成“無所短長”後，再充當名詞“效”的定語。整個“無所短長之效”短語是體詞性的；“無所短長之效”又作“可見於此”的主語；去其枝葉，即為“效可見”。

“無所短長”這種組合很普通，古籍“（有）所長/所短”經見。《楚辭・卜居》：“夫尺有所短，寸有所長。”《史記・太史公自序》：“夫事人君能說主耳目，和主顏色，而獲親近，非獨色愛，能亦各有所長。”《淮南子・脩務訓》：“人性各有所脩短，若魚之躍，若鵲之駁。”脩短實即長短，避淮南王劉安父劉長諱。

漢代有與“無所短長之效”相同構造的語例，如《史記・十二諸侯年表》之“有所刺譏褒諱挹損之文辭”，《楚辭・悲回風》王逸注之“相羊，無所據依之貌也”。它們都是“（無所/有所＋謂詞）＋之＋名詞中心語”結構。

二、身雖陷敗彼觀其意

2.1　該處斷句、理解分歧較大。主流斷句爲：“身雖陷敗，彼觀其意，且欲得其當而報漢。”但這樣斷句在“彼”與“觀其意”的組合上存在障礙，不是那麼自然協調。《馬氏文通》就曾在“指名代字”下說過：“以上下文言之，‘彼’當〔是〕太史公自謂，不應用‘彼’字。而遍查各本，皆用此字，實無他書可爲比證。未敢臆斷，附識於此。”（馬建忠 1998：58）爲了彌合這一點，學人們作了許多嘗試，言人人殊：“彼觀，猶觀彼也”（吳楚材吳調侯 1982：221）；“觀其意”是插入語（白兆麟 1979）；“觀”是“示”、“給人看”的意思（何九盈 1986）；彼觀其意，與《項羽本紀》“彼可取而代也”是同類句子，相當於說“彼‖（吾）觀其意”（張世祿 1987）；“彼”或是“微”之誤（王泗原 2014：411）；“彼”當爲“僕”之誤（荊貴生 1987）；“彼”相當於“夫”，是句首語氣詞（王琪 2003）。

2.2　衆說紛紜中，筆者認爲朱東潤（1979：138）講得最好。其斷句：“身雖陷敗彼，觀其意，且欲……。”注釋：“陷敗彼，是說李陵戰敗投降，陷身匈奴中。彼，指匈奴。”

我們在此要對此作一點闡釋性補充，並提供一些證成此說的證據。

首先說明：“彼”在句中主要承載處所意義；“陷敗彼”，猶言“陷敗於彼”。在古代漢語裏，指示代詞“此”“是”“之”“斯”“茲”（以上近指）、“彼”（遠指）可方所是不言自明的。

其次要著重辯明的是：動詞後面處所補語多爲名詞，但也可以是指示代詞；補語常用介詞引出，但也可以不用介詞。例如：

1. 吳王曰："……吾悔不用子胥之言，自令陷此。"（《史記·吳太伯世家》）

2. 驅世而陷此，以望化道之隆，亦不幾矣！（[三國一杜恕]《體論·法》）

——比較：所愧不能承奉戚屬，自陷於此。（《全晉文·[石崇]自理表》）

3. 少康之子，實賓南海。文身斷髮，黿鱓與處。既守封禺，奉禹之祀。句踐困彼，乃用種、蠡。（《史記·太史公自序》）

——比較：然今卒困於此，此天之亡我，非戰之罪也。（《史記·項羽本紀》）

4. 時有齊州人崔承宗，其父於宋世仕漢中，母喪，因殯彼。後青、徐歸魏，遂爲隔絕。（《魏書·孝感傳》，《北史·孝行傳》）

5. 死此生彼，必然之理也。（《列子·天瑞》[唐]盧重玄解）

——《列子》原文作：死於是者，安知不生於彼？

6. 鳥畢駭，獸咸作，草伏木棲，寓居穴托。起彼集此，霍繹紛泊。（《文選·[張衡]西京賦》）

此外，《晉書·庾翼傳》："兄弟不幸，橫陷此中，自不能拔腳於風塵之外，當共明目而治之。"稱"陷此中"，與例1例2稱"陷此"略有不同；然而就句法功能而言，"此中"（指代性語素＋方位語素）與"此"是相當的。

以上例句，"陷此"、"困彼"，可直接與"陷敗彼"平列齊觀。尤可注意者，"陷此"、"困彼"、"陷敗彼"，都出自司馬遷筆下。①

據此也可以確認：指代方所的指示代詞，完全可以不藉助介詞直接作處所補語。不過，大概因爲這一語言現象例子有限，就筆者所見知，已有的古漢語語法研究幾乎都忽略了它，迄未明確指出這一點（有些語法著作將這類代詞作賓語處理，筆者不能認同）。這種情況下，"身雖陷敗彼觀其意"的斷句和句意長期得不到圓滿的解決，也就不難理解了。

2.3 "陷敗"一詞漢魏以上用例不多，傳世文獻除《報任安書》，還見於《六韜》、《漢書》和《孫子兵法》曹操注。《六韜·戰騎》："此九者，騎之死地也。明

① 闞景忠、孫永選《〈報任安書〉一處誤斷誤注辨證》（《齊魯學刊》1992.3）、程邦雄《標點注釋一則》（《中文自學指導》1994.8）也主張"彼"上屬，是補語。程文並且舉"陷大澤中""敗滎陽"等，說明"陷"和"敗"後面跟處所補語不必用介詞。闞孫說，程說均不誤，只是他們未能注意到並明確指出代詞處所補語可不用介詞，也沒有一條這方面的例證。

將之所以遠避，闇將之所以陷敗也。”《漢書·李陵傳》：“身雖陷敗，然其所摧敗亦足暴於天下。”《孫子兵法·地形》“吏強卒弱，曰陷”曹操注：“吏強欲進，卒弱，輒陷敗也。”都是講人（在戰場）失利、落敗。出土的秦漢簡牘中也可以見到這個詞，但說的卻是道路的毀敗壞爛。青川木牘《爲田律》：“非除道之時而有陷敗不可行，輒爲之。”張家山漢簡《二年律令》247：“雖非除道之時而有陷敗不可行，輒爲之。”《二年律令》248：“道有陷敗不可行者，罰其嗇夫、吏主者黃金各二兩。”有學者注意到這種表述對象和詞義的差別，因而推測“（道路）毀壞”是“陷敗”的語源（趙岩等 2011）。這種推測當然是有道理的。鑒於青川木牘和《六韜》都是戰國作品，無法顯示兩者有後先相繼的關係，所以要證實此點，還需其他證據。據已有語料，筆者倒是臆測，這兩個“陷敗”或是同形關係，各有自己的適用範圍。表達“戰場失利”義，自可直接用“陷敗”，而不必是由“道路壞敗”義發展引申而來。

“陷敗”，《漢語大詞典》釋義僅有“遭到失敗”，宜據出土材料作適當增補。

參考文獻

白兆麟．“之”辨．安徽教育，1979（5）．

馮其庸等選注．歷代文選（上冊）．北京：中國青年出版社，2011．

高小方主編．古代漢語．南京：江蘇教育出版社，2003．

郭錫良等編著．古代漢語（修訂本 上）．北京：商務印書館，2014．

郭錫良，李玲璞主編．古代漢語（下冊）．北京：語文出版社，1992．

何九盈．古代漢語講義．電大教育編揮部編輯出版，1986．

胡安順，郭芹納主編．古代漢語（下冊）．北京：中華書局，2014．

江灝．類比辨析法例釋．古漢語研究，1993（4）．

蔣凡等編著．古典散文今譯與評析．上海：上海教育出版社，2003．

荊貴生．《古代漢語》中的一些問題．信陽師院學報，1987（1）．

馬建忠．馬氏文通．北京：商務印書館，1998．

史維國，王旭．先秦漢語處所代詞研究．古籍整理研究學刊，2015（6）．

王琪．補說“彼”、“無所”．咸陽師範學院學報，2003（1）．

王泗原．古語文例釋．北京：中華書局，2014．

吳楚材，吳調侯選．古文觀止，北京：中華書局，1982．

楊伯峻．列子集釋．北京：中華書局，1985．

張世祿．讀郭錫良等編《古代漢語》獻疑．天津師大學報，1987（6）．

趙岩，張世超，周忠兵．2011 論簡帛文獻常用詞新搭配的詞語演變研究價值．大慶師院學報，2011（5）．

朱東潤主編．中國歷代文學作品選（上編第二冊）．上海：上海古籍出版社，1979．

朱紅林. 張家山漢簡《二年律令》集釋. 北京：社會科學文獻出版社，2005.

Two Reading Notes on *The Reply to Ren An*（報任安書）

Pan Yukun

Abstract：First of all，*wu suo duan chang zhi xiao*（無所短長之效）is not a predicate-object structure，but a modifier-head construction. *Xiao*（效）can be explained as *yan*（驗）and the phrase means the proof of accomplishing nothing. Secondly，the pause of *shen sui xian bai bi guan qi yi*（身雖陷敗彼觀其意）should be made after *bi*（彼）. Pronoun can act as place complement directly，without the help of preposition. The meaning and the usage of the word *xian bai*（陷敗）differ in excavated documents and handed down ducuments.

Keywords：Sima Qian；pronoun used as complement；*xiao*（效）；*xianbai*（陷敗）

（潘玉坤，華東師範大學中國文字研究與應用中心）

《說文·水部》與《漢書·地理志》異文釋證

趙家棟　馬雅琦

提　要：《說文·水部》與《漢書·地理志》[①] 在描繪河流時存在大量異文，從內容上看，包括山名、水名、地名以及方位名詞等，具有重要的訓詁學、地理歷史學價值，本文對“潼（馳）水”、“洛水”等10條存在異文的河流進行了考釋，以便對古代歷史地理有更好的了解。

關鍵詞：《說文·水部》；《漢書·地理志》；異文

《說文·水部》與《漢書·地理志》均爲東漢著作，前者爲工具書，旨在解釋文獻中的水名專用字，後者爲史書，旨在說明史書中的地理情況，但二者共同之處爲均記載了大量的河流。經筆者統計，它們共同收錄的河流約100條。由於二者成書年代相近，都採用西漢二年疆域政區的建制來說明河流，且對河流的記載都來源於前代文獻，因此，在記錄河流方面，二者存在衆多相似之處，如語言面貌、河流面貌、郡縣分佈以及流出地、流向、流入地等河流的關鍵信息等。

然而，《說文·水部》與《漢書·地理志》對這些河流的敘述卻存在大量的異文。就內容而言，異文主要是山名、水名、地名以及方位名詞等；就表現形式而言，異文主要爲字、詞、句、標點。研究這些異文有助於我們了解東漢時期的語言面貌和地理面貌，本文選取了10條有異文的河流，並嘗試對其中的異文現象進行探析。

【潼（馳）水】

潼，水。出廣漢梓潼北界，南入墊江。（《說文·水部》）

（廣漢郡梓潼）五婦山，馳水所出，南入涪，行五百五十里。莽曰子同。

① 《說文解字》、《漢書》版本衆多，本論文《說文解字》以1963年中華書局影印陳昌治刻本（據孫星衍覆刻大徐宋本）爲底本，以小徐本和段注本等作補充。《漢書》以1962年中華書局的新校點本爲底本。此版本以《漢書補注》爲底本，並參校了北宋景佑本、明末毛氏汲古閣本、清乾隆武英殿本及同治金陵書局本，被譽爲集以前《漢書》各本之大成，是目前最常用、最權威的本子。

（《漢書·地理志》）

按：《說文·水部》“潼水”，《漢書·地理志》作“馳水”。“潼水”、“馳水”名異實同，“潼水”即“馳水”，在四川省梓潼縣境内，南流注入墊江，除此之外，此水亦稱“梓潼水”。《說文·水部》“潼”下段注：“馳水、潼水、梓潼水異名同實。”《水經注·梓潼水》：“山爲五婦山，又曰五婦候，馳水所出。一曰五婦水，亦曰潼水也。”楊守敬疏：“《漢志》梓潼有五婦山，《寰宇記》謂山在梓潼縣北十二里。段玉裁謂即今劍州西北五十里之五子山。”

潼水出廣漢郡北界之五婦山，東南流經今梓潼縣，又經潼川府鹽亭縣，至射洪縣東南獨坐山，入涪江，涪江下流至重慶府之合州縣（古墊江）合嘉陵江（古西漢水）。墊江縣，1913 年改作合州縣，1992 年撤縣設市，改名合川市。該縣因是涪江、嘉陵江、渠江（古潛水）匯合處而得名，而嘉陵江下游經墊江縣入長江一段，稱爲墊江。故“入墊江”與“入涪江”僅爲遠流與近流之别。“墊”字，段注本作“褺”，據段注，此處當爲誤字。《漢書·地理志》“巴郡墊江”下顔師古注引孟康音讀，曰：“音重疊之疊”。《說文·衣部》：“褺，重衣也。从衣，執聲。巴郡有褺江縣。”《說文·水部》“潼”下段注：“巴郡有褺江縣，此縣爲嘉陵江、渠江、涪江會合之地，水如衣之重複，故曰褺江，其字音疊，淺人乃譌作昏墊之墊。”“馳水”的情况如圖 1 所示：

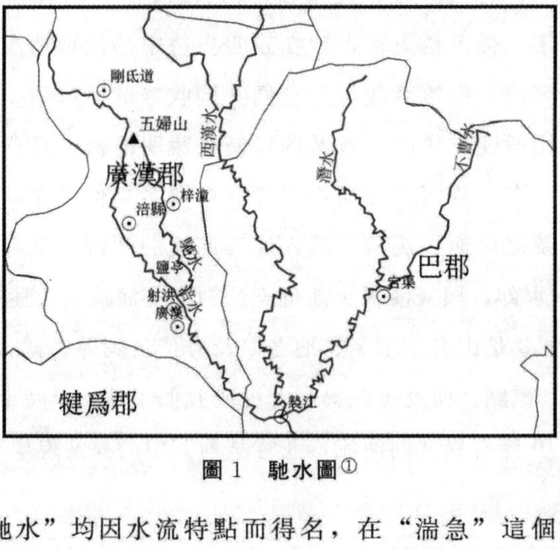

圖 1　馳水圖①

“潼水”與“馳水”均因水流特點而得名，在“湍急”這個意義上，“潼”和“馳”爲同義詞。“潼”與“衝”同。《水經注·河水四》：“河在關内，南流潼擊關山，因謂之潼關。”《字彙補·水部》：“潼，與衝同。楊慎曰：‘《通典》潼關本作衝關，言河流所衝也。’今字作潼。”《吳下方言考》卷一：“宋玉《高唐賦》：‘沫潼潼

---

① 文章中的河流簡圖均運用 Arc GIS 軟件，以譚其驤主編《中國歷史地圖集》（第二版）中相關地圖爲底圖繪製而成。

而高厲。’案：潼潼，水撞擊聲。今諺謂物撞擊曰潼潼。”“馳水”因水流湍急而得名。《元和郡縣圖志》卷三十三“射洪縣”：“縣有梓潼水，與涪江合流，急如箭，奔射涪江口，蜀人謂水口曰洪。因名射洪。”明曹學佺《蜀中廣記·名勝記·梓潼縣》：“又云梓潼有鳴湍折碑祠，西臨潼水，湍迅激流，俗呼張湍祠，亦呼爲石碑祠。”

【洛水】

洛，水。出左馮翊歸德北蠻夷界中，東南入渭。(《說文·水部》)

(左馮翊褱德)《禹貢》北條荊山在南，下有彊梁原。洛水東南入渭，雍州寖。莽曰德驩。(《漢書·地理志》)

按：此處“洛水”即今北洛河，發源於陝西定邊白于山，至大荔縣三河口入渭河。“褱德”，一作“懷德”，“褱”、“懷”二字爲古今字。“懷德”、“歸德”均爲縣名，西漢置，東漢廢，但二者隸屬地不同，“懷德”隸左馮翊，治今陝西大荔縣東南，“歸德”隸北地郡，治今甘肅華池西北，轄地有今陝西定邊、吳旗等，二地相隔甚遠。《漢書·地理志》“北地歸德”下亦有“洛水”。《漢書·地理志》：“(北地郡歸德)洛水出北蠻夷中，入河。有堵苑、白馬苑。”據此，段玉裁認爲《說文》“左馮翊”當作“北地”，“入渭”當作“入河”。《說文·水部》“洛”下段注：“左馮翊三字當作北地二字，……入河者，入渭以入河也。此揔舉其源委也。‘左馮翊歸德’下曰：‘洛水東南入渭。’此言入渭之處也，許之例舉源地不舉委地，然則當云出北地歸德無疑矣。”我們認爲段說甚是，北地歸德之洛水當爲正洛源，而左馮翊懷德之洛水則爲其下流。班氏同一“洛水”北地郡和左馮翊兩見，大概是從古書中雜采其說所致。王念孫《讀書雜志·漢書七》：“《禹貢錐指》曰：‘歸德下云洛入河，褱德下云入渭，蓋雜採古記，故有不同。其曰入河者以二水合流，渭亦可稱洛耳。’念孫案：‘入河’二字後人妄加之也。洛水出北蠻夷中記其所出也。洛水東南入渭記其所入也。……(今本北地作左馮翊。案：歸德屬北地，不屬左馮翊，此後人不明地理而妄改之。今正。)”“洛水”的情況如圖2所示：

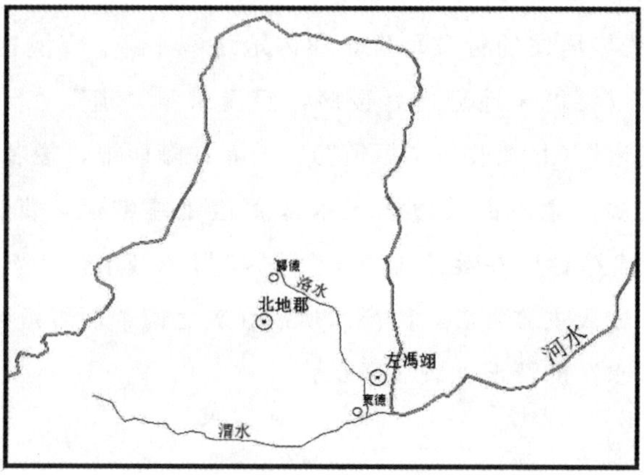

圖2　洛水圖

【漾（養）水】

漾，水。出隴西相道，東至武都爲漢，从水，羕聲。古文从養。（《説文·水部》）

（隴西郡氐道）《禹貢》養水所出，至武都爲漢。莽曰亭道。（《漢書·地理志》）

按：除"漾水"、"養水"外，《禹貢》鄭本、《史記·夏本紀》並作"瀁"，《淮南子·地形訓》作"洋"。

《説文·水部》"漾"字从水，羕聲，另有重文"瀁"，是其古文也。故"瀁"今作"漾"，是"養"的分化字，而"洋"爲"養"的同音假借字。段玉裁《皇清經解·禹貢第三·虞夏書》："是則壁中故書作'瀁'，孔安國以今文讀之，易爲'漾'也。《漢志》'隴西郡氐道'下曰'《禹貢》養水所出'，字作'養'（師古云本作漾，或作瀁，皆非善本也），則上文述《禹貢》亦必云'嶓冢道養'不爾，則前無所承，今本《志》作道'漾'者，淺人用《尚書》改之也。《郡國志》'隴西氐道'下亦作'養水'，蓋《夏本紀》亦本作'道養'，後人加水旁作'瀁'耳。其字山也，則加山旁，其字水也，則加水旁，此學者通病，非《史記》獨用古文也。壁中作'瀁'，孔安國作'漾'，今文《尚書》作'養'，此三者之不同也。《淮南·地形訓》作'洋水'，高注云'洋'或作'養'，此可證漢人通用'養'字，'養'古音同'洋'。"

相道，《説文》各版本"相道"、"柏道"、"豲道"、"桓道"並見。其中，宋本、大徐本作"相道"，小徐本作"柏道"，段注作"豲道"。其實，"相"、"柏"分别爲"桓"的形訛字，"豲"與"桓"爲同音字，故《説文》當指西漢天水郡之"豲道"。《説文·水部》"漾"下鈕樹玉校錄："'柏'當爲'桓'之譌，宋本作'相'，蓋譌，'桓'音同'豲'。"清田吳炤《説文二徐箋異》："師古曰：'豲'音'桓'，是許書舊當作'桓'，'相'與'柏'皆誤字也。"

"道"是少數民族居住的行政單位，與內地之縣平級。《漢書·百官公卿表》："有蠻夷曰道。"據《漢書·地理志》後序，西漢末年"道"三十二，其中，既有"氐道"，又有"豲道"（北魏改作"桓道"），前者在隴西郡，後者在天水郡。

漾水爲漢水之源，隴西郡氐道與天水郡豲道距離較遠，當以"氐道"爲是。《水經注·漾水》："然豲道在冀之西北，又隔諸川，無水南入，疑出豲道之爲謬矣。"楊守敬疏："酈氏主冀言者，因漾水所出在冀之南，而豲道則在冀之西北，是相去甚遠也。""漾水"的情況如圖 3 所示：

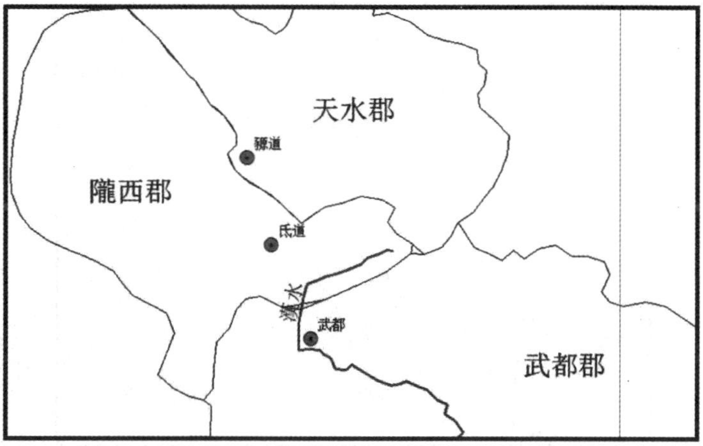

圖 3　漾水圖

【清漳水】

漳，……清漳出沾山大要谷，北入河。(《說文·水部》)

(上黨郡沾) 大黽谷，清漳水所出，東北至邑成入大河，過郡五，行千六百八十里，冀州川。(《漢書·地理志》)

按："沾"爲縣名，《說文·水部》"沾"下"山"上有闕文。據《山海經》、《水經注》，當補"少"字。今"少山"又稱"沾山"。《漢書·地理志》"邑成"，因漢無"邑成"縣名，此處當爲勃海郡阜城(南本作阜成)。

《說文·水部》清漳水入"河"，《漢書·地理志》作入"大河"，段玉裁認爲"大"爲衍文，漢代清漳水入河水，而錢坫認爲入虖沱，《水經注》記載清漳水至魏郡武安縣入濁漳水，濁漳水會虖沱入海。《水經注》記載的河流是南北朝時期的，此時清漳已被濁漳所奪，漢代濁漳水於河南林縣界合清漳水，段注引王應麟文"漳水舊入河。周定王五年，河徙而南。故漳水不入河而自達於海"，並認爲此爲王氏揣度之辭，漢代清漳水未嘗不入河也。

《說文·水部》之"大要谷"，《漢書·地理志》作"大黽谷"，其實，"要"與"黽"本作"㬹"，"㬹"爲"要"的古字，今作"要"，而"黽"爲"㬹"的形近訛字，㬹，據王念孫《讀書雜志》，當讀要領之要，謂谷之中廣者。《集韻·宵韻》："要，古作㬹。"《漢書·地理志》："(北地郡) 縣十九……大㬹，廉。"顏師古注："㬹，即古要字也。"《說文·水部》"漳"下嚴可均校議："要字篆體作𦥺，與黽形近，……疑此黽即㬹之誤。"王念孫《讀書雜志·漢書六》："黽與㬹字形相似，㬹之譌爲黽，猶黽之譌爲㬹。"後代文獻多沿用此誤。如《古今韻會舉要》、《禹貢指南》等。"清漳水"的情況如圖 4 所示：

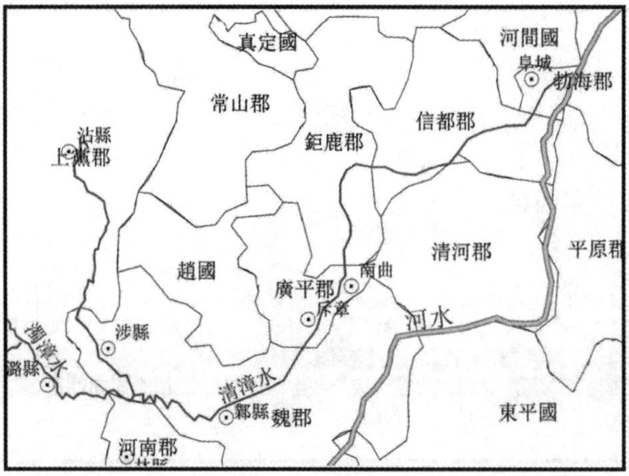

圖 4 清漳水圖

【滍水】

滍，水。出南陽魯陽堯山，東北入汝。（《説文・水部》）

（南陽郡魯陽）魯山，滍水所出，東北至定陵入汝。（《漢書・地理志》）

按：南陽郡魯陽縣，既有堯山，亦有魯山，而堯山在縣西，魯山在縣北。據《水經注・滍水》，魯陽縣居魯山之陽，故因此得名。堯山在縣西，《水經注・滍水》："滍水出南陽魯陽縣西之堯山。堯之末孫劉累，以龍食帝孔甲，孔甲又求之不得，累懼而遷于魯縣，立堯祠于西山，謂之堯山。"

滍水爲今沙河，出河南汝州魯山縣西界之堯山，據《漢書・地理志》的體例，在各縣下直接描繪河流，而此處先在南陽下云"有魯山，古魯縣，禦龍氏所遷"，後又云"魯山，滍水所出"，"魯山"出現了重文，此處較爲可疑。其實，"魯山"是因前文"魯"字出現太多而造成的誤字。《説文・水部》"滍"下段注："蓋是堯山傳寫者，因上文魯陽、魯山、魯縣諸魯字而誤耳。"王念孫《讀書雜志・漢書六》："魯山當爲堯山，此涉上文魯山而誤。""滍水"的情况如圖 5 所示：

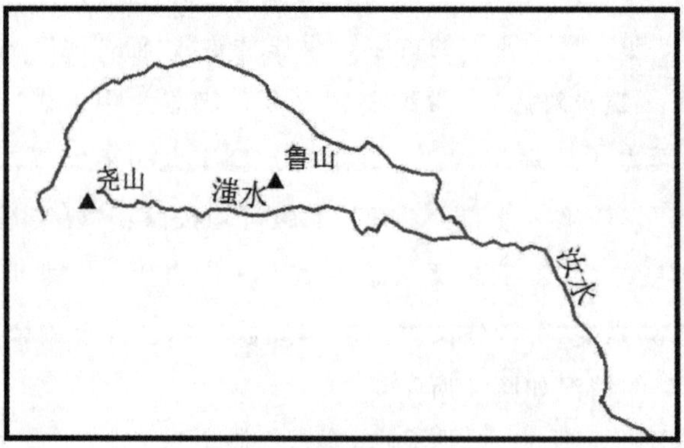

圖 5 滍水圖

【弱(溺)水】

溺,水。自張掖刪丹,西至酒泉合黎,餘波入于流沙。从水,弱聲。桑欽所說。(《說文・水部》)

(張掖郡刪丹)桑欽以爲道弱水自此,西至酒泉合黎,莽曰貫虜。(《漢書・地理志》)

按:"弱水"即"溺水","溺"爲"弱"的古字。據清朱士端《說文校定本》,"大小徐同,《禹貢》'溺水'譌孔本作'弱',桑欽本傳、《古文尚書》蓋真古文作'溺'"。《水經注》亦作"弱"。

"流沙"即居延澤,在張掖郡居延縣東北。之所以作"流沙"者,是因爲居延澤位置大小無常,隨風吹流行。《漢書・地理志》:"(張掖郡居延)居延澤在東北,古文以爲流沙。"《水經注・浙江》:"《尚書》所謂流沙者也,形如月生五日也,弱水入流沙,流沙,沙與水流行也。"《元和郡縣圖志》卷四十"張掖縣":"居延海,在縣東北一百六十里。即居延澤,古文以爲流沙者,風吹流行,故曰流沙。"《說文・水部》與《漢書・地理志》關於"弱水"的記載均來自桑欽,然而,《漢書・地理志》卻無"餘波入於流沙"一文,而同書記載觻得縣之"羌谷水"注入居延澤。其原文爲"羌谷水出羌中,東北至居延入海,過郡二,行二千一百里,莽曰官式。"羌谷水與弱水發源地不同,據《水道提綱》記載,羌谷水發源於甘州(張掖郡)西南邊山,在刪丹縣西,東北流經祁連,北至張掖縣合黎山下,與弱水合,隨後注入居延澤。自合黎山下弱水、羌谷水合流後,二者互受通稱,故云弱水入居延澤。"弱水"的情況如圖 6 所示。

關於"弱水"的得名之由,學術界今有兩種說法。一爲"力不負芥說"。《書・禹貢》:"弱水既西。"蔡沈集傳引柳宗元曰:"弱水,西海之山有水焉,散渙無力,不能負芥,投之則萎靡墊沒,及底而後止,故名曰弱。"一爲"不負鴻毛說"。《山海經・大荒西經》:"崑崙之邱,其下有弱水之淵環之。"郭璞注:"弱水,其水不勝鴻毛。"東方朔《海內十洲記》:"鳳麟州在西海之中央,地方一千五百里。洲四面有弱水繞之。鴻毛不浮,不可越也。"

上揭兩種說法都說明弱水浮力小,無力載物。幾部權威的漢語辭書認爲上爲以訛傳訛之說,之所以名弱水,原因在於此水水淺或當地人不習慣造船而不通舟楫。這雖然力破俗見,但仍表明此水爲軟弱無力之水。

艾蔭範認爲弱水之弱是阿勒泰語哈喇[xara](漢譯爲黑)的對音簡記,在阿勒泰語的族群中,"黑水"中的"黑"並不確指顏色,而是帶有宗教色彩,象徵著神聖之義。[①] 這可以說是研究“弱水”之“弱”的另一個研究視角，據史料記載，弱水流域歷來多爲少數民族之地，夏、商、周時爲羌戎之地。春秋至秦時爲月氏、烏孫之地。西漢時，匈奴趕走了月氏，直到西元前 121 年，霍去病打敗匈奴，此地併入中國版圖，而上古讀“弱”泥母之發音在中古更接近於喉音，當在［ŋ］左右，而“弱”的聲母完全可變爲同一發音部位的［x］、［γ］。因此此説是有一定的語音理據的。

“弱”與“溺”古音相近，此河應作“弱水”還是“溺水”，下面筆者將從文字學和訓詁學角度展開分析。

至於“弱”與“溺”的關係，學術界意見不一，有說“弱”是“溺”古字的，有說“溺”是“弱”古字的，還有說二者爲假借關係的。根本原因在於“弱”構形之義不明。筆者就此問題提出自己的見解。

首先，“溺”、“弱”古本一字，是遺尿之形的複寫，“溺”爲“弱”的增形字。“溺”始見於商代甲骨文，其形體爲，王逸鶴認爲戰國文字變爲彡作，爲小篆形所本，重複之另加水旁寫作。[②] 在甲骨文構形學方面，有“合文”一說，重複之加水旁則更似經過了兩次演變，“弱”應爲重疊而成。因變爲彡作，失去了水的形體，另加水旁變爲“溺”。“弱”字見於秦簡之中，其形體爲、、等，從今戰國秦漢出土文字資料可見，其形體確爲從弓從彡。廖明春認爲弓形乃人形之訛變，彡乃尿水之形。古文字中人、尸、弓經常會發生訛混的現象，[③] 另加尸旁應作“屟”，在“溺”的異體字中有“屟”字，該字亦爲“弱”的增形字，《字彙·尸部》：“屟，同溺。”《正字通·尸部》：“屟，俗溺字。”

其次，古今字的特徵之一是，古字因“兼職”太多，需要另造今字以分擔自己的意義，且在今字產生之前，古字有一個兼表今字字義的時期。“溺”與“弱”均可表“差，微薄”義，“溺”出現的時間要早於“弱”，“溺”甲骨文時代便以出現，表示弱小。如《殷墟文字甲編》1128：“己巳卜，貞：有疒（疾），王溺。”謂商王有病，體弱。清許槤《讀〈說文〉記》：“蓋弱、溺古本一字，故《易·大過》王弼注‘拯弱興衰，救其弱’，《釋文》‘弱，本作溺’。《春秋·昭八年》‘陳侯溺’，《漢書·古今人表》作‘弱’，是其證也。”作爲水名，“溺”的時間亦早於“弱”。清邵瑛《說文解字群經正字》：“《書·禹貢》弱水正字當作此。《釋文》‘弱本或作溺’，是唐以前古本固作溺，至陸氏時多見弱，少見溺，故云‘或作’以疑之……是知《彡部》之‘弱’與《水部》之‘溺’古本一字，‘溺’以溺水特製，此字《說文》

① 艾蔭範．弱水之“弱”和與之相關的幾個古漢語詞語解讀．沈陽師範大學學報，2009（1）．

② 李學勤．字源．天津：天津古籍出版社，2012．

③ 譚生力．說“尿”．中國文字研究，2014（20）．

中常有之，俗但知溺爲沉溺，故溺水專用，不知沉溺古別有氼字也。”

後來“溺”常被用於“沉溺，沉沒”義，其本字爲“氼”。《說文·水部》：“氼，沒也。”段注：“此沉溺之本字也。今人多用溺水水名字爲之，古今異字耳。”《玉篇·水部》：“氼，孔子曰：‘君子氼于日（口），小人氼于水。’今作溺。”北周衛元嵩《元包經·大過》：“風罙于陂，舟氼于水。”李江注：“氼，沒也。音溺。”“氼”亦作“氽”。《字彙·水部》：“氽，與溺同。”

因此，“溺”與“弱”的關係可表示爲：

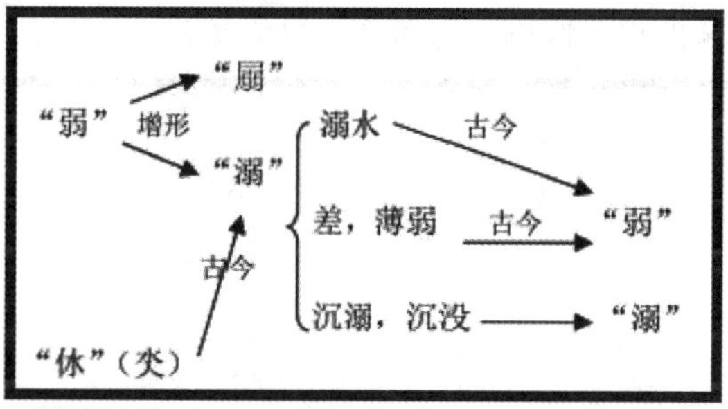

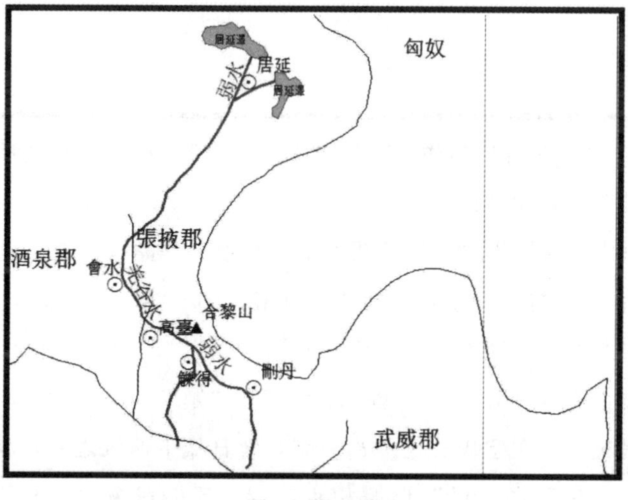

圖 6 弱水圖

【沱水】

沱，江別流也。出嶓山東，別爲沱。（《說文·水部》）（採用《說文句讀》的標點）

嶓山道江，東別爲沱。（《漢書·地理志》）

按：“嶓山”，“嶓山”，《水經注》之“岷山”，及其別名“汶山”，本字當作“㟭”，《說文·山部》：“㟭，㟭山也，在蜀湔氐西徼外。”段注：“此篆省作嶓，隸變作汶、作文、作岐、作㟧，俗作㟭、作岷。”段玉裁認爲“嶓”、“岷”爲“㟭”的省形俗字，此說不誤，“汶”又作“岐”，因上古音中，“民”爲明母真部字，

“文”爲明母文部字，二者讀音相近，故古從“民”從“文”之字，多相假借。《楚辭·九章·悲回風》：“馮昆侖以瞰霧兮，隱峧山以清江。”王逸注：“峧山，江所出也。”洪興祖補注：“峧、㟭、汶，並與岷同。”《史記·夏本紀》“汶、嶓既蓺”司馬貞索隱：“汶，一作𡸜，又作峧。峧山，《封禪書》一云瀆山，在蜀都湔氐道西徼（今四川省茂縣一帶），江水所出。”《資治通鑒·晉紀》：“汶山白馬胡侵掠諸種，益州刺史皇甫晏欲討之。”胡三省注：“汶，讀與𡸜同。”

綜上，“𡺒”可省作“崏”、“岻”，又可俗作“𡾰”、“𡹸”、“𡸜”、“岷”，從“民”從“文”之字又可相互假借，其關係可以表示爲：

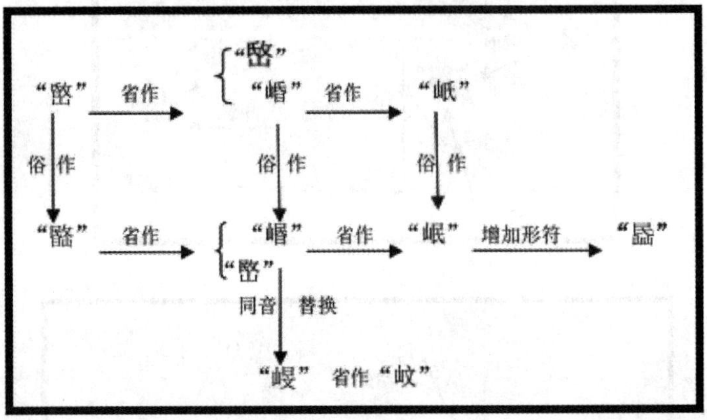

“𡺒”、“崏”、“岻”可俗變作“𡾰”、“𡸜”、“岷”，其共同特徵爲構件“昏”俗變作“昬”，“氏”俗變作“民”。

在古代文獻中“昬”與“昏”常混用，《爾雅·釋詁》：“鶩、務、昏、暋，強也。”其中，“昏”、“暋”二字，單疏本、正德本作“昬”、“暋”，雪牕本注亦作“昬”、“暋”，經及閩本、監本、毛本作“昏”、“暋”。《左傳·昭公二十五年》“非昬姻之事”一文，監本“昬”作“昏”，毛本作“婚”。“昏”甲骨文爲“𠃌”，從日，從氏，或從氐，古文字氏、氐本爲一字，會日低下西沉之義，隸變後楷書寫作“昏”。因其構件“氏”與“民”形體相近，故“氏”訛變爲“民”，“昏”訛作“昬”。《說文·日部》：“昏，日冥也。从日，氐省。氐者，下也。一曰民聲。”段注：“字从氐省爲會意，絕非从民聲爲形聲也。蓋隸書淆亂，乃有从民作昬者。”

篆文的一個重要特點爲凡方折處都是弧形綫，若“氏”的短撇有曲折弧度，而“民”的豎提稍短，則“氏”與“民”極易產生混淆。氏，頌鼎作“𠂆”，睡虎地秦簡作“𠂆”，石經作“𠂆”，民，曹全碑作“民”，其形體十分相近。古從“氏”、從“民”的字常相互換用。然而在唐代，因避唐太宗諱，從“民”常省筆作“氏”。馬敘倫《說文解字六書疏證》卷十三引錢大昕曰：“……唐石經遇民字作民，而偏傍從民者盡易爲氏，如岷作岻，泯作汦，緡作緍，痻作㾁，碈作砥，暋、敃，湣作㥏，𡷙作𡶷之類，則昏爲避諱省筆無疑。《五經文字》云：緣廟諱偏傍，准式省從氏，凡泯、昏之類皆從氏，昬字之改在顯慶二年十二月。見《舊唐書·高宗紀》。”清倪濤《六藝之一録·唐碑》：“民字皆缺筆作𡰣，氓作甿，岷作岻，泯、昏、緡、痻、碈、昬、愍、𥇐皆改從氏，避太宗諱。”

王筠《說文句讀·水部》：“言江出㟭山而東，即派別爲沱也。”據漢代地理可知，江水是東南流的，沱水是東行的。按照意義，標點當加在“㟭山”後，“東別”之前。若加在“㟭山東”後面，意義截然不同，可理解爲凡江水支流，無論是何走向，均爲“沱水”，因江水支流衆多，若作“別爲沱”，則指稱不夠精確。且《漢書·地理志》此句完全摘錄《書·禹貢》原文，《說文·水部》的水流材料亦常參照《書·禹貢》，其義當與《書·禹貢》相符，“別爲沱”與原義不符。“沱水”是“江水”的支流，二水別的地點爲今灌縣離堆。自灌縣離堆，“沱水”東流。“沱水”的情況如圖 7 所示：

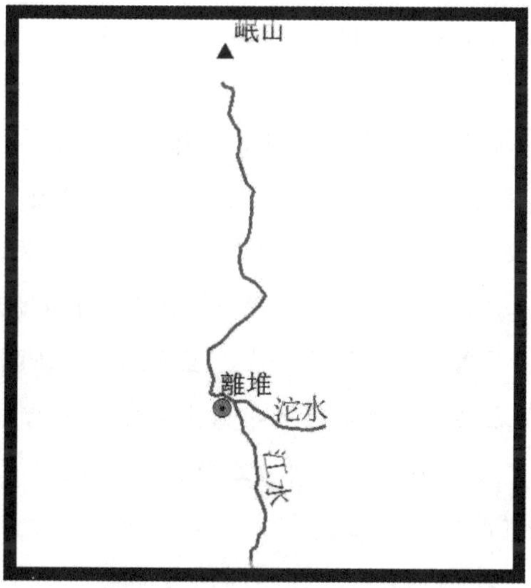

圖 7　沱水圖

【汳（卞）水】【雎（獲）水】

汳，水。受陳留浚儀陰溝，至蒙爲雎水，東入于泗。（《說文·水部》）

（河南郡滎陽）卞水、馮池皆在西南。有狼湯渠，首受泲，東南至陳入潁。（《漢書·地理志》）

（梁國蒙）獲水首受甾獲渠，東北至彭城入泗，過郡五，行五百五十里。（《漢書·地理志》）

按：據《水經注·汳水》，“陰溝”即“蒗蕩渠”，蒗蕩，戴震改《水經》、《水經注》“蕩”作“碭”，“蒗蕩”作“蒗碭”，《寰宇記》襄邑縣引《水經注》作“蒗蕩”，此外，《說文》“過”下作“浪湯”，《漢書·地理志》作“狼湯”，又《括地志》作“莨蕩”，《元和郡縣圖志》作“莨宕”。

“蒗蕩”、“蒗碭”、“浪湯”、“狼湯”、“莨蕩”、“莨宕”爲同音詞，可相互借用。狼湯渠，據《漢書・地理志》，它發源於河南滎陽縣北，先後受泲水、魯渠水、過水，東南於淮陽陳縣入潁水。《漢書・地理志》無“陰溝水”，但載淮陽扶溝之“渦水”，《漢書・地理志》：“（淮陽國扶溝）渦水首受狼湯渠，東至向入淮，過郡三，行千里。”“渦水”，《水經》作“過水”，並認爲陰溝水爲過水之上源，《水經注・陰溝水》：“陰溝水出河南陽武縣蒗蕩渠。陰溝首受①大河于卷縣，故瀆東南逕卷縣故城南，又東逕蒙城北。……東南至大梁，合蒗蕩渠。梁溝既開，蒗蕩渠故瀆實兼陰溝、浚儀之稱，故云出陽武矣。……陰溝始亂蒗碭，終別于沙而過水出焉。”梁溝即鴻溝，西漢時稱狼湯渠，魏晉後開封以上改稱汴水，以下稱蔡河。鴻溝，戰國魏安王所鑿，自滎陽北引黃河水，東流入甫田澤，然後向東繞過大梁，南折經陳縣，入於潁水。據《史記・河渠書》記載，鴻溝與濟、汝、淮、泗相接。陰溝水與浪蕩渠於大梁相合，故大梁，即陳留浚儀縣，故《說文・水部》之“陰溝”即《漢書・地理志》之“狼湯渠”。

《說文・水部》“汳水”，《漢書・地理志》作“卞水”，《後漢書・明帝紀》作“汴水”。“汴”爲“汳”的俗字，爲“卞”的分化字。《集韻・線韻》：“汳，……或從卞。”宋佚名《附釋文互注禮部韻略・線韻》：“汴，亦作汳。”古人的避諱常帶有統治者的主觀願望，因“汳”字從反，恐民反，故改聲符“反”作“卞”。《說文・水部》“汳”下段注：“汳爲汴未知起於何代，恐是魏晉都雒陽，惡其從反而改之。”清顧炎武《音論・反切之名》：“反切之名，自南北朝以上皆謂之反，孫愐《唐韻》則謂之切，蓋當時諱‘反’字。……而《水經》、《說文》‘汳’字唐人亦改作‘汴’，‘飯’字亦或爲‘飰’。”

“甾獲水”、“獲水”均爲“汳水”在不同河段的稱呼，汳水至陳留郡濟陽考城縣故城南爲甾獲渠，至梁郡蒙縣爲獲水。《水經注・汳水》：“又東，汳水出焉。故《經》云：汳出陰溝于浚儀縣北也。汳水東逕倉垣城南，即大梁之倉垣亭也。……汳水又東逕濟陽考城縣故城南，爲甾獲渠。……東至梁郡蒙縣爲獲水，餘波南入睢陽城中。”“獲水”，《說文・水部》大徐本作“雝水”，小徐本“雝”作“灉”，《水經注・獲水》：“荒蕪頽毁，彫落略盡矣，東至梁郡蒙縣爲獲水。”楊守敬疏：“朱（謀瑋）‘獲’訛‘濉’，趙（一清）改“睢”，戴（震）改‘獲’云：考後獲水出汳水于梁郡蒙縣北，而睢水出梁郡鄢縣，可證此乃獲水甚明。”據後文及《漢書・地理志》，睢水出自狼湯渠，自陳留東徑雍邱、襄邑、寧陵等縣，方徑鄢縣，則鄢縣

① 《漢書・地理志》有不少“某水受某水”或“某水首受某水”的用例。“受”與“首受”用法相同，表示“某水”從“某水”中分出。“渦水首受浪湯渠”即“渦水”從“浪湯渠”分出，那麽“浪湯渠”爲湯水的源頭。

去水源甚遠。此後，逕取慮縣，於下相縣古城南入泗水，與“汳水”相隔很近，且古代“汳水”與“睢水”相通。《水經注·汳水》：“汳水又東逕雍丘縣故城北，逕陽樂城南。……汳水又東，有故渠出焉，南通睢水，謂之董生決，或言，董氏作亂，引水南通睢水，故斯水受名焉。今無水。……汳水又逕外黃縣南，又東逕莠倉城北。”故“汳水”與“睢水”相通之處當在“雍丘縣”與“外黃縣”之間，而與“獲水”的發源地“甾獲渠”的起點“濟陽郡”位置相近。而“滩”與“灉”因形體相近而訛。而此水本當作“獲水”。“汳水”“獲水”的情況如圖 8 所示：

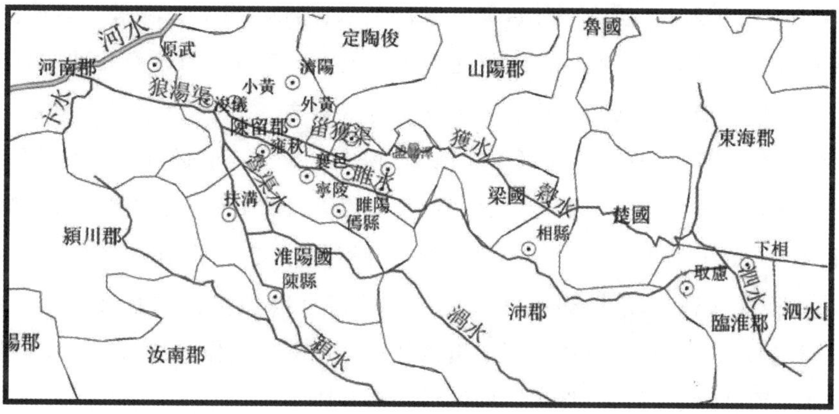

圖 8　汳水圖

【淹（繩）水】

淹，水。出越嶲徼外，東入若水。（《說文·水部》）

（越嶲郡遂久）繩水出徼外，東至僰道入江，過郡二，行千四百里。（《漢書·地理志》）

按：繩水、淹水，皆指今金沙江。繩水爲金沙江的通稱，淹水爲金沙江上源，即與若水（今雅礱江）合流之前的繩水。金沙江，又有“瀘水”與“馬湖江”之稱，它們分别爲金沙江的中流與下流，宋代因河中出現大量沙石，故而改稱金沙江。

“嶲”同“巂”，《集韻·紙韻》：“嶲，或作巂。”《說文·水部》“淹”下段注：“嶲，音先蘂反，今四川語言，讀如西上聲，《佩觿》謂字作‘巂’，與‘嶲’不同者，謬說也，同字異音耳。”“淹水”與“繩水”均出於越嶲郡遂久縣，淹水至大莋入若水，而繩水自若水下仍稱繩水，至僰道入江水。《水經注·淹水》：“淹水出越嶲遂久縣徼外，……東南至青蛉縣，……又東過姑復縣南，東入于若水。”又《水經注·若水》：“若水出蜀郡旄牛徼外，……又徑越嶲大莋縣入繩。繩水出徼外。……其一水，南徑旄牛道，至大莋，與若水合，自下亦通謂之爲繩水矣。……直南至會無縣，淹水東南流注之。”

據《水經注》，看似“繩水”、“淹水”爲兩條獨立的河道，其實不然，這涉及到“繩水”與“若水”誰爲正流的問題，《漢書·地理志》以繩水爲正流，故統稱繩水，把“淹水”、“繩水”不加區別，《漢書·地理志》亦有“若水”，云：“（蜀郡旄牛）若水亦出徼外，南至大莋入繩，過郡二，行千六百里。”而《說文》及《水經注》以若水爲正流，故有“淹水”之名，淹水東入於若水，若水於大莋縣入繩水。漢代有會無縣，爲“淹水”、“若水”、“孫水”等眾多河流匯合處，會無縣，唐代改作會川縣，清代改爲會理縣，取其“川原並會，爲其所理”之義。對此，酈氏《水經注》早有記載：“若水至僰道縣，又謂之馬湖江，繩水、瀘水、孫水、淹水、大渡水隨決入而納通稱，是以諸書錄記群水，或言入若，又言注繩，亦或言至僰道入江，正是異水沿注，通爲一津，更無別川可以當之。”

“繩”與“澠”音近，故又可作“澠”，而“淹”是其形近訛字。《洪武正韻·庚韻》：“繩，……又水名，與澠同。”《春秋左傳異文釋》卷八：“昭十二年傳：‘有酒如澠。’《水經·淄水注》引作如繩。澠、繩音同字變耳。”又《水經注·淹水》：“淹水出越巂遂久縣徼外。”楊守敬疏：“《山海經·海内經》：‘有巴遂山，繩水出焉。’《漢志》：‘（越嶲郡遂久）繩水出徼外。’《說文》則作‘淹水’，此《經》同，蓋因字形近而傳寫者異。”“繩水”的情況如圖 9 所示：

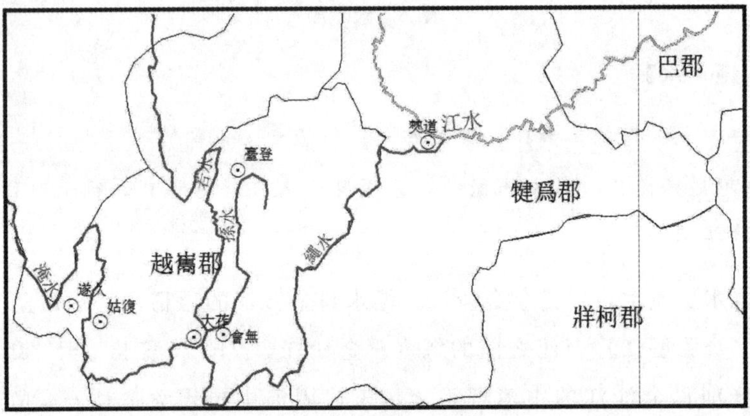

圖 9　繩水圖

《說文·水部》與《漢書·地理志》異文研究既涉及到訓詁學的内容，更涉及到歷史地理學的内容。對二者異文進行研究，不僅有利於我們了解東漢時期的語言情況，更有利於我們了解古代的政區地理和自然地理面貌。本文通過對“潼水（馳水）”、“洛水”、“漾（養）水”、“清漳水”、“湛水”、“沱水”、“弱（溺）水”、“汳（卞）水”、“雝（獲）水”、“淹（繩）水”等 10 條存在異文的河流的探討，找到了異文產生的原因，並對諸河流在漢代的歷史面貌進行了還原。

語言學與歷史地理學是息息相關的，每一種地理面貌都是以詞彙形式展示出來的，都有其命名理據，而歷史地理學知識也反映了一個時代的語言面貌，因此，我們要擅長運用兩方面的先進成果，只有這樣，我們才能對古代的地理著作有更加深入的理解。

参考文獻

艾蔭范．弱水之“弱”和與之相關的幾個古漢語詞語解讀．沈陽師範大學學報，2009（1）．

班固．漢書（第六冊）．北京：中華書局，1962．

班固撰、王先謙補注．漢書補注．上海：上海古籍出版社，2008．

陳橋驛．《水經·江水注》研究．杭州大學學報，1984（3）．

丁福保．說文解字詁林．北京：中華書局，1988．

段玉裁．說文解字注．上海：上海古籍出版社，1981．

扶永發．漢水源頭考．中國測繪，1997（1）．

何術林．嘉陵江名稱考．臨滄師範高等專科學院學報，2012（1）．

胡渭著、鄒逸麟整理．禹貢錐指．上海：上海古籍出版社，2006．

酈道元注、楊守敬、熊會貞疏．水經注疏．南京：江蘇古籍出版社，1989．

李學勤．字源．天津：天津古籍出版社，2012．

劉清謂．郭沫若的若水說考斠．安徽師大學報（哲學社會科學版），1983（3）．

蘇傑．三國志異文研究．濟南：齊魯書社，2006．

譚其驤．中國歷史地圖集（第二冊）．北京：中國地圖出版社，1982．

譚生力．說“尿”．中國文字研究，2014（20）．

王號輝．對《漢書·地理志》中獲水的探討．西安文理學院學報（社會科學版），2012（1）．

王彥坤．古籍異文研究．廣州：廣東高等教育出版社，1993．

王元林．北洛水源頭考．中國歷史地理論叢，2000（4）．

王筠．說文解字句讀．北京：中華書局，1988．

魏達議．江沱與沱江．西南師範大學學報，1984（2）．

許慎撰、徐鉉校定．說文解字．北京：中華書局，1963．

周振鶴．漢書地理志匯釋．合肥：安徽教育出版社，2006．

朱承平．異文類語料的鑒別與應用．長沙：嶽麓書社，2005．

朱駿聲．說文通訓定聲．北京：中華書局，1984．

Research on the Variant Characters of “Shuo Wen：Shui Bu”（《說文·水部》）and “Han Shu：Geography”（《漢書·地理志》）

Zhao Jiadong，Ma Yaqi

Abstract：There are lots of variant characters in “Shuo Wen：Shui Bu”（《說

文·水部》) and "Han Shu: Geography" (《漢書·地理志》). In content, it contains the names of mountains, waters, places and localizers, which took great value in historical geography and exegetics. This article makes textual research on 10 rivers, such as "*Chishui*"（馳水）and "*Luoshui*"（洛水）, which was written as various variant characters, in order to have a deeper comprehension on the ancient geography works.

Keywords: "Shuo Wen: Shui Bu"(《說文·水部》); "Han Shu: Geography" (《漢書·地理志》); variant characters

（趙家棟、馬雅琦，南京師範大學文學院）

《玉篇》釋義失誤校讀札記*

熊加全

提　要:《大廣益會玉篇》(簡稱《玉篇》)是一部宋代官修的重要辭書,在辭書史上具有重要的地位。由於該書較顧野王《玉篇》收字數量已大為增加,書中收錄了大量形、音、義有問題的疑難字。文章在對傳世字書進行梳理的基礎上,利用訓詁學、辭書學、文字學等知識,選取了《玉篇》釋義失誤的30個例字進行了考辨。

關鍵詞:《玉篇》;釋義失誤;考辨

《玉篇》為南朝梁顧野王所撰,是繼《說文》《字林》之後的一部重要字書,也是中國辭書史上第一部以楷書為主體的歷史性語文字典。由於卷帙浩繁,在《玉篇》成書不久,梁簡文帝即命蕭愷等人對其進行刪改。至唐上元元年,孫強複為《玉篇》增字減注。至宋真宗大中祥符六年,陳彭年、丘雍等人又奉敕修訂廣益孫強本《玉篇》,即為《大廣益會玉篇》。至此,《大廣益會玉篇》(簡稱《玉篇》)流行於世。《玉篇》是在原本《玉篇》的基礎上經過增字減注編纂而成的,所增之字,大多為使用價值不大的疑難俗字,而所減之注,大多為有用的書證、例證等。《玉篇》在歷次的編纂與傳抄過程中,由於形近而訛、誤脫、誤衍、誤植、誤截、拆駢為單、妄改、妄補等原因的影響,其釋義產生了很多問題。然而,這些問題大都被後世大型辭書如《漢語大字典》(以下簡稱《大字典》)未加考辨地加以轉錄,由此影響了人們對其正確的解讀與使用,這在一定程度上降低了該書的編纂水平與利用價值。通過與原本《玉篇》殘卷、《篆隸萬象名義》(以下簡稱《名義》)、《新修絫音引證群籍玉篇》(以下簡稱《新修玉篇》)等與《玉篇》有密切傳承關係的字書的比勘,可以對《玉篇》釋義的許多失誤作出考辨。此外,昌住在編撰《新撰字鏡》

* 本文是國家社科基金重大招標項目“中國古代語文辭書注音釋義綜合研究”(項目編號:12&ZD184)及國家社科基金後期資助項目“《玉篇》疑難字考釋與研究”(項目編號:18FYY033)研究成果之一。

時也利用了原本《玉篇》的材料，因此，通過與《新撰字鏡》的比勘，也能對《玉篇》一些釋義失誤的現象作出更正。文中各例先引《玉篇》，然後以“按”字揭出筆者考釋。

1. **⿰亻既**：《玉篇·人部》：“**⿰亻既**，古載切。假主也。”（14 下左）

按：《名義·人部》：“**⿰亻既**，古戴反。主也。”（20 下）《新撰字鏡·人部》：“**⿰亻既**，去（古）戴反。主也；王領之也。”（80）“⿰亻旣”“**⿰亻既**”即同字異寫。“**⿰亻既**（⿰亻旣）”，《名義》《新撰字鏡》皆訓“主也”，《玉篇》卻訓“假主也”，此當因字頭“**⿰亻既**（⿰亻旣）”字在注文中誤重，俗寫又訛作“假”而誤也。《大字典》“**⿰亻既**”字下據《玉篇》之謬而收錄“假主”這一義項，應刪。

2. **⿱奓齒**：《玉篇·齒部》：“**⿱奓齒**，竹加切。**⿰齒來**、**⿱奓齒**，大齒也。”（28 上右）

按：《廣雅·釋詁三》：“**⿰齒來**、**⿱奓齒**，齹也。”（260）《名義·齒部》：“**⿱奓齒**，**⿰齒來**、**⿱奓齒**，竹加反。大齹也。”（47 下）可見原本《玉篇》“**⿱奓齒**”字亦訓“大齹也”，今本《玉篇》作“大齒也”，“齒”當即“齹”字之誤。《大字典》“**⿱奓齒**”字下承襲《玉篇》之謬而收錄“大齒”這一義項，亦非。

3. **⿱雁骨**：《玉篇·骨部》：“**⿱雁骨**，於仍切。凶也；親也；受也。亦作膺。”（35 上右）

按：“**⿱雁骨**”訓“凶也”，於文獻無征，此訓可疑。《新撰字鏡·骨部》：“**⿱雁骨**，於仍反。膺字。匈也；親也；當也；受也。”（170）《新修玉篇》卷七《骨部》引《玉篇》：“**⿱雁骨**，於仍切。⿱㐫月也；親也；受也。亦作膺。”（66 下左）《說文·肉部》：“膺，胷也。”（87 下）“**⿱雁骨**”“膺”即為異體字，“匈”“⿱㐫月”“胷”並同，《玉篇》訓“**⿱雁骨**”為“凶也”，當即“匈也”之訛。《大字典》“**⿱雁骨**”字下承襲《玉篇》義訓之誤而未加考正，非是。

4. 忓：《玉篇·心部》：“忓，況於切。痛也；憂也。”（39 下右）

按：《玉篇校釋》“忓”字下注：“‘痛也’者，《禮部韻略》引同。疑‘痛’為‘病’之形訛。《詩·都人士》：‘云何吁兮。’鄭箋：‘吁，病也。’許讀忓若吁，吁、忓通也。”（1664）胡氏所言是也。《名義·心部》：“忓，欣於反。病也；憂也。”（76 上）此是其證也。《大字典》“忓”字下承襲《玉篇》釋義之誤而未作校正，亦非。

5. 謂：《玉篇·言部》：“謂，禹沸切。信也；道也。《說文》曰：‘報也。’”（41 下左）

按：《玉篇》訓“謂”為“信也”，於文獻無征，此訓可疑。《名義·言部》：

“謂，禹沸反。言也；道也；勤也；使也；指也；報也；說也；告也。”（80下）據《名義》可知，《玉篇》訓“謂”為“信也”，當為“言也”之訛。《大字典》“謂”字下承襲《玉篇》之誤而收錄“信”這一義項，應刪。

6. **歀**：《玉篇·欠部》：“**歀**，思萃切。問。”（45下左）

按：《說文·欠部》：“**歀**，意有所欲也。从欠、𣪊省。款，或从柰。”（179上）《名義·欠部》：“**欵**，口緩反。至也；誠也；重也；所也；愛念也。”（89下）“**欵**”即“**歀**”字之俗。“**歀**”字，《名義》訓“所也”，當為“意有所欲也”之誤截。《名義》“**歀**”字亦未見有音“思萃切”而訓“問”者，可見《玉篇》“**歀**”字音義有誤。《說文·又部》：“𣪠，楚人謂卜問吉凶曰𣪠，从又持祟，祟亦聲。”（64下）“𣪠”，《廣韻》音“雖遂切”。故《玉篇》“**歀**”之音義，當因“**歀**”“𣪠”形近而誤植“𣪠”之音義於此所致的訓釋失誤。《正字通·欠部》：“**歀**，舊注：音歲。問也。按：《說文》楚人謂卜問吉凶曰𣪠，從又持祟，之芮切。**歀**，意有所欲也。從欠，𣪊省聲。苦管切。或從柰作欵。據此說**歀**與款、欵同。舊本誤以**歀**為𣪠，分**歀**、款為二，並非。”（551）《玉篇校釋》“**歀**”字下注：“案此字由𣪠、**歀**二字溷合而誤。隸變**歀**作款。上‘款’下引《說文》：‘意有所欲也。’許解字從欠、𣪊省聲。《又部》：‘𣪠，卜問吉凶曰𣪠。’此處蓋後人以《說文》校之誤認為漏奪而補之，又與𣪠形相亂，複以𣪠問義嫁之也。應刪。”（1948）以上二說並是也。《大字典》“**歀**”字下承襲《玉篇》之謬而收錄“問”這一義項，當刪。

7. 棦：《玉篇·木部》：“棦，叉耕切。木朿也。”（62下左）

按：《玉篇》“棦”訓“木朿也”，於文獻無征，當誤。《名義·木部》：“棦，叉耕反。**刺**也。”（125上）《新撰字鏡·木部》：“棦，叉耕反。**刾**也。”（390）“**刺**”“**刾**”並即“刺”字之俗，“刺”“朿”字同，故《玉篇》“木朿也”即為“木朿也”之訛。《大字典》“棦”字承襲《玉篇》釋義之誤，非是。

8. 筬：《玉篇·竹部》：“筬，時盈切。竹名。”（71上右）

按：“筬”字，《玉篇》訓“竹名”，亦非。《名義·竹部》：“筬，時盈反。竹杼也。”（143下）可見原本《玉篇》亦訓為“竹杼”，“竹杼”指的是一種織具，而非竹名。《玉篇》訓“筬”為“竹名”，當即“竹杼”之訛。《大字典》“筬”字下承襲《玉篇》之誤而收錄“竹名”這一義項，非是。

9. **䵗**：《玉篇·黍部》：“**䵗**，步北切。黍豆也。”（73下左）

按：元刊本《玉篇·黍部》：“**䵗**，步北切。黍豆別名。”《說文·黍部》：“**䵗**，治黍、禾、豆下潰葉。从黍，畐聲。”（147上）《名義·黍部》：“**䵗**，蒲北反。治黍豆本下潰葉也。”（148 上）可見顧野王所見《說文》亦當訓為“治黍豆本下潰葉也”，今本《說文》作“治黍、禾、豆下潰葉”，“黍”亦禾屬，“黍”“禾”不應於一字釋義之下同出，“本”誤作“禾”，又與“豆”字倒置，遂致此誤，此當為二徐本之誤，故今本《說文》之“治黍、禾、豆下潰葉”即為“治黍豆本下潰葉也”之誤。今本《玉篇》訓為“黍豆也”，當為宋人誤刪也。元刊本又轉訓為“黍豆別名”，亦非。《大字典》“䅺”字承襲二徐本《說文》、元刊本《玉篇》釋義之誤，非是。

10. **稛**：《玉篇・禾部》：“**稛**，戶衮切。草。”（74 下左）

按：《玉篇校釋》“**稛**”字下注：“《集韻・混韻》：‘**稛**，束草也。’又：‘梱，束木也。’本書：‘緄，《埤倉》：大束也。’此‘草’下當補一‘束’字，猶下文‘稅’為禾束。”（2954）胡氏所言不確。《新修玉篇》卷十五《禾部》引《玉篇》：“**稛**，胡本切。束草也。”（136 上右）故《玉篇》訓“**稛**”為“草”，當為“束草”之脫誤，“束草”“草束”義別，《玉篇》當於“草”字之上補一“束”字，而非於“草”字之下補一“束”字。《大字典》“**稛**”字下承襲《玉篇》之誤而收錄“草”這一義項，非是。

11. 鏋：《玉篇・金部》：“鏋，莫短切。金也。”（84 下右）

按：《玉篇校釋》“鏋”字下注：“‘金也’者，當如《切韻》云：‘金精也。’《集韻》：‘金精謂之鏋。’《煉丹藥秘訣》：‘金礦有物，形似蛇，黃紫色，有刺，燒煉成精，其名曰鏋。’”（3373）胡氏所言是也。《新修玉篇》卷十八《金部》引《玉篇》：“鏋，莫短切。金精。”（157 上右）此亦其證也。故《玉篇》“鏋”訓“金也”，即為“金精也”之脫誤，而“金精”指的是一種礦物質。《大字典》“鏋”字承襲《玉篇》之誤而收錄“金”這一義項，非是。

12. 鐱：《玉篇・金部》：“鐱，渠驗切。金也。”（84 下左）

按：《玉篇校釋》“鐱”字下注：“案古青銅器銘以此為劒字，見吳季子之劒銘，知文字偏旁隨事物而變易，三代時已然，物以其所鑄而從金，猶事涉征伐而從戈。”（3382）胡氏所言是也。《馬王堆漢墓帛書・老子甲本卷後古逸書・明君》：“夫故當壯奮於闘，老弱奮於守，三軍之士握鐱者（屠）敵若報父母之咎（仇）者，盡德其君而利其利也。”（35）此“鐱”即“劍（劒）”之異體字，此是其證也。《〈可洪音義〉研究》“劍”字條（506）：“劍”作“鐱”，亦其證也。故“鐱”當即“劍（劒）”之異體字。《玉篇》訓“鐱”為“金”者，當因不明其為“劍（劒）”之異體字而妄補。《大字典》“鐱”字下據《玉篇》之謬而收錄“金”這一義項，應刪。

13. **霻**：《玉篇・雨部》：“**霻**，都宗切。雨。”（93 下左）

按：《玉篇校釋》“霿”字下校補為“雨皃”，並注曰：“‘雨皃’者，原無‘皃’字。《切韻》：‘霿，雨皃。’《廣韻》《集韻》並同，今據補。元刊作‘雨也’，非。”（3896）胡氏所言是也。《新修玉篇》卷二十《雨部》引《玉篇》：“霿，都宗切。雨皃。”（175 上左）此亦其證也。故《玉篇》訓“霿”為“雨”，當為“雨皃”之脫誤。元刊本《玉篇》亦訓“雨”，當為《玉篇》所誤。《大字典》“霿”字下據元刊本《玉篇》之誤而收錄“雨”這一義項，非是。

14. 昢：《玉篇·日部》：“昢，滂佩切。向晴也。”（95 下左）

按：《玉篇校釋》“昢”字下校注文“向晴也”為“向曙也”，並注曰：“‘向曙也’者，‘曙’原作‘晴’，蓋原或為‘睹’，‘睹’即‘曙’，形誤為‘晴’，亦或為寫者不明‘睹’義而改之，今正。《切韻》：‘昢，向曉色。’《唐韻》作‘向曙色’。”（3983）胡氏謂“原或為‘睹’，‘睹’即‘曙’，形誤為‘晴’”，此說無據；然其校“向晴也”為“向曙也”，是也。《新撰字鏡·日部》亦云：“昢，芳昧、普佩二反，去。向曙色也。”（25）此即其證也。故《玉篇》訓“昢”為“向晴也”，當為“向曙也”之誤。《大字典》“昢”字下承襲《玉篇》之誤而收錄“向晴”這一義項，非是。

15. 崥：《玉篇·山部》：“崥，方爾切。峽崥，山足也。”（103 上右）

按：“崥”字，《玉篇》訓“峽崥，山足也”，誤。原本《玉篇·山部》：“岟，於仰反。岟崥，山足也。”下字曰：“崥，方尓反。《埤倉》：‘岟崥也。’”（469）故《玉篇》“峽崥”之“峽”，當即“岟”之形誤。《大字典》“崥”字下承襲《玉篇》之誤而訓“峽崥”，亦非。其下引《太玄經》作“峽崥”，亦誤；《四庫》本作“岟崥”，是也。

16. 騷：《玉篇·馬部》：“騷，力涉切。馬也。亦作躐。”（108 下右）

按：《玉篇》訓“騷”為“馬也”，於文獻無征，非是。《玉篇校釋》“騷”字下校注文為“馬行也”，並注曰：“‘馬行也’者，本作‘馬也’，依《字典》引補‘行’字。下（238）‘騔’下云：‘騷騔，馬行不進。’《集韻·葉韻》：‘騷，馬行皃。’騷謂馬陵騷踰跋，雖行而不循道也。”（4470）胡氏所言是也。《名義·馬部》：“騷，呂洗反。踐也。”（230 下）“踐也”“馬行皃”義同，此即其證也。故《玉篇》訓“騷”為“馬也”，應為“馬行也”之脫誤。《大字典》“騷”字下據《玉篇》之謬而收錄“馬”這一義項，非是。

17. 獢：《玉篇·犬部》：“獢，許苗切。犬黃色也。”（110 下左）

按：《名義·犬部》：“獢，呼苗反。犬黃白［色］。”（235 下）《新撰字鏡·犬部》："獢，許嬌反。犬黄白色。"（471）"獢""獢"即為異體字，故《玉篇》"獢"訓"犬黄色也"，即為"犬黄白色也"之脱誤。《大字典》"獢"字釋義承襲《玉篇》之謬，應據正。

18. 鵏：《玉篇·鳥部》："鵏，布乎切。鵏鵊也。"（114下右）

按：《名義·鳥部》："鵏，博胡反。[鵏] 鵓。"（245下）《新撰字鏡·鳥部》："鵏，博胡反。[鵏] 鵓。"（465）"鵏"字，《名義》《新撰字鏡》皆訓"鵏鵓"，《玉篇》卻訓"鵏鵊"，"鵏鵊"即為"鵏鵓"之形誤。又元刊本《玉篇·鳥部》："鵏，布乎切。鵏鵊，鳩也。"元刊本誤作"鵏鵊，鳩也"，亦非。《大字典》"鵏"字此義沿襲元刊本《玉篇》而誤，應據正。

19. 鳹：《玉篇·鳥部》："鳹，求炎切。鳥啄食。"（114下右）

按：《玉篇校釋》"鳹"字下注："'鳥啄食'者，應有誤。鴿，鳥啄食。《切韻》：'鳹，白啄鳥。'《倭名鈔》引作'白喙鳥'，並為'句喙鳥'之寫訛。《釋鳥》：'鵅，鵋老。'郭注：'鳹，鵅也。'釋文引《字林》：'鳹，句喙鳥。'《説文》：'雃，鳥也。《春秋傳》：晉公子苦雃。'《切韻》侵韻：'鳹，鵅也。亦作雃。'"（4782）胡氏所言是也。《新撰字鏡·鳥部》："鳹，渠炎反。白（句）喙鳥。"（462）《新修玉篇》卷二四《鳥部》引《玉篇》："鳹，巨炎切。曰（句）喙鳥。"（198下左）以上二書並其證也。故《玉篇》訓"鳹"為"鳥啄食"，當為"句喙鳥"之誤。《字彙》訓"鳥啄食也"，亦為沿襲《玉篇》之誤。《大字典》"鳹"字下承襲《玉篇》《字彙》之謬而收錄"鳥啄食"這一義項，應刪。

20. 賝：《玉篇·貝部》："賝，醜林切。寶色。亦作琛。"（120下左）

按：《玉篇校釋》"賝"字下改注文"寶色"為"寶也"，並注曰："'寶也。亦作琛'者，慧琳廿一·三引同。'賝'為'琛'之異部重文也。'也'字原訛'色'，今正。"（5103）胡氏所言是也。《名義·貝部》："賝，恥林反。琛[字]。寶[也]。"（262上）《新撰字鏡·貝部》："賝，敕林反。寶也；財也；以贄與人也；贄也。"（575）以上二書皆其證也。故《玉篇》訓"賝"為"寶色"，即為"寶也"之誤。《大字典》"賝"字下據《玉篇》之謬而收錄"寶色"這一義項，應刪。

21. 貯：《玉篇·貝部》："貯，知吕切。盛也；積也；福也；藏也。"（120下左）

按：《玉篇校釋》"貯"字下校注文"福也"為"稸也"，並注曰："'盛也'者，慧琳引同。為顧氏申釋文，經刪倒置於前也。積、稸、藏三義者，'稸'原形誤為'福'，今依慧琳引正。慧琳：'《左氏傳》：取我衣冠而貯之。杜預曰：貯，稸也。顧野王云：盛也。《説文》：積也。《字書》曰：藏也。'即本書原文。"（5108）胡氏所言是也。《名義·貝部》："貯，知旅反。[illegible]也；積也。"（261 上）此"[illegible]"即"稸"字之俗，此即其證也。呂浩《〈篆隸萬象名義〉校釋》（416A）校作"搐"，非是。《大字典》"貯"字下據《玉篇》之謬而收錄"福"這一義項，應據改。

22. 韜：《玉篇·韋部》："韜，他刀切。義也；寬也；劍衣也。"（123 下左）

按：《玉篇》訓"韜"為"義也"，形義不諧，非是。《名義·韋部》："韜，吐勞反。藏也；寬也；劍衣。"（269 下）故《玉篇》"韜"字"義（義）也"之訓，即為"藏也"之誤。《大字典》"韜"字下據《玉篇》之謬而收錄"義"這一義項，非是。

23. 紛：《玉篇·糸部》："紛，孚云切。亂也；緩也；馬尾韜也"（125 上左）

按："紛"字，《玉篇》訓"緩也"，於文獻無征，非是。原本《玉篇·糸部》："紛，孚云反。《尚書》：'敷重筍席，玄紛純。'孔安國曰：'玄紛，黑綬也。'……《聲類》：'緺也。'"（629—630）故《玉篇》訓"紛"為"緩也"，即為"綬也"之誤。《大字典》"紛"字下據《玉篇》之謬而收錄"緩"這一義項，非是。

24. 繗：《玉篇·糸部》："繗，力仁切。紹也。"（126 上右）

按："繗"字，《玉篇》訓"紹也"，於文獻亦無征，亦非。原本《玉篇·糸部》："繗，力仁反。《埤倉》：'絡繹也。'"（653）故"紹也"即"絡繹也"之訛脫。《名義·糸部》："繗，力仁反。絡繹［也］。"（276 上）此亦其證也。《廣韻》作"紹也"，亦為《玉篇》所誤也。《大字典》"繗"字此義沿《玉篇》而誤，應據正。

25. [illegible]：《玉篇·糸部》："[illegible]，方孔切。小兒履也。又布茳。"（126 上左）

按：《玉篇校釋》"[illegible]"字下於"茳"字下補"切"字，並注曰："'又布茳切'，'切'字原奪，今補。"（5457）胡氏所言是也。《新修玉篇》卷二七《糸部》引《玉篇》："[illegible]，方孔切。小兒履也。又布茳切。"（220 下左）此即其證也。《玉篇》在傳抄過程中誤脫"切"字，後人遂誤認為釋義，一誤再誤，謬甚。《大字典》"[illegible]"字下據《玉篇》之謬而收錄"布茳"這一義項，應刪。

26. 幟：《玉篇·巾部》："幟，尺志切。巾也。又始志切。[illegible]，同上。"（127 上左）

按：《玉篇》訓"幟"為"巾也"，於文獻無征，非是。《名義·巾部》："幟，昌志反。幡也。"（279 下）《新撰字鏡·巾部》："幟，尺止反。幡也。"（237）故《玉篇》訓"幟"為"巾也"，當為"幡也"之誤。《大字典》"幟"字下沿襲《玉篇》之謬而收錄“巾”這一義項，應刪。

27. 袂：《玉篇·衣部》：“袂，方於切。襲袴也。或作帙。”（127 下左）

按：《玉篇校釋》校“袴”為“袂”，並注曰：“‘襲袂也’者，《說文》文，‘袂’原訛‘袴’，今正。徐鍇傳曰：‘衣袂即裣也。’《六書故》引唐本有‘一曰前裣’句。《切韻》：‘袂，袍襦之類前襟。亦作帙。’一本‘帙’下云：‘袍襦之前衿。’衿、裣、襟並同。”（5536）胡氏所言是也。《名義·衣部》：“袂，方俱反。襲袂也。”（280 下）可見原本《玉篇》“袂”字亦引《說文》訓“襲袂也”，今本《玉篇》作“襲袴也”者，即為“襲袂也”之誤。《大字典》“袂”字下據《玉篇》之誤而收錄“褲子”這一義項，非是。《大字典》又以《二刻拍案驚奇》中的“馬氏也來相幫，扯袂撳腿，強要奸她”一句作為例證。從文意來看，此句中的“袂”字亦指衣服的前襟，此亦其證也。

28. 袀：《玉篇·衣部》：“袀，居純切。戎服也；裳削副也；純也。”（128 下右）

按：《玉篇校釋》於“袀”字下校“副”為“幅”，並注：“‘裳削幅也’四字為下文‘襆’下注，傳寫誤人，今刪。”（5587—5588）胡氏所言是也。《名義·衣部》：“袀，居純反。戎服也；純［也］。”下字曰：“襆，補木反。裳削幅也。”（283 下）此即其證也。故《玉篇》“袀”字又訓為“裳削副［幅］也”，即因“襆”字之訓誤植於此所致的訓釋失誤。《大字典》“袀”字下據《玉篇》之謬而收錄“裳削副”這一義項，應刪。

29. 悉：《玉篇·釆部》：“悉，思栗切。盡也；詳也；審也；和也。”（133 上左）

按：《玉篇校釋》“悉”字下校注文“和也”為“知也”，並注曰：“又‘知也’者，‘知’原訛‘和’，今正。《後漢·周紆傳》：‘悉誰載藁入城者。’李賢注：‘悉猶知也。’曹丕詩：‘主人苦不悉。’是也。”（5773—5774）胡氏所言是也。《新修玉篇》卷三十《釆部》引《玉篇》：“悉，思栗切。盡也；詳也；審也；知也。”（236 上右）此是其證也。故《玉篇》訓“悉”為“和也”，即為“知也”之誤。《大字典》“悉”字下據《玉篇》之誤而收錄“和”這一義項，非是。

30. 孨：《玉篇·孨部》：“孨，莊卷、旨兗二切。謹也；孤兒也。”（134 下右）

按：《玉篇校釋》“孨”字下改注文“孤兒也”為“孤皃也”，並注曰：“‘孤兒也’者，‘兒’應為‘皃’。《切韻》：孨，孤露可憐。字通作孱。”（5826）胡氏所言是也。《新修玉篇》卷三十《孨部》引《玉篇》：“孨，莊卷、旨兗二切。謹也；孤兒也。”（238 上左）此即其證也。《大字典》“孬”字下據《玉篇》之誤而收錄“孤兒”這一義項，亦非。

以上通過舉例的方式對《玉篇》釋義失誤的 30 個例字進行了考辨，然而，《玉篇》中還貯存大量釋義失誤的情況，有待於我們對其進行系統的考辨與研究。通過這些研究，可以使我們認識到加強對《玉篇》釋義內容進行系統的整理與研究具有重要的意義：不但有利於《玉篇》文本的校理，而且有利於提高後代語文辭書的編纂質量與利用價值。

參考文獻

陳彭年．鉅宋廣韵．上海：上海古籍出版社，1983.

丁度．集韵．上海：上海古籍出版社，1985.

顧野王．大廣益會玉篇．北京：中華書局，1987.

漢語大字典編輯委員會．漢語大字典．2 版．成都：四川辭書出版社，2010.

胡吉宣．玉篇校釋．上海：上海古籍出版社，1989.

空海．篆隸萬象名義．北京：中華書局，1995.

吕浩．《篆隸萬象名義》校釋．上海：上海世紀出版有限公司，2007 年.

梅膺祚．字彙．影印康熙 27 年刻本．上海：上海辭書出版社，1991.

司馬光．類篇．北京：中華書局，2003.

邢準．新修累音引证群籍玉篇//續修四庫全書，上海：上海古籍出版社，2002.

徐復．廣雅詁林．南京：江蘇古籍出版社，1992 年.

行均．龍龕手鏡．影印高麗本．北京：中華書局，1982.

許慎．説文解字．北京：中華書局，1963.

張自烈、廖文英．正字通．影印康熙九年序弘文書院刊本．北京：中國工人出版社，1996.

周祖謨．方言校箋．北京：中華書局，2004 年.

周祖謨．唐五代韵書集存．北京：中華書局，1983.

A Critical Study of Errors in Identifying Explanation in *Yu Pian* (《玉篇》)

Xiong Jiaquan

Abstract: *Da Guang Yi Hui Yu Pian* (《大广益会玉篇》) (abbreviate *Yu Pian* [《玉篇》]) was an importangt dictionnary revised by Song Dynasty officials. It is an important piece in the history of dictionary. The number of received word in this *Yu Pian* (《玉篇》) increased greatly in comeparison to Gu Yewang's (顾野王) *Yu Pian* (《玉篇》). It included a large number of folk words with graphical, phunological and meaning problom. On the basis of sorting out handed down word books, this paper uses the knowledge of scholium, lexicography, philology etc., and selects 30 example words with errors to identify and explain.

Keywords: *Yu Pian* (《玉篇》); errors in identifying explanation; textual research

（熊加全，湖南師範大學文學院）

《〈篆隸萬象名義〉校釋》補正

馬小川

提　要： 日本古字書《篆隸萬象名義》作為《玉篇》系字書的一種，於漢語言文字研究極有裨益。但該書為中古手抄本，內容較難辨讀、利用，因此學界陸續對之有整理、研究、考證。本文以札記形式，對《〈篆隸萬象名義〉校釋》義訓方面的一些可商榷之處，進行辨正，并隨條略論《萬象名義》的體例及特點。

關鍵詞：《篆隸萬象名義》；校釋；補正

《篆隸萬象名義》（下簡稱《萬象名義》）為日本平安時代高僧空海依據我國南朝梁顧野王編著之《玉篇》抄撰的一部漢文字典。京都栂尾山城國高山寺藏本是現存的唯一古寫本。此書純用漢字寫成，其字形、音注、義注材料不僅能反映佚書原本《玉篇》的框架體系和基本面貌，對我國的語言文字研究也有重要價值。但《萬象名義》收錄的字形為中古手寫體，編撰之初便有因誤讀《玉篇》內容而出現的字形、義注方面的錯誤，輾轉傳抄中，又增加了文獻的脫、訛、衍、倒等問題。這都使得原書非常不便利用，亟待研究整理。呂浩《〈篆隸萬象名義〉校釋》（下簡稱呂校本）是國內第一個《萬象名義》校錄本，解決了部分字形、音注、釋義上的疑難問題，具有一定參考價值，但亦有舛錯疏漏。因此，自呂校本出版後，陸續有學者撰文作匡補，如鄧福祿《〈篆隸萬象名義校釋〉匡补若干例》和《〈篆隸萬象名義校釋〉匡补 40 例》、郭萍《〈篆隸萬象名義〉呂校訛誤舉例》和《〈篆隸萬象名義·水部〉呂校補正》[①] 等。但所論有限，又大多集中于音注方面的糾正，而對內容最多、問題最複雜的義訓方面，涉及較少。

鑒於此，為廓清《萬象名義》的疑難問題，便於學者利用，加深對以《萬象名

---

① 分別參見鄧福祿《〈篆隸萬象名義〉校釋》匡补若干例》，《長江學術》2009 年第 4 期及《〈篆隸萬象名義校釋〉匡补 53 例》，《漢語史研究集刊》2013 年第 15 輯。郭萍《〈篆隸萬象名義〉呂校訛誤舉例》，《漢語史研究集刊》2014 年第 16 輯及郭萍《〈篆隸萬象名義·水部〉呂校補正（上）、（下）》，《漢語史研究集刊》，2014 年第 17 輯、2015 年 18 輯。

義》為代表的日本古字書的認識，本文著重校訂了《萬象名義》呂校本中的義訓部分。今按其疏誤類别，各擇幾例加以辯正，以明一端，并在此過程中討論了一些《萬象名義》的特殊抄纂方式和編寫體例。

一、字形誤認

《萬象名義》編寫、傳抄時間相當於我國唐宋之際，多用俗字，字樣結構與今之通行正字往往大相徑庭；在寫本的輾轉傳抄過程中，又不免產生俗訛、形誤等問題。這都使得該書的字形較難辨認。例如：

1.《萬象名義·食部》："餘，莫達反。秣，或穢字，馬穀也。"

校釋：《殘卷》作"《說文》：'食馬穀也。'……今為秣字也，在《禾部》"。《名義》"或穢字"疑為"饖"字解說誤入此處。（JS150；DJ122/ZH92）[1]

按：校釋之說非。首先，"或穢字"的注文形式應是為辨明"穢"與字頭的字形關係，"饖""穢"雖在語源上有相通之處，卻並不存在異體關係，且原本《玉篇》"饖"字條中也未提及"穢"字，"或穢字"當非"饖"字解說。其次，"饖"與"餘"字形、音、義均無關，《萬象名義》編抄者不會無端增竄毫無關係的內容，且原書中兩字位置相隔甚遠，也不可能是傳抄之時無意錯衍，"饖"字解說無由誤入"餘"下。

又驗諸群書，"穢"與"餘"也毫無聯繫，疑呂校所定字形有誤。此"穢"原作，實當定為"穤"字，乃"餘""秣"之異體。《萬象名義·禾部》："秣，莫葛反。養也，粟也。餘字。"字頭前有小字旁注"又蘪"。宋本《玉篇·禾部》："蘪，同上（秣）。"《類聚名義抄·食部》："餘，秣、蘪，二或。"均表明了"餘""秣""蘪"三字的異體關係。"蘪"即是"穤"字，部件位置稍異而已。"穤"字《萬象名義》寫作（見《禾部》），易與"穢"形近而訛。

2.《萬象名義·手部》："拒，之胤反。排也，斂也，拭也，救也，清也，給也，掓也。"（JS84；DJ73/ZH51）

按：遍檢群籍、字韻書，"拒"無"掓也"義；且"叔"及從"叔"之字如"淑"，俗書常作、、[2]形，長橫中下部有兩點，而《萬象名義》"掓"字

① 各字所舉均為呂校本《萬象名義》原文及其校釋內容，其下按語為筆者對之的考校訂正。高山寺本《萬象名義》是唯一的古寫本，現代有多家出版社先後刊行，均以此為祖本。其中以東京大學出版會編《高山寺古叢書資料》本質量最好，筆者所用即此本，而呂校所用底本則是中華書局本。因此每字先標呂校本頁碼，以JS代表；後標原書兩種版本的頁碼，DJ代表東京大學本，ZH代表中華書局本。

② 見於黃征《敦煌俗字典》，上海教育出版社，2004年，第374頁。

原作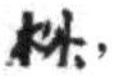，右旁並非“叔”字俗寫，呂校所定字當有誤。此實為“抍”俗字，《萬象名義·収部》“巽”字下義注“升也”，字原作；《心部》“懓”字的反切下字“升”寫作，並與此形似。“升”“叔”俗寫相類，分別就在於字形中部有無點畫。《萬象名義·手部》“抍”字頭寫作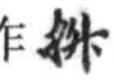：“撜字。”宋本《玉篇·手部》：“抍，救助也。撜、拯，並同上。”“抍”古可作“振”，《說文解字·手部》（下簡稱《說文》）“抍，給也”王筠《句讀》云：“抍蓋與振通，《大司徒》曰‘振窮’，《士喪禮》注：‘古文抍皆作振’，是也。假借賑。”而“振”又正與“抍（撜、拯）”的“救助”義相通，《說文·手部》：“振，舉救也。”《國語·周語下》：“古者，天災降戾，於是乎量資幣，權輕重，以振救民。”韋昭注：“振，拯也。”是以《萬象名義》以“抍也”訓“抍”字。

3.《萬象名義·手部》：“掉，徒弔反。搖也，誶也。”

校釋：誶訓問也、告也。(JS86；DJ74/ ZH52)

4.《萬象名義·手部》：“振，諸胤反。掉也，發也，棄也，救也，裂，誶自也，弊也，動也，古也。”

校釋：“誶自也，弊也”疑當作“碎，自弊也”。(JS86；DJ74/ZH52)

5.《萬象名義·手部》：“撨，先釣反。推也，擇也，振誶也。”

校釋：“振誶也”疑為“振訊也”之誤。《爾雅·釋言》：“振，訊也。”《廣雅·釋詁》：“振、訊，動也。”(JS94；DJ80/ ZH57)

按：“誶”，《說文·言部》“讓也”，宋本《玉篇·言部》“罵也”，表言語行為，與“掉”“振”“撨”表手部動作之字意義無關，且“誶自也”“振誶也”語不成義，“誶”字定形當有誤。實則三字均與“振訊”一詞有關，呂校未正確認讀出“訊”字，校語也均不確。此字原書作，此處當非“誶”，而是“訊”字異寫，《可洪音義》“迅”字有形，“訊”字有、[1]形，敦煌俗字“訊”作、[2]，可相比勘。“誶”“訊”中古俗書形近，或有形同者，當據音義以定形。“振”“訊”同義，《爾雅·釋言》：“振，訊也。”郭璞注：“振者奮訊。”古書有“振訊”之詞，《詩·豳風·七月》：“五月斯螽動股，六月莎雞振羽。”毛傳：“莎雞羽成而振訊之。”“掉撨”亦成詞，有“振訊”義。《廣雅·釋詁》：“振訊、掉捎，動也。”《釋訓六》：“掉撨，振訊也。”王念孫《疏證》：“掉捎與掉撨同。”由此，呂校本“掉”字頭注文“誶也”字當作“訊”。“振”字頭下“誶自也”當作“訊，自也”，是兩

① 見於韓小荊《〈可洪音義〉研究——以文字為中心》之《〈可洪音義〉異體字表》，巴蜀書社，2009年，第761頁。

② 見於《敦煌俗字典》，第470頁。

個義項，《詩·周頌·載芟》“匪且有且，匪今斯今，振古如兹”毛傳：“振，自也”，是其證，呂校謂當作“碎，自弊也”，误。而“撨”字頭下“振誶”原即“振訊”俗書，不需疑。

6.《萬象名義·肉部》：“腹，弗鞠反。后也，循也，属也，生也。”(JS107；DJ90/ZH65)

按：遍檢群籍、字韻書，“腹”與“后”“循”均無任何關係，疑呂校所定字有誤。《說文·肉部》：“腹，厚也。”疑字本作“厚”，“后”是其字形殘訛，或聲之誤。《萬象名義·肉部》“膴”字義釋“厚也”，字原作厚；“腆”字義釋“厚也”，字原作厚，此處之“后”可能是訛脫下旁“子”而成。或者，《萬象名義·口部》“后”音胡走反，《厂部》“厚”音胡苟反，同在匣母上聲厚韻，兩字音同。而原本《玉篇》殘卷中亦時見聲誤之字，如“梁”誤為“涼”、“猶”誤為“又”[①]等，“厚”也可能是“后”聲之誤。

又，呂校所定“循”字原作脩，有殘蝕。《類聚名義抄·肉部》“腹”字義注全引《萬象名義》此條，其作“后，修，属，生”，“修”與“脩”字通用，《集韻·尤韻》：“修，飾也。或通作脩。”《爾雅·釋樂》“徒鼓鐘謂之修，徒鼓磬謂之寋。”陸德明音義：“修，如字。本作脩字。”則知《萬象名義》脩實為“脩”字。但“脩”非“腹”字義訓，《禮記·投壺》：“壺頸脩七寸，腹脩五寸，口徑二寸半，容斗五升。壺中實小豆焉。”文獻引文“腹”“脩”两字緊連，而《萬象名義》誤認作義項。

7.《萬象名義·艸部》：“虋，亡温反。蘆薇也，赤黃。”

校釋：虋為俗虋字。《玉篇》作“即今赤粱粟也。”(JS208；DJ165/ZH126)

按：“蘆薇”之名未聞，且“蘆”原書作蘠，也並非“蘆”字，其下旁實是“牆”的俗寫，參考“牆”字敦煌寫卷作墻、墙[②]，《萬象名義》作牆（《嗇部》“牆”字）可知，而字當正定為“蘠”。“虋”即“虋”俗字，《爾雅·釋草》：“蘠蘼，虋冬。”陸德明音義：“虋，本亦作虋。”郝懿行《義疏》：“《說文》云：‘蘠蘼，虋冬也。’即今薔薇，本草，營實，一名牆微，一名牆麻，《別錄》一名薔蘼。蘼、麻、虋聲相轉，蘼、薇古音同也……今驗蘠薇，細葉，莖閒多刺，蔓生，白子，若棠梨，多生水側，春初葉芽人亦啖之。”是知“蘠薇”即“蘠蘼”，也即“虋冬”，三

① 原本《玉篇·糸部》：“纚，今之幘涼也”，引自《儀禮·士冠禮》“緇纚廣終幅”鄭玄注，“幘涼”本當作“幘梁”，表示包髮之頭巾，“涼”為“梁”聲之誤。又：“緶，鄭玄曰：‘緶，又數也’”所引《儀禮·喪服》鄭玄注今本作“緶，猶數也”，“猶”為訓詁術語，原本《玉篇》“又”亦是“猶”聲之誤。

② 見於《敦煌俗字典》第332頁。

者名異而實同。又，“赤黃”與“藚”關係不明，“黃”當為“苗”之訛誤，《釋草》：“虋，赤苗。”《說文·艸部》：“虋，赤苗嘉穀也。”《萬象名義》字較多俗訛，以長橫筆劃收束的字往往會另添兩點，使“且”與“具”、“丘”與“兵”、“直”與“真”、“庿”與“廣”等字相亂成習，此處應即“苗”結尾橫劃增竄兩點而訛為了“黃”字。

8.《萬象名義·竹部》：“笮，側格反。狹也，矢服也，白一盪屋楊也，壓也。”

校釋：“白一盪屋楊也”疑當作“一曰盪，屋楊也”。（JS230；DJ181/ZH140）

按：臧克和《中古漢字流變·竹部》：“《說文》：‘笮，迫也。在瓦之下，棼上。從竹乍聲。阻厄切。’《名義》傳抄‘迫也’誤省筆為‘白一’。”[①] 是，可從，但未解決所有問題。筆者按“笮”無“盪”義，“屋楊”亦費解，呂校之說有待商榷。實則“盪”當作“湿”，“屋楊”疑本作“屋櫋”，皆由字形近而訛。《廣雅·釋詁》《集韻·陌韻》併有“笮，湿也。”《集韻·禡韻》《類篇·竹部》亦併有“笮，酒湿也。”是其證。又“楊”，《說文·艸部》：“蔦，寄生也。楊，蔦或從木。”《集韻·屋韻》：“楊，鳥名。”如是，則“屋楊”是指屋上的寄生植物或屋子里的鳥兒，但這與“笮”無關，此解不確。“楊”當是“櫋”字之形訛，“笮”是屋之望板，“在瓦之下，棼上”，古書“屋笮”常見，而《萬象名義·木部》：“櫋，弭旃反。聯也，屋笮也。”“笮”“櫋”互訓，“屋笮”同“櫋”，表示聯綿編排的屋檐板。由此，“白一盪屋楊也”全條宜正作“迫，湿，屋櫋也”。

9.《萬象名義·犬部》：“獵，旅旃反。韭走居一力。”

校釋：“旅”字原誤作“族”。《玉篇》作“兔走”。《萬象名義》未詳。（JS378；DJ295/ZH235）

按：“韭走居一力”甚為不辭，顯非訓語。“韭走”當作“逃走”；後三字則涉下“猗”字注文“居一反，狂”而誤衍，當刪。《新撰字鏡·犬部》：“獵，旅旃、大山二反。猭獵，逃走。”《文選·左思〈吳都賦〉》：“陵絕嶚嶕，聿越巉嶮。跚踰竹柏，獵猭杞柟。”李善注引《埤蒼》曰：“獵猭，逃也。”“逃”字原書作，俗寫有訛變，又脫去“辶”旁左部分，使其不易辨識，《萬象名義·亡部》“亡”字注文“逃也”，字作，可與此處比勘。又，《萬象名義》“兆”與“非”字俗書極其相似，如《人部》的“佻”，字頭寫作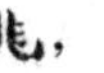，《頁部》的“頫”，字頭寫作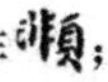；《肉

---

① 見於臧克和《中古漢字流變》，華東師範大學出版社，2008年，第1122頁。

部》“膲”音注的反切下字“姚”寫成，當注意分辨，據音義以定形。

二、不明義項出處

《萬象名義》編寫所依據的原本《玉篇》曾廣泛引用經史子集、傳箋注疏、字韻書等文獻，其中義項大多能在我國典籍中找到出處，但部分條目文字與文字、文字與文獻間的關聯非常複雜，表現在確認義項的來源、解釋文字與義項的對應關係方面。例如：

10.《萬象名義·頁部》：“顔，語班反。額也，包也，色也。”

校釋：“包也”疑為“色也”之誤。（JS49；DJ46/ZH29）

按：此字原作，為“包”甚清晰，不可輕易改字。“顔”，《說文·頁部》“眉之間也”，《方言》卷十“額也，汝穎淮泗之間謂之顔”，《廣韻·刪韻》“顔容也”，最先指額頭，後又擴大到指稱整個面部。而“色”，《說文·色部》釋為“顔氣也”，是人的面部氣色，與“顔”所指不同。因此《萬象名義》“色也”很可能非為釋“顔”義，《論語·學而》：“巧言令色，鮮矣仁。”何晏《集解》引包氏曰：“巧言，好其言語。令色，善其顔色。”從行文順序推測，可能是人名“包咸”之“包”字，而“色”則當補充字頭，形成“顔色”一詞，表示人的面色、臉色。《萬象名義》由刪節《玉篇》而來，書名、出處等一律不取，此“包”字當屬增竄誤入的內容。

11.《萬象名義·目部》：“視，時有反。觀，比也，明也，語，瞻也，效也，察也。”

校釋：視同眎、眡，“眡”訓“語也”，眡通眎。（JS63；DJ58/ZH38）

按：此條有兩處錯誤，一，據鄧福祿，反切下字“有”為“旨”之形訛[①]。二，校釋所舉諸字關係錯亂，需重新釐正。“眡”“眎”是“視”的異體字，而與“眡”字有別。《說文·見部》：“視，瞻也。從見，示聲。眎，古文視。眡，亦古文視。”而“眡”，《說文·目部》：“眡，眡皃。”段玉裁改為“視皃也”并注：“眡，古文視，氏聲，在十五部。眡，氏聲，在十六部。宋元以來尠有知氏、氐之不可通用者。”“眡”只含有“視”的義素，不可與“視”完全混同，也不可訓“語也”。可訓“語”的是“眡”字，而與“示”字通。《廣雅·釋詁》：“眡，語也。”王念孫《疏證》：“眡者，王逸注《九章》云：‘示，語也。’示與眡通。”《萬象名義·示部》正有“示，時志反。語也，見也”條。“視”從示聲，與“示”同源分化，古書通

① 參見鄧福祿《〈篆隸萬象名義校釋〉匡補若干例》，《長江學術》2009年第4期，第138頁。

用，段玉裁則以為是古今字關係。文獻多見“示”訓“語也”，如宋本《玉篇·示部》：“示者，語也，以事告人曰示也。”《戰國策·秦二》：“醫扁鵲見秦武王，武王示之病。”高誘注：“示，語也。”《漢書·趙充國辛慶忌傳》：“宜遣使者行邊兵豫為備，敕視諸羌。”顏師古注：“視讀曰示。示，語之也。”因此，只有通過“視”“示”的相互關係才能準確解釋義項“語”的來源。此條目若出釋語，作“視與示同源，示有‘語’義”較妥。

12.《萬象名義·手部》：“摩，莫羅反。近也，隱也，迫也，滅也，藏也，從也，壘也。”

校釋：“從也，壘也”未詳。(JS88；DJ75/ZH53)

按：“從也”本當作“順也”，為原本《玉篇》避梁武帝之父蕭順之的諱所作改字，《萬象名義》原樣蹈襲之。《廣雅·釋詁》：“摩，順也”，當其本來出處。呂氏曾發表過專文討論《萬象名義》的避諱現象，說：“梁武帝追尊其父太祖文皇帝名為順之，因而避梁諱就會避順字。具體的避諱辦法有二：一是改名字，二是改順為從。”① 并舉實例予以了說明，惜未能識別出本條同樣的避諱現象。

而“壘”則非義訓，《左傳·宣公十二年》：“吾聞致師者，御靡旌摩壘而還。”本是文獻引文。《萬象名義》是原本《玉篇》的節錄本，認取義項，往往機械地以緊連被釋字後的單字為是，造成錯誤。如《目部》釋“眭”字，其一條義訓作“弘字”，實則來自《漢書·眭兩夏侯京翼李傳》引文：“眭弘字孟，國蕃人也。少時好俠，鬥雞走馬。”“眭”是姓氏，西漢有姓眭名弘字孟者，《萬象名義》以“弘字”為義項，顯然是截取不當。而此處誤截《左傳》引文為義項，亦同此類。

13.《萬象名義·木部》：“棑，皮拜反。榜也，樉也，囊也，韛字。”

校釋：“樉也，囊也，韛字”未詳。(JS204；DJ162/ZH124)

按：《廣韻·佳韻》：“棑，棑筏。”“棑”指竹筏、木筏等水上交通工具，與今“竹排”“木排”等詞對應。“棑”“排”兩字關係緊密，不僅音同形近，而且皆有編排、排列的義素，義亦相通。《萬象名義》的“樉，囊，韛字”古書中正和“排”字相繫聯。《玄應音義》卷十一《正法念經》第五卷“排筒”注：“《埤蒼》作韛。《東觀漢紀》：‘因水作排。’王弼注《老子》云：‘槖，韝囊也。’作韝同，皮拜反，所以冶家用炊火令熾者也。”又，《說文·瓦部》：“瓵，冶槖榦也。”段玉裁注：“冶槖，謂排囊。排讀普拜切，其字或作韛，或作韝，冶者以韋囊鼓火。”可知當“排”讀普拜切，在並母去聲怪韻時，與“韛”字通，表“排囊”義，此即是《萬象名義》“囊也，韛字”的來源。

① 參見呂浩《篆隸萬象名義》二題，寧夏大學學報（人文社會科學版）2009年第2期，第4頁。

又，呂校所定“桋”字，原書作□，右旁明顯是“火”而非“木”；且《說文·木部》：“桋，赤楝也”，《廣韻·齊韻》：“桋，樹之長條”，義均與“排”無涉，呂校作“桋也”有誤。按前已引的《玄應音義》，又《希麟音義》卷二《新大方廣佛華嚴經》卷第十二“韛囊”注引顧野王曰：“謂吹火鑄冶，令熾也。”宋本《玉篇·韋部》：“韛，韋橐也，可以吹火令熾。”推知□很可能是“熾”字。“熾”，敦煌俗書作□①，《可洪音義》有作□②者，均與《萬象名義》□形近。則不論是意義抑或字形，此處均應認作“熾”而非“桋”字。

三、義注的點斷失誤

《萬象名義》一般於各字義注間打“、”號，大約相當於“也”字，表示“、”前內容為獨立的一條義項，從而將多個義項區別開來。但作為傳抄文獻，這個原則沒有得到嚴格貫徹。有些義項應加“、”而未加，有些內容不應點斷卻加了“、”，此類情況在書中并不少見。呂校本在將《萬象名義》內容轉錄成現代文本、施加現代標點時，在義項的識別及其點斷上也存在一些問題。例如：

14.《萬象名義·玉部》：“珮，蒲背反。王帶玉也。”

校釋：珮同佩。“王帶玉也”當作“玉帶，玉也”。(JS07；DJ17/ZH04)

按：呂校改“王”作“玉”、分列義項，均非。“珮”與玉有關，但并非“玉帶”，亦非“玉”本身，而是含玉的裝飾品。且《萬象名義·玉部》從“瑱”字開始均是表示玉製飾品的字，“珮”若為一種玉，應在前列，不當列於“瑱”字後部。又，“珮”字後起，古只作“佩”。《說文·人部》：“佩，大帶佩也。從人，從凡，從巾。佩必有巾，巾謂之飾。”《釋名·釋衣服》：“佩，倍也，言其非一物，有倍貳也。有珠，有玉，有容刀，有帨巾，有觿之屬也。”可見“佩”是繫於大帶上的各類飾物，而不是“玉帶”或者“玉”。《萬象名義》的“王帶玉也”不誤，有其文獻來源。《周禮·天官·玉府》：“玉府掌王之金玉、玩好、兵器，凡良貨賄之藏。共王之服玉、佩玉、珠玉。”鄭玄注：“佩玉者，王之所帶者。”《萬象名義》釋“珮”字，主依鄭說，而作“王帶玉也”。《新撰字鏡·玉部》釋“珮”為“帝王所玉也”，增一“帝”字，更確證《萬象名義》的“王”字不能改成“玉”。

15.《萬象名義·口部》：“咈，輔物反。違，戾犬也，乱也。”

校釋：“違，戾犬也”疑為“違也，戾也”之誤。《說文》作“違也”。《書·堯典》：“咈哉。”偽孔傳：“咈，戾也。”(JS71；DJ63/ZH43)

① 見於《敦煌俗字典》，第55頁。

② 見於《〈可洪音義〉異體字表》，第389頁。

按：此條當正為“咈，輔物反。違，戾，大也，乱也。”“違”“戾”是“咈”字本義，訓“大”和“乱”則與其同源假借字“佛”與“拂”有關。《廣雅·釋詁》：“咈，盭也。”王念孫《疏證》：“咈者，《說文》：‘咈，違也’，引《微子》‘咈其耇長’。《頤》六二云：‘拂經于邱。’《學記》云：‘其求之也佛。’《漢書·五行志》引京房《易》傳云：‘君臣故弼兹謂悖。’竝字異而義同。”文獻中“咈”“拂”“佛”“弼”等字互相通用之例不勝枚舉。“佛”可訓“大”，源于《詩·周頌·敬之》：“佛時仔肩，示我顯德行”毛傳：“佛，大也。”又《說文·大部》：“奔，大也。”段玉裁注：“此謂撟拂之大，《周頌》‘佛時仔肩’，傳曰：‘佛，大也’，此謂佛即奔之假借也。”是“奔”“佛”之所訓“大”，亦有違逆之意，與“咈”仍相通。“乱”義則與“拂”字相關，《孟子·告子下》有“行拂亂其所為”句，《文選·王融〈三月三日曲水詩序〉》：“四方無拂，五戎不距。偃革辭軒，銷金罷刃。”呂延濟曰：“拂，亂也。”違戾則亂生，其義亦實與“咈”字通。

16.《萬象名義·戶部》：“扊，餘冉反。琰扅也。”

校釋：《玉篇》作“扊扅，戶牡”。(JS174；DJ140/ZH107)

按：據呂校本之點校，是以《萬象名義》的“琰扅”同《玉篇》之“扊扅”，實則非。“琰”當理解為“扊”的直音字，《萬象名義·玉部》“琰”音餘冉反，與“扊”反切同。不可將“琰扅”等同於“扊扅”的理由有：一，“扊扅”是連綿詞，義為“戶牡”，即門閂，又寫作“剡移”，“扊”或作“扂”[①]，而群籍文獻中并無形作“琰扅”之詞。二，《萬象名義》義注中的雙音詞若含有字頭，一般省略不重出，我們認讀時則需補充上，如《支部》的“敲”字義注雖單著“敂”字，須理解為連綿詞“敲敂”。斷無如呂校此處所理解，以同音字“琰”，替換連綿語素“扊”，而只為訓這一語素之例。因此，依今之體式，《萬象名義》“扊”字注文當作：“扊，餘冉反。琰。扊扅也。”其中“琰”為注音字。

17.《萬象名義·木部》：“樅，子庸反。松葉栢身也，横縮也。”

校釋：“横縮也”未詳。(JS193；DJ155/ZH118)

按：“横縮也”當點斷為“横，縮也”，與表示縱横義的“縱”字關聯。“縱”和“樅”形音皆近，或為編抄者混淆兩字而誤羼“縱”字義項；或為原本《玉篇》曾在此辨別“樅”“縱”關係，《萬象名義》省抄。“縱”古多用為“從”通假字，《說文·从部》：“從，隨行也。”段玉裁注：“引伸為主從，為從横，為操從，亦假

① 《顔氏家訓·書證》：“古樂府歌百里奚詞曰：‘百里奚，五羊皮。憶別時，烹伏雌，吹扊扅；今日富貴忘我為！’‘吹’當作炊煮之‘炊’。按：蔡邕《月令章句》曰：‘鍵，關牡也，所以止扉，或謂之剡移。’然則當時貧困，并以門牡木作薪炊耳。《聲類》作扊，又或作扂。”

縱為之。”《集韻·鍾韻》：“從，東西曰衡，南北曰從。或從糸（作縱）。”《論語·八佾》：“樂其可知也，始作，翕如也；從之，純如也。”何晏集解：“從讀曰縱。”則此處《萬象名義》的“横”字當與“縱”連讀成詞“縱橫”，亦即“從橫”，表示南北方向，如《釋名·釋綵帛》：“綺，攲也，其文攲邪不順經緯之縱横也。”亦特指“合縱連横”，《漢書·嚴朱吾丘主父徐嚴終王賈傳》：“主父偃，齊國臨菑人也。學長短從横術。”又《藝文志》：“從横家者流，蓋出於行人之官。”“縮也”則是“從”之釋義，《儀禮·鄉飲酒禮》：“磬，階間縮霤，北面鼓之。”鄭玄注：“縮，從也，霤以東西為從。”《禮記·檀弓上》：“古者冠縮縫，今也衡縫。”鄭玄注：“縮，從也。”

18.《萬象名義·艸部》：“茈，直貳反。文草也，椒木也。”

校釋：“直貳”原訛。（JS219；DJ172/ZH133）

按：此條當作：“芘，負貳反。《（說）文》：‘草也，椒木也。’”《萬象名義·艸部》此條之前已出“茈”字，彼作“資豕反。名茈莀也，染紫也”。又《爾雅·釋草》：“藐，茈草。”郭璞注：“可以染紫，一名茈莀。”宋本《玉篇》：“茈，積豕切。草可染。”此條義注作“文草，椒木”，與“茈”字義不同。其反切上下字原書作、，下字為“貳”甚清晰，上則是“負”之俗字，《萬象名義》同部的“蕿”字音“負弓反”，其上字作，可比勘而知。“負貳反”與“茈”音相去甚遠，益明此非“茈”字。結合音、義，此當是“芘”字，俗書“此”“比”形近而訛。“芘”《廣韻》一音毗至切，與負貳反音同在並母至韻。《說文·艸部》：“芘，艸也。一曰芘茮木。”即是《萬象名義》的“文草，椒木”所本，“文”字是書名《說文》的殘抄。“草”“椒”古寫正作“艸”“茮”，《說文》“艸，百芔也”段玉裁注：“俗以草為艸。”又“茮，茮菉”徐鍇《繫傳》：“今《說文》無椒字，豆菽字但作尗，則此茮為椒字也。”《說文》在古而《萬象名義》從今。

四、倒、衍義項失校

《萬象名義》在傳抄過程中，衍文、奪文、倒文等也會隨之產生。倒文、衍文一般是因抄書者看錯位置而誤。還有一種比較特殊的衍文，因混淆兩個形近字，誤將此字義訓增竄為彼字義訓。如“謢”“諱”二字形近，便誤認“謢”亦為“諱”字，於“謢”注文誤增“忌諱也”義項。又例如：

19.《萬象名義·言部》：“諾，那各反。從也，辨也，愬也，旂也。”（JS128；DJ109/ZH80）

校釋：“辨也，愬也，旂也”未詳。

按："惣"即"總"字，"辨也，惣也，旃也"均為"諾"字後"諸"字義項。《說文・言部》："諸，辯也。"段玉裁注："辯當作辨，判也。按辨下奪詞字，諸不訓辨，辨之詞也。"《玄應音義》卷二十四《阿毗達磨俱舍論大唐新譯》第一卷"諸冥"注："《蒼頡篇》云：'諸，非一也。'《聲類》云：'諸，詞之摠也。'"《廣韻・魚韻》："諸，之也，旃也，辯也，非一也。""諸"與"者"音義同，在句中表判斷，所以訓"辨"；又有眾多、非一、大凡之義，如"諸位"，是以訓"總"；用作疑問語氣詞時，為"之乎"之合音，同"旃"。此均是抄寫錯簡之義項，併當歸置于"諸"字下。

20.《萬象名義・彳部》："衝，齒龍反。交道也，隊也，動也，當也，鍾也，柄也，揆也。"(JS161；DJ130/ZH98)

按：遍檢群籍，"衝"與"鍾也""柄也"無意義關聯，此兩項應合為"鍾柄也"，本是"衡"字義項，為《萬象名義》混淆形近字，誤增入"衝"字條中。《周禮・考工記・鳧氏》："舞上謂之甬，甬上謂之衡。"鄭玄注："此二名者，鍾柄。"孫詒讓《正義》："衡者，鍾頂平處。"又，"衝""衡"字在《萬象名義》中形近易混，其《鳥部》"鶊"字音注呂校本定為"古衝反"，誤，"衝"當改為"衡"。"鶊"以"庚"為聲符，宋本《玉篇・鳥部》《廣韻・庚韻》並音古行切，知其是平聲庚韻字，"衝"則平聲鍾韻字，與"鶊"音不協，而"衡"《廣韻》戶庚切，正與"鶊"字音合。此又是誤"衡"為"衝"之例。

21.《萬象名義・竹部》："箬，如珞反。痛也，竹皮也。"

校釋："痛也"未詳。(JS229；DJ180/ZH140)

按："箬"字在竹部，群籍中均只見"竹皮"義，與"痛"義無關。此處實是"茧"字義項誤羼，《萬象名義・虫部》："茧，丑畧反。痛也。"即《說文》小篆之⿱艸虫，隸定作"茧"："螫也。從虫，若省声。"或不省"若"作"⿱若虫"，今常見字形則作"蠚"。《廣雅・釋詁》："蠚、⿱若虫，痛也。"王念孫《疏證》："蠚、⿱若虫一字也。"宋本《玉篇・虫部》："蠚，丑略切，又呼各切。螫也，痛也。亦作蠚。"《集韵・藥韻》："蠚、茧、⿱若虫，蟲毒。一曰痛也。"此是由"茧""箬"兩字形近誤認，而誤置義項。

22.《萬象名義・雨部》："屚，力豆反。屋穿止宀水入。"

校釋：《玉篇》作"屋穿水入也"。《名義》"止宀"疑為衍文。(JS323右上；DJ251/ZH197)

按："止宀"確為衍文，當刪。結合其左列的"霽，子計反，雨止"條，可推知衍變軌跡當如此：抄書者抄完"屋穿"後，誤看所據抄原本，緊鄰其左的"霽"

字義注中的“止”字與“屋穿”下字位置大致相當，於是誤抄入此處，而又察覺了，便欲接著“屋穿”重新抄，卻又重複了“穿”字，剛寫出其上部“宀”旁時，又及時發覺有衍誤，因而不再寫，直接下接“水入”，而成此條。

23. 《萬象名義·黑部》：“䵟，丁感反。垢濁也，坳黑。”（JS344；DJ266/ZH213）

按：呂校本所定“坳”字誤。一則字原作坚，其形不似“坳”，二則“坳”是“地不平”義，“坳黑”不明所指，不辭。坚實是“堅”訛字，“堅黑”本是“䵟”後“黕”字的義項，文獻有倒誤。宋本《玉篇·黑部》：“黕，慧也，堅也，黑也。”《說文·黑部》：“黕，堅黑也。”王筠《句讀》云：“《玉篇》‘黕，堅也，黑也’即為許書離句也。字在黑部，故謂之黑，以見分別部居之旨，實則古籍用黕字，衹有堅義也。”《萬象名義》之“堅黑”，當本《說文》，而抄錯位置。

本文從字形誤認、不明義項出處、義注的點斷失誤、倒衍義項失校幾方面，討論了呂校本對《篆隸萬象名義》義訓處理的不當之處，并進行了匡正修補。希望藉此完善《萬象名義》的內容，并加深對該書編撰原則、成書體式、結構內容方面的理解，方便學者進一步參閱、利用。同時也嘗試從《萬象名義》入手，為其它類似的中古寫本字書的校理、解讀提出一些示範性建議，以此拋磚引玉，引起更多學者對該領域的關注。

參考文獻

呂浩.《篆隸萬象名義》二題. 寧夏大學學報，2009（2）.

鄧福祿.《篆隸萬象名義校釋》匡補若干例. 長江學術，2009（4）.

王利器. 顏氏家訓集解. 上海：上海古籍出版社，1980.

呂浩.《篆隸萬象名義》校釋. 上海：學林出版社，2007.

臧克和. 中古漢字流變. 上海：華東師範大學出版社，2008.

韓小荊.《可洪音義》研究——以文字為中心. 成都：巴蜀書社，2009.

黃征. 敦煌俗字典. 上海：上海教育出版社，2004.

Supplement andCorrection for the *Collated and Annotated Tenrei Bansho Meigi*

Ma Xiaochuan

Abstract: As one of the dictionary in light of *Yu Pian*, *Tenrei Bansho Meigi* has great academic advantages in Chinese traditional linguistics. Due to the transcription through many hands over the time in medieval Japan, taking the challenges to read and use, thus many scholars have done textual research of this book constantly. This article is the supplement and correction for *the Collated and Annotated Tenrei Bansho Meigi* in the aspect of meanings, also discussed the characteristics of this book.

Keywords: *Tenrei Bansho Meigi*; collation and annotation; supplement and correction

(馬小川，武漢大學文學院)

《近代漢語詞典》釋義辨考*

梁 逍

提 要：白維國主編的《近代漢語詞典》收詞豐富、釋義精當、例證新穎，是目前規模最大、質量最高的一部近代漢語詞典。但因編纂量大，書成眾手，難免會有疏漏之處。本文選取其中若干詞條的釋義進行討論，希望對其日後修訂有所幫助。

關鍵詞：《近代漢語詞典》；釋義；配例；商榷

白維國先生主編的《近代漢語詞典》（上海教育出版社，2015 年；以下簡稱《白編》）全書 900 餘萬言，共收詞語 51000 多條，是迄今為止規模最大、質量最高的一部近代漢語詞典。關於《白編》的成就與特色，已有學者撰文介紹（芮東莉等 2016，2017；江藍生 2017；周志鋒 2017；洪帥 2017），此不贅述。本文擬對《白編》若干詞條的釋義加以辨析，求教於編者和同好。

【道路】① 猶“活計③”。宋佚名《張協狀元》八出：“沒～放七五只獵犬，生擒底是麋鹿猱獐。”元明《水滸傳》三七回：“我這幾日沒～，又賭輸了，沒一文。”…… （一/356）

按：《白編》“活計”條：“③生計；謀生的手段或職業。”（二/844）以上兩例釋作“活計”大致可通，但不夠準確。近代漢語裏，“道路”還可“特指偷竊、搶劫、賣淫等不正當的謀生手段和勾當”（白維國 2011：248）。《張協狀元》例的上文說：“〔丑作強人出白〕……販私鹽，賣私茶，是我時常道業；剝人牛，殺人犬，是我日逐營生……”《水滸傳》例的“道路”，則是指張橫在潯陽江以私渡為名而幹的劫財害命的勾當。宋元《古今小說》卷三六：“我久聞得做道路的，有個宋四公。”下文：“宋四公道：‘二哥，幾時有道路也沒？’趙正道：‘是道路卻也自有，都只把來風花雪月使了。聞知師父入東京去得拳道路。’宋四公道：‘也沒甚麼，只

* 本文得到周志鋒教授指導，謹致謝忱。

有得個四五萬錢。'”上舉《古今小說》各例“道路”，都是隱指不正當的行為——盜竊。《白編》如能析出其特指義，則義例就會更為密合。

【割】② 分；聚。今口語音 gǎ。清《醒世姻緣傳》九〇回：“萬一後來同住不好的，好～好散，別要叫他過不得日子。”（一/607）

按：“割”釋為“分；聚”，彼此矛盾。此例“好割好散”之“割”，吳士勛、王東明（1992：335）釋為“分手”，任思愚、劉德高（1996：97）則認為當是“合”的借字，山東方言讀作 gē（魯西）或 gā（膠東），意思是合夥、結交；董遵章（1985：155）釋為“交、結交”，白維國（2011：411）也釋為“結交、交好”。今謂釋作“分、分手”，誤；釋作“合、結交”，是。“合”古有匣母、見母兩讀，《廣韻·合韻》：“合，合集。古踏切。”正讀見母。《山東方言詞典》“好合［kə¹³］好散”條：“在一塊合夥時相處不錯，散夥了也不傷和氣。（曹、陽）”（董紹克、張家芝 1997：289）尤為顯證。編者想既照顧到字面，又照顧到文意，就用一對反義詞作釋，令人無所適從。

【閣落】① 墻隅；器隅。《元曲選外編·西廂記》三折：“黑～甜活兒將人和，請將來著人不快活。”…… ② 偏僻的地方。《元曲選·薦福碑》一折：“我左右來無一個去處，天也，則索～裏韞櫝藏諸。”（一/609）

按：本條釋義失之於未能將“閣”“角”聯繫起來，“閣落”同“角落”，二義可合併。《白編》“黑閣落”條：“黑角落。指暗處；背處。”也引了“閣落”條《元曲選外編·西廂記》的例子（二/776）。《明清吳語詞典》“閣落”條：“即‘角落’。‘角閣’同音。”（石汝傑、宮田一郎 2005：213）解释是，可從。

【海次】海邊船舶停靠地。宋羅濬《寶慶四明志》卷二一：“嘉定二年，楊圭冒置分布樊益、樊昌等為～爪牙。”元黃溍《中憲大夫王公墓誌銘》：“程期峻急，吏胥得並緣以害民，及至～，主運事者又不即受。”清儲大文《書皮光業見聞錄後》：“張郁，潤州小將也。鎮海節度使周寶，差郁押兵士三百人，戍於～。”（二/734）

按：釋義本《漢語大詞典》“海次”條：“海邊停船的場所。”釋義落得太實，又沒有交代語素“次”的意思。“次”古有旁、旁邊義。《廣雅·釋詁三》：“次，近也。”《左傳·僖公十九年》：“用鄫子于次睢之社。”杜預注：“此水次有妖神。”孔穎達疏：“次，謂水旁也。”《文選·孔稚圭〈北山移文〉》：“爾乃眉軒席次，袂聳筵上。”呂延濟注：“次，側也。”除了上揭“海次”“水次”“席次”外，古代還有“河次”“溪次”“冢次”“墓次”等說法。宋張邦基《墨莊漫錄》卷三：“轉盼之間，已至明州海次矣。”同引本例，《漢語大詞典》“海次”條釋為“海邊停船的場所”，而“次”條卻釋為“近旁、旁邊”。此外，《白編》“河次”條釋義為“河邊”（二/770），是。綜上，“海次”條釋義可改為：海邊。有時候，釋義籠統些反而比過分具體更為準確。

【好沒端端】即“好端端②”。沒，含“無緣無故”義。明周朝俊《紅梅記》四出：“～，一句嘴兒就送了性命。”清《紅樓復夢》二五回：“今兒是老太太的壽日，你～哭個什麽勁兒？”（二/754）

按：總體解釋正確，但謂“沒，含‘無緣無故’義”，似欠斟酌。“好沒端端”與近代漢語“沒撩沒亂”“沒顛沒倒”“不尷不尬”“不端不正”等結構近似，“沒”“不”不表實義，而是表示肯定語氣，並且帶有強調的意味。袁賓（1992：120）把後者稱為“倒反詞語”。王學奇、王靜竹（2002：720）謂：“說‘撩亂’為‘沒撩亂’或‘沒撩沒亂’，猶如說‘顛倒’為‘沒顛沒倒’，都是以反語見義，起加重語氣的作用。”《白編》“不尷不尬”條釋義為“尷尬。不，只起填充音節、強化語氣的作用，不表示否定”（一/117），“不因”條釋義為“正因；只因。‘不’字無義”（一/129），甚是。現代漢語“不時”即時時、常常，其例正同。

【和】huò ② 量詞。多用來計量擂擊或攪拌次數。宋向子諲《點絳唇·代淨眾老》：“沒鼓打皮，借問今幾～。”明朱有燉《香囊怨》二折：“我想來便驢騾也與他槽頭細草添三～，便豬狗也道他命裹粗糠有半升。”清《紅樓夢》五二回：“晴雯服了藥，至晚間又服了二～。”（二/853）

按：“和”作量詞，一般詞典只收這種用法：用於洗東西換水的次數或一劑藥煎的次數，相當於“次”“道”。《白編》發掘了還可用於擂擊的次數、給牲口添草料的次數，很有新意。但是，將“槽頭細草添三和”“藥服了二和”之“和”釋為“攪拌次數”，義例不合。“和”的量詞義可能與其動詞摻和義有關，但用作量詞，意義已經虛化了。釋義可改為：多用於擂擊、添草料、煎中藥等動作的次數。

【培補】② 堆培修補。明潘希曾《河功告成疏》：“又委主事李邦直管浚沛縣迤北漕河，～堤岸，修置橋壩。”清海望《請尖塔兩山建立石壩疏》：“至塘內地勢低窪及塘背附土單薄之處，現今即應～。”（二/1450）

按：以“堆培”釋“培”，不確。“培”亦“補”義，《禮記·喪服四制》：“喪不過三年，苴衰不補，墳墓不培。”鄭玄注：“培，猶治也。”可知“培補”系同義復詞。今成都話裏還有“培補”“培修”“培整”等說法，都是“修補”的意思，如《漢語方言大詞典》“培補”條：“修補。西南官話。四川成都。他在家～房子。”（許寶華、宮田一郎 1999：5255）此再補兩個近代漢語裏的例子：清《躋春臺·陰陽帽》：“凡篇中所言，不要錢的好事，如……培補古墓、修砌路途，無不勇力為之。”又《孝還魂》：“常言：培補古墓，暗中加福。”（轉引自蔣宗福 2014：335）此外，“培修”條釋義亦誤，當修正。

【皮張】成張的畜、獸的皮。明楊一清《為黜罷不職官員以修馬政事奏》：“其稱倒失、被盜等項，查無告行相剝緝拿案卷，亦無追收駿（筆者按，“駿”系“騣”之訛）尾、～、耳記。在官止憑該苑官軍報數，即與開除。”……（二/1490）

按：大概因為“皮張”有“張”這一語素，《白編》故如此解釋。其實“皮張”是補充式合成詞，構詞方式與紙張、布匹、船只、書本、花朵、房間等相同。《漢語大詞典》收有“皮張”一詞，釋作“做制革原料用的獸皮”，僅舉郭小川詩一例，未能溯源；《白話小說語言詞典》亦收之，解釋說：“獸皮的總稱。［例］圍場上射死了個仙狐，又將他的～剝去。（醒世・一〇〇）又給老爺打點出些給鄧九公作壽的禮，無非如意、緞匹、～、玩器、活計等件。（兒女・三八）”（白維國 2011：1153）後者解釋是。與“皮張”相似的還有“桌張”，例如清《繡像牤牛陣鼓詞》六回：“楊景進竹房，觸目細端詳，也無有校椅，也無有桌張。”“桌張”就是桌子。此外，《白編》收有“段匹”，釋義為“成匹的緞子”（一/411），《漢語大詞典》《白話小說語言詞典》釋義相同，均犯了同上一樣的毛病。“段匹”又作“緞匹”，《白編》失收後者。《漢語大詞典》收了“緞疋”，解釋說：“亦作‘緞匹’。緞的總稱。亦泛指絲織品。”釋義非常準確，可據改。像“皮張”“段匹”這類詞，在釋義中如能點明構詞方式，對讀者理解詞義會有很大的幫助。如“鹽斤”一詞，《白編》釋為“鹽”（四/2396），《漢語大詞典》釋為“亦作‘鹽觔’。指鹽”。鹽為什麼叫“鹽斤”，頗費猜詳。《現代漢語方言大詞典》“鹽斤”條：“柳州。食鹽，用作大宗貨物的名稱。‘鹽斤’的構詞方式與‘布匹’、‘紙張’、‘人口’相同。”（李榮 2002：6391）這就讓人豁然開朗了。

【其間】④ 表示程度。元周德清《鬥鵪鶉・雙陸》：“散三似敬德趕秦王不相離，有叔寶後跟隨。百一局似關雲長獨赴單刀會，敗到這～有幾?”（三/1599）

按：從詞義發展脈絡看，“其間”可表示時間，亦可表示空間。義項四當是表示空間義的進一步引申，相當於“田地”“地步”，而非單純的表示程度。

【氣命】氣息性命。唐宋伯宜《對泉貨策》：“然則養群黎之～，為萬姓之衣被，苟異農桑，義難豐渥。”宋元《古今小說》卷三六：“他那賣酸餡架兒上一個大金絲罐，是定州中山府窑變了燒出來的，他惜似～。”明朱有燉《香囊怨》二折：“我將這一篇詞珠玉般牢收定，攻（筆者按，“攻”《奢摩他室曲叢》本作“似”）心肝～兒般看承。”（三/1626）

按：釋義可改為“氣息性命，多指性命”。“命”在於“氣”，故性命說成“氣命”。《漢語大詞典》“氣命”條釋為“猶性命”，是。《白編》所舉三例，謂養活群黎之性命、把……當作性命珍惜或看待，可通；謂養活群黎之氣息、把……當作氣息珍惜或看待，則不可通。

【掐巴】同“掐把”。清《醒世姻緣傳》九回：“不己個樣子，都叫人家～殺了罷。”（三/1637）

按：《白編》“掐把”條：“用力捏擰，比喻束縛鉗制或折磨欺淩。清《醒世姻緣傳》九回：‘說他該下木頭根，二百銀三百兩～著，要連他的夫人合七八歲的個孩子、管家，都是呈子呈著。’又一五回……又五八回……”“掐巴”的“巴”和“掐把”的“把”當是詞綴，“掐巴”“掐把”義為掐。徐復嶺（2018：20）謂：“把（巴）”，“動詞後綴。用在單音節動詞后，使其變成雙音節詞”。徐復嶺（2018）還收錄了“揪把”“拉巴”“拉把”“弄把”“切把”“抬把”“掏把”“秃把”“推把”“戲把”等，可參考。《白編》“揣巴”條：“塞。引申指胡亂地吃。巴，詞綴。”（一/248）“拉巴”條：“拉；拖。巴，詞綴。”“拉把”條：“同‘拉巴’。”（二/1139）“弄把”條：“猶‘弄⑤’。把，詞綴。”（二/1369）也可比較。

【清還】全部償還。明沈鯨《雙珠記》一三出：“欠多少，待支下月糧～。”……（三/1731）

按：“全部”系蛇足。“清”有結清、了結（賬目）義，《白編》“清”條已收之，“清楚⑥”“清結②”等條皆把“清”解作“結清”，亦可比較。所以，“清還”是同義復詞，償還的意思。此外，《白編》“清償”條釋為“徹底償還”（三/1730），也欠準確。

【三朝】指第三天舉行的慶祝活動。① 新婚後第三天。宋吳自牧《夢粱錄》卷二〇：“三日，女家送冠花、彩段、鵝蛋。……去婿家，謂之送～禮也。”……② 嬰兒出生後第三天。宋蘇軾《減字木蘭花》：“惟熊佳夢，釋氏老君親抱送。壯氣橫秋，未滿～已食牛。”……（三/1855）

按：《白編》釋義只說“慶祝活動”，還可完善，因為有些“三朝”的例子並非用在慶祝場合的。如清《醋葫蘆》一七回：“種種罪果，俱蒙阿難尊者將各項梵語真言、經文書卷，設為懺悔之科，演作瑜伽之教，使其眷屬或遇亡魂三朝、七七、百日、周年，為之宣揚佛教，懺悔愆尤，以是俱能解脫。”《杭俗遺風·喪事類·三朝接煞》：“歿日之第三日，為三朝。”《辭海》“三朝”條：“②舊稱結婚、生子或死亡的第三日。”（夏征農、陳至立 2009：1939）解釋較為周全，可從。現有辭書大都未注意到“死亡的第三日”也可稱“三朝”，應予補充，完善釋義。

【王十九】請酒或行酒的諧語。多跟“只吃酒”連用，以“九”“酒”諧音勸酒。明劉效祖《沈醉東風》：“擺別了沈萬三，結識上～，到與他緣法相投。”……清《野叟曝言》五六回：“～，只吃酒，咱們且去喝一杯兒！”（三/2212）

按：“王十九”當是名詞，泛指好酒的人。首例“擺別了沈萬三，結識上王十九”，“沈萬三”（相當於“王十萬”，泛指有錢的人）與“王十九”對舉，意思顯豁。正因為“王十九”是指好酒的人，故常與“只吃酒”連用，作為喝酒或請喝酒時的口頭禪。

【誤賺】wù zhuàn 耽誤；欺騙。《五燈會元》卷一二《石霜楚圓禪師》：“且道祖師禪有甚長處？若向言中取，則～後人，直饒棒下承當，辜負先聖。”《元曲選外編·西廂記》二本四折：“俺娘把甜句兒落空了他，虛名兒～了我。”清《醒世姻緣傳》三五回："其實家裹有了錢鈔，身子又沒了工夫，把～人家子弟的這件陰騭勾當不幹，也自罷了，他卻貪得者無厭。"（三/2260）

按："誤賺"釋為"欺騙"，這是把"賺"理解為"欺騙"義了，恐不確。"賺"有兩種讀音，意義不同：1. 讀 zhuàn，有"錯、誤、貽誤"等義；2. 讀 zuàn，是"哄騙"的意思（見《漢語大字典》"賺"條）。《白編》"誤賺"條所舉諸例，都是耽誤、貽誤的意思，"誤賺"系同義復詞。今寧波話還保存"賺"的錯、誤義，如《阿拉寧波話》"賺"條："①錯：弄～｜算～｜寫～｜俗語：只有一錯，嘸沒二～。《正字通・貝部》：'～，錯也。'宋釋普濟《五燈會元》卷十：'但恐無益於人，翻成～誤。'"（朱彰年等 2016：251－252）。

【小校】低級軍官。……元明《水滸傳》二回："三個頭領再三拜復，特地使～送些薄禮，酬謝大郎不殺之恩。"清《聊齋俚曲・快曲》："～來報：'曹操逃下來了。'"（四/2318）

按：《水滸傳》《聊齋俚曲》例均與釋義不合。《水滸傳》二回："小嘍啰道：'三個頭領再三拜復，特地使小校送些薄禮，酬謝大郎不殺之恩。'"此"小校"是小嘍啰稱自己的謙詞。《聊齋俚曲》共出現"小校"三次，除《白編》所舉例外，還有《快曲》一聯："（孔明）又叫小校。答應：'有。''您幾個去北夷陵道旁，熘著數堆煙火，休要斷絕。'"又《磨難曲》一七回："叫巡山小校報與大王知到，秀才們來問候。〔小卒進去稟道〕眾秀才來見大王。"均為小卒、小嘍啰義。《水滸傳》"伏路小校"（六四回）、"伏路小軍"（六四回）、"伏路小嘍啰"（五七回）並見，也可說明"小校"是小卒、小嘍啰的意思。《漢語大詞典》"小校"條："②猶小卒。"解釋正確，可從之。

【轉】zhuǎn ⑨ 相當於"賺"。明《警世通言》卷二四："王婆說：'累你，我～了錢來謝你。'"（四/2715）

按：《白編》"轉（zhuàn）"條："⑦賺；掙。明《金瓶梅詞話》二回：'本縣知縣自從到任以來，卻得二年有餘，～得許多金銀。'《警世通言》卷二五（筆者按，'五'當作'四'）：'王婆說："累你，我～了錢來謝你。"'"（四/2718）釋義基本相同，例子一個相同，注音卻異。"轉"為"賺"的同音借用字，字又作"撰"，當讀去聲。"轉（zhuǎn）"條義項九應該刪除。

【宗丈】同姓年長者之間的尊稱。明《拍案驚奇》卷二五："小可著人去喚來，～自與他說端的罷了。"（四/2752）

按：本條釋義把"丈"僅理解為"對年長者的尊稱"了，恐不準確。"丈"還可以用作"對朋友、對成年男子的尊稱"（周志鋒 2014：51），《白編》"丈"條釋義為"①對成年男子的尊稱"（四/2616），是。"成年男子"可以是年長者，也可以是年輕者，"宗丈"條所引例即是後者。該例的語境是：趙院判受其兄臨終之托，到錢塘找名妓蘇盼奴，商量迎娶盼奴之妹小娟，為了解實情，趙院判找到宗人趙府判，想托府判“喚他（盼奴）到官來，當堂問他明白”。趙院判將來意說明後，“府判道：‘果然好兩個妓女，小可著人去喚來，宗丈自與他說端的罷了。’”據文意，趙院判“風流少俊”，《白編》以“年長者”加之，這是不準確的。本條釋義似可改為：同姓成年男子之間的尊稱。此外，“老丈”條解釋也欠準確（二/1159），當修改。

參考文獻

白維國．白話小說語言詞典．北京：商務印書館，2011.

董紹克，張家芝．山東方言詞典．北京：語文出版社，1997.

董遵章．元明清白話著作中山東方言例釋．濟南：山東教育出版社，1985.

漢語大詞典編輯委員會．漢語大詞典．上海：漢語大詞典出版社，1986～1993.

漢語大字典編輯委員會．漢語大字典（第2版）．成都：四川辭書出版社、武漢：崇文書局，2010.

洪帥．十八年磨一劍的《近代漢語詞典》．中華讀書報，2017年4月5日第10版．

江藍生．《近代漢語詞典》的新境界．辭書研究，2017（1）.

蔣宗福．四川方言詞源．成都：巴蜀書社，2014.

李榮．現代漢語方言大詞典．南京：江蘇教育出版社，2002.

任思愚，劉德高．一部有嚴重質量問題的辭典——《宋元明清百部小說語詞大辭典》評略．辭書研究，1996（1）.

芮東莉等．千年的詞彙演變史，亦是千年的文明發展史——《近代漢語詞典》拆解千年語言密碼．中華讀書報，2016年8月10日第10版．

芮東莉等．《近代漢語詞典》：漢語詞彙研究史上的里程碑．辭書研究，2017（1）.

石汝傑，宮田一郎．明清吳語詞典．上海：上海辭書出版社，2005.

許寶華，宮田一郎．漢語方言大詞典．北京：中華書局，1999.

徐復嶺．《金瓶梅詞話》《醒世姻緣傳》《聊齋俚曲集》語言詞典．上海：上海辭書出版社，2018.

王學奇，王靜竹．宋金元明清曲辭通釋．北京：語文出版社，2002.

吳士勛，王東明．宋元明清百部小說語詞大辭典．西安：陝西人民教育出版社，1992.

夏征農，陳至立．辭海（第六版彩圖本）．上海：上海辭書出版社，2009.

袁賓．近代漢語概論．上海：上海教育出版社，1992.

周志鋒．立足於“史”，致力於“精”，著意於“新”——《近代漢語詞典》簡評．古漢語研究，2017（2）.

周志鋒．訓詁探索與應用．杭州：浙江大學出版社，2014.

朱彰年等編著；周志鋒，汪維輝修訂．阿拉寧波話（修訂版）．寧波：寧波出版社，2016.

Inspection on Annotations in *A Dictionary of Early-modern Chinese*

Liang Xiao

Abstract: *A Dictionary of Early-modern Chinese*, chief-edited by Bai Weiguo, contains extensive vocabularies, precise definitions and new examples. It is an early-modern Chinese dictionary of the largest scale and the best quality so far. However, due to the heavy editing workloads, collaborated by a number of people, it is an unavoidable truth that there are still omissions. In this article, we plan to discuss some annotations of this dictionary. It is hoped that this article can make contributions to the revision of *A Dictionary of Early-modern Chinese*.

Keywords: *A Dictionary of Early-modern Chinese*; annotation; illustration; inspection

（梁逍，寧波大學人文與傳媒學院）

“捽”字音讀考

李偉大

提　要： 表“摔”義的“捽”字辭書大都注爲zuó，然文獻表明，元明時期“捽”字與“摔”字記録的是同一個詞，“捽”字應注爲shuāi或shuǎi，這可以從字形、字義、用法、語音等方面得到證明。

關鍵詞： 捽；摔；音讀

辭書通常將表｛摔｝[①]義的“捽”注爲zuó，如《漢語大詞典》“捽”條釋義④：“zuó 投；摔。宋王禹偁《酬種放徵君》詩：‘米呼村婢舂，樵雇山童斫；喂馬捽寒蕪，看書爇秋籜。’……清吴偉業《東萊行》：‘天顔不懌要人怨，衛尉捉頭捽下殿。’”白維國先生主編《近代漢語詞典》（2015：2773）“捽”條：“zuó 顛仆；摔。唐高彦休《闕史》卷上：‘守者以狀聞，水工大恐，失脚捽地，走東西階。’”上揭三例中“捽（zuó）”皆非｛摔｝義，“捽寒蕪”中，“捽”乃“拔”義，《漢語大詞典》“捽”條釋義②：“拔取。《漢書·貢禹傳》：‘農夫父子暴露中野，不避寒暑，捽中杷土，手足胼胝。’顔師古注：‘捽，拔取也。’宋王禹偁《種菜了雨下》詩：‘廢畦添糞壤，胼手捽荒蕪。’”“捽下殿”指抓着頭髮揪下殿。“失脚捽地”中，“捽”乃“觸；撞”義，《漢語大字典》“捽”條釋義⑤：“抵觸；撞擊。《玉篇·手部》：‘捽，擊也。’”《正字通·手部》：“捽，觸也。”“捽地”當指身觸地，即倒在地上。

我們認爲，“捽”字與“摔”字曾是同一個詞的不同文字形式。“捽”字元明時期曾用於記録｛摔｝義，但這只是其職能的一部分。後人將記録｛摔｝義的“捽”標爲“zuó（昨没切）”是混淆了“捽”字的不同職能。“捽”因字形與“摔”相似

① 在涉及到與文字（詞的書寫形式）的區别時，本文以今之通行字外加｛｝表示詞，如｛摔｝這個詞的書寫形式有“摔”“𢶍”等。

而用於記録｛摔｝，記｛摔｝義的"捽"字當讀如"摔"。[①] 下面試論述之。

一、"捽"因與"摔"字形相近，記録｛摔｝義

元明時期，｛摔｝成爲常用口語詞，但本字爲何人們並不清楚，故所用記音之字頗多。"摔""摗"皆新造之字，《正字通・手部》："摔，俗字。""捽"字相對較常見，又與"摔"形近，故亦用來記｛摔｝。"率""卒"在文獻中常相通，《説文・口部》："啐，小歙也。"桂馥義證："經典借啐字。"《宋蜀刻本唐人集》柳宗元《段太尉逸事狀》："邠人偷嗜暴惡者，卒以貨竄名軍伍中，則肆志卒，一本作率。"（328頁）[②]《集韻・没韻》："鵯，或從率。"明成化九年内府刊本朱熹《資治通鑒綱目》卷九："妻人，驚曰：'奴反！'奴乃捽其頭，擊其頰。"四庫全書本作"摔其頭"。清素庵主人《錦香亭》（岐園藏板）第二回："明霞道：'不可草率，你去與他説，先將綾帕還我。'"（31頁）此例日本東京大學東洋文化研究所雙紅堂文庫藏愛蓮齋刊本作"草卒"。庚辰本《紅樓夢》第三十回："（寶玉）伸手拉了林代玉一隻手笑道：'我的五臟都碎了。'"（686頁）"碎"被點去，旁改爲"碎"。"摔""捽"相混亦可參看張文冠（2014：278）所舉語例，張文亦"疑'摔'義的'捽'本作'摔'"，並認爲"鑒於同'摔'的'捽'在文獻中用例較多，已經不宜簡單地視爲形訛。'摔'在寫作'捽'之後，讀音也發生變化，讀爲'昨没切'，這也就意味着，表'摔'義的'捽'已經成詞"。張文並未列舉表"摔"義的"捽"已經成詞的用例，文獻中尚未見到明確讀爲"昨没切"表｛摔｝義的"捽"字。張文是將語言與文字混爲一談了，是否成詞不能以字例多少來判斷，用例較多只能説明"捽"字用於記録｛摔｝得到了使用者的認可，"捽"字産生了新的功能——與語言中新的音義結合體産生了聯繫，並不是語言（口語）中産生了一個音"昨没切"表｛摔｝義的詞。如明清白話文獻中"了""丫"不分，以"了"記"丫"者常見，但在"了環"一詞中，"了"字仍讀如"丫"，語言當中並未産生一個音"了 liǎo 環"或"了 lē 環"的新詞。再如"又""叉"不分，文獻中常以"又"記"叉"，"叉手"或寫作"又手"，但語言中並未因此産生"又 yòu 手"一詞。現有語料及方言中表｛摔｝義的"捽"字尚未見有明確讀爲"昨没切"者。

---

① 據曾良先生（2016），明臧懋循《元曲選》音釋"摔"音灑，又音升擺切，《中原音韻》歸入皆來韻"入聲作上聲"，至19世紀中期的北京話陰平和上聲均可寫作"摔"字，現代漢語普通話中則規定"摔"讀陰平，"甩"讀上聲。

② 本文所引小説語料如未特別説明，皆出自《古本小説集成》。爲方便覆案，本文所引語料凡有頁碼者，隨文標明頁碼。

二、“捽”字與“摔”字意義與用法全面對應

從異文和語義來看，表｛摔｝義的“摔”“捽”二字記録的是同一個詞。《元刊雜劇三十種》中表｛摔｝義時，“摔”“捽”“摪”“**挎**”等字並用。《元刊雜劇三十種·西蜀夢》：“古城下刀誅蔡陽，石亭驛手**挎**袁襄。”又作“摔”：“石亭驛上袁襄怎生結末？惱犯我，拿住他，天靈摔破。”或作“捽”，《元刊全相三國志平話》卷上：“張飛拿住袁襄，用手舉起，於石亭上便捽，左右衆官不勸，遂捽殺袁襄。”（38頁）《元刊雜劇三十種·三度任風子》：“我卻兩隻手輕舉，的溜撲捽下階衢。”劇末題爲“菜園中摔殺親兒死”。萬曆本《金瓶梅詞話》第五十九回：“一個猫兒礙得你咏屎？亡神也似走的來捽死了。”（1622頁）本回回目爲《西門慶摔死雪獅子 李瓶兒痛哭官哥兒》，第六十二回重提此事時亦作“摔”：“落後大娘説了，纔把那猫來摔殺了。”（1721頁）清文義齋木刻鼓詞《九巧傳》第十部卷一：“摘去俊巾，脱了藍袍，扒下中衣，咕咚的聲摔在流平……走前來咕咯一聲忙摔倒，摔了個頭朝西來腳朝東。”光緒萃文齋石印本《繡像九巧全傳》作“……咕咚捽在流平……咕咚一聲忙摔倒，摔了個……”（319頁）。以上異文表明，“摔”“捽”實爲一詞。又作“[扌卆]”，《元刊雜劇三十種·詐妮子調風月》：“我敢[扌卆]碎這盒子。”徐沁君（1980：104）校按：“‘摔’簡寫作‘捽’，再簡作‘[扌卆]’。”或作“摪”，《小張屠》雜劇：“要尋處無處尋，見來時難見來。你道收藏幼子無妨礙，恰便似拾得孩兒落得摪。”其例再如元刊《朝野新聲太平樂府》卷五元查德卿《寄生草·間别》曲：“擲金釵擷斷鳳凰頭，遶池塘捽碎鴛鴦彈。”（548頁）例中“捽碎”明張禄《詞林摘豔》卷六元方伯成《正宫·端正好·憶别》套曲作“摔碎”：“揉損並頭花，斫斷連枝幹，恨不的遶池塘摔碎了鴛鴦彈。”（209頁）再如世德堂本《西遊記》第三十二回：“好大聖，全然無懼，一心只是要保唐僧，捽脱樵夫，拽步而轉。”（787頁）《醒世恒言》卷十七：“過遷捽脱不開，心中忿怒，提起拳頭，照着小四心窩裏便打。”（906頁）卷三十：“衆人都驚得面如土色，叫苦不迭道：‘恁樣緊緊上的刑具，不知這死囚怎地捽脱逃走了？卻害我們吃屈官司！又知從何處去的？’”（1819頁）“捽脱”即“摔脱”，《醒世恒言》卷十九：“玉娘摔脱不得，心生一計。”（1055頁）又卷三十七：“子春正摔脱不開，只聽有人叫道：‘莫要打，有話講理。’”（2260頁）清華琴珊《鏡花緣》第三十七回：“唐敖措手不及，連忙摔脱惡犬，將身一縱，攛上高牆。”（654頁）再如“頓（撴）摔”或作“頓捽”，明正德刊《盛世新聲》元劉庭信《雙調·新水令·春恨》套曲：“來時節吃我一會閑頓摔，我可便不比其他性格。”（569頁）《元曲選》本《玉壺春》第二折：“休撴摔，莫伴群芳亂折。”（77頁）明萬曆本《金瓶梅詞話》第五十八回：“我來你家討冷飯吃？教你恁頓捽

我！”（1583頁）許少峰《近代漢語大詞典》（2008：502）“頓捽”條：“dùnshuāi捽，應作‘摔’。同‘墩摔’。”① 世德堂本《西遊記》第三十一回：“卻説八戒、沙僧，把兩個孩子拿到寶象國中，往那白玉階前捽下，可憐都攢做個肉餅相似，鮮血迸流，骨骸粉碎，慌得那滿朝多官報道：‘不好了！不好了！天上攢下兩個人來了！’”（763頁）《封神演義》第六十六回：“話言洪錦被黄巾力士拿往西岐，至相府，往階下一摔。子牙正與衆將官共議軍情，只見空中摔下洪錦，子牙大喜。”（1764頁）明王圻《稗史彙編》卷一百六《釋義類・釋詁》引《宛委編》云：“捽胡，摔頸也。”（444頁）“捽胡”本義爲“揪着脖頸”，但從《宛委編》的訓釋來看，其已認“捽”字爲｛摔｝了。② 其餘如“摔手”又作“捽手”、“摔開”又作“捽開”、“摔倒”又作“捽倒”者多見，不煩再舉。

三、文獻資料表明，記録｛摔｝義時，“捽”字讀如“摔”

從語音上看，文獻中有“捽”字讀如“摔”的例證，世德堂本《西遊記》第七十二回：“扳凳能誼泛，披肩甚脱洒。絞當任往來，鎖項隨搖擺。……那個錯認是頭兒，這個轉身就打拐。端然捧上臁，周正尖來捽。提跟溧草鞋，倒插回頭采。”（1827頁）此是記蜘蛛精踢球的場面，“周正尖來捽”當指用脚尖將球甩出去。“捽”與“拐”“采”押韻，可知此“捽”讀如“摔”上聲。汪維輝先生主編《朝鮮時代漢語教科書叢刊》第三册《朴通事諺解・中》：“鄭舍你來。鄭舍，咱這草地裏學捽校。”（955頁）“捽校”即“摔跤”，在《諺解》中出現多次，皆注“捽”爲“쇄/soæ/”，正讀如“摔”。雙紅堂文庫藏《唱本一百九十册》新刻《新燈虎》：“後來他運敗時捽，一把火燒了個家敗人亡。”以“捽”記“衰”音。清胡文英《吴下方言考》卷十一：“捽音煞，除去草殼也。吴人欲用草者，必捽去其殼。”“捽”與“煞”同音，吴語中“煞”“殺”“撒”音近，如“撒野”又作“殺野”，清瘦秋山人《金臺全傳》第二十九回：“金忠哈哈道：‘大膽的狗頭，在吾金大爺面上殺野嗎？’”（240頁）又同回作“撒野”：“劉乃在門背後看得明明白白，走進來對女兒説道：‘如今才曉得，金臺果然是個英雄。三個拳教師見了他，再也勿敢撒野，倒在那裏講正經哉。’”（243頁）或作“煞野”，清佚名《説呼全傳》第三十五回：“翠桃見了道童，就罵道：‘你這妖道，黄毛未退，敢在此煞野！’”（527頁）“捽”音“煞”，與“撒”同音，據曾良先生（2012），表“甩”義的“灑”“摔”“撒”“攦”

---

① 許少峰（2008：2485）“捽”條釋義②：“扔。通‘摔’。”然所收“捽落”“捽手”“捽脱”等詞中“捽”仍注爲zuó，乃相齟齬。

② 本例所據爲《四庫全書存目叢書・子部》第一四一册，《稗史彙編》所引《宛委編》或爲明王世貞所作，此處也可能是引用或刊刻過程中將“捽頸”誤爲“摔頸”。

等曾有同音關係，並音升擺切。[①] 筆者所見維銘書莊印《二鬼上路》："（大）三月清明佳節慶，（小）家家户户帥掃墳。"川戲《乾隆王遊江南·後子門文武候駕》："今乃清明佳節，叫得妹妹出來，同我前去與雙親帥掃墳墓。"（15頁）此"帥掃"當即"灑掃"。《二龍山》全串貫："那解馬官聞聽此言，將馬加上一鞭，那馬遠去數里，某家踏起三根毫毛趕上前去，左手抓鬃，右手撩尾，將馬洒在塵埃，口吐鮮血。"（140頁）"洒在塵埃"即"摔在塵埃"。影戲《天門陣》卷五："上前揪住頭上髮，古冬摠在就地下。"（209頁）"摠"爲"塞"之異體，疑亦記"摔"音。車王府曲本《定唐·長部》："篩家護國軍師大頭和尚元化是也。"（149頁）又："篩家大頭和尚元化。"（191頁）"篩家"即"洒家"，《定唐·綿部》："（元化）這就是，將在謀而不在勇，不知洒家卻是誰！"（244頁）該詞車王府曲本《定唐·長部》中抄作"篩家"，《定唐·綿部》中抄作"洒家"，《俗文學叢刊》本《定唐》皆作"洒家"。上揭《西遊記》例中"洒""捽"相押亦可爲證。可知，"捽"讀如"摔"，"捽去其殼"即通過摔打去其殼。舊抄本《一枝蘭寶卷》："丫環，你到糠粞間内量把糠粞，居去捽捽吧。"（60頁）可爲參證。李榮先生主編《現代漢語方言大詞典》（2002：3577）"捽"條："將東西使勁地摔。"方言點爲温州，音tsai˩，可見，吴方言區一直有用"捽"記｛摔｝的情況。

綜上，"捽"字與"摔"形近，故用來記｛摔｝。文獻異文表明，"捽"字在表｛摔｝時與"摔"字意義完全相同，用法亦無差别，表｛摔｝義時"捽"字與"摔"字記録的是同一個詞。從現有語料來看，"捽"字記録兩個詞，一爲音"昨没切"的｛捽｝，一爲音"摔"的｛摔｝。目前我們尚未發現記録｛摔｝義的"捽"字音"昨没切"的語例，也未發現音"昨没切"的"捽"字有｛摔｝義的語例。辭書將記録｛摔｝義的"捽"字注爲zuó是混淆了"捽"字的不同職能。根據我們掌握的文獻，至清代"捽"字就較少用於記録｛摔｝義了。[②]

參考文獻

白維國. 近代漢語詞典. 上海：上海教育出版社，2015.

漢語大詞典編輯委員會. 漢語大詞典：第六卷. 上海：漢語大詞典出版社，1990.

---

① 《金臺全傳》中大量使用吴方言，作者爲吴語區人無疑。《元曲選》音釋中"摔"音"灑"及"升擺切"，與音"煞"之"捽"同音。此處涉及"灑""撒""摔"等的開合口問題，應該是當時語音有異讀，在文獻與方言中均有反映，參看曾良先生（2012、2016）的相關討論。

② 清乾隆集賢堂刊《霓裳續譜》卷八《剪靛花·姐兒生得似雪花》："爬了螃蟹跑了蝦，捽碎了大西瓜。"書中另有三例，皆作"摔碎"。《清車王府藏曲本》第四三册《劉公案·鴛鴦案》："賊人李四見公差每將挾棍拿來當堂一捽，那宗東西響聲振耳。"（284頁）此當是"摔"之訛寫，《劉公案·句容縣》："説罷，將何氏的遺書，連那二十兩銀子往下（一）摔，扔在堂前。"（364頁）《劉公案·大名府》："説罷，使勁一摔，'咕咚'一聲，將熊公子摔倒在地。"（476頁）另民國編《平劇本事》（藏復旦大學圖書館）録有《伯牙捽琴》一篇，其正文作"一摔""摔碎"。

漢語大字典編輯委員會. 漢語大字典：第 2 版. 武漢：崇文書局；成都：四川辭書出版社，2010.
蘭陵笑笑生. 金瓶梅詞話. 香港：太平書局，1982.
李　榮. 現代漢語方言大詞典. 南京：江蘇教育出版社，2002.
柳宗元. 段太尉逸事狀. //宋蜀刻本唐人集：第 42 册. 上海：上海古籍出版社，2012.
王圻. 稗史彙編. //四庫全書存目叢書・子部：第 141 册. 濟南：齊魯書社，1995.
徐沁君. 新校元刊雜劇三十種. 北京：中華書局，1980.
許少峰. 近代漢語大詞典. 北京：中華書局，2008.
佚名. 朝野新聲太平樂府. //續修四庫全書：第 1739 册. 上海：上海古籍出版社，2002.
佚名. 定唐. //未刊清車王府藏曲本：第 64 册. 北京：學苑出版社，2017.
佚名. 定唐. //俗文學叢刊：第 212 册. 臺北：新文豐出版股份有限公司，2003.
佚名. 二龍山. //未刊清車王府藏曲本：第 3 册. 北京：學苑出版社，2017.
佚名. 劉公案. //清車王府藏曲本：第 43 册. 北京：學苑出版社，2001.
佚名. 朴通事諺解. //朝鮮時代漢語教科書叢刊. 北京：中華書局，2005.
佚名. 乾隆王遊江南. //俗文學叢刊：第 108 册. 臺北：新文豐出版股份有限公司，2002.
佚名. 盛世新聲. 北京：文學古籍刊行社，1955.
佚名. 天門陣. //未刊清車王府藏曲本：第 58 册. 北京：學苑出版社，2017.
佚名. 繡像九巧全傳. //清末上海石印説唱鼓詞小説集成：第 5 册. 上海：上海人民出版社，2013.
佚名. 一枝蘭寶卷. //中國宗教歷史文獻集成・民間寶卷：第 19 册. 合肥：黄山書社，2005.
佚名. 元刊雜劇三十種. //古本戲曲叢刊四集. 上海：商務印書館，1958.
臧懋循. 元曲選. //續修四庫全書：第 1761 册. 上海：上海古籍出版社，2002.
曾良. “甩”、“踩”的歷時來源//漢語史學報：第 12 輯. 上海教育出版社，2012.
曾良. “甩”字的形音義考. 中國語文，2016 (1).
張禄. 詞林摘艷. //續修四庫全書：第 1740 册. 上海：上海古籍出版社，2002.
張文冠. 近代漢語同形字研究. 浙江大學博士學位論文，2014.

Re-discussion on the Pronunciation of “捽”

Li Weida

Abstract: “捽” which means “fall; throw” is pronounced *zuo* in many dictionaries. However, the characters “捽” and “摔” record the same word in Yuan and Ming Dynasty. The pronounciation of “捽” as *shuai* can be proved by its form, meaning and usage.

Keywords: *zuo* (捽) /*shuai* (捽); *shuai* (摔); phonetic notation

(李偉大，中山大學中文系)

近五年漢譯佛典語法研究*

于方圓　朱冠明

提　要：漢譯佛典是進行漢語歷史語法研究的重要材料，文章主要從研究內容和研究方法兩大方面，對近五年來與漢譯佛典語法研究有關的成果進行了回顧和總結，並分析了這一階段研究的特點和不足。

關鍵詞：漢譯佛典；佛教漢語語法；梵漢對勘；語言接觸

近五年來，學界對漢譯佛典文獻持續保持了較高的關注和研究熱情。漢語歷史語法研究使用漢譯佛典材料仍是常例，用以確定某種語言現象出現的歷史時間，梳理其發展脈絡。梵漢對勘這種方法繼續有效使用，同經異譯現象也更加受到重視。除了語言接觸理論外，語法化理論、語義演變理論等也用於漢譯佛典語言研究中。本文擬對近五年（2012—2016）來漢譯佛典語法研究的整體情況做一個簡要回顧，[①] 主要圍繞以下幾個方面展開：佛典中的語法現象研究；梵漢對勘與佛典語法研究；同經異譯與佛典語法研究；現代語言學理論下的佛典語法研究。

一、佛典中的語法現象研究

（一）研究概况

近五年來，漢譯佛典中的語法現象研究或利用佛典材料進行的漢語歷史語法研究仍是熱點。就研究成果的數量而言，近五年中，有關佛典語法研究的專著和已發表的論文將近 70 餘種，這其中還未包括為數不少的碩士和博士學位論文。

就研究內容而言，漢譯佛典中的特殊語法現象雖然仍受到關注，但從成果來

* 本文是中國人民大學科學研究基金（中央高校基本科研業務費專項資金）項目“佛典語言的中國化”(13XNL007) 階段性成果。

① 朱慶之、朱冠明（2006）、朱冠明（2013）對 2012 年以前的漢譯佛典語法研究情況進行了較全面的總結和評述，可參看。

看，沒有成為這一階段的研究重點。曹廣順、遇笑容（2014）總結了中古譯經語言中已被關注到的二十餘種特殊語言現象。這些特殊的語言現象大多是早些時候學界的研究成果，因此在最近幾年的研究中，這些現象雖仍有少量涉及，但未成為這一階段佛典語法研究的重點，多是對之前研究的一些補充或佐證。原因大概在於漢譯佛典中一些較為明顯的特殊語言現象在前一階段多已被發現並討論，而更多的、隱藏較深的現象尚待進一步發掘。這一階段更多的成果表現在研究漢語史中某一語法成分或結構的發展時，使用漢譯佛經的材料來證明自己的觀點，提出新論。

就研究方法而言，除了沿襲之前已經採用的“梵漢對勘”和“同經異譯對勘”等方法外，現代語言理論如語言類型學理論、語義演變理論、語法化理論等也更多地有意識地應用在佛典語法研究中，尤其是跨語言視角下的佛典語法的研究，更有亮色。

（二）具體研究

近五年的佛典語法研究湧現出不少佳作，篇幅所限，本文不打算全面列舉相關成果，只重點介紹近五年來佛典語法研究中一些有代表性的成果。[①] 根據研究對象的不同，這些成果可分為功能詞研究和句式研究兩大類。

1. **功能词研究**

（1）人稱代詞

上古漢語曾經存在六個不同的第一人稱代詞，其中，只有“我”保留下來，“吾”等其他五個則被淘汰。這些人稱代詞在上古時期具有不同的語法功能，而這一區別在中古時期消失，這一點王力（1958）和向熹（2010）皆有談及，但都未論證“吾”組第一人稱代詞在口語中消失的時間。

朱慶之（2012）分別調查了兩漢魏晉時期本土文獻和譯經中第一人稱代詞的使用狀況，將統計結果進行比較，發現本土文獻中占絕對優勢的是“我”和“吾”組並用，且“吾”組使用更多，而譯經文獻中只使用“我”的占據絕對優勢。他認為，造成這種差異的原因是由於兩者語體不同，相對而言，譯經的口語化程度更高。而不同譯者所譯的佛經第一人稱代詞使用情況也有差異，則是由翻譯類型的不同導致的，譯者的中文水平和翻譯方法起了決定作用。

在對比本土文獻與譯經文獻中第一人稱代詞的使用情況時，朱文進行了詳細的數據統計與分析，使結果直觀了然，十分具有說服力。另外，譯經文獻數量巨大，譯者眾多，由於題材、時代、譯者的差異，內部並非完全同質，文章強調的這一點十分值得重視。

龍國富（2014）調查了東漢至隋 37 部口語性較強的譯經中人稱代詞的使用情

① 近五年全面的佛典語法研究論著情況，可參看朱冠明、真大成、于方圓、朱慶之（2018）。

況，將這一時期人稱代詞的特點總結如下：a. 文言人稱代詞趨於消失，新的人稱代詞還未產生；b. 單數和複數已被有意區分；c. 複數形式大量使用。后兩點都與原典語言的影響相關。

（2）語氣副詞“莫非”

漢語史上，語氣副詞“莫非”既可以表示測度和反詰，又可以用來加強肯定語氣。這兩種用法從何發展而來，又產生於何時？

盧烈紅（2012）對從先秦到清代包括70部譯經在內的大量文獻進行了窮盡性地考察和統計，得出以下結論：從先秦到南北朝，“莫非”都是一個“否定性無定代詞＋否定副詞”的跨層結構，唐宋以後，產生兩條不同的發展路徑。一條是唐代發展出表測度的語氣副詞用法，宋代出現可靠用例，明代“測度”用法發展較快，并產生反詰用法，表測度和反詰的“莫非”源於語氣副詞“莫”，是語氣副詞“莫”加上否定副詞“非”融合而成；另一條是大約開始于宋代，跨層結構“莫非”最初是“否定性無定代詞＋否定副詞”，用於說明單數事物時，演變為“否定副詞＋否定副詞”，再進一步虛化，加強肯定語氣。

盧文材料詳實，結構清晰，清晰勾畫了“莫非”演變的兩條路徑。尤為值得稱讚的是作者對材料的處理，一方面將前人所列佛經例句一一分析，比照不同版本，指出其中疏漏，另一方面選用語料時，特別注意其可靠性與同時性，保證了分析的可信度。

（3）時間副詞“一向”

關於時間副詞“一向”的產生，唐賢清（2004）認為是由“一”與表“從前、當初”的“向”結合而成，到唐代凝固成詞。張成進（2013）不認同此看法。他指出，先秦時期，數詞“一”與名詞“向”組合，表示“同一個方向、方位或目標”，主要用於動詞性成分之後，充當方位補語。東漢時期，受到漢譯佛經的影響，從一個表空間意義的詞組凝固為表“專心、專一”的複合詞，置於名詞性中心語前作修飾語。由於在佛經文獻中的高頻使用，魏晉六朝時期，能夠用於動詞性句法成分之前作狀語，表示“無余念、無散亂之心”。到唐五代時期，“一向”的意義繼續虛化，表持續義的時間副詞“一向”形成。

從理據性較強的詞組義“一個方向”到無法類推的詞義“專心、專一”，張文認為這是佛經詞語的“灌注得義”（顏洽茂2009），即，將漢語原有詞組灌注佛教新義成為佛教術語，類似的還有“修行”、“神通”、“解脫”等。而從“無余念、無散亂之心”發展為表時間上的持續，是轉喻機制在起作用：“無余念”地做一件事或保持一種狀態，外在表現為某種狀態的持續或某個動作的經常保持。

張文的研究重視了對中古漢譯佛經材料的使用，從詞彙化和語法化的雙重視角，釐清了時間副詞“一向”的產生機制與演變動因。發展路徑類似於此的詞仍有不少，留待進一步研究。

(4) 複數標記“們”

名詞和人稱代詞複數標記“們”的產生是漢語發展史上一大重要事件。對於“們”的來源，學界一直存在爭論。呂叔湘（1949：29—30）認為語源為“輩”，後來發展為“弭”、“彌”、“偉”，再發展為“們”；江藍生（1995）認為“們”、“麼”同源，都是從“物”而來；太田辰夫（1958/2003：316）認為來自於表示“同一族人”的“門”；梅祖麟（1986）則認為“們”是受到阿勒泰語複數詞尾的影響產生的。

朱慶之（2014）提出，解決這一問題的關鍵，在於回答陰聲韻的“輩（弭、彌、偉）”如何變為陽聲韻的“懣（瞞、門、們）”。他運用近些年來漢語方言的研究材料，說明陰轉陽這種語音上的變化也是漢語語音歷史變化的趨勢之一，因此“輩”變為“們”並非難以解釋。

朱文參考了類型學對數範疇表達的研究，注意到作為一種典型的類標記語言，漢語中也存在數標記，並且以此為突破口，來探求漢語中數標記表達的來源。漢語作為典型的類標記語言，一方面具有一套成系統的類標記——量詞，另一方面，代詞和名詞具有複數標記，這卻是數標記語言的特點。而漢語的複數標記“們”來自“輩”，“輩”本身具有多種功能，既可以作量詞，又可以作複數標記，也可以用來標記集合量。“輩”從類屬名詞成為複數標記，這一變化是在佛經翻譯的過程中完成的。梵語的人稱代詞、指示代詞和名詞都有數的變化，在此影響下，漢語中才傾向於使用形式手段來標記名詞和代詞的複數。也正是因為這種複數標記是借自其它語言，它在漢語中的使用才非常有限。

(5)“當”的將來時用法

在漢譯佛經中，“當”既有情態動詞用法，也有表將來時的時間副詞用法。研究者們對“當”的關注，主要集中在以下兩點：

①“當”將來時用法的來源。此前有兩種不同意見，朱冠明（2008：81）認為，“當”的將來時用法從道義情態義發展而來，而王玥雯、葉桂郴（2006）和龍國富（2010）等則認為，“當”的將來時用法除了來自道義情態外，還可以來自認識情態。以上這三種文獻主要採用漢譯佛經的材料進行討論。

王繼紅、陳前瑞（2015）將目光投向更早期的文獻。他們指出，《史記》中“當”的將來時和認識情態用法的比例是63：6，與朱冠明（2008）統計得到的《摩訶僧祇律》中“當”兩種用法的比例顯示出一致的趨向，也就是說，“當”認識情態用法的使用頻率遠低於將來時。並且，從類型學已有的研究來看，沒有一種語言存在這樣的語言形式：具備並且只具備認識情態和將來時兩種用法，換句話說，認識情態和將來時用法之間沒有直接的演化關係。因此，無論是從使用頻率來看，還是從類型學的視角來看，“當”的將來時用法都應該是從道義情態發展而來的。

②“當”道義情態的來源。劉利（2000）將“當”用作助動詞追溯到《尚書》：“人無於水監，當於民監。”（《尚書·酒誥》）這一觀點被後來的許多學者引用，但龍國富（2010）和王繼紅、陳前瑞（2015）都認為，這裡的“當”還帶有很強的動詞性，不能視為情態動詞。

《說文解字》對“當”本義的解釋為“田相值也”。王玥雯、葉桂郴（2006）認為，“當”從本義引申出“對等、相當”義，再由此發展出表義務的道義情態義。龍國富（2010）則認為，“當”的情態用法來自動詞性的“適合”義，《尚書》中的那一例就應該作此理解。王繼紅、陳前瑞（2015）另闢蹊徑，將“A 當 B”這一構式作為“當”義務義的最早來源，其中，這裡的“當”義為“對應、相當”，B 可用作動詞，為“當”重新分析為助動詞提供了可能。不僅如此，此構式大量出現在禮法語境中，禮法本身的強制性也增強了“當”的義務義。因此，“當”的義務義是由特定構式的構式義、構式中特定成分的句法語義屬性以及特定構式的語用環境三者共同形成的。

雖然對“當”將來時用法的關注始於佛經語言研究，但當佛經文獻的材料不足以用來構擬“當”表將來的演化路徑時，自然向前回溯，從上古漢語中尋找材料。此外，王繼紅、陳前瑞（2015）的研究也表明，漢語史中的語法化，既符合類型學研究顯示出的一般共性，又具有自己的獨特之處。

（6）副詞“都”

關於副詞“都”的演變路徑，有兩種看法，一種看法認為是“全稱量化副詞＞加強語氣副詞”，另一種看法認為是“語氣副詞＞量化副詞”。後者的依據是，東漢語料裡“都”已經出現了語氣副詞的用法，早於量化副詞的用法。谷峰（2015）使用東漢漢譯佛經，包括同經異譯和已有的梵漢對勘的材料，對前人認為東漢“都”屬於語氣副詞用法的例子進行了逐一分析，說明東漢譯經中的“都”只有量化用法，並沒有語氣副詞用法。舉文中一例如下：

（1）菩薩<u>都</u>不可得見，亦不可知處，當從何所說般若波羅蜜？（東漢·支讖譯《道行般若經·道行品》，8/428a）

這裡用於否定句中的“都”，太田辰夫（1958）、志村良治（1995）、吳福祥（1996）等都認為是語氣強調副詞。但作者指出，例句中的“菩薩”，實際上是“一切菩薩”的省略，而“都不可得見”在《光贊經》中譯作“皆/悉不可得”，“都”的基本功能仍然是全稱量化，而非語義強調。既然東漢譯經中“都”只存在量化用法，那麼從“語氣副詞＞量化副詞”這條路徑似乎是行不通的。

谷文還提到，儘管東漢譯經中的“都”是表量化，但仍與現代漢語有所差別。現代漢語中的“都”基本上是量化左邊的成分，只有在特指問句中才量化右邊的成分，而東漢時期，“都”量化左右兩邊成分的比例差不多，且都見於陳述句，如下例量化右邊：

(2) 持心一反念者出我上去，何況聞般若波羅蜜以，書持學者？聞以，隨是教立，都出諸天、阿須倫、世間人上。（前秦·曇摩蜱共竺佛念譯《摩訶般若鈔經·釋提桓因品》，8/536b）

另外他還提到，在東漢譯經中，“都”還可以出現在NP前，表示“所有”：

(3) 如是十方極過去不可復計諸佛刹，都人民種種各異語，共呼釋迦文佛名佛字。（東漢·支讖譯《佛說兜沙經》，10/446a）

作者使用同經異譯對比和梵漢對勘，來確定不同例句中“都”的語義和功能，從而為確定副詞“都”的語義演變方向提供可用的證據，這是本文在研究方法上的特色。

(7) 協同副詞

趙長才（2015）對中古譯經中常見的協同副詞進行了詳細的考察。中古譯經使用的協同副詞可以分為三類：第一類是單音節協同副詞，包括“共”、“俱”、“同”、“並”和“齊”，其中“齊”是中古新出現的；第二類是單音節協同副詞彼此組合形成的雙音節或三音節協同副詞，包括“共俱”、“俱並”、“同俱”、“並共”、“齊共”、“詳共齊”等；第三類是其他一些雙音節或多音節協同副詞，包括“相與”、“相與俱”、“共相與”、“相共”、“自共”等，只有“相與”沿襲自上古漢語，其他均為中古時期新產生的協同副詞。這三類協同副詞在是否與伴隨介詞短語共現上表現不一致，第一類和第二類中都有一部分常與伴隨介詞短語共現，第三類則一般不與伴隨介詞短語同時使用。

另外，他還注意到了協同副詞與總括副詞的連用。他指出，協同副詞和總括副詞之間存在異同，相同之處在於兩者都與複數論元相關，一些副詞的協同用法來自總括用法，差異在於總括副詞與前面的複數論元緊密相關，而協同副詞與後面的謂詞性成分關係更加密切。至於協同副詞和總括副詞連用，兩者不在同一個結構層次上，應該視為一種語法現象。除此之外，協同副詞本身蘊含時間上的同一性，因此還可以與時間副詞一起出現。

通過對中古譯經中協同副詞在詞彙構成、句法分佈和語用表達上的分析，趙文比較完整地呈現了中古時期協同副詞這一次類系統的特點。在分析中，他選用的例句全部來自漢譯佛經，並且詳細地分辨了哪些協同副詞始見於漢譯佛經，考察十分細緻。

(8) 領屬標記“所”和“許”

“所”和“許”是漢譯佛經中較為常見的領屬標記，其性質和來源曾受到許多學者的關注。對於表領屬的“所”，大體上有兩種不同意見，一種認為表領屬的“所”是“所有”的省略，另一種認為“所”表領屬的用法源於處所詞“所”在特定語境中的重新分析。

馮赫（2013）分析了“所/許”出現的“（N是/非）X所/許”和“X所/許N”兩種結構式，認為表領屬的“所/許”源於處所詞“所/許”，“許”是“所”的變體，“所”並非來自“所有”。他從認知的角度指出，演變的促動因素與空間運算式包含的典型領屬特徵相關。跨語言的研究顯示，領屬表達式很多都是來源於空間、處所表達式，譯經中“所/許”的這種用法符合類型學的一般規律。儘管譯經中的“所”表領屬可能受到來源語言中領格系統的影響，但他強調，更要從人類共有的認知能力和世界語言的普遍規律來看這種現象。

馮赫（2014）還考察了漢譯佛經中“何所”和“諸所”的來源。他認為，漢譯佛經中與“何”、“何者”類似的“何所”不見於中土文獻，它與漢語來源於“何所V”結構的“何所”不存在歷史演變關係。譯經中這類“何所/許”應該看作是“所/許”脫離空間範疇後與疑問詞“何”的組合，可能是在語言接觸的影響下產生的。漢譯佛經的“諸所”直接源形式是“諸所有（N）”，“所”是“所有”省略得到的，“諸所”中的“諸”和“所”從源頭來看應該是並列關係。

同樣與漢譯佛經有關的，還有馮赫（2016）對“如許”、“如所”的研究。他認為，“如許”和“如所”都來自於“如X許/所”這種構式，特定語境下此構式中的“X”不出現，就形成了“如許/所”。他給出的理由是，“如X許/所”與“如許/所”具有意義和功能上的共性，前者是樣態性狀的比擬，後者是樣態性狀的指示，由此認定兩者有發展上的來源關係。

作者在這一系列文章中實際上秉持了同樣的觀點，即“所”的空間處所義是源頭，由空間義發展出了領屬義、數量義、樣態義等，在最終解釋上都回歸了這一點。值得一提的是，作者運用了認知語言學、類型學等來分析語義的演變，這一嘗試加深了對“所/許”的認識。

（9）並列連詞“亦”

“亦”作為一個表並列關係的連詞，只在中古時期用於漢譯佛典，出現於後漢，消失於六朝，如：

（4）譬如雞毛亦筋，入火便縮，皺不得申。（東漢·安世高譯《長阿含十報法經》，1/235a）

對於“亦”並列連詞的用法，學界存在不同看法：許理和（1987）、龍國富（2005）、徐朝紅（2012）認為是由於譯經者的誤用導致的，蔣冀騁（1994）認為是受到外來語的影響形成的，張延成（2002）則歸因於漢語自身的演變。徐朝紅、吳福祥（2015）提出漢譯佛經中“亦”的並列連詞功能由類同副詞用法演變而來，但這種演變並非漢語内部獨立產生的，而是由語言接觸引發的。一方面，類同副詞和並列連詞的語義非常接近，另一方面，跨語言的事實表明，“類同副詞＞並列連詞”這種語義演變是非常自然的。在佛經翻譯中，梵文原典中 ca 的“類同副詞－並列連詞”的多功能模式以及“類同副詞＞並列連詞”的演變過程，觸發了漢譯佛典中“亦”的“類同副詞＞並列連詞”這一演變。至於“亦”這種用法不見於同時期的中古文獻，以及最終在魏晉以後消亡，他們認為，“亦”的並列連詞用法只是臨時創新，在中古時期未完全擴展和擴散開來，而此功能進一步發展成熟之前，“亦”作為一個語法詞已經退出當時的口語，被新興的“也”取代。

徐、吳文很好地運用跨語言的材料，對“類同副詞＞並列連詞”這一單向性演變進行證明。同時，在分析“亦”並列連詞用法的來源時，對語言接觸誘發的語法化這一演變機制進行了很好的闡釋。

（10）疑問語氣詞“婆”

中古漢語中，“婆”作為語氣詞使用只出現在漢譯佛典《鼻奈耶》中（後來還見於《祖堂集》），中土文獻未發現這種用法。對於疑問語氣詞“婆”，其來源大體有三種看法：一種認為“婆”與“麽、麼、磨”有關（辛島靜志，1997）；一種認為“婆”是反復問句中表反問的否定詞“不”的音變形式（馮春田，2000；朱冠明，2007）；還有一種認為依據現有材料無法確定其來源（龍國富，2004）。

儲泰松、楊軍（2015）窮盡性地分析了“婆”語氣詞用法在中古出現的 21 個用例，通過同經異譯的比較，認為“VP 不”中的“不”作為語氣詞是北方語言的特點，而南方採用“VP 不 VP”這種格式。他們在分析中指出，“不、非、來、無”有同源關係，“婆”源於“不”，是“不”在西部方言中的變體。“VP－neg”式中的否定詞逐漸固化為塞音聲母和鼻音聲母兩類，在不同的時間、地點，使用不同的字來記錄，“婆”寫作“波、啵、吧、罷”，“無”寫作“磨、摩、麼、末、沒、嘛、嗎”。隨著時間的推移，“婆”、“不”語法功能和語音都有所變化，因此在後代出現了多種書寫形式。基於以上分析，他們認為，“VP－neg”式中的否定詞，基本都可以視為“不”、“無”的音位變體或者地域變體。

儲、楊文以一個特殊的句末語氣詞“婆”入手，對能夠進入“VP－neg”句式的否定詞進行了系統性的研究，明確了這些否定詞在漢語史上的來源發展關係。在研究中，他們注意到了地域因素對語言的影響，這更好地解釋了“婆”的來源及分佈。

2. **句式研究**

（1）R 為 A 所見 V

《三國志・蜀志・楊戲傳》註引《華陽國志》載李密《陳情表》：“臣之辛苦，

非徒蜀之人士及二州牧伯所見明知，皇天后土，實所共鑒。”這裡的“所見明知”如何理解，學界可以分為兩種看法：一種認為“見”是“看見”（王力 1962；張啟成、徐達 1991－1995；王友懷、魏全瑞 2000），另一種則認為“見”是虛詞，“所見”就是“所”（成蓉 1965；吳金華 1981；楊伯峻、何樂士 2001；何亞南 2001；富金壁、牟維珍 2004 等）。

鑒於此，朱慶之（2013）窮盡性地調查了中古時期傳世文獻與佛經文獻中的“所見 V”式被動句，從句法語義結構與韻律結構兩個方面進行分析，認為鑒定一個句子是否為“所見 V”被動句的核心條件在於這裡的“所見”是否為一個韻律詞，是否是真正的雙音節助詞。

以此標準，《陳情表》中的“所見明知”並不符合“所見 V”被動句的要求。一方面，動詞“見”與“知”的連用或對舉在古代漢語中十分常見，《戰國策》中還出現了“所明見知”的用例；另一方面，在非佛教文獻中，“為 A 所見 V”中的介詞“為”與賓語“A”未見省略，“所見明知”不滿足這一條件。

朱文在對中土傳世文獻的分析中，提出了鑒定“所見 V”式被動句的標準，而佛教文獻中的用例則驗證了這些標準的有效性，有力地支持了自己的觀點。兩種性質不同的文獻的統計比較，更加直觀地展示了“所見 V”式被動句的使用特點。

（2）動補式

動補式一直是漢語語法研究的一個重要課題。關於動補式產生的時代與判定標準，一直存在熱烈的討論。太田辰夫（1958）認為動補式最遲產生于唐代，並以動詞後“殺”和“死”的使用作為評判標準；志村良治（1984）、梅祖麟（1991）、蔣紹愚（1999）等都認為產生於六朝，志村先生以“愁殺”的最早出現來判定動補式的形成時代，梅祖麟先生提出的形式標誌是“V 死 O”，也可用這一時期已出現的“隔開型”使成式來檢驗，蔣紹愚先生則指出，在“V_1+V_2”中，只有 V_2 自動詞化、虛化或不再用於使動，不與後面的賓語構成述賓關係，才能判定為動補式。

基於梅先生與蔣先生提出的標準，遇笑容（2014）以是否構成動賓關係來驗證結果補語的出現，以及物動詞是否出現在“Vt＋O＋Vi”中 Vi 的位置上來驗證其是否已不及物化。經過調查與分析，《撰集百緣經》中已經有“動詞＋名詞＋結果補語”這一類“隔開型”結果補語，但未見連動式中 V_2 不與賓語構成動賓關係的用例，以上面兩條標準判斷，還未出現“VOC”格式的結果補語。

除此之外，遇文還使用梵漢對勘的方法，說明了以下兩個問題：a.《撰集百緣經》中的“身死矣”在梵文原文中沒有對應，說明“瞬間動詞＋已”從最初對應梵文絕對分詞，到“規範”成了一種語法範疇，即一個語法變化經過規範成為語法演變；b.“已訖”和“訖已”都用來翻譯梵文的絕對分詞，因此，“已訖”中的“已”應視為動詞，而非副詞。

遇文使用《撰集百緣經》的材料，進一步討論了判定動補式產生的標準，為進一步研究提供了有價值的參考。而梵漢對勘方法的使用，解決了佛經語言研究中幾個可能存在爭議的小問題，為進行此類研究提供了範本。

（3）受事前置句

作為漢語中使用廣泛并具代表性的句式之一，受事主語句一直在學界受到了較高的關注。蔣紹愚（2004）將受事主語句分為有標記的被動句、意念上的被動句和“話題—評論”式三種類型，袁健惠（2014）將后兩種稱之為“受事前置句”。她考察了東漢安世高所譯的 16 部佛經及同期的《論衡》《風俗通義》《新論》3 部中土文獻，對其中受事前置句的使用情況作了窮盡的統計與分析，發現了兩類文獻在類型用例、受事、謂語及施事的結構構成上的異同。

在譯經中，優勢句型為“受事（＋施事）＋動詞”，動詞后一般不出現賓語或補語等後附成分，副詞、情態動詞等前附成分常常出現，動詞詞組充當謂語時結構較為單一，謂詞性受事使用比例稍高於體詞性受事。中土文獻中，優勢句型則為“受事（＋施事）＋情態動詞＋動詞（＋補語）”，動詞后有賓語或補語成分出現，充當謂語的動詞詞組呈現兼語、聯合、連謂、狀中四種結構，體詞性受事使用比例遠高於謂詞性受事。而兩種文獻里，施事不出現的用例都占取了絕對優勢。

袁文選取了東漢這一共時層面，對兩種性質不同的文獻進行了細緻全面的考量，較為清晰地展現了當時受事前置句的概貌，為這一句式的歷時研究提供了可供參考的材料。

（4）雙賓語句式

張美蘭、黃紅蕾（2014）從動詞、賓語、句型幾個方面，對西晉 143 部佛經中的雙賓語句式進行了研究。西晉譯經中的雙賓動詞依據語義特征，可分為給予、取得、告示、稱謂四類，前三類出現次數較多，這與佛經的內容有關。與直接賓語相比，間接賓語往往生命度低、定指度低、語義抽象、音節較多、結構形式較為複雜。就句型來看，仍以“動詞＋間接賓語＋直接賓語”的基本句式為主，也出現了零星幾例“動詞＋直接賓語＋間接賓語”，除此之外，帶兩個動詞的句式在西晉佛經中也有所發展。另外，通過使用虛詞標記、語序標記或兩者雙管齊下，也能達到雙賓結構相同的語義特征。

孫淑娟（2016）從給予、奪取、告知和稱謂這四個語義特征出發，考察了南北朝漢譯佛經中不同語義特征的雙賓語句式的分佈及特點。就類型而言，給予類動詞呈現出最豐富的雙賓語結構類型，告知類、奪取類緊隨其後，稱謂類最為單一。就數量而言，告知類與給予類遙遙領先，稱謂類數量最少。整體而言，這一時期既出現了“與＋間接賓語＋動詞＋直接賓語”的新句式，也產生了受原典語言影響的“間接賓語＋動詞＋直接賓語”、“以＋直接賓語＋動詞＋于＋間接賓語”和“動詞

＋于＋間接賓語＋直接賓語”。

兩篇文章同時注意到了使用虛詞標記“以”或“于”、通過話題化將直接賓語或間接賓語移前等產生的這一類特殊句式，但這類句式是從上古漢語發展而來還是受原典語言的影響產生，仍需進一步討論。

(5)“V 令 XP”

對於“V 令 XP”這種構式的性質，學界存在一定的爭論。魏培泉（2000）認為是緊縮複句，兩個分句分別是“V”和“令 XP”，此構式戰國時已出現，中古常常使用。趙長才（2000）則認為是連動式，出現在秦漢以後。牛順心（2004）認為此構式是在佛經翻譯過程中受到梵語的影響產生的。

劉文正、祝靜（2015）使用出土文獻和佛經語料，對“V 令 XP”這一構式的歷史發展進行了詳細的研究，梳理了此構式從上古到近代的分佈特點、使用情況，據此排除了語言接觸對此構式的影響。他們認為“V 令 XP”這一構式最晚在戰國中期就已經出現，給出的例子絕大部分都是“V 之/NP 使 XP”。他們指出《左傳》中的“告馮簡子使斷之”與“授子大叔使行之”，在“使”前仍然可以停頓，但《國語》中的“決之使導”和“資東陽之盜使殺之”就是“V 令 XP”了。但該文並沒有清楚地論證《左傳》和《國語》中的例子有何本質差別，為何前者可停頓而後者不可？並且在論述中，也未能給出判斷“V 令 XP”構式成立的具體標準。

二、梵漢對勘與佛典語法研究

近五年研究中梵漢對勘這種方法在漢譯佛典語法研究中得到了相當多的使用，其重要性愈發凸顯。李煒（2015）指出，梵漢對勘對於研究梵文佛典和漢文佛典都十分重要。一方面，現存梵文佛教文獻很少有年代記載，也沒有原始注釋，因此漢譯佛典文獻就成為研究梵文佛典的重要參考材料；另一方面，中國佛教文獻大部分缺少注解，梵文原典中使用的梵文詞可以為漢語的理解提供依據。近五年使用梵漢對勘材料進行的研究主要有以下十項：

1. 義淨所譯佛典的句法處理。陳明（2013）以根本說一切有部中《藥事》和《破僧事》為例，通過出土的梵文本和翻譯的漢文本的對勘，總結了義淨在翻譯佛教戒律文獻時對句法的處理方式：有時會改變梵文原本中的句型或句式，有時會在維持梵文原本中句型的情況下，對句子內部成分進行不同程度的調整。

2. 歷史句法中的縮約方式。胡敕瑞（2013）以東漢支讖所譯《道行般若經》和三國支謙所譯《大明度經》這兩種篇幅不同而內容一致的佛經為研究對象，討論漢語歷史句法中的縮約方式。句法縮約是簡化句子的一種手段，胡文發現，後者主要採用了“代用”和“省略”這兩種縮約方式。代用包括“數字概括”和“代詞指代”，省略則包括“簡單省略”和“複雜省略”。通過同經異譯可以很好地觀察到這一動態變化。

3. 漢譯佛經中“數”的表達。龍國富（2013）對《法華經》的數詞表達進行了梵漢對勘，他發現，數詞組合表敘述是翻譯梵文中的虛數詞；數詞與非數詞連用表敘述是譯者以直譯、意譯、音譯等方式翻譯得來；人稱代詞複數形式“等/曹”源於梵文中人稱代詞複數的頻繁出現和動詞複數詞尾的廣泛使用；表達數詞之間選擇關係的“若”是譯文與梵文力求一致的結果。

4. 漢譯佛經中呼格的表達。姜南（2013）同樣通過對《法華經》進行梵漢對勘和異譯比較，發現譯者在翻譯過程中，利用符合漢語類型的語法詞彙手段，來凸顯梵文原文中由名詞呼格來表達的篇章銜接功能，例如將人名稱呼語移至句首或單獨成句，或者在人名稱呼語後添加“當知/欲知/惟說”等祈願類動詞，抑或是在人名稱呼語前添加言告類動詞等。趙長才（2015）討論了中古譯經中由原典呼格的對譯帶來的句法影響。除了姜南（2013）提到的將呼格成分移置句首外，呼格成分也常常作為插入語出現，其語用功能十分多樣：轉移話題；遞進說明等。在形式上，呼格成分可以割裂相鄰的句法成分，割裂兩個連續的小句，割裂雙賓語結構，割裂關聯標記與其所標記的分句，割裂疑問詞與後面的句子等，這些都反映了語言接觸過程中來源語對目標語的影響。

5. 漢譯佛經中的話題轉移標記。姜南（2014）以《妙法蓮華經》的梵漢對勘和同經異譯為基礎，發現無論梵文原典中是否存在直接對應詞，只要遇到話題轉換，譯文的句首話題位置常常會使用“爾時”、“今（者/日）”、“複次（次複）”、“（複）有”等顯性標記詞。

6. 等比標記“如……等/許”。中古新興的平比結構“如……等/許”在漢譯佛經中有大量用例。姜南（2014）使用梵漢對勘的材料，發現“如”和“等”可以單獨用來翻譯梵文原文的不變詞“yathā”以及複合詞尾表示“與……一樣”的“-upama/-sama/-mātra”，也可以一起使用對譯這些語法要素。在此基礎上，她認為表示等同的“等/許”是在仿譯原文同型等比結構的過程中發展為後置等比標記的，進而與前置詞“如”搭配，形成了“如……等/許”這種等比標記。

7.《金剛經》的否定詞。陳淑芬（2014）採用鳩摩羅什譯《金剛般若波羅蜜經》和玄奘譯《大般若波羅蜜多經》的《能斷金剛分》這兩個中文譯本，與梵文本進行對照，研究了“不”、“莫”、“非”、“勿”、“未”、“無”這 6 個否定詞的使用及與梵文的對應關係。研究發現，“不”的使用頻率最高，這 6 個否定詞都可以對譯梵文中否定詞 na，並且“未”、“非”、“無”和“不”還可以對譯梵文的否定前綴 a(n) -，“非”和“不”可對譯梵文中的 vi-，而只有“無”可以對譯梵文中的 nir-。

8. “已”。陳秀蘭（2014）通過《撰集百緣經》的梵漢對勘，發現用於非持續動詞後的“已$_2$”來自梵語，但並非是蔣紹愚先生所說的僅源自絕對分詞，而是來自不定過去時、未完成時、完成時、過去被動分詞、獨立式、完成分詞等表示動作行為發生在過去時間的多種語法形式。劉豐、王繼紅（2015）使用《金剛經》梵漢平行語料庫，發現《金剛經》中的時體標記“已”有完成體和完整體兩種用法。表完成體的“已”對譯梵文的過去被動分詞、現在分詞、不定過去時、現在時，完整體語法語素“已”對譯梵文的獨立式。“已”通過語法化，從完成體語法語素發展為完整體語法語素。佛經中動詞後表完成的“已”的來源是這些年關注的熱點，近年的研究對勘材料更加充分，對“已”的語法化過程的描述也更加清晰。

9.“未曾有”。“未曾有”是中古譯經中十分常用的一個詞，許多現代辭書都按照字面意思將其解釋為“從未有過”、“前所未有”等義。朱冠明（2015）使用《法華經》的梵文本與現存的兩個漢譯本（西晉竺法護譯《正法華經》和姚秦鳩摩羅什譯《妙法蓮華經》）進行對勘，發現與“未曾有”對應的梵文詞有兩個，分別是adbhuta和āścarya。而這兩個梵文詞是同義詞，都表示“奇特、稀有”。另外，同經異譯的對比和古代譯師的注釋，也證明了“未曾有”的真正意義是“奇特、稀有”。該文還充分討論了“未曾有”在中古以後語義和用法的發展演變，指出這一類源自佛典、常見於書面而口語中罕見的語詞是值得關注的研究對象。

10. 全稱量化詞“所有”。“所有”是一個今天仍在普遍使用的一個全稱量化限定詞。目前，在對“所有”的研究中，以下問題最受關注：

（1）全稱量化限定詞“所有”與上古漢語“所”字結構形成的“所＋有”之間有沒有關係？

董秀芳（2002：220）、龍國富（2004）、毛向櫻（2011）都認為，“所有”是“所”加在“有”前，使其名詞化，“所有”指的是“擁有的東西”，後來發展出全稱量化的用法。不過，正如王繼紅（2015）所說，名詞化的“所有”多用在主語和賓語位置上，而表全稱量化的“所有”通常出現在定語位置上，如果認為兩者有關，那麼就要解釋“所有”從主、賓語位置到定語位置這一句法位置發生變化的過程和原因。

王繼紅（2015）認為用於定語位置上表全稱量化的“所有”，與上古漢語的名詞化短語“所有”無關，而是與“X＋所＋有＋Y”句式有關。從梵漢對勘來看，佛經中的“所有”一方面可以表示廣義存在關係，即“某處所X存在若干數量的某種事物Y”，另一方面也可以表達數量關係，即“有怎樣數量的……”，對譯梵語的“yāvat/yad（……tāvat/tad)”引導的量化關係從句，“所”是量化關係代詞，“有”是存現動詞。

（2）全稱量化限定詞“所有”如何獲得了“全部”義？

董秀芳（2002：221）、毛向櫻（2011）所持看法類似，認為“全部”義是由語境賦予的，但均未明確指出這種特定的語境。而根據王繼紅（2015），譯經翻譯者注意到梵語中存在以“yāvat/yad”引導的關係從句來表達全稱量化的方式，他們利用漢語中可以得到的使用模式來產生與之對等的範疇，即關係代詞“所”和謂語動詞“有”，意思是“有怎樣數量的……”。在使用時，佛經翻譯者的意圖與讀者的理解之間產生了錯位，“所有”由一個關係代詞與一個存現動詞的組合，重新分析為一個全稱量化限定詞。

王文通過梵漢對勘《金剛經》以及異譯本的對比，將表全稱量化的“所有”與梵語中的關係從句聯繫起來，並且明確指出了“所有”形成的環境，分析了“全部”義產生的機制和原因，對研究有很好的推進。

三、同經異譯與佛典語法研究

同經異譯是佛典語料的特色，有獨特的研究價值。高列過（2013）對之前同經異譯的研究成果進行了梳理，她指出，在內容方面，主要涉及的是《小品般若經》、《維摩詰經》、鳩摩羅什譯經和竺法護譯經等，有許多異譯經仍待研究；在類別上，取得成果最多的是詞彙研究——通過不同時代的譯本來考察詞彙替代和詞彙演變，語法研究數量十分有限，範圍也相對狹隘，能夠見到的許多都是與疑問句相關的考察。

近五年以來，同經異譯涉及的研究對象範圍擴大，就筆者所見，除了先前已經納入研究視線的《道行般若經》、《維摩詰經》外，還有《金剛經》、《金光明經》、《無量壽經》、《菩薩念佛三昧經》、《華嚴經》、《文殊師利現寶藏經》、《說無垢稱經》等。但正如高列過（2013）所說，對這些異譯經語言的研究，多集中在詞彙方面，語法方面的極少。造成這一現象的原因大概在於，與語法上的差異相比，詞彙差異更加明顯直接，更容易觀察得到。目前利用同經異譯進行語法研究，多是在研究佛經中某一語法現象或語法要素的發展時，使用不同譯本的材料進行佐證，並且常常與梵漢對勘的方法結合。谷峰（2015）、朱冠明（2015）、王繼紅（2015）等利用同一佛經的不同時代的譯本，都是通過多種譯本中對應語句的相互對照，用以說明研究對象所表達的真正意義。

四、語言理論與佛典語法研究

曹廣順、遇笑容（2014、2015）將漢譯佛典中特殊的語法現象分為三類：第一類是把梵文佛經原典的表達方式、語序等語法手段植入漢語，例如根據梵文的語序將表原因或目的的“故”放在句末；第二類是改造漢語固有的語法手段，賦予其新的意義和用法，例如表完成的“已”使用範圍從只能用在持續動詞後擴展到也可用於瞬間動詞後；第三類是漢語中本有的句型或語法格式，在漢譯佛經中使用數量明顯增加，如受事主語句的大量出現，既與漢語本身及物動詞的發展和“之”的衰落相關，也在一定程度上受到梵語動詞居後語序的影響。他們認為，在語言接觸中，共時變化最容易發生在接觸語言雙方差距最大、最明顯的語法點上，這往往發生在語言接觸初期，屬於語法創新，但隨著接觸的深入很快會被淘汰；而歷時變化最容易發生在接觸語言雙方比較接近、有對應性同時又存在隱形差異的語法成分。

Thomason（2001）指出：“語言接觸中有兩類干擾，一種干擾特徵是由熟練掌握接受語的人帶入到接受語中去的，另外一種是干擾特徵由一群學習者引入第二語言，即目標語中的。”曹、遇兩位先生認為，中古譯經中特殊的語言現象就是屬於第二種情況，學習者將自己的母語成分帶入目標語，使得中介語中保留了大量來源於母語的特徵，包括語序、結構關係和句型等等，這些特徵能夠成為歷時變化，則是根據接觸的社會、歷史條件而定。

在具體的研究中，學者們不再局限於僅僅指出某種語言現象的演變是語言接觸導致的，還會進一步分析發生這種演變的機制。徐朝紅、吳福祥（2015）在談到“亦”從類同副詞發展為並列連詞時，認為“亦”獲得“並列連詞”這種功能的機制是“語義複製”，即在語言接觸中複製語複製了模式語的語義概念、語義組織模式或語義演變過程。他們還進一步指出，之前將某種語法現象的出現或產生歸於語言接觸等外部因素時，往往假設了一個前提，即接觸引發的語法演變一定是罕見的、異常的或不自然的演變。但跨語言的研究表明，這一前提並不正確。不能以演變是否常見或自然來判斷其原因，語言接觸引發的演變和語言獨立發生的演變唯一的差別在於，前者存在一個語言接觸的動因。

除了語言接觸理論外，類型學、語法化、語義演變等現代語言理論也應用於漢譯佛典語法現象的研究。“當”的將來時用法到底來自道義情態還是認識情態？類型學的研究發現，目前已知的語言中，沒有任何一個語言形式，只具備認識情態和將來時兩種用法，這從側面說明了認識情態和將來時這兩種用法之間沒有直接的演變關係。在類型學證據的幫助下，王繼紅、陳前瑞（2015）得出結論：“當”的將來時用法源自道義情態義。馮赫（2013）通過分析，認為“所”的領屬用法來自於處所詞“所”，他也指出，從處所到領屬的這一演變符合類型學的一般規律。語法化、語義演變等理論研究漢譯佛典的語言使用情況，近幾年也不少見，馮赫（2013、2014）、徐朝紅、吳福祥（2015）、王繼紅、陳前瑞（2015）等的研究中都可發現。例如，處所詞“所”如何發展出領屬用法？要回答這一問題，需要對“所”的動態發展進行一個歷時梳理，對“所”在漢語史中出現的各種功能進行歸納，並研究各個功能出現的先後以及相互之間的關係。而研究一個語法要素功能的增加、分佈的擴展以及語義的變化，這正需要語法化和語義演變的相關理論加以解釋。

參考文獻

曹廣順、遇笑容. 變與不變——漢語史中語言接觸引發語法演變的一些問題//歷史語言學研究. 第八輯. 北京：商務印書館，2014.

曹廣順、遇笑容. 從中古譯經和元白話看第二語言習得導致的語言接觸——以語言接觸導致的語法變化為例//歷史語言學研究. 第九輯. 北京：商務印書館，2015.

陳明. 簡論義淨所譯佛教律典中的句法處理——以出土梵本與漢譯本的對勘為依據//漢譯佛典語法研究論集. 北京：商務印書館，2013.

陳淑芬. 金剛經否定詞之梵漢對比——比較鳩摩羅什及玄奘的譯本//漢譯佛典語言研究. 北京：語文出版社，2014.

陳秀蘭. 梵漢對勘研究《撰集百緣經》中的“已”//《漢譯佛典語言研究》. 北京：語文出版社，2014.

儲泰松、楊軍. 疑問語氣詞“婆”的語源及其流變. 安徽師範大學學報（人文社會科學版），2015（1），83－91.

董秀芳. 词汇化：汉语双音词的衍生和发展. 成都：四川民族出版社，2002.

馮春田. 近代漢語語法研究. 濟南：山東教育出版社，2000.

馮赫. 漢譯佛經領屬關係詞“所/許”的來源與形成. 古漢語研究，2013（1），27－33.

馮赫. 論漢譯佛經“何所”與“諸所”的源形式. 語言學研究，2014（2），80－86.

馮赫. 樣態指示詞“如許”“如所”的形成. 中國語文，2016（1），103－109.

高列過. 中古同經異譯佛典語言研究概述. 貴州師範大學學報（社會科學版），2013（6），143－148.

谷峰. “都”在東漢有沒有語氣副詞的用法？中國語文，2015（3），230－239.

胡敕瑞. 代用與省略——論歷史句法中的縮約方式//漢譯佛典語法研究論集. 北京：商務印書館，2013.

江藍生. 說“麼”與“們”同源. 中國語文，1995（3），180－190.

姜南. 佛經漢譯中呼格的凸顯與轉移//漢譯佛典語法研究論集. 北京：商務印書館，2013.

姜南. 漢譯佛經篇章銜接策略舉隅//東方學刊. 開封：河南大學出版社，2014.

姜南. 漢譯佛經等比標記“如……等/許”探源//漢譯佛典語言研究. 北京：語文出版社，2014.

蔣冀騁. 隋以前漢譯佛經虛詞箋識. 古漢語研究，1994（2），49－51.

蔣紹愚. 近代漢語研究概要. 北京：北京大學出版社，2005.

李煒. 試談梵漢對比研究的方法和意義//漢語史學報. 第15輯. 上海：上海教育出版社，2015.

劉豐、王繼紅. 從梵漢對勘看《金剛經》中時體語法語素“已”. 現代語文，2015（6），42－47.

劉利. 先秦漢語助動詞研究. 北京：北京師範大學出版社，2000.

劉文正、祝靜. 上古、中古和近代漢語的“V 令 XP”//漢語史研究集刊. 第20輯. 成都：

巴蜀書社，2015.

龍國富. 姚秦譯經助詞研究. 長沙：湖南師範大學出版社，2004.

龍國富. 動詞的時間範疇化演變：以動詞“當”和“將”為例. 古漢語研究，2010（4），31－39.

龍國富. 法華經語法研究. 中國社會科學院博士後出站報告，2005. 北京：商務印書館，2013.

龍國富. 中古譯經中人稱代詞與指示代詞研究//漢譯佛典語言研究. 北京：語文出版社，2014.

龍國富. 梵漢對勘在漢譯佛經語法研究中的價值//西域歷史語言研究集刊. 第八輯. 北京：科學出版社，2015.

盧烈紅. “莫非”源流考//南開語言學刊. 第2期. 北京：商務印書館，2012.

呂叔湘. 說們. 國文月刊，1949（79、80），29－30.

呂叔湘. 近代漢語指代詞（江藍生補）. 上海：學林出版，1985.

毛向櫻. “所有”的詞彙化過程探析. 北方文學，2011（6），160－161.

梅祖麟. 關於近代漢語指代詞——讀呂著《近代漢語指代詞》. 中國語文，1986（6），401－412.

牛順心. 漢語中致使範疇的結構類型研究. 上海師範大學博士學位論文，2004.

孫淑娟. 南北朝時期漢譯佛經中的雙賓語結構. 貴州大學學報（社會科學版），2016（9），150－155.

邵天松. 從語言接觸看《法顯傳》中“V＋（O）＋已”句式. 語言研究，2014（2），36－40.

太田辰夫. 中國語歷史文法. 東京：江南書院，1958. 中國語歷史文法（修訂譯本）.

蔣紹愚、徐昌華譯. 北京：北京大學出版社，2003.

王繼紅. 基於梵漢對勘的阿毗達磨俱舍論語法研究. 上海：中西書局，2014.

王繼紅. 中古譯經數範疇的翻譯方法//人文叢刊. 第九輯. 北京：學苑出版社，2015.

王繼紅. 從梵漢對勘看全稱量化限定詞“所有”的形成. 古漢語研究，2015（4），23－32.

王繼紅、陳前瑞. “當”的情態與將來時用法的演化. 中國語文，2015（3），472－484.

王繼紅、黃淵紅、牟烨梓. 中古漢譯佛經複句的文體差異//人文叢刊. 第七輯. 北京：學苑出版社，2013.

王繼紅、王鳳.《金光明經》異譯本中的時間連接成分//人文叢刊. 第八輯. 北京：學苑出版社，2014.

王玥雯、葉桂郴. 從情態範疇到將來範疇——試論漢譯佛經中將來時標誌“當”的語法化. 現代語文，2006（6），56－58.

魏培泉. 說中古漢語的使成結構. 中央研究院歷史語言研究所集刊第七十一本第四分，2000.

吳福祥. 敦煌變文語法研究. 長沙：嶽麓書社，1996.

辛島靜志. 漢譯佛典的語言研究附篇：佛典漢語三題——關於語氣詞“婆”、關於貝多、關於闞賓．俗語言研究，1997（4），29－49.

徐朝紅．漢譯佛經中並列連詞“亦”的歷時考察及來源再探．語文研究，2012（2），34－37.

徐朝紅．漢譯佛經本緣部特殊連詞研究．古漢語研究，2013（2），30－36.

徐朝紅、吳福祥．從類同副詞到並列連詞：中古譯經中虛詞“亦”的語義演變．中國語文，2015（1），38－49.

許理和．最早的佛經譯文中的東漢口語成分//語言學論叢．第十四輯．北京：商務印書館，1987.

遇笑容．從《撰集百緣經》看中古漢語動補式的發展//漢譯佛典語言研究．北京：語文出版社，2014.

袁健慧．安世高譯經與東漢本土傳世文獻中受事前置句比較研究//漢譯佛典語言研究．北京：語文出版社，2014.

張成進．時間副詞“一向”的詞彙化和語法化過程考探．語言研究，2013（2），65－70.

張美蘭、黃紅蕾．西晉佛經中的雙賓語句式//漢譯佛典語言研究．北京：語文出版社，2014.

張延成．東漢佛經詞語例釋二則．古漢語研究，2002（1），18.

趙長才．漢語述補結構的歷時研究．中國社會科學院研究生院博士學位論文，2000.

趙長才．中古譯經的協同副詞及其來源//歷史語言學研究．第八輯．北京：商務印書館，2014.

趙長才．中古譯經由原典呼格的對譯所帶來的句法影響//歷史語言學研究．第九輯．北京：商務印書館，2015.

志村良治．中國中世語法史研究．江藍生、白維國譯．北京：中華書局，1995.

朱冠明．關於“VP不”式疑問句中“不”的虛化．漢語學報2007（4），79－83.

朱冠明．《摩訶僧祇律》情態動詞研究，北京：中國戲劇出版社，2008.

朱冠明．漢譯佛典語法研究述要//漢譯佛典語法研究論集．北京：商務印書館，2013.

朱冠明．中古譯經中的“未曾有”及其流傳．古漢語研究2015（2），16－25.

朱冠明、真大成、于方圓、朱慶之．佛教漢語研究論著目録（2007－2017）//佛教漢語研究的新進展（即出）．北京：中國社會科學出版社，2018.

朱慶之．上古漢語“吾”“予/余”等第一人稱代詞在口語中消失的時代．中國語文，2012（3），195－210.

朱慶之．“R為A所見V”被動句式的厘定：兼談李密〈陳情表〉之“所見明知”．古漢語研究，2013（4），69－89.

朱慶之．漢語名詞和人稱代詞複數標記的產生與佛經翻譯之關係//中國語言學報．第十六期．北京：商務印書館，2014.

朱慶之、朱冠明．佛典與漢語語法研究——20世紀國內佛教漢語研究回顧之二//漢語史研究集刊．第九輯．成都：巴蜀書社，2006.

Thomason, Sarah. (2001). *Language contact: An introduction*. Washington D. C.: Georgetown University Press.

Studies of the Buddhist Chinese Grammar in Recent Five Years

Yu Fangyuan, Zhu Guanming

Abstract: It is widely acknowledged that the Medieval Chinese Buddhist Scripture are of great value for studying of Chinese historical grammar. This paper reviews and concludes various studies of Buddhist Chinese grammar in recent five years, and analysis their characteristics and shortages.

Keywords: Chinese Buddhist Scripture; Buddhist Chinese grammar; Sanskrit-Chinese proof-reading; language contact

（于方圓、朱冠明，中國人民大學文學院）

上古、中古漢語語法體貌研究述評*

榮 景

提 要： 本文首先從體標記個案分析、情狀類型研究及體貌系統考察等方面初步回顧了上古、中古漢語語法的體貌研究，然後指出了以往研究中存在“多個案研究，少系統考察”、“重有標記，輕無標記”、“對漢語體貌表達的歷史演變過程揭示得不夠詳盡”等方面的問題，最後嘗試對今後該領域的研究提出了一些建議。

關鍵詞： 體貌研究；上古漢語；中古漢語；回顧；展望

一、引 言

體貌（aspectuality）表示情狀（situations）的內部時間結構（internal temporal structure）及說話人對此進行觀察的不同方式。其中，情狀的內部時間結構，稱為“情狀體”（或“情狀類型”“詞彙體”等）；說話人對情狀內部時間結構進行觀察的方式，稱作“視點體”（或“語法體”）。故而，體貌是由情狀體和視點體兩個部分組成，它屬於功能一語義範疇（Smith 1997：1）。傳統所說的“體”相當於“視點體”，以下將“體”和“體標記”分別作為“視點體”和“視點體標記”的簡稱形式。

體貌範疇在世界語言中是普遍存在的，考察其在特定語言中的歷時演變過程及發展規律，一直是歷史語法學家的一項重要任務。與印歐語相比，漢語歷史語法的體貌研究整體上起步較晚①。不過，自呂叔湘、王力、高名凱等前輩語言學家的開

---

* 本文的研究得到江蘇省博士後科研資助計劃項目“類型學及語法化視角下的近代漢語體貌研究”（資助編號：1701158B）、教育部人文社會科學研究青年基金項目“認知視閾下的唐五代漢語體貌研究”（項目編號：17YJC740096）的資助。匿名審稿專家對本文提出了詳細的修改意見，謹此致謝！

① 究其原因，我們認為，一方面“體（aspect）”或“體貌”是國外語言學的概念，它被引入漢語語法研究的時間較晚（黎錦熙 1924 年在《新著國語文法》中最早提到這一概念）；另一方面，系統的漢語語法史研究到上世紀四、五十年代在呂叔湘、王力等先生的倡導與身體力行下才逐漸建立起來，體貌作為語法史考察的一項內容，也要到此時才被學者們予以更多的關注。

創性研究以來，經過幾代學者的不懈努力，如今該領域的研究已初具規模，無論在上古、中古漢語研究方面，還是在近代漢語研究方面，都出現了一些有影響的成果。這些成果為今後的研究打下了良好的基礎。

本文主要就上古、中古漢語語法的體貌研究[①]進行初步的回顧[②]，在此基礎上對今後的研究提出一些建議，以期對漢語語法史研究有所助益。

二、上古漢語體貌研究

2.1 在"體貌"的概念引入漢語以前，學者們已經注意到了"動作行為在時間進程中的階段或狀態（如開始、持續、進行、完成等）"這一概念在古漢語語法中如何表達的問題。比如，馬建忠在《馬氏文通》中說解傳信助詞"矣"時言："'矣'字者，所以決事理已然之口氣也。已然之口氣，俗間所謂'了'字也……句讀之述往事者，'矣'字助之。'既''已'等狀字，加否無常"（馬建忠 1983：341）。楊樹達《高等國文法》在談及文言語法的"表時副詞"時，舉例說明了表過去的"既""已""業""終"、表現在的"方""正""鼎"、表經驗的"曾""嘗"、表終竟的"終""竟""卒""訖"等的用法。

上世紀 40 年代，呂叔湘的《中國文法要略》提出了"動相"的概念，並討論了"既事相""方事相""起事相"等十種動相。王力的《中國現代語法》提出了"情貌"的概念，列舉描寫了"普通貌""進行貌""完成貌"等七種情貌，基本上建立起了漢語的體範疇。高名凱的《漢語語法論》明確提出了"體"範疇[③]，介紹了"進行體""完成體""結果體"等體範疇在古今漢語中的表現形式。

不過，在此後相當長的一段時間內，學界對古代漢語體貌問題的關注程度遠不如現代漢語高，相關的研究進展緩慢，成果也不多。我們從已出版的漢語語法史著作中可以看到，大多數論著在談及古漢語體貌表達的問題時，仍是在詞類框架下對一些可表達體貌意義（如動作行為的開始、進行或持續、完成等）的虛詞（如時間副詞、否定副詞、語氣詞等）進行描寫分析。比如，王力《漢語語法史》在"語氣詞的發展"一章討論了古漢語中"也"和"矣"的體貌用法："也"是靜態的描寫，"矣"是動態的敘述。楊伯峻、何樂士《古漢語語法及其發展》在"時間副詞"一節列舉了古漢語中"表示動作行為已經完成"的"既""已""業""業已"、"表示

---

① 從上古、中古漢語體貌研究的實際情形來看，相關體標記的個案分析佔了相當高的比重，而情狀類型及體貌系統方面的研究所佔比重則較低。因此，本文在回顧學界對上古、中古漢語體標記的個案分析上所用篇幅較多。

② 有關近代漢語體貌研究的情況，筆者擬另撰文予以回顧。

③ 王力指出，"情貌"是"表示事情的狀態的"；呂叔湘指出，"動相"表示"一個動作的過程中的各個階段"；高名凱指出，"體"表示"動作或歷程在綿延的段落中是如何的狀態"。雖然三位先生各自所用的術語不同，但概念的內涵基本上是一致的。

正在進行”的“方”“方將”“正”、“表示動作或狀態的持續”的“猶”“尚”“仍”“還”等的用法。向熹《簡明漢語史》舉例分析了上古漢語中表示動作行為曾經發生過的“曾”“嘗”、表示動作行為正在發生或處於持續狀態的“方”“正”“鼎”及否定動作行為已經發生的“未”等副詞的使用情況。李佐豐《古代漢語語法學》在“時態副詞”一節討論了“未、既、已、嘗、方、方且、尚、猶”等的用法。類似的處理還見於易孟醇（2005）、姚振武（2015）等的上古漢語語法研究著作。

2.2 真正在體貌理論框架下對上古漢語體貌問題進行研究的學者當是Pulleyblank。Pulleyblank（1995：112，116—117）指出，在現代漢語中動詞詞尾“—了”的功能是標示完整體（perfectivity），而在古漢語中同樣的功能是由動詞前副詞“既”和“已”來表示；古漢語的句末小詞“矣”在充當狀態變化標記時，相當於現代漢語的句末助詞“了”①，句末的“了”和“矣”在功能上基本是表示體貌的，可用“完成體（perfect）”來概括其體貌性質。

自Pulleyblank以來，學界對上古漢語體貌問題所作的研究，大體上可歸納為三個方面：

2.2.1 專書及斷代體貌研究。這方面的研究，通常是以某個特定歷史時期的某部（或某幾部）代表性專書為調查語料，考察分析該歷史時期的體貌表達手段或體系。比如，鄭路（2008）考察了《左傳》的時間範疇。他指出，《左傳》中時體範疇均以詞彙形式為主要表達手段，體標記主要由副詞和語氣詞充當。他根據說者觀察情狀時所立足的視點的不同，將《左傳》體範疇分為完整體（perfective）和非完整體（imperfective）兩個部分，後者又進一步分為起始體和持續體。其中，“既、已、未、嘗、矣”為完整體標記，“初、始、新”為起始體標記，“方、猶”為持續體標記。作者還比較了《左傳》中時範疇跟體範疇之間的差異，考察了時、體表達手段的配用情況，構建了一個能反映《左傳》時間範疇的體系。不過，作者將“嘗”和“矣”都歸入完整體標記，似乎忽略了二者分別表達經驗體和完成體的事實，理應作進一步區分。

Meisterernst的專著*Tense and Aspect in Han Period Chinese*（2015a）以《史記》為主要語料，系統分析了漢代漢語中時與體貌的表達問題。該書從句法、語義兩個方面考察了《史記》中時點、時段成分及時體副詞（如“初、始、方、既、已、未、曾、嘗、素、雅、常”等）的用法及其存在的句法語義限制。比如，作者在分析“曾、嘗、素、雅、常”這五個時體副詞時指出：“它們在使用上雖然存在一定程度的重合，但在基本語義上具有明顯區別，可以分成兩類：1. 表示過去情狀的時間副詞（temporal adverbs）‘曾、嘗’，其使用對所飾的VP的情狀類型不

① 馬建忠、高名凱、王力等先生均提過這一觀點。

產生任何壓制（coercion）作用；2. 表示慣常性（habituality）的體副詞（aspectual adverbs）‘素、雅、常’，跟 VP 的語義密切相關。第 2 類還可進一步區分為表示過去慣常性的‘素、雅’和表示一般慣常性及頻率（跟時無關）的‘常’”①（Meisterernst 2015a：360）。

Meisterernst（2016）進一步指出，在上古後期至中古早期漢語的鉸接式 VP（an articulated VP）內存在內部體結構（Inner Aspect Phrase），該體結構（AspP）包含動詞詞彙體，且對應位於 VP 之外的包含語法體的外部體結構（Outer Aspect Phrase）（Travis 2010：118）。這兩種體結構間的對應關係解釋了該時期漢語中體副詞與動詞終結性特征間的密切關係：[＋完整體] 外部體結構要求 [＋終結的] 內部體結構與之對應，[－完整體] 外部體結構則要求 [－終結的] 內部體結構與之對應②。

由上可見，近年來上古漢語專書及斷代體貌研究逐漸受到學界的重視，但從總體上看，相關的成果還不多見，今後這方面的研究還有待加強。

2.2.2 體標記③個案分析。這方面成果稍多些，主要是探究一些標記形式的表體功能、來源及歷時演變。比如，劉利（1997）聯繫近代漢語和現代漢語方言的語言事實，論證了上古漢語“有＋VP”結構中“有”的完成體功能。杉田泰史（1998）通過分析《左傳》的用例並輔以其他語言的證據，指出先秦漢語的“及物動詞＋于（乎/於）＋受事賓語”句式語義上是表示“動詞所表示的動作行為在某種意義上不完整”，並稱該句式為“未完成結構”。

Meisterernst（2015a，2016）將古漢語中完整體副詞（adverbs of perfective aspect）“既”和“已”的基本功能表述為兩個方面：1. 作為帶有 [＋完整體] 特征的外部體結構的標誌語（specifiers），它們默認地修飾帶有 [＋終結] 內部體結構

① Meisterernst（2015a：361－363）還從時、體及情狀類型三個方面對“曾、嘗、素、雅、常”的基本語義作了具體說明。“曾”和“嘗”的基本語義為：1. 時：[＋時]：[＋過去]，具有指示性和指稱性，指示過去情狀；2. 體：[－體]：[－慣常]，沒有體的限制；3. 情狀類型：[＋/－終結]，VP 的情狀類型沒有限制。“素”和“雅”的基本語義為：1. 時：[－時]：[＋過去]，但為非指示的、非指稱的；2. 體：[＋體]：[＋慣常]，[＋持續]，顯示未完整體的典型特征；3. 情狀類型：[－終結]。“常”的基本語義為：1. 時：[－時]：非指示的、非指稱的，在所修飾的謂詞的時間定位上不存在限制；2. 體：[＋體]：[＋慣常]，[＋/－持續]，[＋/－頻率]，所有特征都屬於未完整體範疇；3. 情狀類型：[－終結]。

② 如果外部體結構和內部體結構的體貌特征不相容時，就會促發壓制效應（coercion effect）。比如，當一個 [＋完整體] 副詞修飾 [－終結的] 狀態動詞時，就會促發狀態動詞的起始體意義，從而將情狀類型從狀態變為事件。

③ 本文的“體標記”，我們採用楊永龍（2001）“廣義體標記”的說法，即所有可表示體意義的形式，包括純語法形式、詞彙形式、句子結構等。因此，一些以往未被納入體貌研究框架的時間副詞、語氣詞等也被稱作體標記。

構的 VP，強調狀態變化（change of state）[①]；2. 它們強調某一狀態或事件的實際發生——通常對後續事件具有某種相關性（relevance）[②]。在“既”“已”表體功能的形成和演變上，杜海濤（1999）、楊永龍（2001：53—55）都對“既”由“完成”義動詞到完成體副詞[③]的虛化過程及相關的後續演變作了細緻的分析探討。趙長才（2009）探討了上古漢語完成體副詞“已”的虛化歷程。他強調，“已”是由“止”義動詞經由“完結”義動詞這個中間階段才逐步演變為完成體副詞，並非從“止”義動詞直接派生出來的。

以上學者關於體副詞“既”和“已”的討論，均是將二者的體貌性質界定為完整體的（Pulleyblank 1995；鄭路 2008；Meisterernst 2016；楊永龍 2001；趙長才 2009）。不過，劉承慧（2010）認為，先秦漢語的“既”、“已”跟句末助詞“矣”同為完成體（perfect）標記[④]，註記在參照時間上存有某事件或事況的後續狀態（即所謂“現時相關性”），該事件或事況發生於參照時間前的另一時間。同時我們也注意到，上述 Meisterernst（2015a，2016）所論及的“既”、“已”基本功能的第 2 方面，實為完成體功能。可見，學界在“既”和“已”體貌性質的認定上尚存不同看法。另外，以往研究對這兩個副詞在表體用法上表現出的差異分析得還不夠。這些問題，我們還可以在深入分析先秦漢語有關語言事實的基礎上作進一步探究。

句末助詞“矣”，在體功能上為完成體標記。劉承慧（2007）將先秦“矣”的主要功能概括為時間、因果、感知與評價三個方面，“矣”最初是標記完成體意義

---

① 關於這一點，作者又細分為三個方面進行了論述：(a)“既”“已”修飾終結動詞時，強調事件的完成（completion）及終點或由先前事件造成的狀態；(b) 修飾狀態動詞時，它們通常強調狀態的起點（起始體）；(c) 修飾非終結動詞（如活動動詞）時，它們將謂語的情狀類型從非終結情狀轉變為終結情狀，從未完整體轉變為完整體。

② 當“既”和“已”出現在時間句的條件句中時，對後續事件所具有的現實性（factuality）和相關性尤為明顯（Meisterernst 2016）。

③ 在普通語言學上，語言學家一般將“完整體（perfective）”與“完成體（perfect）”區別開來：前者表示從外部整體上觀察情狀，而不關注情狀的過程或階段性，此時情狀在時間上被看作有界的（bounded）。這種體常被用來敘述連續的獨立事件，而不關注情狀之間的相關性。後者表示某個情狀在參照時間之前已出現，且跟參照時間處的情狀具有相關性。現代漢語學界一般嚴格區分完整體跟完成體，完整體標記為詞尾“了”（即“了$_1$”），完成體標記為句尾“了”（即“了$_2$”）、“來著”等（Li N. Charles & Sandra A. Thompson 1989；陳前瑞 2008a；刘丹青编著 2008；李明晶 2013）。不過，漢語史學界常將二者相混同，用“完成體”或“完成貌”之名包含完整體或接近完整體的現象。比如梅祖麟（1981）、吳福祥（1998）、劉承慧（2010）、魏培泉（2015）等將近、現代漢語的詞尾“了”稱作“完成貌詞尾”、“完成體標記”。同樣，也有不少學者用“完成體副詞”來指稱古漢語中表達完整體功能的副詞“既”、“已”（楊永龍 2001；趙長才 2009；魏培泉 2015）。筆者認為，在漢語史研究中，我們還是應當注意區分完成體（如句末助詞“矣”“也”“了”）和完整體（如副詞“既、已”、助詞“了$_1$”），儘管二者在一定條件下都可以表達動作行為或事件結束、完成的意義，但在是否表達“現時相關性（current relevance）”上區別明顯，且在歷時上完成體標記還可能進一步語法化為完整體標記（Bybee 等 1994：105）。

④ 按：劉承慧（2010）將“perfect”譯為“既成貌”，此處為避免造成術語混亂，改用“完成體”稱說。

（時間），後來才依次延伸出標記因果、感知與評價的功能，其功能演變的主要機制是隱喻和主觀化。姚堯（2015）還進一步結合唐宋時期語料探討了句末助詞“矣”時、體、情態意義的轉換。她指出，先秦時“矣”可用來標記完成體和將來時，主要語義特徵為現時相關性，而後發生主觀化，變為認識情態標記；到隋唐時，“矣”的完成體意義發生泛化，現時相關性語義丟失，變為過去時標記。

近年來，還有學者在類型學框架下對上古漢語中一些表體的副詞、助詞的語法化過程及相關問題進行了分析。比如，陳前瑞（2008b）考察了句末助詞“也”體貌用法的演變。他認為，表示狀態的靜態“也”屬於廣義結果體，動態“也”的大部分用法屬於完成體，是靜態“也”進一步語法化的結果。王繼紅、陳前瑞（2012）梳理了古漢語副詞“方”的多種時體意義之間的演變關係。他們指出，“方”的“狀態持續”用法（廣義結果體）是它其餘時體用法虛化的源頭，“方”在該用法基礎上演化出了“動作持續”用法（進行體）和“動作發生不久”用法（近過去完成體），其“動作持續”用法又進一步演化為“動作即將發生”用法（最近將來時）。王繼紅、陳前瑞（2014）又考察了上古漢語經驗體副詞“嘗”的語法化過程，提出經驗體副詞“嘗”的語法化演變路徑為“品嘗＞嘗試＞試著/限量體（＞已然體）＞非特定經驗體＞特定經驗體”。他們通過跨語言比較發現，感官動詞經由“嘗試”義演變為經驗體標記的語法化路徑具有一定的普遍性。

2.2.3　情狀類型研究。情狀類型是根據動詞或動詞短語所具有的內部時間結構特徵而對它們進行的語義分類（semantic categorization）。Vendler（1957）運用“［±動態］”、“［±持續］”及“［±終結］”這三項語義特征將動詞分為“狀態（states）、活動（activities）、結束（accomplishments）和達成（achievements）”四類，這就是著名的“動詞四分法”。Vendler 的情狀分類影響深遠，已成為情狀類型研究的經典之作，被後來的許多學者奉為體貌研究的有益出發點（Xiao & McEnery 2004：35）[①]。從上世紀 70 年代開始，現代漢語學界逐漸認識到，體標記的使用會受到動詞情狀類型的影響或制約，因而考察分析現代漢語的情狀類型成了學界的一個熱點。在此背景下，現代漢語體貌研究領域出現了一批較有影響的成果，如馬慶株（1981）、戴浩一（1984）、鄧守信（1985）、陳平（1988）、何寶璋（1992）、郭銳（1993，1997）、楊素英（1995）、Xiao & McEnery（2004）等[②]。

在上古漢語時期，儘管現代漢語的體標記尚未萌生，不過該時期的情狀類型及

---

① 有關 Vendler（1957）及此後國外其他學者對情狀類型的研究，不少體貌方面的論著都進行了介紹和評述，此處限於篇幅，不再展開。詳細情況可參看 Brinton（1988：23－35）、Binnick（1991：179－207）、Sasse（2002：213－219）、Xiao & McEnery（2004：34－40）等。

② 上述學者及其他學者對現代漢語情狀類型的研究，陳前瑞（2008a：37－47）、李明晶（2013：51－53）均作了較系統的回顧，可參看。

其轉換（shift）在限定副詞、動詞的補語及其修飾語的使用上仍舊發揮著重要作用。跟現代漢語的情狀類型研究相比，以往系統、綜合地考察上古漢語情狀類型的研究還很少見①。不過，近年來逐漸有學者開始關注這方面的研究，如 Meisterernst（2013，2015a，2015b）。

Meisterernst（2013）通過對動詞“行”的個案考察及漢代漢語情狀類型的綜合分析，討論了唐以前漢語中動詞的情狀類型對動詞短語體貌釋讀的重要作用，以及動詞或動詞短語的情狀類型歸屬所受的句法語義限制。作者指出，因為某個動詞出現的句法環境可以有所不同，所以由該動詞構成的動詞短語可以表達不同的情狀類型。根據一個動詞不同的情狀類型解讀所受的句法限制可以假設：漢語的動詞通常表示一種基本情狀類型（basic situation type），但隨著其他句法成分（如論元成分、體副詞、時段詞語等）的加入，會發生情狀類型轉變（situation type shift）。Meisterernst 將唐以前漢語的（動詞）情狀類型分為狀態、活動和事件（events）三大類，其中前兩類為非終結情狀，第三類為終結情狀，又進一步區分為结束和达成兩個次類。由於狀態、活動及達成這三類情狀通常可由單個動詞表達，但結束情狀僅能通過動詞及其內部論元（internal argument）去表示②，故而“結束動詞”這一範疇的存在曾遭到不少學者的質疑（戴浩一 1984；Ross 2002）。Meisterernst（2015a：64—67）則指出，雖然結束情狀跟活動情狀、達成情狀之間的界線通常難以劃定，但是古漢語中確實存在典型的結束動詞（如“築、往、渡、距”等）。

學界一般認為，上古漢語中存在一個標記動詞範疇（包括體貌）的形態系統（如加前綴或後綴），且該系統常被看作是跟完整體—未完整體的交替（perfective-imperfective alternation）有關③，屬於語法體範疇。然而，Meisterernst（2015b）提出了另一種假設，即該形態系統跟語法體無關，是關乎詞彙體的。比如，活動動詞、結束動詞及達成動詞加上詞綴之後，可以派生出狀態動詞。不過，關於上古漢語的這個形態系統，尚有不少問題待討論，比如：學界構擬的體詞綴（aspectual affixes）在使用時是否受限於它們所能搭配的動詞的詞義？该系統的實際能產性如何？

2.3　由上述回顧可見，近些年來，學界對上古漢語體貌問題的分析模式（或

---

① 儘管古漢語虛詞詞典，如中國社會科學院語言研究所編《古代漢語虛詞詞典》（商務印書館，1999），在例釋一些體副詞時，會指出它們的使用要受動詞表示的不同類型的情狀（如狀態、動作等）制約，然而這樣的區分終究還不是建立在系統分析不同情狀類型的基礎之上。

② 比如，英語中“paint a picture”、“make a chair”、“run a mile”等均表示結束情狀，但單個的動詞“paint”、“make”、“run”卻不能表示這一情狀，反而表示活動情狀。

③ 比如黃坤堯（1992）、金理新（2006）等假設，在上古漢語中，未完整體及完整體在形態上主要通過兩個不同的形態特征去標記：a）詞根首輔音的清（未完整體）—濁（完整體）交替，或 b）更為常見的是，由後綴 *-*s* 表示完整體（金理新 2005）。另外，動詞的未完整體形式可由後綴 *-ɦ 標記（金理新 2006：412）。

框架）已漸從傳統的詞類框架轉向了體貌理論框架。不過，就具體的研究來說，目前學者們關注的焦點仍是在一些體標記的個案分析上，系統運用當代體貌理論去考察上古漢語某個階段（或某部專書）體貌系統（包括情狀體）的研究成果還較少見到。

三、中古漢語體貌研究

中古漢語的體貌表達一方面繼承了上古漢語的一些表達形式，另一方面又發展出了一些新形式。學界對中古漢語體貌的研究大致可總結為以下三個方面：

3.1 漢語語法史及中古漢語語法研究著作對中古體貌問題的討論。比如，太田辰夫《中國語歷史文法》舉例說明了中古句末助詞“也”的動態用法及其來源。柳士鎮《魏晉南北朝歷史語法》討論了魏晉南北朝漢語中新興的動詞時態表示法：過去時態表示法（“動詞（＋O）＋畢/竟/訖/罷/了”、“既/已＋動詞（＋O）＋畢/竟/訖/罷/了”表示動作的完成）和現在時態表示法（虛化了的動詞“著”置於謂語動詞後表示動作的持續狀態）。董志翹、蔡鏡浩《中古虛詞語法例釋》指出，“得”在中古時已有用於動詞後表示動作完成的“時態助詞”用法。楚艷芳《中古漢語助詞研究》詳細考察了中古時新興的動態助詞“得”、處於醞釀中的動態助詞“畢”“竟”“訖”“已”“了”“終”“盡”“著”、事態助詞“來”、嘗試態助詞“看”的用法、來源及形成過程。龍國富《姚秦譯經助詞研究》以姚秦時漢譯佛經為研究材料，分析了其中處於形成階段的動態助詞“卻”“得”“將”“著”、完成貌助詞“已”、事態助詞“來”及嘗試態助詞“看”的用法與形成發展情況。姜南《基於梵漢對勘的〈法華經〉語法研究》從梵漢對勘的角度揭示了《法華經》中對應梵文原典動詞獨立式（gerund）[①] 的漢譯形式所呈現的特點：三時共現性、句法黏著性、專用標記[②]。

3.2 體標記的個案研究。目前學界討論的焦點主要集中在完成貌句式“動（＋賓）＋已”、事態助詞“來”及嘗試態助詞“看”上。

3.2.1 因為中古漢譯佛典中大量出現的“動（＋賓）＋已”句式跟近代漢語動態助詞“了”的形成具有密切關係，所以學者們對該句式產生了極大的興趣。張洪年（1977）最早通過對敦煌變文中完成貌助詞“了、已、訖”用例的分析，指出“了、已、訖”用於句末表示完成貌是受了梵語“動形詞（gerundial verb）”的影響。此後，不少學者都對譯經中表完成貌的“已”是否受了梵文原典影響、“已”

---

① 梵語裏，可以超越三時約束、表現比較典型體貌涵義的動詞形式當屬獨立式（或叫絕對分詞）。它主要表達由同一施事主體發出的兩個（或多個）連續動作中的先行動作，意味著下一個動作開始時，前面的動作已經完成或完結。

② 比如，使用具有句法關聯作用的時間副詞以及漢語固有的完成義動詞“已”。

對譯梵語動詞的何種形態、“已”如何影響到動態助詞“了”的形成等問題進行了廣泛而深入的討論。

首先，有關譯經中表完成貌的“已”的形成是否受到梵語影響的問題，多數學者持肯定意見（朱慶之 1993；辛島靜志 1998；蔣紹愚 2001；龍國富 2007；帥志嵩 2014 等）。其中尤以蔣紹愚（2001）的論述最為細緻、深入。蔣先生比較“已、畢、竟、訖”在譯經和中土文獻中的使用情況後發現，“動（＋賓）＋完成動詞”格式中“已”跟“畢、竟、訖”存在著很大的差異，其中最重要的區別在於，“已”既可用於持續動詞後，也可用於非持續動詞後，而“畢、竟、訖”則必須放在持續動詞之後。這表明“已”與“畢、竟、訖”在性質上存在差別。據此，蔣先生將“動（＋賓）＋已”中的“已”區分為“$已_1$”（用於持續動詞後，表示動作的完結）和“$已_2$”（用於非持續動詞後，表示動作的完成或實現）。“$已_1$”是在佛教傳入前就已存在的、漢語固有的“已”，“$已_2$”是在譯經者用“已”（“$已_1$”）去對譯梵文的絕對分詞後新產生的現象，它是原來漢語所沒有的，是受梵文影響而產生的。不過，也有學者對此持有異議。比如，梅祖麟（1999）就明確表示，“‘動（＋賓）＋已，下句’這種句式是漢語內部發展出來的，而不是受了梵文影響而產生的”。馮春田（1992：209）也認為，“很難說定這種句式是受梵文的影響才出現或產生的”。

其次，關於譯經“已”對譯梵文動詞的何種形態，學界也有不同看法：(i) 張洪年（1977）認為，對譯的是梵文“動形詞”；(ii) 朱慶之（1993）認為，梵語的“過去分詞”常被譯為漢語的“V 已”；(iii) 辛島靜志（1998）不同意朱先生的看法，認為常和“V 已”相對應的是梵語的“絕對分詞（或叫獨立式）”①；(iv) 龍國富（2007）等通過梵漢對勘後發現，“V 已”既可對應梵文過去分詞，也可對應梵文絕對分詞。

再次，對於譯經“已”是如何影響到近代漢語動態助詞“了”產生的問題，蔣紹愚（2007）、劉承慧（2010）都從語言接觸的角度對此作過深入分析。蔣紹愚（2001）曾指出，“了”的前身只是“已”，而非通常所說的“畢、竟、訖、已”，“已”在初唐時期已經是口語詞了，但它同時已開始部分被“了”替代。蔣紹愚（2007）又進一步分析了隋至晚唐五代間九部文獻中“V（O）已”和“V（O）了”的使用情況，他發現，在隋代闍那崛多和唐初義淨的譯經中，一些“$已_2$”的用法比梵文絕對分詞的用法有所擴大，這表明“$已_2$”已從書面語擴展到譯經者的口語中，然後通過這些人和大眾的語言交流，逐漸進入全民語言中。不過，“$已_2$”在全民語言中擴展的範圍是有限的，也未持續下去，在晚唐五代的實際口語中已經衰微了。至於“V（O）已”對“V（O）了”發展的影響，蔣先生指出，“了”的

① 蔣紹愚（2001）也持這一看法。

語法化是漢語自身的發展趨勢，即便沒有語言接觸，漢語也會有這個體標記的發展，只不過譯經中“已₂”的存在可能會加速“了₂”[①]的出現。後來，劉承慧（2010）也指出，語言接觸只是近代漢語動態助詞“了”創生的驅動因素，而非其實現因素，其實現因素仍須回到漢語系統內部去尋求。

3.2.2 表示“曾然”的事態助詞“來”，既往的研究認為，其產生時代可能在初唐前後，到晚唐五代時已使用得比較廣泛了（劉堅等 1992：122）。梁銀峰（2004a）從事態助詞“來”語法化的初始格式“V（＋NP）＋來”入手，詳細考察了“來”由趨向動詞演變為事態助詞的過程，並將事態助詞“來”確立的時間提前至南北朝時期。梁文發表後，學界又對事態助詞“來”的用法、來源及形成過程等問題展開了進一步討論。比如，龍國富（2005）以魏晉南北朝的佛經為基本材料佐證了梁銀峰（2004a）的觀點。陳前瑞、王繼紅（2009）受體貌類型學啟發，通過分析唐代以前漢譯佛經材料中句末助詞“來”的用法特點，提出“來”經歷了“動詞＞過去發生義（完成體）＞過去經歷義（經歷體）”的演變過程。蔣紹愚（2012：517—519，520）在考察漢魏六朝 10 種漢譯佛典中“來”的虛化用法時，一方面舉證支持了梁銀峰（2004a）關於趨向動詞“來”在“V（＋NP）＋來”格式中語法化為事態助詞所經歷的兩條虛化路徑的說法，另一方面則否定了梁銀峰（2004b）關於事態助詞“來”源於時間方位詞“以來”的觀點。劉承慧（2012）還在構式語法背景下詳細梳理了動詞“來”從先秦到中古晚期所經歷的變化。

3.2.3 嘗試態助詞“看”，也有學者稱作“語助詞”。陸儉明（1959）最早從語法的角度詳細論述了現代漢語中語助詞“看”的問題，並指出它是從動詞“看”虛化來的，始見年代在唐代。此後，不少學者又對嘗試態助詞“看”的產生時間和形成過程進行過討論。心叔（1962）認為“看”的形成時代“還可以更提早些”，但論證不足。蔡鏡浩（1990）進一步論證了心叔之說，他指出，嘗試態助詞“看”是由表測試義的動詞“看”虛化而成的，這一虛化現象早在南北朝時已經存在，故嘗試態助詞“看”最早出現在南北朝的口語中。後來，柳士鎮（1992：264）、吳福祥（1995）、蔣冀騁，龍國富（2005）、楚艷芳（2014）等研究都支持嘗試態助詞“看”產生於魏晉南北朝的說法。在嘗試態助詞“看”的形成過程上，目前大多數學者認為，它經歷了“‘瞻視’義動詞＞‘測試’義動詞＞嘗試態助詞”這樣三個發展階段[②]。另

---

① 蔣紹愚文中所說的“了₂”是指非持續動詞後面的“了”（動相補語，表示動作的實現或完成），跟通常所說的現代漢語中的“了₂”（句末語氣詞）不是一回事。

② 但也有學者持不同意見，比如楚艷芳（2014）認為，嘗試態助詞“看”的出現時間並不比表“測試”義的“看”晚，因此嘗試態助詞“看”不一定直接來源於表“測試”義的“看”。我們更相信嘗試態助詞“看”的直接來源是表“觀察”義的“看”，但表“測試”義的“看”的出現，在某種程度上加速了嘗試態助詞“看”的發展。

外，吳福祥、蔣冀騁等先生還詳細考察了嘗試態助詞“看”在近代漢語中的使用及發展演變情況。

3.3 中古漢語體貌表達系統的研究。這方面的研究成果目前主要有帥志嵩（2014）、榮景（2016）。帥志嵩（2014）從語義入手主要研究了中古漢語“完成”語義範疇的共時呈現及其表達形式的歷史演變。通過對所選語料的分析，作者將中古“完成”語義的表現形式歸納為兩個層面：一是謂詞層面的表現形式，包括謂詞當中的顯性範疇（完成動詞）和隱性範疇（自主動詞和非自主動詞）；二是小句層面的表現形式，包括副詞性成分、名量和動量成分、被動式、處置式和連動結構。在此基礎上，作者將中古“完成”語義的表達分為四級結構層次（核心動詞、動相成分、動後成分、動前成分）和三級表達體系（時製成分＋中心情狀＋體標記）。最後，作者還從歷時角度就“完成”語義標記衍生的動因和機制、“完成”語義標記在中古漢語的表現及其在近代漢語的演進、“完成”語義隱性範疇的歷時演變、“完成”語義標記的產生對語序的影響、動結式的衍生過程等一系列問題作了細緻的分析。帥志嵩（2014）的研究特色在於，他不僅考察了中古“完成”語義的表現形式，構建出了表達體系，還從語言系統的角度把“完成”語義同相關語言現象串聯起來，進一步論證了它們之間的互動關係。在這點上，帥著無疑是一部將漢語史體貌研究引向深入的著作。

榮景（2016）以“體貌雙部理論（two-component theory of aspect）”為主要理論框架，將中古漢語的體貌表達分為情狀體和視點體兩個部分進行了考察。首先，作者從詞彙層面和句子層面分別探討了中古的情狀體面貌，根據重點考察的語料將中古詞彙層面的情狀體（動詞類型）分為狀態動詞、活動動詞、瞬時活動動詞、結束動詞和達成動詞五類，將句子層面的情狀體（情狀類型）分為狀態情狀、活動情狀、結束情狀和達成情狀四類。作者還從核心層、中心層和小句層依次分析了中古句子層面情狀體的組合性問題，歸納了句子層面情狀體的組合規則及影響情狀體組合效應的因素（如補語、直接內部論元的數量特徵、動量成分、否定結構、體標記等）。其次，作者又從句法語義、情狀類型、事件類型、歷時演變等角度重點考察了中古的完成體助詞“矣”“也”及完成體句式“動（＋賓）＋已，下句”、經驗體標記“曾”“嘗”“來”和進行體標記“方”“正”的用法和特點。最後，作者還從歷時角度探討了漢語體貌表達方式（或手段）的歷史演變。

如前所述，情狀體是體貌系統的一個組成部分。雖然帥志嵩（2014）、榮景（2016）在研究中古漢語體貌表達時加大了對情狀體的考察力度，但目前系統的中古漢語情狀體研究還較為欠缺。

3.4 總體上看，關於中古漢語體貌問題的研究，目前學界的目光主要還是集中在對該階段個別體標記的用法、來源及形成過程等問題的分析上，而運用當代體貌理論對中古漢語體貌系統進行專門研究的成果也還較少見。

四、總結：不足及展望

以上我們對上古、中古漢語的體貌研究進行了簡要回顧。從中可見，經過前賢時彥的努力探索，上古、中古漢語語法的體貌研究已取得可喜的進步，逐漸出現了一些較有影響的成果。特別是隨著體貌研究理論、語法化、語言類型學等理論方法的運用，近年來學界對上古、中古漢語體貌表達問題的思考分析較以往又更深入了一步。毋庸置疑，已有成就為我們今後的研究奠定了良好的基礎。不過，如前所言，以往的研究也還存在一些不足，有待今後進一步完善。

首先，多個案研究，少系統考察。在當前研究中，探討上古和中古漢語特定體標記的用法、來源及形成過程的研究占了較大比重，而運用當代體貌理論考察上古至中古某個時期（或某部專書）體貌表達系統的成果還很欠缺。雖然 Meisterernst、帥志嵩等所做的研究體現了這一思路，但是關於上古及中古漢語體貌系統的研究，今後要做的工作還有不少。

其次，重有標記，輕無標記。研究表明，句子的體貌意義不只由體標記來表現的，還跟情狀類型（情狀體）密切相關。如果我們在體貌研究中只注意到了體標記的作用，卻忽視了無標記的情狀體的角色，必將錯過很多重要的語言事實。因此，深入考察情狀體是體貌研究的基礎和重要環節。這一點，無論在現代漢語語法體貌研究中，還是在歷史語法體貌研究中，都應得到重視。不過，以往上古、中古漢語語法的體貌研究絕大多數還只是關於體標記的研究，對動詞及句子的情狀體關注得很少。

再次，已有研究對漢語體貌表達的歷史演變過程揭示得還不夠詳盡。該項研究要取得新的進展，首先就需要我們對漢語各歷史時期的體貌系統進行全面的分析、描寫，構建出各時期漢語的體貌系統，然後在此基礎上進行歷時比較，描繪出漢語體貌表達的歷史演變軌跡，並歸納演變背後的動因及機制。不過，目前我們所做的工作還遠遠不夠。

鑒於以上不足，我們認為，今後可從以下幾方面去努力做些工作：

其一，在當代體貌理論指導下，以先秦至南北朝時期一些代表性專書的體貌研究為基點，對上古、中古漢語不同階段的體貌表達（包括情狀體和視點體）作系統的分析與描寫，構建各時期漢語的體貌系統。

其二，在具體考察某個時期的體貌系統時，一方面要詳細分析該時期情狀體的情況，從詞彙層面和句子層面分別考察情狀體的類型，概括情狀體的組合效應規則及其受影響的因素；另一方面，要從句法語義、信息結構、時制結構、事件類型、情狀類型等角度考察有關體標記（如體副詞、體助詞、體語氣詞等）的用法或功能變遷，進一步探討一些體標記的形成過程。此外，我們還要注意某一時期的體貌表達系統跟其他語法現象之間的關聯以及體貌系統內部成員間的相互制約關係。

其三，從歷時角度比較不同歷史時期漢語的體貌系統，勾勒漢語體貌表達的歷史演變過程，同時參照語言類型學、認知語言學及語法化等方面的研究成果，揭示漢語體貌發展演變的規律，總結漢語體貌演變的共相與殊相。

参考文獻

蔡鏡浩．重談語助詞“看”的起源．中國語文，1990（1）．

楚艷芳．中古漢語助詞研究．北京：中華書局，2017．

楚艷芳．漢語嘗試態助詞“看”的產生過程．寧夏大學學報（人文社會科學版），2014（3）．

陳平．論現代漢語時間系統的三元結構．中國語文，1988（6）．

陳前瑞．漢語體貌研究的類型學視野．北京：商務印書館，2008a．

陳前瑞．句末“也”體貌用法的演變．中國語文，2008b（1）．

陳前瑞，王繼紅．句尾“來”體貌用法的演變．語言教學與研究，2009（4）．

杜海濤．上古漢語“既”字的意義和用法及其實詞虛化問題//語言學論叢：第二十二輯．北京：商務印書館，1999．

董志翹，蔡鏡浩．中古虛詞語法例釋．长春：吉林教育出版社，1994．

鄧守信．漢語動詞的時間結構．語言教學與研究，1985（4）．

馮春田．魏晉南北朝時期某些語法問題探究//程湘清主編．魏晉南北朝漢語研究．济南：山東教育出版社，1992．

高名凱．漢語語法論．北京：商務印書館，1986．

郭銳．漢語動詞的過程結構．中國語文，1993（6）．

郭銳．過程與非過程——漢語謂詞性成分的兩種外在時間類型．中國語文，1997（3）．

黃坤堯．《經典釋文》動詞異讀新探．台北：學生書局，1992．

金理新．漢藏語的完成體後綴＊-s．民族語文，2005（2）．

金理新．上古漢語形態研究．合肥：黃山書社，2006．

姜南．基於梵漢對勘的《法華經》語法研究．北京：商務印書館，2011．

蔣冀騁，龍國富．中古譯經中表嘗試態語氣的“看”及其歷時考察．語言研究，2005（4）．

蔣紹愚．《世說新語》、《齊民要術》、《洛陽伽藍記》、《賢愚經》、《百喻經》中的“已”“竟”“訖”“畢”．語言研究，2001（1）．

蔣紹愚．語言接觸的一個案例——再談“V（O）已”//語言學論叢：第三十六輯．北京：商務印書館，2007．

蔣紹愚．漢語詞彙語法史論文續集．北京：商務印書館，2012．

李明晶．現代漢語體貌系統的二元分析——動貌和視點體．北京：北京大學出版社，2013．

李佐豐．古代漢語語法學．北京：商務印書館，2004．

陸儉明．現代漢語中一個新的語助詞“看”．中國語文，1959（10）．

呂叔湘．中國文法要略．北京：商務印書館，1982．

劉承慧．先秦“矣”的功能及其分化．語言暨語言學，2007（3）．

劉承慧．中古譯經“已”對近代“了”的影響．中研院史語所集刊，2010（81，3）．

劉承慧．上古到中古“來”在構式中的演變．語言暨語言學，2012（2）．

劉丹青編著．語法調查研究手冊．上海：上海教育出版社，2008．

劉堅等．近代漢語虛詞研究．北京：語文出版社，1992．

劉利．古漢語“有 VP”結構中“有”的表體功能．徐州師範大學學報（哲社版），1997（1）．

柳士鎮．魏晉南北朝歷史語法．南京：南京大學出版社，1992．

梁銀峰．漢語事態助詞“來”的產生時代及其來源．中國語文，2004a（4）．

梁銀峰．時間方位詞“來”對事態助詞“來”形成的影響及相關問題．語言研究，2004b（2）．

龍國富．姚秦譯經助詞研究．长沙：湖南師範大學出版社，2004．

龍國富．從中古佛經看事態助詞“來”及其語法化．語言科學，2005（1）．

龍國富．漢語完成貌句式和佛經翻譯．民族語文，2007（1）．

馬建忠．馬氏文通．北京：商務印書館，1983．

馬慶株．時量賓語和動詞的類．中國語文，1981（2）．

梅祖麟．現代漢語完成貌句式和詞尾的來源．語言研究，1981（創刊號）．

梅祖麟．先秦兩漢的一種完成貌句式——兼論現代漢語完成貌句式的來源．中國語文，1999（4）．

榮景．中古漢語體貌研究．北京：北京師範大學，2016．

杉田泰史．介詞“於”的未完成用法∥郭錫良主編．古漢語語法論集．北京：語文出版社，1998．

帥志嵩．中古漢語“完成”語義範疇研究．北京：商務印書館，2014．

［日］太田辰夫著，蔣紹愚、徐昌華譯．中國語歷史文法（修訂譯本）．北京：北京大學出版社，2003．

吳福祥．嘗試態助詞“看”的歷史考察．語言研究，1995（2）．

吳福祥．重談“動＋了＋賓”格式的來源和完成體助詞“了”的產生．中國語文，1998（6）．

魏培泉．古漢語時體標記的語序類型與演變．語言暨語言學，2015（2）．

王繼紅，陳前瑞．副詞“方”的多種時體用法的關係．中國語文，2012（6）．

王繼紅，陳前瑞．從嘗試到經歷——“嘗”的語法化及其類型學意義．語言科學，2014（5）．

王力．中國現代語法．北京：商務印書館，1985．

王力．漢語語法史．北京：商務印書館，1989．

辛島靜志．漢譯佛典的語言研究（二）．俗語言研究，1998（5）．

心叔．關於語助詞“看”的形成．中國語文，1962（8，9）．

向熹．簡明漢語史（修訂本）．北京：商務印書館，2010．

易孟醇．先秦語法．长沙：湖南大學出版社，2005．

姚堯. 句末“矣”時、體、情態意義的轉換與演變//歷史語言學研究：第九輯. 北京：商務印書館，2015.

姚振武. 上古漢語語法史. 上海：上海古籍出版社，2015.

楊伯峻，何樂士. 古漢語語法及其發展（修訂本）. 北京：語文出版社，2001.

楊樹達. 高等國文法. 北京：商務印書館，1984.

楊永龍.《朱子語類》完成體研究. 开封：河南大學出版社，2001.

朱慶之. 漢譯佛典語文中的原典影響初探. 中國語文，1993（5）.

趙長才. 上古漢語“已”由“止”義動詞到完成體副詞的演變//馮力等編. 漢語時體的歷時研究. 北京：語文出版社，2009.

鄭路.《左傳》時間範疇研究. 北京：中國人民大學，2008.

Binnick, Robert. *Time and the Verbs: A Guide to Tense and Aspect*. Oxford: Oxford University Press, 1991.

Brinton, Laurel. *The Development of English Aspectual Systems*. Cambridge: Cambridge University Press, 1988.

Bybee, Perkins & Pagliuca. *The evolution of grammar: Tense, aspect and modality in the languages of the world*. Chicago: University of Chicago Press, 1994.

He, Baozhang（何寶璋）. *Situation Types and Aspectual Classes of Verbs in Mandarin Chinese*. Columbus: The Ohio State University PhD thesis, 1992.

Li N. Charles & Sandra A. Thompson. *Mandarin Chinese*. Berkeley: University of California Press, 1989.

Meisterernst, Barbara. Verb Classes and Aspects: Situation Type in Pre-Tang Chinese. *Zeitschrift der Deutschen Morgenländischen Gesellschaft*, Vol. 163, 2013.

Meisterernst, Barbara. *Tense and Aspect in Han Period Chinese*. Berlin: Walter de Gruyter, 2015a.

Meisterernst, Barbara. New issues in Chinese Grammar: The morpho-syntax of the aspectual system in Ancient Chinese. 民俗典籍文字研究, Vol. 15, 2015b.

Meisterernst, Barbara. The syntax of aspecto-temporal adverbs from Late Archaic to Early Medieval Chinese. *Journal of East Asian Linguistics*, 2016 (2).

Pulleyblank, Edwin G. *Outline of Classical Chinese Grammar*. Vancouver: UBC Press, 1995.

Ross, Claudia. Aspectual Category Shift. *Journal of Chinese Linguistics*, 2002 (2).

Samuel Hung-nin Cheung（張洪年）. Perfective Particles in the *Bian Wen* Language. *Journal of Chinese Linguistics*, 1977 (1).

Sasse, H. Recent activity in the theory of aspect. *Linguistic Typology*, 2002 (6).

Smith, Carlotta. *The Parameter of Aspect*. Dordrecht: Kluwer Academic Publishers, 1997.

Tai, James H.-Y.（戴浩一）. Verbs and times in Chinese: Vendler's four categories. David Testen, Veena Mishra & Joseph Drogo (eds.). *Papers from the Parasession on Lexical*

Semantics. Chicago: Chicago Linguistics Society, 1984.

Travis, Lisa D. *Inner Aspect: The Articulation of VP*. Dordrecht: Kluwer Academic Publishers, 2010.

Vendler, Zeno. Verbs and Times. *The Philosophical Review*, 1957 (2).

Xiao, Richard & Tony McEnery. *Aspect in Mandarin Chinese: A corpus-based study*. Amsterdam/Philadelphia: John Benjamins Publishing Company, 2004.

Yang, Suying（楊素英）. *The Aspectual System of Chinese*. Vitoria: Vitoria University Doctorical Dessertation, 1995.

Review on the Research on Aspectuality in Archaic and Medieval Chinese Grammar

Rong jing

Abstract: This paper firstly preliminarily looked back upon the research on aspectuality in Archaic and Medieval Chinese Grammar from the perspectives of case analysis of aspect markers, research on situation types and investigation of aspectual systems. Then it indicated that there were some problems about the previous research, such as more case studies than investigations of aspectual systems, more attention payed to aspect markers than unmarked situation types, inadequate revelation of the historical change of aspectual expression in Chinese. Finally, we proposed several suggestions on the future study in this field.

Keywords: aspectuality; Archaic Chinese; Medieval Chinese; retrospect; prospect

（榮景，南京師範大學文學院）